Cuentistas hispanoamericanos de entresiglo

Cuentistas hispanoamericanos de entresiglo

WILFRIDO H. CORRAL
California State University, Sacramento

LEONARDO VALENCIA
Universitat Autònoma de Barcelona

Boston Burr Ridge, IL Dubuque, IA Madison, WI New York
San Francisco St. Louis Bangkok Bogotá Caracas Kuala Lumpur
Lisbon London Madrid Mexico City Milan Montreal New Delhi
Santiago Seoul Singapore Sydney Taipei Toronto

Higher Education

This is an ⎡B⎤ book.

Published by McGraw-Hill, an imprint of The McGraw-Hill Companies, Inc., 1221 Avenue of the Americas, New York, NY 10020. Copyright © 2005. All rights reserved. No part of this publication may be reproduced or distributed in any form or by any means, or stored in a database or retrieval system, without the prior written consent of The McGraw-Hill Companies, Inc., including, but not limited to, in any network or other electronic storage or transmission, or broadcast for distance learning.

This book is printed on acid-free paper.

1 2 3 4 5 6 7 8 9 0 FGR/FGR 0 9 8 7 6 5

ISBN 0-07-287087-7

Vice president and Editor-in-chief: *Emily G. Barrosse*
Publisher: *William R. Glass*
Executive marketing manager: *Nick Agnew*
Developmental editor: *Allen J. Bernier*
Project managers: *David Sutton and Carey Eisner*
Manuscript editor: *Myrna Rochester*
Design manager and cover designer: *Violeta Díaz*
Interior designer: *Anne Flanagan*
Photo researcher: *Natalia Peschiera*
Production supervisors: *Tandra Jorgensen and Randy Hurst*

Composition: 11.5/13 Adobe Garamond by Interactive Composition Corporation
Printing: 45# New Era Matte, Quebecor World, Fairfield

Cover: © Digital Stock

Credits: The credits section for this book begins on page 313 and is considered an extension of the copyright page.

Library of Congress Cataloging-in-Publication Data

Corral, Wilfrido H. (Wilfrido Howard)
    Cuentistas hispanoamericanos de entresiglo / Wilfrido H. Corral, Leonardo Valencia.
       p. cm.
    ISBN 0-07-287087-7 (softcover : alk. paper)
    1. Spanish language—Readers—Short Stories, Spanish American. 2. Short stories, Spanish American. 3. Spanish American fiction—20th century. I. Valencia Assogna, Leonardo, 1969- II. Title.

PC4117.C668 2004
468.6'421'421—dc22   2004061076

www.mhhe.com

CONTENTS

Contents   **vii**

PREFACE

CUENTISTAS HISPANOAMERICANOS DE ENTRESIGLO is the first comprehensive anthology of the twentieth-century Spanish American short story tailored for upper-division undergraduate students and Spanish majors and minors. No anthology of its kind has been published for more than three decades, and from the late sixties (which coincided with the Spanish American literary "boom") until now, the continent has witnessed the writings of many masters, the rediscovery of a few others, and the publication of many masterpieces in the genre. Our intention is to bridge the presumed gap between the narrative tradition of the second half of the twentieth century and the future of the genre. This approach allows for a balance between canonical and younger, yet already established, writers.

Cuentistas hispanoamericanos de entresiglo lends itself to instruction in the quarter or the semester systems or for accelerated instruction with select students in independent courses. Our anthology can be used over two quarters at institutions that divide the development of twentieth-century prose fiction into fairly equal halves, and can also be used in a single semester, depending on the instructor's experience and preferences.

Cuentistas hispanoamericanos de entresiglo has been conceived both as a volume different from existing college-level collections of Spanish American short stories, and as a new, lasting textbook that is pedagogically and theoretically sound. This approach allows for a comprehensive view of the genre and pays particular attention to the cultural specificity of Spanish America by centering on canonical authors, or on more recent short stories of an abiding nature.

Since the late sixties, canonical writers such as Borges, Cortázar, Rulfo, García Márquez (and Donoso and Fuentes to a lesser degree) went on to publish stories that give a broader view of their own progress and of the genre. The twentieth century naturally had many more than five or six masters of short fiction. However, even the canon that precedes those great writers needs revision, since not all the stories published starting in the sixties are of equal importance. Women were largely excluded, for example. Later, the eighties revisited important writers from the twenties and thirties.

Cuentistas hispanoamericanos de entresiglo is thus less representative of *authors* and particular themes and more of the *genre* as a totality, and for this reason is not limited to one story per author. The end result is an accurate representation of the real development and trends of the genre. We also provide a more exacting overview of the historical progression of the short story in Spanish America, and by extension of the continent's literary and cultural history.

We believe that the critical discoveries of the late twentieth century and this new century provide a fuller frame of reference for the genre's evolution, and as a consequence our selections fill the practical and conceptual gaps encountered in previous compilations. The stories we have chosen are challenging, thematically diverse, extremely interesting in their connections with one another, sophisticated yet immensely readable, quirky, and revealing of each author's indelible style and preoccupations. This organization leads to personalized responses and greater dialogue in student-centered instruction.

Cuentistas hispanoamericanos de entresiglo includes thirty-two short stories by sixteen female and male authors with brief introductions to each author and pre- and post-reading questions for each short story. In addition, our author introductions point out and briefly discuss other stories not included in our anthology for further analysis, papers, or class presentations.

Our general goal of presenting one story from the authors' early career and another from their most recent work enables students to see the chosen writers' progression and overall stature in the genre and to go on to further study. Our comprehensive introduction (1) deals with the origins and history of the genre in Spanish America, starting with Darío and Quiroga, (2) briefly discusses and provides, in most cases, suggested additional readings of important short stories by other representative authors such as Uslar-Pietri, Carpentier, Onetti, Bombal, Bosch, Anderson Imbert, Arreola, Benedetti, Fuentes, Bryce Echenique, Valenzuela, Marvel Moreno, Peri Rossi, Ana Lydia Vega, and others, (3) points out practitioners in particular subgenres: the fantastic, the detective, the bestseller, and the "short short" story among them, and (4) discusses the new generations.

Equally useful to instructors and students is the inclusion of younger authors. Their accomplishments bode well for their future and their inclusion in the history of the genre. In fact, they are already proven experts who are widely published in the richest genre of Spanish American prose. We have also dealt with issues of gender, ideological, national, and demographic representation in consideration of the overall aesthetic quality of the stories. Thus, *Cuentistas hispanoamericanos de entresiglo* will appeal to diverse groups of instructors and students and provide a diverse, authentic, and truly multi-cultural perspective—Mesoamerica, the Caribbean, the Andean region, the Southern Cone—in which the quality and richness of the writing is the main criterion.

Organization

Cuentistas hispanoamericanos de entresiglo organizes the teaching of the short story from the perspective of the genre's intrinsic and universal values, in order to provide an inclusive view of each author. The introduction at the beginning of each chapter and the questions in the **Comprensión, Análisis,** and **Expansión** sections following each selection implicitly or explicitly refer to other authors in the anthology and to larger issues in the develop-ment of the genre in Spanish America. Since each introduction provides a concise overview of the author and mentions at least two stories of similar importance, students can quickly make use of that information to read more stories by individual authors or write a research paper about them.

Each chapter of *Cuentistas hispanoamericanos de entresiglo* is devoted to one writer and contains an introduction to the authors and their work as short story writers, the two selections, and a **Bibliografía mínima** intended to pro-mote additional research outside of class. Each selection contains **Antes de leer** exercises, the text and footnotes, and **Después de leer** activities.

Antes de leer

- **Temas para comentar antes de la lectura.** This section is to be read by students *before* discussing the story in class. Some instructors may opt to have students connect these questions to their own experiences or to those represented in the text being analyzed. These themes are not geared, however, to any direct level of identification between the readers and the text but rather for class communication, expression, and intel-lectual dialogue about the expected meaning of the story.

- **Palabras clave.** These are keywords chosen for their particular nuances outside of their use in the text. Their linguistic register generally belongs to standard Spanish or, in some cases, to Americanisms, localisms, and regional dialects. Most keywords have been chosen for their subtle con-notations and as direct or implicit clues to understanding Spanish American culture and society. This section should be completed before class discussions since the linguistic registers are varied and infrequent in everyday communication.

Text and Footnotes

Each text contains an extensive number of footnotes. These are glosses and explanations of morphological or syntactical changes and adaptations, regionalisms, neologisms, or borrowings from foreign languages. At a cultural level, the footnotes explain allusions, provide brief historical notes, discuss obscure or arcane references, and above all provide context for a fuller understanding of each story.

Después de leer

- **Comprensión.** These questions are aimed at testing students' basic understanding of plot, content analysis, and factual outline of the story's progression. We recommend that all these questions be answered in writing before class discussion.

- **Análisis.** These questions assume knowledge of the story's general plot. They are geared toward examining the function of allusions, overall or larger messages, and cultural and historical references. The aim of this section is to demonstrate the full meaning behind the story line.

- **Expansión.** More challenging in nature, these points of discussion go beyond those in the previous two sections toward an understanding of the greater subtleties the authors may have included in their stories. Instructors are encouraged to be selective in assigning the questions labeled **OPTATIVO,** which ask students to compare the full understanding of one story with that of another or others they should have already read. Departing from plot considerations, these topics are more subjective in nature and require students to think thoroughly about the ultimate significance of each story.

Wilfrido H. Corral

Leonardo Valencia

ACKNOWLEDGEMENTS

IT IS OUR PLEASURE TO ACKNOWLEDGE the direct contact and support we have had from authors Andrea Maturana, Mayra Santos Febres, and Juan Villoro. We would like to thank Pablo Brescia (University of South Florida), Sara Castro-Klarén (Johns Hopkins University), Judith Richards (University of Kansas), H. E. Robles (Northwestern University), and Diana Sorensen (Harvard University), who officially reviewed the preliminary manuscript, as well as Elizabeth Coonrod Martínez (California State University, Sonoma), Jorge Ruffinelli (Stanford University), and Enric Sullà, David Roas, and Gonzalo Pontón (Universitat Autònoma de Barcelona) for their feedback and enthusiastic support of the concepts that contributed to the creation of *Cuentistas hispanoamericanos de entresiglo.* Their comments and those of other anonymous readers of the original manuscript have added immeasurably to the inclusiveness of this anthology. The discussion and response of our students at Stanford University, California State University, Sonoma, and the Universitat Autònoma de Barcelona to most of these stories were thoroughly refreshing, insightful, and very valuable.

We could not have found greater editorial dedication, wisdom, and personal support than that which we received from the people at McGraw-Hill. We extend our deepest gratitude to our publisher William R. Glass, to our editor Allen J. Bernier, to Laura Chastain whose careful reading of the original manuscript for details of style and language added to the quality of the final version, and to the entire production staff, especially David Sutton, Carey Eisner, Tandra Jorgensen, Natalia Peschiera, Louis Swaim, Anne Flanagan, and Violeta Díaz who designed the cover.

# ABOUT THE AUTHORS

Wilfrido H. Corral (Ph.D., Columbia University) teaches Spanish American literature at California State University, Sacramento. He was Associate Professor at Stanford University and taught at the University of Massachusetts, Amherst, and Wesleyan. He publishes widely on contemporary prose and literary history in Latin American, European, and U.S. journals and newspapers. He edited *Review: Latin American Literature and Arts* (New York) and was Book Review Editor for *dispositio/n*. Author and editor of eight books of criticism published in Mexico, Spain, and France, his most recent volume is *Theory's Empire* (Columbia University Press, 2005), in co-authorship with Daphne Patai.

Leonardo Valencia (Ph.D. candidate, Universitat Autònoma de Barcelona) is currently teaching narrative theory and creative writing at the Autonomous University of Barcelona. He is a frequent contributor on world literature and his literary generation to many prestigious Latin American and European cultural journals and newspapers. Valencia is also the author of the well-received *La luna nómada,* a short story collection, which has had various editions in three countries, and of the novel *El desterrado* (2000), published by Debate in Spain. His work has appeared in seminal anthologies of the new Spanish American narrative such as *McOndo, Líneas aéreas,* and others.

INTRODUCCIÓN

EL CUENTO HISPANOAMERICANO ES TAN RICO, abundante y conocido, que cualquier visión totalizante de él se agota antes de poder comprobar su validez. No es casual, creemos, que la gran mayoría de los jóvenes autores que hoy ocupan lugares muy visibles en la «Nueva Nueva Narrativa» hispanoamericana se haya establecido primero como cuentistas. Por otro lado, los antecesores de esos jóvenes siguen siendo reconocidos como maestros, (véase los testimonios en Cabrera Infante, 2004) y las diferencias con ellos tienden a reducirse a preferencias ideológicas, que de una manera u otra insisten en separar de su quehacer literario. Ese dinamismo entre generaciones es muy saludable para autores, críticos y lectores. Por otro lado, una diferencia notable entre los cuentistas actuales —y queremos decir desde el momento en que Borges publica sus cuentos más conocidos— es que se han dedicado a escribir ensayos sobre su arte, a veces en un cuento mismo. Si hasta entrado el siglo XXI contábamos con visiones de Borges, Juan Bosch, Felisberto Hernández, Cortázar, Monterroso, Silvina Bullrich y Ribeyro, desde los años 80 en adelante la puertorriqueña Ferré, el chileno Bolaño, los argentinos Giardinelli y Aira, el cubano Pedro Juan Gutiérrez y muchos otros han contribuido a ilustrarnos sobre los cambios en técnica, temática y percepción de lo que es un cuento hoy.[1]

---

[1] No olvidamos el constante trabajo de Quiroga en torno al cuento y su teoría. Carlos Fuentes ha argüido que la novela es un transatlántico y el cuento un velero que se apega a la costa. En «The Storyteller», *The Vintage Book of Latin American Short Stories,* ed. Carlos Fuentes y Julio Ortega (Nueva York: Random House, 2000), ix-xiii, dice: «The short story writer on the contrary is a lonely navigator. Why this fidelity to solitude? Why this need to be in sight of the coast? Perhaps because the storytellers know that if they do not tell the tale this very night, near the shore, with no time to cross the ocean, there might be no tomorrow. Every storyteller is a child of Scheherazade, in a hurry to tell the tale so that death may be postponed one more time» (ix). El dramatismo de Fuentes no se justifica, porque se mantiene fiel a distinciones que tienen que ver

Comenzado el siglo XX, la extensión del relato se convirtió en el metro estético para una expresión literaria cuyos creadores nunca quisieron seguir las reglas que parecían imponerles las percepciones contemporáneas de tiempo y de espacio. Después de la Segunda Guerra Mundial (y particularmente después del *boom* de la novela, que duró poco más de una década después de 1963) se dieron varias presuposiciones sobre el origen de la novedad formal del cuento hispanoamericano, y en ese sentido no se puede subestimar la importancia de los cuentos negristas de la cubana Lydia Cabrera. Primero, la influencia del existencialismo francés, tergiversado y aumentado posteriormente por Samuel Beckett, Raymond Queneau y Georges Perec. Segundo, que el absurdismo europeo (Franz Kafka, James Joyce) y estadounidense de autores posteriores como Donald Barthelme, John Barth y Robert Coover, entre otros, estableció las pautas que seguiría el cuento hispanoamericano. La realidad es que esas preferencias, y sobre todo la práctica de desplazar géneros, ya estaban en autores como Palacio, su compatriota Humberto Salvador, Macedonio Fernández, Julio Garmendia, Roberto Arlt, Juan Emar, Arqueles Vela, Efrén Hernández, Martín Adán, y hasta en cierta prosa vanguardista de poetas como Pablo Neruda, Vicente Huidobro y César Vallejo.

Toda la progresión anterior ocasionó que los antólogos y pocos historiadores del cuento dividieran el desarrollo del género con términos aliados al desarrollo de otros géneros y generaciones, lo cual resultaba satisfactorio para esos momentos de la percepción de la historia literaria. Así, la división de las tendencias del cuento se concentraba en dos épocas estéticas: la moderna y la contemporánea. La primera se compone del naturalismo, criollismo, modernismo y mundonovismo, que cubren los años 1890 a 1934 y que son módulos básicamente «realistas». La época contemporánea (1935–) se compone de generaciones que pretenden superar el realismo y su representación, y se habla de superrealismo, neorrealismo e irrealismo. Como veremos más adelante, estas categorías resultaron ser camisas de fuerza estéticas o definitorias, porque no sólo permitían excepciones, sino olvidos. Es más, los ismos se mezclaban entre sí, producían otros que se hacían más obtusos, y los autores por lo general no veían ningún sentido en que se les asignara una categoría que no les decía nada o a la que no querían pertenecer.[2]

---

con la extensión del relato (y su labor como novelista), noción genérica que Borges y Monterroso destruyeron conceptualmente, a pesar de Vargas Llosa en su *Cartas a un joven novelista* (1997). Para discusiones similares anteriores véase *The Latin American Short Story: An Annotated Guide to Anthologies and Criticism*, ed. Daniel Balderston (Westport, CT: Greenwood Press, 1992).

[2] No obstante, ha sido conveniente y útil tener estas categorías, y hay que notar que en Hispanoamérica todavía no tenemos una historia del cuento que haya superado a la de Luis Leal, (véase Bibliografía selecta) quien procede de acuerdo a movimientos literarios. Del romanticismo, realismo y naturalismo del siglo XIX, pasa al siglo XX. Del modernismo, criollismo, postmodernismo, pasa por las parejas vanguardismo y realismo social, expresionismo y realismo

Es decir, y esto es lo que argumenta nuestra selección de autores de esa época, los efectos del *collage* críptico, los caprichos y fantasías hostiles, un sentido visceral del humor y de la intertextualidad, la representación agresiva de una nueva concepción de la «realidad», la cultura popular, el mundo papelero de combinar noticias periodísticas, gráficos y la literatura clásica, ya se daban en la Hispanoamérica de los años 20 y 30, con un estilo abreviado y deliberadamente inexpresivo. Con los años adquirieron mayor protagonismo la autoreferencialidad (mezclada con literatura en la literatura, o sobre ella), la disposición tipográfica inesperada y la atención al lujo del consumismo y de copiar a los maestros. Todo esto servía para aislar al cuentista y su obra de tomar muy en serio los hechos incluidos. No obstante, la libertad y diversidad del cuento constantemente corrigen a la historia literaria.

A pesar del cosmopolitismo que regía en el ambiente descrito arriba y que le daba cierto sabor universal a la visión del cuentista, cuando el cuento de los nuevos autores era tan asimilado, tan desnaturalizado y estaba tan seguramente lejos de los conflictos éticos y étnicos que definieron a la mejor práctica del género posterior al período del *boom,* el género se convirtió más en parábola que prosa ficticia. A la vez, era imposible que el cuento hispanoamericano volviera a asumir el tipo de compromiso o el tradicionalismo formal del cuento indianista, por ejemplo. Así, ahora tenemos como trasfondo la sofisticada denuncia indigenista de los cuentos del ecuatoriano José de la Cuadra (otro cuentista subestimado y desconocido) y del peruano José María Arguedas. A la vez, si en los cuentos de Leopoldo Lugones (1874–1938) y Horacio Quiroga (1878–1937) tenemos los precursores de lo fantástico y del «realismo mágico» (según el cual se quiere seguir definiendo la literatura hispanoamericana en el consumismo europeo y estadounidense), en verdad no se puede decir hoy en día que podamos definir a cuentistas como Adolfo Bioy Casares o Rulfo y Borges (estos dos incluidos en nuestra antología) por su adhesión a esa práctica.

Sin ánimo de pronosticar o pontificar, y en base a las experiencias de los antólogos (somos conscientes de las ventajas y desventajas de crear otro canon, de una manera u otra) como crítico y cuentista respectivamente, las que siguen son las líneas que nos parecen prevalentes ya entrado el siglo XXI. El cuento «posmoderno» de las dos últimas décadas del siglo XX, por ponerle una etiqueta popular aunque inestable e inexacta, tiene la velocidad lacónica y lógica casual del guión cinematográfico, lo cual en principio no es óbice

---

mágico, para terminar con el neorrealismo y «Últimas promociones». Estas divisiones mejoran las de practicantes e historiadores del cuento como Enrique Anderson-Imbert, pero el tiempo y el descubrimiento o rescate de autores antiguos y nuevos permiten superarlas o mejorarlas.

para menospreciarlo. Sin embargo, las expectativas que se han construido para el género en este nuevo siglo son otras.

Tratar de promover una visión renovada del cuento que no se olvide de sus tradiciones no quiere decir resucitar lo clásico convencional, y la presencia de lo que parece clásico tampoco quiere decir la muerte de la vanguardia o de la experimentación. Se trata simplemente de que con la perspectiva de los años lo nuevo deja de ser revolucionario. Por eso nos hallamos hoy en un momento de mayor fidelidad a una vida natural más concentrada en un realismo renovado, la representación y hasta el ritmo de la prosa. El futuro no es lo que era en los años 60 y 70, o lo que se creía que iba a ser. Por esa razón, nos parece importantísima la renovada y aumentada presencia de las cuentistas. Con ellas, si exceptuamos a autoras canónicas como las mexicanas Rosario Castellanos, Elena Garro y Elena Poniatowska, las argentinas Luisa Valenzuela, Elvira Orphée, Angélica Gorodischer y Beatriz Guido (en ese orden), la uruguaya Cristina Peri Rossi, la chilena Pía Barros, las colombianas Albalucía Ángel y Marvel Moreno (cuyos *Cuentos* completos se publicaron en 2003), y en un menor grado las que incluimos en nuestra antología, la realidad es que no han publicado su obra (las razones las conocemos de sobra) de la misma manera que los cuentistas, y cuando aparecen en una antología la tendencia es recordarlas por un buen relato, lo cual es una injusticia a la totalidad de su cuentística. Éste es el caso, por ejemplo, de la mexicana Cristina Rivera Garza, tal vez la mejor cuentista de su generación.

Lo mismo se puede decir del nicaragüense Sergio Ramírez, del puertorriqueño Luis Rafael Sánchez, del venezolano José Balza, del ecuatoriano Javier Vásconez, de los cubanos Calvert Casey y Guillermo Cabrera Infante. No se trata necesariamente de la naturaleza cíclica de la interpretación académica o periodística, de la subjetividad de los antólogos e intérpretes, de política editorial y personal, de muertes prematuras o de simple ignorancia. Desafortunadamente es una combinación de esos factores, y la hemos tenido en cuenta para elaborar nuestra antología. Al final de su introducción a una excelente antología en inglés del cuento hispanoamericano el crítico cubano Roberto González Echeverría se refiere a cómo la abundancia de cuentos y cuentistas hispanoamericanos dificulta pronosticar sobre el futuro del género. Retomando la noción de que Monterroso practica un subgénero (el «mini-relato») que él mismo reinventó, tal vez como respuesta a la preocupación del mundo actual con la velocidad y la satisfacción inmediata, el crítico asevera sobre el «cuento» más famoso de Monterroso:

"The Dinosaur" is a meeting of the short story with the lyric, conveying a concise and evocative power. But it is possessed of a very Latin American cosmic quality that reaches back to the Discovery and Conquest . . . Finally, it is a fantastic imaginative flash of which all the writers in this anthology would have been proud.[3]

Ése es el legado con que entramos al entresiglo, cuando los cuentistas actuales se encuentran en la paradoja de hacernos querer olvidar de los cuentistas anteriores a ellos, pero sin olvidarse ellos mismos del pasado del cuento.

Respecto a la situación actual y a la proyección de la práctica hispanoamericana, el escenario se ha ampliado todavía más que años atrás, en cuanto el cuento se sigue publicando, aunque con tiradas siempre cortas. Esto trae la dificultad de que no se cuenta todavía con la suficiente perspectiva para evaluar líneas generales. No obstante, hay que tener presente algunas constantes visibles que se han mantenido en el caso de los narradores del *boom:* Fuentes y Vargas Llosa se han volcado por completo a la novela. José Donoso o García Márquez siguieron cultivando el cuento, aunque no con la misma dedicación de Ribeyro o Cortázar. De igual manera, la gran mayoría de los autores que empezaron a publicar en la década de los años 90 y que fueron incluidos en las principales antologías de los últimos quince años —básicamente en las antologías *McOndo* (1996), *Líneas aéreas* (1999) y *Se habla español* (2000)— empezó por el cuento y ha derivado notoriamente hacia la novela. Pero insistimos en que no hay la perspectiva suficiente.

La mediación del poder divulgativo de la novela, fomentado por la industria editorial, opaca el circuito menos visible y más alternativo del cuento. (No es de extrañar que en España el género haya crecido notablemente en autores y ediciones sin lograr apenas una mayor proyección internacional.) Frente a estas circunstancias, los escritores que practican el cuento se han ingeniado formas para darle una u otra cabida: entregan sus libros de cuentos a los editores no habituales de su obra, o integran sus cuentos en géneros híbridos que den la forma de un libro unitario u orgánico que se aproxime a la novela. Es decir, cuentos pensados no sólo con una tensión narrativa independiente para cada cuento sino relacionados con los otros cuentos. Es el caso de autores como el argentino Eduardo Berti con *La vida imposible* (2002) o del peruano

---

[3] «Introduction», *The Oxford Book of Latin American Short Stories,* ed. Roberto González Echevarría (Nueva York: Oxford University Press, 1997), 22. Para presentaciones someras de la mayoría de los autores que incluimos véase manuales como *Latin American Writers,* 3 vols., ed. Carlos A. Solé (Nueva York: Scribner's, 1989) y del mismo compilador, *Supplement I* (Nueva York: Scribner's, 2002); *Spanish American Authors: The Twentieth Century,* ed. Ángel Flores (Nueva York: The H.W. Wilson Company, 1992); *Encyclopedia of Latin American Literature,* ed. Verity Smith (Chicago: Fitzroy Dearborn Publishers, 1997); César Aira, *Diccionario de autores latinoamericanos* (Buenos Aires: Emecé/Ada Korn Editora, 2001); y sobre todo los tomos del *Diccionario enciclopédico de las letras de América Latina,* ed. José Ramón Medina y Nelson Osorio T. (Caracas: Fundación Biblioteca Ayacucho/Monte Ávila, 1995).

Fernando Iwasaki con *Libro de mal amor* (2001), aunque hay un antecedente reciente en *La frontera de cristal. Una novela en nueve cuentos* (1995) de Fuentes.

Este desplazamiento genérico también se percibe en el desarrollo de formas intermedias, que ante la dificultad de la clasificación estricta en novelas o cuentos o libros de cuentos, optan por términos de extensión mediana todavía más difíciles para la difusión editorial. Es el caso de las novelas cortas o cuentos largos, o *nouvelles*. Autores como los mexicanos Mario Bellatin y Pablo Soler Frost o el guatemalteco Rodrigo Rey Rosa trabajan en esa línea. Basta comparar a estos autores citados para también dar cuenta de la dificultad de establecer un patrón respecto a los modelos o autores que siguen o han influido en ellos. Los autores anglosajones siguen teniendo el mismo peso tradicional que en la época del *boom* o incluso anterior a ella, aunque los autores ya no sean Hemingway o Scott Fitzgerald sino Raymond Carver, John Cheever, John Updike, Richard Ford o David Foster Wallace. Sin embargo, los casos más sugerentes y originales son los de aquellos autores que se alejan de esa lectura excesivamente dependiente de los Estados Unidos y se abren a vertientes europeas o bien orientales, como en el caso de Bellatin o Pablo Soler Frost, o entablan un diálogo renovado con la cultura española y con su propia tradición nacional, como ocurre con Iwasaki, a quien no podríamos comprender sin tener presente la obra de Bryce Echenique o Ribeyro e incluso la del cronista peruano del siglo XVI Ricardo Palma.

¿Por qué nos referimos a nuestros cuentistas como *de entresiglo?* Por el simple hecho de que, revisado el canon y puesta en perspectiva la influencia de cada cuentista, los autores y textos que han pasado del siglo XX al presente siempre serán los de esta antología. Aquí está el canon, pero no solamente renovado sino visto desde una perspectiva más continental, sin las trabas del patriotismo o la tendencia a satisfacer a un público determinado, en un tiempo específico. Por supuesto que no están todos los que deberían estar, y ampliar el registro no es sólo cuestión de espacio editorial sino de que los críticos y los antólogos pongan en perspectiva sus elecciones, sin el personalismo que ha afectado a varias antologías, sobre todo las publicadas fuera de los Estados Unidos. Es fácil comprobar que casi ninguna de éstas ha tratado de ver en autores como Borges, Palacio, Piñera, Wilcock y Monterroso la verdadera creación de un cuento «otro» y verdaderamente nuevo que se puede homologar con los de Felisberto Hernández, Silvina Ocampo, Emar y otros.

Por la naturaleza aparentemente irresoluble de armar una antología definitiva, una gran diferencia y la ventaja más patente de *Cuentistas hispanoamericanos de entresiglo* respecto a las anteriores es presentar dos cuentos de cada autor incluido. Esta opción, ausente en la gran mayoría de las antologías que la antecede, permite a los lectores darse cuenta de la progresión de los autores; examinar cómo ha ido evolucionando su cuentística, asignarles épocas, escuelas y movimientos si se quiere; ver un principio y una continuación o un fin. Por esto, nuestra selección dialoga activamente y de manera renovada con una intención que nunca ha faltado en otras antologías: representar el canon, reemplazar ese canon, construir otro, apostar por futuros cuentistas. Esa actitud ha hecho que la historia del cuento hispanoamericano sea frecuentemente derivativa y reiterativa, cuando el género sigue siendo el más proteico de los practicados en el continente. Se puede creer que es más fácil encontrar un cuentista malo con una novela buena que un novelista bueno con un cuento malo. Esto dice más sobre el arte del cuento que sobre los autores que lo practican, y en ese sentido hemos aprendido de las antologías anteriores, porque la nuestra es de cuentos, no de autores que escribieron un buen cuento y pasaron a otro siglo con otros intereses.[4]

Wilfrido H. Corral
Leonardo Valencia

Bibliografía selecta

América: Cahiers du CRICCAL [Paris]. 2 (2ème semestre 1986). Número dedicado a «Techniques narratives et représentations du monde dans le conte latino-américain».

Anderson Imbert, Enrique. *Teoría y técnica del cuento*. 2da. ed. Barcelona: Editorial Ariel, 1992.

Cabrera Infante, Guillermo et al. *Palabra de América*. Madrid: Seix Barral, 2004.

Foster, David William. *Studies in the Contemporary Spanish-American Short Story*. Columbia: University of Missouri Press, 1979.

Frohlicher, Peter y Georges Guntert, eds. *Teoría e interpretación del cuento*. Bern: Peter Lang, 1995.

---

[4] Por esta razón nos referimos a autores para quienes el público ya está formado, entre otros, Quiroga, Rafael Arévalo Martínez, Lino Novás Calvo, Hernando Téllez, Alejo Carpentier, José Revueltas, María Luisa Bombal, Juan Carlos Onetti, Augusto Roa Bastos y José Luis González. Para el *boom* y en adelante una primera generación sería la de Arreola, Marco Denevi, Benedetti, Donoso, Sergio Pitol, Elvira Orphée, Jorge Edwards, Alfredo Bryce Echenique, Álvaro Menén Desleal, Angélica Gorodischer, Antonio Benítez Rojo, Reinaldo Arenas, Salvador Elizondo y Juan Aburto. Ése sería el elenco ideal y la base necesaria para nuestra selección, sobre todo porque se puede señalar más de un cuento para cada uno de esos autores. Por razones similares nuestra bibliografía se concentra en colecciones más que en estudios individuales sobre autores particulares. Hay interpretaciones excelentes, por cierto, y recomendamos la lectura de las varias introducciones disponibles en las antologías, sobre todo la de Fernando Burgos a los tres volúmenes de su *El cuento hispanoamericano en el siglo XX* (Madrid: Editorial Castalia, 1997), que se halla en el primer tomo e incluye una bibliografía (9–76).

Giardinelli, Mempo. *Así se escribe un cuento.* 2da. ed. México D.F.: Nueva Imagen, 1998.

Lagmanovich, David. *Estructura del cuento hispanoamericano.* Xalapa, México: Universidad Veracruzana, 1989.

Lasso, Luis Ernesto. *Señas de identidad en la cuentística hispanoamericana.* Bogotá: Universidad Nacional de Colombia, 1990.

Leal, Luis. *Historia del cuento hispanoamericano.* 2da. ed., revisada y ampliada. México D.F.: Ediciones de Andrea, 1971.

Mora, Carmen de. *En breve. Estudios sobre el cuento hispanoamericano contemporáneo.* Sevilla: Universidad de Sevilla, 2000.

Mora, Gabriela. *En torno al cuento: de la teoría general y de su práctica en Hispanoamérica.* 2da. ed., corregida y aumentada. Buenos Aires: Editorial D.A. Vergara, 1993.

Pacheco, Carlos y Luis Barrera Linares, eds. *Del cuento y sus alrededores. Aproximaciones a una teoría del cuento.* 2da. ed., revisada y ampliada. Caracas: Monte Ávila Editores, 1997.

Peden, Margaret Sayers, ed. *The Latin American Short Story: A Critical History.* Boston: G.K. Hall, 1973.

Pupo-Walker, Enrique, ed. *El cuento hispanoamericano.* 2da. ed. Madrid: Editorial Castalia, 1995.

Serra, Edelweis. *Tipología del cuento literario: Textos hispanoamericanos.* Madrid: CUPSA, 1978.

Valcárcel, Eva, ed. *El cuento hispanoamericano del siglo XX. Teoría y práctica.* La Coruña: Universidade da Coruña, 1997.

Jorge Luis Borges

EXISTE UN AMPLIO Y YA ANTIGUO CONSENSO entre lectores y críticos que Borges es el mayor cuentista hispanoamericano del siglo XX, o de siempre, y que sus cuentos han marcado permanentemente la narrativa de Occidente. Este reconocimiento del cuentista argentino comenzó en su país y en Francia en los años 50, y desde entonces sólo ha aumentado y producido miles de artículos, ensayos, notas, libros, traducciones y polémicas. También parece ser inevitable que sus lectores repitan infinitamente que cada lectura de un cuento de Borges causa que se encuentre una nueva idea o concepto, un giro fascinante, algún tema enriquecido o algún hecho cuya profundidad los marca para siempre. Es decir, los cuentos de Borges nunca se agotan. Esas reacciones son la norma con Borges, y si las situaciones que crea siempre son más importantes que los protagonistas, algunos de éstos son igualmente inolvidables.

Borges nació en Buenos Aires en 1899 y murió en Ginebra (ciudad en que hizo el bachillerato) en 1986. Su vida, por lo menos hasta 1970 y desde su punto de vista, está detallada en su *Autobiografía* (véase Bibliografía mínima) y los años posteriores en un sinnúmero de biografías, sobre todo las de Williamson y Woodall. Vivió en España, donde colaboró en el Ultraísmo, movimiento de vanguardia que llevó a su patria en 1920. Comenzó escribiendo poemas, práctica que nunca abandonó, a la vez que escribía ensayos (sobre todo en los años 20 y 30) para revistas y periódicos. En ambos géneros su obra es memorable, canónica y frecuentemente brillante, adjetivo que sólo se puede emplear con él y un puñado de prosistas hispanoamericanos. Toda esa obra (nunca quiso escribir novelas) se sigue recogiendo en varios volúmenes, a pesar de que sus cuentos más importantes ya están en el primer tomo de sus *Obras completas* (1974). Su primer (y pintoresco) ejercicio en el género es «El hombre de la esquina rosada». Pero es en los años 40 que Borges empieza a producir los cuentos que lo convirtieron en el mejor practicante del género del siglo XX, y que iban a crear escuela, movimientos y una gran secuela de imitadores.

En su seminal estudio Ana María Barrenechea propone que Borges expresa la irrealidad en cuentos de un arte combinatorio que tiene como temas principales el infinito, el caos y el cosmos, el panteísmo y la personalidad, y sobre todo, el tiempo y la eternidad. Por eso abundan en sus cuentos el doble (un tipo de disolución del individuo), los sueños, los laberintos y los espejos. Tampoco faltan el idealismo, los juegos y digresiones filosóficas sobre el lenguaje, ni las conexiones con la historia de su país. Estas últimas son tan sutiles que un comentarista menor postuló que a Borges le importaba la historia como excusa, no como fuente de duda sobre las tradiciones culturales de su país. Mucho se ha escrito acerca de cómo el gran humor de Borges despista a sus lectores, por no decir nada de otro aspecto descubierto inicialmente por Barrenechea y elaborado por críticos recientes: él sigue siendo el maestro en presentar el cuento que se lee como ensayo y el ensayo que se lee como cuento, al extremo que ambos géneros se desplazan. Borges nunca tuvo una visión convencional del cuento, aunque engañó tempranamente a sus críticos posteriores al escribir varias poéticas sobre el género que, erróneamente, se han tomado al pie de la letra.

Para esta antología hemos escogido cuentos que se pueden llamar con seguridad de la primera y última etapa de Borges. «El Sur» (1952), uno de los más antologados de *Ficciones* (1944, aumentada en 1956), su colección más famosa, es problemático y positivamente autobiográfico, para la frustración de sus críticos y, más importante, para el placer de sus lectores. El argumento es sencillo, pero de una manera típicamente borgeana los mensajes detrás de la trama se van complicando, y el resultado es una memorable encuesta de la historia del ser argentino, sus fundamentos encontrados y su importancia para el futuro. «El otro» (1975), que también es el título de un poema suyo, se incluye en *El libro de arena* (1975), la última colección de cuentos que publicó en vida. Es un cuento emblemático porque muestra a un Borges que no está cansado de utopías, y por ende se repite. Para Bell-Villada es una versión diluida del clásico «Borges y yo», un arte poética biográfica. No obstante, «El otro» recoge varios temas fundamentales: el doble, la obsesión con el tiempo y la noción idealista de que la vida es sueño. Más importante, y considerando la presencia de referencias históricas, es un comentario sobre el compromiso, tema que angustió a Borges toda su vida y que logró descargar en sus críticos. Para trazar un arco similar al de los cuentos seleccionados véase «Tema del traidor y del héroe» y

«El milagro secreto» de *Ficciones* y «El congreso» y «El libro de arena» en *El libro de arena*.

Bibliografía mínima

Alazraki, Jaime, ed. *Jorge Luis Borges*. Madrid: Taurus, 1976.

Barrenechea, Ana María. *La expresión de la irrealidad en la obra de Borges* [1957]. Buenos Aires: Centro Editor de América Latina, 1984. [Hay ediciones posteriores, revisadas y aumentadas de este paradigma de los estudios sobre Borges. La primera se publicó en inglés como *Borges, the Labyrinth Maker*. Trad. Robert Lima. Nueva York: New York University Press, 1965.]

Bell-Villada, Gene H. *Borges and His Fiction*. Edición revisada. Austin: University of Texas Press, 1999.

Bernés, Jean-Pierre. *Album Jorge Luis Borges*. París: Gallimard, 1999. [Tal vez la mejor iconografía sobre el autor.]

Borges, Jorge Luis. *Autobiografía 1899–1970*. Trad. Marcial Souto y Norman Thomas di Giovanni. Buenos Aires: El Ateneo, 1999.

- - -. «El arte de contar historias». *Arte poética. Seis conferencias*. Ed. Calin-Andrei Mihailescu. Trad. Justo Navarro. Barcelona: Crítica, 2001. 61–74.

Cuadernos hispanoamericanos [Madrid] 505-507 (Julio–Septiembre 1992). Número «Homenaje a Jorge Luis Borges».

Dunham, Lowell e Ivar Ivask, eds. *The Cardinal Points of Borges*. Norman: University of Oklahoma Press, 1971.

Fishburn, Evelyn y Psiche Hughes. *A Dictionary of Borges*. Londres: Duckworth, 1990.

McMurray, George R. *Jorge Luis Borges*. Nueva York: Frederick Unger, 1980.

Rowe, William et al., eds. *Jorge Luis Borges. Intervenciones sobre pensamiento y literatura*. Buenos Aires: Paidós, 2000.

Wheelock, Carter. *The Mythmaker: A Study of Motif and Symbol in the Short Stories of Jorge Luis Borges*. Austin: University of Texas Press, 1969.

Williamson, Edwin. *Borges, a Life*. Nueva York: Viking, 2004.

Woodall, James. *Borges. A Life*. [1996]. Nueva York: Basic Books, 1997.

El Sur

Antes de leer

Temas para comentar antes de la lectura

1. ¿En qué pensamos cuando viajamos hacia un lugar que conocemos un poco y del cual mantenemos recuerdos vagos, aunque probablemente no es el mismo que antes?

2. Todo viaje es una aventura porque no sabemos qué vamos a encontrar. Por ejemplo, ¿qué pasa si volvemos a nuestra escuela secundaria a pesar de que no tuvimos una buena experiencia en ella?

3. Esté preparado/a para comentar con sus compañeros de clase cuáles son algunas maneras de evitar la violencia.

Palabras clave

1. el anacronismo
2. la cifra
3. el criollismo
4. la estancia
5. el linaje
6. la llanura
7. la simetría
8. acurrucarse
9. mitigado/a
10. transfigurado/a

El Sur

EL HOMBRE QUE DESEMBARCÓ en Buenos Aires en 1871 se llamaba Johannes Dahlmann y era pastor de la iglesia evangélica; en 1939, uno de sus nietos, Juan Dahlmann, era secretario de una biblioteca municipal en la calle Córdoba[1] y se sentía hondamente argentino. Su abuelo materno había sido aquel Francisco Flores, del 2 de infantería de línea, que murió en la frontera de Buenos Aires, lanceado por indios de Catriel; en la discordia de sus dos linajes, Juan Dahlmann (tal vez a impulso de la sangre germánica) eligió el de ese antepasado romántico, o de muerte romántica.[2] Un estuche con el daguerrotipo de un hombre inexpresivo y barbado, una vieja espada, la dicha y el coraje de ciertas músicas, el hábito de estrofas del *Martín Fierro*,[3] los años, el desgano y la soledad, fomentaron ese criollismo[4] algo voluntario, pero nunca ostentoso. A costa de algunas privaciones, Dahlmann había logrado salvar el casco[5] de una estancia en el Sur, que fue de los Flores; una de las costumbres de su memoria era la imagen de los eucaliptos balsámicos y de la larga casa rosada que alguna vez fue carmesí.[6] Las tareas y acaso la indolencia lo retenían en la ciudad. Verano tras verano se contentaba con la idea abstracta de posesión y con la certidumbre de que su casa estaba esperándolo, en un sitio preciso de la llanura. En los últimos días de febrero de 1939, algo le aconteció.

---

[1] larga calle céntrica de Buenos Aires

[2] La descendencia explicada en esta oración es muy parecida a la de Borges cuya abuela materna era inglesa.

[3] *Martín...* clásico poema fundacional de José Hernández, paradigma de la literatura gauchesca en el siglo XIX y su definición del ser argentino

[4] tendencia a exaltar las cualidades de lo autóctono americano

[5] parte o edificio principal de una estancia (hacienda o rancho)

[6] fue... ya ha perdido su color original.

Ciego a las culpas, el destino puede ser despiadado con las minimas dis- ₂₀ tracciones. Dahlmann había conseguido, esa tarde, un ejemplar descabalado de las *Mil y una noches* de Weil;[7] ávido de examinar ese hallazgo, no esperó que bajara el ascensor y subió con apuro las escaleras; algo en la oscuridad le rozó la frente ¿un murciélago, un pájaro? En la cara de la mujer que le abrió la puerta vio grabado el horror, y la mano que se pasó por la frente ₂₅ salió roja de sangre. La arista de un batiente[8] recién pintado que alguien se olvidó de cerrar le habría hecho esa herida. Dahlmann logró dormir, pero a la madrugada estaba despierto y desde aquella hora el sabor de todas las cosas fue atroz. La fiebre lo gastó y las ilustraciones de las *Mil y una noches* sirvieron para decorar pesadillas. Amigos y parientes lo visitaban y con exa- ₃₀ gerada sonrisa le repetían que lo hallaban muy bien. Dahlmann los oía con una especie de débil estupor y le maravillaba que no supieran que estaba en el infierno. Ocho días pasaron, como ocho siglos. Una tarde, el médico habitual se presentó con un médico nuevo y lo condujeron a un sanatorio de la calle Ecuador, porque era indispensable sacarle una radiografía. Dahlmann, ₃₅ en el coche de plaza que los llevó, pensó que en una habitación que no fuera la suya podría, al fin, dormir. Se sintió feliz y conversador; en cuanto llegó, lo desvistieron, le raparon la cabeza, lo sujetaron con metales a una camilla, lo iluminaron hasta la ceguera y el vértigo, lo auscultaron y un hombre enmascarado le clavó una aguja en el brazo.[9] Se despertó con náuseas, ven- ₄₀ dado, en una celda que tenía algo de pozo y, en los días y noches que siguieron a la operación pudo entender que apenas había estado, hasta entonces, en un arrabal del infierno. El hielo no dejaba en su boca el menor rastro de frescura. En esos días, Dahlmann minuciosamente se odió; odió su identidad, sus necesidades corporales, su humillación, la barba que le eri- ₄₅ zaba la cara. Sufrió con estoicismo las curaciones, que eran muy dolorosas, pero cuando el cirujano le dijo que había estado a punto de morir de una septicemia,[10] Dahlmann se echó a llorar, condolido de su destino. Las miserias físicas y la incesante previsión de las malas noches no le habían dejado pensar en algo tan abstracto como la muerte. Otro día, el cirujano le dijo que ₅₀ estaba reponiéndose y que, muy pronto, podría ir a convalecer a la estancia. Increíblemente, el día prometido llegó.

A la realidad le gustan las simetrías y los leves anacronismos; Dahlmann había llegado al sanatorio en un coche de plaza y ahora un coche de plaza lo

---

[7] *Mil...* Gustav Weil, editor de una edición alemana (1830–1841) de la mencionada colección de cuentos árabes narrados por Shahrazad

[8] hoja o parte de una ventana que se abre

[9] Toda esta oración describe los procedimientos a veces humillantes que los pacientes experimentan en un hospital. Algo similar le pasó a Borges.

[10] envenenamiento o infección de la sangre

55 llevaba a Constitución.[11] La primera frescura del otoño, después de la opresión del verano, era como un símbolo natural de su destino rescatado de la muerte y la fiebre. La ciudad, a las siete de la mañana, no había perdido ese aire de casa vieja que le infunde la noche; las calles eran como largos zaguanes,[12] las plazas como patios. Dahlmann la reconocía con felicidad y con un principio de
60 vértigo; unos segundos antes de que las registraran sus ojos, recordaba las esquinas, las carteleras, las modestas diferencias de Buenos Aires. En la luz amarilla del nuevo día, todas las cosas regresaban a él.

Nadie ignora que el Sur empieza del otro lado de Rivadavia. Dahlmann solía repetir que ello no es una convención y que quien atraviesa esa calle
65 entra en un mundo más antiguo y más firme. Desde el coche buscaba entre la nueva edificación, la ventana de rejas, el llamador, el arco de la puerta, el zaguán, el íntimo patio.

En el *hall* de la estación advirtió que faltaban treinta minutos. Recordó bruscamente que en un café de la calle Brasil (a pocos metros de la casa de
70 Yrigoyen[13]) había un enorme gato que se dejaba acariciar por la gente, como una divinidad desdeñosa. Entró. Ahí estaba el gato, dormido. Pidió una taza de café, la endulzó lentamente, la probó (ese placer le había sido vedado[14] en la clínica) y pensó, mientras alisaba el negro pelaje, que aquel contacto era ilusorio y que estaban como separados por un cristal, porque el hombre vive en el
75 tiempo, en la sucesión, y el mágico animal, en la actualidad, en la eternidad del instante.

A lo largo del penúltimo andén el tren esperaba. Dahlmann recorrió los vagones y dio con uno casi vacío. Acomodó en la red la valija; cuando los coches arrancaron, la abrió y sacó, tras alguna vacilación, el primer tomo de las
80 *Mil y una noches*. Viajar con este libro, tan vinculado a la historia de su desdicha, era una afirmación de que esa desdicha había sido anulada y un desafío alegre y secreto a las frustradas fuerzas del mal.

A los lados del tren, la ciudad se desgarraba en suburbios;[15] esta visión y luego la de jardines y quintas demoraron el principio de la lectura. La verdad es
85 que Dahlmann leyó poco; la montaña de piedra imán y el genio que ha jurado matar a su bienhechor eran, quién lo niega, maravillosos, pero no mucho más que la mañana y que el hecho de ser. La felicidad lo distraía de Shahrazad y de sus milagros superfluos; Dahlmann cerraba el libro y se dejaba simplemente vivir.[16]

---

[11] estación de ferrocarril en Buenos Aires

[12] espacios cubiertos dentro de una casa que sirven de entrada a ella y un símbolo común del laberinto en la obra de Borges, como de la nostalgia de él por el pasado

[13] presidente argentino de 1916 a 1922 y de 1928 a 1930

[14] prohibido

[15] se... se dividía en barrios no centrales

[16] El narrador se refiere a algunos de los cuentos de las *Mil y una noches*.

El almuerzo (con el caldo servido en boles[17] de metal reluciente, como en los ya remotos veraneos de la niñez) fue otro goce tranquilo y agradecido. 90

Mañana me despertaré en la estancia, pensaba, y era como si a un tiempo fuera dos hombres: el que avanzaba por el día otoñal y por la geografía de la patria, y el otro, encarcelado en un sanatorio y sujeto a metódicas servidumbres. Vio casas de ladrillo sin revocar, esquinadas y largas, infinitamente mirando pasar los trenes; vio jinetes en los terrosos caminos; vio zanjas y lagunas 95 y hacienda; vio largas nubes luminosas que parecían de mármol, y todas estas cosas eran casuales, como sueños de la llanura. También creyó reconocer árboles y sembrados que no hubiera podido nombrar, porque su directo conocimiento de la campaña era harto inferior a su conocimiento nostálgico y literario. 100

Alguna vez durmió y en sus sueños estaba el ímpetu del tren. Ya el blanco sol intolerable de las doce del día era el sol amarillo que precede al anochecer y no tardaría en ser rojo. También el coche era distinto; no era el que fue en Constitución, al dejar el andén: la llanura y las horas lo habían atravesado y transfigurado. Afuera la móvil sombra del vagón se alargaba hacia el hori- 105 zonte. No turbaban la tierra elemental ni poblaciones ni otros signos humanos. Todo era vasto, pero al mismo tiempo era íntimo y, de alguna manera, secreto. En el campo desaforado, a veces no había otra cosa que un toro. La soledad era perfecta y tal vez hostil, y Dahlmann pudo sospechar que viajaba al pasado y no sólo al Sur. De esa conjetura fantástica lo distrajo el inspector, que 110 al ver su boleto, le advirtió que el tren no lo dejaría en la estación de siempre sino en otra, un poco anterior y apenas conocida por Dahlmann. (El hombre añadió una explicación que Dahlmann no trató de entender ni siquiera de oír, porque el mecanismo de los hechos no le importaba.)[18]

El tren laboriosamente se detuvo, casi en medio del campo. Del otro lado 115 de las vías quedaba la estación, que era poco más que un andén con un cobertizo. Ningún vehículo tenían, pero el jefe opinó que tal vez pudiera conseguir uno en un comercio que le indicó a unas diez, doce, cuadras.

Dahlmann aceptó la caminata como una pequeña aventura. Ya se había hundido el sol, pero un esplendor final exaltaba la viva y silenciosa llanura, 120 antes de que la borrara la noche. Menos para no fatigarse que para hacer durar esas cosas, Dahlmann caminaba despacio, aspirando con grave felicidad el olor del trébol.

El almacén, alguna vez, había sido punzó, pero los años habían mitigado para su bien ese color violento. Algo en su pobre arquitectura le recordó un 125

---

[17] anglicismo por **platos soperos**

[18] Éste y el párrafo anterior presentan el viaje del protagonista como un camino hacia el pasado.

grabado en acero, acaso de una vieja edición de *Pablo y Virginia*.[19] Atados al palenque había unos caballos. Dahlmann, adentro, creyó reconocer al patrón; luego comprendió que lo había engañado su parecido con uno de los empleados del sanatorio. El hombre, oído el caso, dijo que le haría atar la jardinera; para agregar otro hecho a aquel día y para llenar ese tiempo, Dahlmann resolvió comer en el almacén.

En una mesa comían y bebían ruidosamente unos muchachones, en los que Dahlmann, al principio, no se fijó. En el suelo, apoyado en el mostrador, se acurrucaba, inmóvil como una cosa, un hombre muy viejo. Los muchos años lo habían reducido y pulido como las aguas a una piedra o las generaciones de los hombres a una sentencia. Era oscuro, chico y reseco, y estaba como fuera del tiempo, en una eternidad. Dahlmann registró con satisfacción la vincha, el poncho de bayeta, el largo chiripá y la bota de potro[20] y se dijo, rememorando inútiles discusiones con gente de los partidos del Norte o con entrerrianos,[21] que gauchos de esos ya no quedan más que en el Sur.

Dahlmann se acomodó junto a la ventana. La oscuridad fue quedándose con el campo, pero su olor y sus rumores aun le llegaban entre los barrotes de hierro. El patrón le trajo sardinas y después carne asada; Dahlmann las empujó con unos vasos de vino tinto. Ocioso, paladeaba el áspero sabor y dejaba errar la mirada por el local, ya un poco soñolienta. La lámpara de kerosén pendía de uno de los tirantes; los parroquianos[22] de la otra mesa eran tres: dos parecían peones de chacra;[23] otro, de rasgos achinados y torpes, bebía con el chambergo puesto. Dahlmann, de pronto, sintió un leve roce en la cara. Junto al vaso ordinario de vidrio turbio, sobre una de las rayas del mantel, había una bolita de miga. Eso era todo, pero alguien se la había tirado.

Los de la otra mesa parecían ajenos a él. Dahlmann, perplejo, decidió que nada había ocurrido y abrió el volumen de las *Mil y una noches*, como para tapar la realidad. Otra bolita lo alcanzó a los pocos minutos, y esta vez los peones se rieron. Dahlmann se dijo que no estaba asustado, pero que sería un disparate que él, un convaleciente, se dejara arrastrar por desconocidos a una pelea confusa. Resolvió salir; ya estaba de pie cuando el patrón se le acercó y lo exhortó con voz alarmada:

—Señor Dahlmann, no les haga caso a esos mozos, que están medio alegres.

---

[19] *Pablo...* novela romántica canónica (1787) del francés «Bernardin de Saint-Pierre» (Jacques Henri), influyente para el romanticismo hispanoamericano.

[20] la vincha... respectivamente, prendas de vestir y caballo joven identificados con el gaucho, útiles para sus labores

[21] personas de la provincia argentina de Entre Ríos

[22] gente local, literalmente, de la misma parroquia

[23] finca próxima a un pueblo dedicada a animales que no son vacas

Dahlmann no se extrañó de que el otro, ahora, lo conociera, pero sintió ¹⁶⁰ que estas palabras conciliadoras agravaban, de hecho, la situación. Antes, la provocación de los peones era a una cara accidental, casi a nadie; ahora iba contra él y contra su nombre y lo sabrían los vecinos. Dahlmann hizo a un lado al patrón, se enfrentó con los peones y les preguntó qué andaban buscando.

El compadrito[24] de la cara achinada se paró, tambaleándose. A un paso de ¹⁶⁵ Juan Dahlmann, lo injurió a gritos, como si estuviera muy lejos. Jugaba a exagerar su borrachera y esa exageración era una ferocidad y una burla. Entre malas palabras y obscenidades, tiró al aire un largo cuchillo, lo siguió con los ojos, lo barajó,[25] e invitó a Dahlmann a pelear. El patrón objetó con trémula voz que Dahlmann estaba desarmado. En ese punto, algo imprevisible ocurrió. ¹⁷⁰

Desde un rincón, el viejo gaucho extático, en el que Dahlmann vio una cifra del Sur (del Sur que era suyo), le tiró una daga desnuda que vino a caer a sus pies. Era como si el Sur hubiera resuelto que Dahlmann aceptara el duelo. Dahlmann se inclinó a recoger la daga y sintió dos cosas. La primera, que ese acto casi instintivo lo comprometía a pelear. La segunda, que el arma, en su mano torpe, no ¹⁷⁵ serviría para defenderlo, sino para justificar que lo mataran. Alguna vez había jugado con un puñal, como todos los hombres, pero su esgrima[26] no pasaba de una noción de que los golpes deben ir hacia arriba y con el filo para adentro. *No hubieran permitido en el sanatorio que me pasaran estas cosas*, pensó.

—Vamos saliendo —dijo el otro. ¹⁸⁰

Salieron, y si en Dahlmann no había esperanza, tampoco había temor. Sintió, al atravesar el umbral,[27] que morir en una pelea a cuchillo, a cielo abierto y acometiendo, hubiera sido una liberación para él, una felicidad y una fiesta, en la primera noche del sanatorio, cuando le clavaron la aguja. Sintió que si él, entonces, hubiera podido elegir o soñar su muerte, ésta es la muerte ¹⁸⁵ que hubiera elegido o soñado.

Dahlmann empuña con firmeza el cuchillo, que acaso no sabrá manejar, y sale a la llanura.

---

[24] en la Argentina y el Uruguay: tipo de persona popular, jactancioso, provocativo, afectado en sus maneras y vestir

[25] pasó de una mano a otra.

[26] arte de manejar espadas, sables y otras armas blancas como dagas, cuchillos y navajas

[27] atravesar... dar el primer paso (aquí usado simbólicamente)

Después de leer

Comprensión

1. ¿Quiénes son los abuelos de Dahlman y cómo se diferencian de él?
2. ¿Qué le pasó a Dahlman y por qué se sentía humillado y se odiaba?

3. ¿Por qué se va el protagonista al Sur y qué tiene allí?

4. ¿Con qué sueña Dahlman en el tren?

5. Comente en clase lo que ocurre en el almacén.

6. ¿Qué decide hacer Dahlmann al final del cuento y por qué?

7. ¿Cuál es el papel de la mención de obras literarias en la trama?

8. Mencione algunos de los paralelos evidentes en el cuento, en la acción o en los personajes y ambientes.

Análisis

1. ¿Cuáles son los dilemas que tiene Dahlman al sentirse «hondamente argentino»?

2. Explique la función de las *Mil y una noches.*

3. ¿Qué simbolizan el gato y el gaucho viejo?

4. ¿Por qué se puede decir que la decisión final de Dahlmann es una locura, un sueño o una especie de salvación romántica?

Expansión

1. ¿Cuál es el papel del «destino» en el cuento?

2. En última instancia, ¿qué significa el «Sur» para los argentinos como Dahlmann?

3. Explique lo que quiere hacer Borges al contrastar un bibliotecario con los gauchos.

4. Examine alguna biografía de Borges y explique por qué se puede decir que hay una relación entre lo contado en «El Sur» y la vida real del autor.

5. Haga una lista de los adjetivos empleados para describir a Dahlmann y al gaucho viejo.

El otro

Antes de leer

Temas para comentar antes de la lectura

1. ¿Qué pasaría si Ud. encontrara a una persona físicamente exacta a Ud.?

2. En su opinión, ¿cuáles son los mayores peligros de llevar una vida estrictamente literaria?

3. ¿Qué haría Ud. para repasar su vida si ya estuviera mayor?

4. ¿Qué papel puede o debe tener la política en la vida de un escritor?

Palabras clave

1. la avidez
2. la décima
3. la milenaria
4. el porvenir
5. amilanar
6. balbucear
7. convidar
8. encargar
9. rememorar
10. prolijo/a
11. trabado/a

El otro

EL HECHO OCURRIÓ EN EL MES DE FEBRERO de 1969, al norte de Boston, en Cambridge. No lo escribí inmediatamente porque mi primer propósito fue olvidarlo, para no perder la razón. Ahora, en 1972, pienso que si lo escribo, los otros lo leerán como un cuento y, con los años, lo será tal vez para mí.

Sé que fue casi atroz mientras duró y más aún durante las desveladas noches que lo siguieron. Ello no significa que su relato pueda conmover a un tercero.

Serían las diez de la mañana. Yo estaba recostado en un banco, frente al río Charles.[1] A unos quinientos metros a mi derecha había un alto edificio, cuyo nombre no supe nunca. El agua gris acarreaba largos trozos de hielo. Inevitablemente, el río hizo que yo pensara en el tiempo. La milenaria imagen de Heráclito.[2] Yo había dormido bien; mi clase de la tarde anterior había logrado, creo, interesar a los alumnos. No había un alma a la vista.

Sentí de golpe la impresión (que según los psicólogos corresponde a los estados de fatiga) de haber vivido ya aquel momento. En la otra punta de mi banco alguien se había sentado. Yo hubiera preferido estar solo, pero no quise levantarme en seguida, para no mostrarme incivil. El otro se había puesto a silbar. Fue entonces cuando ocurrió la primera de las muchas zozobras de esa mañana. Lo que silbaba, lo que trataba de silbar (nunca he sido muy entonado), era el estilo criollo de *La tapera* de Elías Regules.[3] El estilo me retrajo a

5

10

15

20

---

[1] río... río que pasa entre las ciudades de Boston y Cambridge

[2] filósofo anterior a Sócrates, de obra fragmentaria, importantísimo para entender varias ideas de Borges, quien lo emplea como referencia (Creía que todo en el mundo se equilibraba con opuestos. Su fragmento más famoso postula que no se puede pisar el mismo río dos veces.)

[3] Elías... compositor de la provincia de Entre Ríos cuyas canciones son, a la vez, agresivas y sentimentales

un patio, que ha desaparecido, y a la memoria de Álvaro Melián Lafinur,[4] que hace tantos años ha muerto. Luego vinieron las palabras. Eran las de la décima del principio. La voz no era la de Álvaro, pero quería parecerse a la de Álvaro. La
25 reconocí con horror.

Me le acerqué y le dije:

—Señor, ¿usted es oriental[5] o argentino?

—Argentino, pero desde el catorce vivo en Ginebra —fue la contestación.

Hubo un silencio largo. Le pregunté:

30 —¿En el número diecisiete de Malagnou, frente a la iglesia rusa?

Me contestó que sí.

—En tal caso —le dije resueltamente— usted se llama Jorge Luis Borges. Yo también soy Jorge Luis Borges. Estamos en 1969, en la ciudad de Cambridge.[6]

—No —me respondió con mi propia voz un poco lejana.

35 Al cabo de un tiempo insistió:

—Yo estoy aquí en Ginebra, en un banco, a unos pasos del Ródano. Lo raro es que nos parecemos, pero usted es mucho mayor, con la cabeza gris.

Yo le contesté:

—Puedo probarte que no miento. Voy a decirte cosas que no puede saber
40 un desconocido. En casa hay un mate[7] de plata con un pie de serpientes, que trajo del Perú nuestro bisabuelo. También hay una palangana de plata, que pendía del arzón. En el armario de tu cuarto hay dos filas de libros. Los tres volúmenes de *Las mil y una noches* de Lane,[8] con grabados en acero y notas en cuerpo menor entre capítulo y capítulo, el diccionario latino de Quicherat, la *Germania*
45 de Tácito en latín y en la versión de Gordon, un *Don Quijote* de la casa Garnier, las *Tablas de sangre* de Rivera Indarte, con la dedicatoria del autor, el *Sartor Resartus* de Carlyle, una biografía de Amiel[9] y, escondido detrás de los demás, un libro en rústica sobre las costumbres sexuales de los pueblos balkánicos. No he olvidado tampoco un atardecer en un primer piso de la plaza Dubourg.

50 —Dufour —corrigió.

---

4 Álvaro... primo menor del padre de Borges, considerado mujeriego y pícaro (Borges ha dicho que lo inició en los prostíbulos.)

5 urugayo (referencia a la Banda Oriental, nombre antiguo del Uruguay)

6 Todos los datos de este diálogo coinciden con la vida real de Borges.

7 especie de tetera empleada para tomar mate, tipo de té tomado comúnmente en la Argentina y el Uruguay

8 Edward Lane (1801–1876), orientalista inglés, compilador y traductor de esa obra (Las otras obras mencionadas, como sus editores y casas editoriales, son reales.)

9 Henri-Frédéric Amiel (1821–1881), escritor suizo conocido por su *Journal intime*, obra maestra del autoanálisis traducida a varias lenguas (Amiel, que se consideraba un fracaso, era un hombre de gran intelecto que luchaba por mantener sus valores en una época escéptica.)

—Está bien, Dufour. ¿Te basta con todo eso?

—No —respondió—. Esas pruebas no prueban nada. Si yo no estoy soñando, es natural que sepa lo que yo sé. Su catálogo prolijo es del todo vano.

La objeción era justa. Le contesté:

—Si esta mañana y este encuentro son sueños, cada uno de los dos tiene que pensar que el soñador es él. Tal vez dejemos de soñar, tal vez no. Nuestra evidente obligación, mientras tanto, es aceptar el sueño, como hemos aceptado el universo y haber sido engendrados y mirar con los ojos y respirar.

—¿Y si el sueño durara? —dijo con ansiedad.

Para tranquilizarlo y tranquilizarme, fingí un aplomo[10] que ciertamente no sentía. Le dije:

—Mi sueño ha durado ya setenta años. Al fin y al cabo, al recordarse, no hay persona que no se encuentre consigo misma. Es lo que nos está pasado ahora, salvo que somos dos. ¿No querés saber algo de mi pasado, que es el porvenir que te espera?

Asintió sin una palabra. Yo proseguí un poco perdido:

—Madre está sana y buena en su casa de Charcas y Maipú, en Buenos Aires, pero padre murió hace unos treinta años. Murió del corazón. Lo acabó una hemiplejia; la mano izquierda puesta sobre la mano derecha era como la mano de un niño sobre la mano de un gigante. Murió con impaciencia de morir, pero sin una queja. Nuestra abuela había muerto en la misma casa. Unos días antes del fin, nos llamó a todos y nos dijo: «Soy una mujer muy vieja, que está muriéndose muy despacio. Que nadie se alborote por una cosa tan común y corriente.» Norah, tu hermana, se casó y tiene dos hijos. A propósito, en casa, ¿cómo están?[11]

—Bien. Padre siempre con sus bromas contra la fe. Anoche dijo que Jesús era como los gauchos, que no quieren comprometerse, y que por eso predicaba en parábolas.

Vaciló y me dijo:

—¿Y usted?

—No sé la cifra de los libros que escribirás, pero sé que son demasiados. Escribirás poesías que te darán un agrado no compartido y cuentos de índole fantástica.[12] Darás clases como tu padre y como tantos otros de nuestra sangre.

---

[10] serenidad

[11] Todo lo que se cuenta en este párrafo proviene de la vida real de Borges.

[12] índole... lo fantástico, género literario basado en la fantasía e imaginación extremas, con el cual se asocia a Borges en una primera lectura

Me agradó que nada me preguntara sobre el fracaso o éxito de los libros. Cambié de tono y proseguí:

—En lo que se refiere a la historia... Hubo otra guerra, casi entre los mismos antagonistas. Francia no tardó en capitular; Inglaterra y América libraron contra un dictador alemán, que se llamaba Hitler, la cíclica batalla de Waterloo. Buenos Aires, hacia mil novecientos cuarenta y seis, engendró otro Rosas,[13] bastante parecido a nuestro pariente. El cincuenta y cinco, la provincia de Córdoba nos salvó, como antes Entre Ríos. Ahora, las cosas andan mal. Rusia está apoderándose del planeta; América, trabada por la superstición de la democracia, no se resuelve a ser un imperio. Cada día que pasa nuestro país es más provinciano. Más provinciano y más engreído, como si cerrara los ojos. No me sorprendería que la enseñanza del latín fuera reemplazada por la del guaraní.

Noté que apenas me prestaba atención. El miedo elemental de lo imposible y sin embargo cierto lo amilanaba. Yo, que no he sido padre, sentí por ese pobre muchacho, más íntimo que un hijo de mi carne, una oleada de amor. Vi que apretaba entre las manos un libro. Le pregunté qué era.

—*Los poseídos* o, según creo, *Los demonios*[14] de Fyodor Dostoievski —me replicó no sin vanidad.

—Se me ha desdibujado. ¿Qué tal es?

No bien lo dije, sentí que la pregunta era una blasfemia.

—El maestro ruso —dictaminó— ha penetrado más que nadie en los laberintos del alma eslava.

Esa tentativa retórica me pareció una prueba de que se había serenado.

Le pregunté qué otros volúmenes del maestro había recorrido.

Enumeró dos o tres, entre ellos *El doble*.

Le pregunté si al leerlos distinguía bien los personajes, como en el caso de Joseph Conrad, y si pensaba proseguir el examen de la obra completa.

—La verdad es que no —me respondió con cierta sorpresa.

Le pregunté qué estaba escribiendo y me dijo que preparaba un libro de versos que se titularía *Los himnos rojos*. También había pensado en *Los ritmos rojos*.

—¿Por qué no? —le dije—. Podés alegar buenos antecedentes. El verso azul de Rubén Darío y la canción gris de Verlaine.[15]

---

[13] alusión al fallecido dictador argentino Juan Domingo Perón, todavía de gran influencia ideológica (Durante su régimen Borges fue perseguido y humillado.)

[14] *Los poseídos*... Se trata de la misma novela de 1872, conocida por ambos títulos, y por examinar la malicia humana.

[15] Rubén... respectivamente, el mayor poeta hispanoamericano de entresiglo (el XIX y el XX), y uno de los tres poetas franceses reconocidos como maestros de los parnasianos, movimiento de gran influencia en el modernismo de Darío

Sin hacerme caso, me aclaró que su libro cantaría la fraternidad de todos los hombres. El poeta de nuestro tiempo no puede dar la espalda a su época. 120

Me quedé pensando y le pregunté si verdaderamente se sentía hermano de todos. Por ejemplo, de todos los empresarios de pompas fúnebres, de todos los carteros, de todos los buzos, de todos los que viven en la acera de los números pares, de todos los afónicos, etcétera. Me dijo que su libro se refería a 125 la gran masa de los oprimidos y parias.

—Tu masa de oprimidos y de parias —le contesté— no es más que una abstracción.[16] Sólo los individuos existen, si es que existe alguien. *El hombre de ayer no es el hombre de hoy* sentenció algún griego. Nosotros dos, en este banco de Ginebra o de Cambridge, somos tal vez la prueba. 130

Salvo en las severas páginas de la Historia, los hechos memorables prescinden de frases memorables. Un hombre a punto de morir quiere acordarse de un grabado entrevisto en la infancia; los soldados que están por entrar en la batalla hablan del barro o del sargento. Nuestra situación era única y, francamente, no estábamos preparados. Hablamos, fatalmente, de letras; temo no 135 haber dicho otras cosas que las que suelo decir a los periodistas. Mi *alter ego* creía en la invención o descubrimiento de metáforas nuevas; yo en las que corresponden a afinidades íntimas y notorias y que nuestra imaginación ya ha aceptado. La vejez de los hombres y el ocaso, los sueños y la vida, el correr del tiempo y del agua. Le expuse esta opinión, que expondría en un libro años 140 después.

Casi no me escuchaba. De pronto dijo:

—Si usted ha sido yo, ¿cómo explicar que haya olvidado su encuentro con un señor de edad que en 1918 le dijo que él también era Borges?

No había pensado en esa dificultad. Le respondí sin convicción: 145

—Tal vez el hecho fue tan extraño que traté de olvidarlo.

Aventuró[17] una tímida pregunta:

—¿Cómo anda su memoria?

Comprendí que para un muchacho que no había cumplido veinte años, un hombre de más de setenta era casi un muerto. Le contesté: 150

—Suele parecerse al olvido, pero todavía encuentra lo que le encargan. Estudio anglosajón y no soy el último de la clase.

Nuestra conversación ya había durado demasiado para ser la de un sueño. Una brusca idea se me ocurrió.

—Yo te puedo probar inmediatamente —le dije— que no estás soñando 155 conmigo. Oí bien este verso, que no has leído nunca, que yo recuerde.

---

[16] no... crítica de Borges a una consigna o lema comunista (El párrafo que sigue es un desacuerdo sobre el significado de metáforas.)

[17] Arriesgó

Lentamente entoné la famosa línea:

L'hydre-univers tordant son corps écaillé d'astres.[18]

Sentí su casi temeroso estupor. Lo repitió en voz baja, saboreando cada
160 resplandeciente palabra.

—Es verdad —balbuceó—. Yo no podré nunca escribir una línea como
ésa.

Hugo nos había unido.

Antes, él había repetido con fervor, ahora lo recuerdo, aquella breve pieza
165 en que Walt Whitman[19] rememora una compartida noche ante el mar, en que
fue realmente feliz.

—Si Whitman la ha cantado —observé— es porque la deseaba y no sucedió. El poema gana si adivinamos que es la manifestación de un anhelo, no la
historia de un hecho.

170 Se quedó mirándome.

—Usted no lo conoce —exclamó—. Whitman es incapaz de mentir.

Medio siglo no pasa en vano. Bajo nuestra conversación de personas de mis-
celánea lectura y gustos diversos, comprendí que no podíamos entendernos.
Éramos demasiado distintos y demasiado parecidos. No podíamos engañarnos,
175 lo cual hace difícil el diálogo. Cada uno de los dos era el remedo caricaturesco del
otro. La situación era harto anormal para durar mucho más tiempo. Aconsejar o
discutir era inútil, porque su inevitable destino era ser el que soy.

De pronto recordé una fantasía de Coleridge.[20] Alguien sueña que cruza el
paraíso y le dan como prueba una flor. Al despertarse, ahí está la flor.

180 Se me ocurrió un artificio análogo.

—Oí —le dije—, ¿tenés algún dinero?

—Sí —me replicó—. Tengo unos veinte francos. Esta noche lo convidé a
Simón Jichlinski[21] en el *Crocodile*.

—Dile a Simón que ejercerá la medicina en Carouge, y que hará mucho
185 bien... ahora, me das una de tus monedas.

---

[18] *L'hydre...* «La hidra-universo que gira su cuerpo quebrantado de astros» (traducción literal de un verso del poeta romántico francés Víctor Hugo [1802–1885]). La hidra (mitológico monstruo gigante de nueve o más cabezas, la central de las cuales es inmortal) aparece frecuentemente en la novela más famosa de Hugo, *Les Misérables* (1862).

[19] Walt... poeta estadounidense (1819–1892), favorito de Borges, a quien tradujo y estudió en sus ensayos

[20] Samuel Taylor Coleridge (1772–1834), poeta, ensayista y crítico inglés, también predilecto de Borges (En *Otras inquisiciones* [1952] Borges le dedica dos famosos ensayos.)

[21] médico y uno de los mejores amigos de Borges desde que vivió en Ginebra

Sacó tres escudos de plata y unas piezas menores. Sin comprender me ofreció uno de los primeros.

Yo le tendí uno de esos imprudentes billetes americanos que tienen muy diverso valor y el mismo tamaño. Lo examinó con avidez.

—No puede ser —gritó—. Lleva la fecha de mil novecientos sesenta y cuatro. [190]

(Meses después alguien me dijo que los billetes de banco no llevan fecha.)[22]

—Todo esto es un milagro —alcanzó a decir— y lo milagroso da miedo. Quienes fueron testigos de la resurrección de Lázaro habrán quedado [195] horrorizados.

No hemos cambiado nada, pensé. Siempre las referencias librescas.

Hizo pedazos el billete y guardó la moneda.

Yo resolví tirarla al río. El arco del escudo de plata perdiéndose en el río de plata[23] hubiera conferido a mi historia una imagen vívida, pero la suerte no lo [200] quiso.

Respondí que lo sobrenatural, si ocurre dos veces, deja de ser aterrador. Le propuse que nos viéramos al día siguiente, en ese mismo banco que está en dos tiempos y en dos sitios.

Asintió en el acto y me dijo, sin mirar el reloj, que se le había hecho tarde. [205] Los dos mentíamos y cada cual sabía que su interlocutor estaba mintiendo. Le dije que iban a venir a buscarme.

—¿A buscarlo? —me interrogó.

—Sí. Cuando alcances mi edad habrás perdido casi por completo la vista. Verás el color amarillo y sombras y luces. No te preocupes. La ceguera gradual [210] no es una cosa trágica. Es como un lento atardecer de verano.

Nos despedimos sin habernos tocado. Al día siguiente no fui. El otro tampoco habrá ido.

He cavilado mucho sobre este encuentro, que no he contado a nadie. Creo haber descubierto la clave. El encuentro fue real, pero el otro conversó [215] conmigo en un sueño y fue así que pudo olvidarme; yo conversé con él en la vigilia y todavía me atormenta el recuerdo.

El otro me soñó, pero no me soñó rigurosamente. Soñó, ahora lo entiendo, la imposible fecha en el dólar.

---

[22] Los billetes estadounidenses sí llevan el año de la serie. Este detalle aumenta la confusión de la trama.

[23] río... alusión al río que pasa por la Buenos Aires natal de Borges, donde él no se encontraba en esos momentos

Después de leer

Comprensión

1. ¿Dónde está el narrador al principio y con quién se encuentra?

2. ¿Cuál es la ocupación del narrador?

3. ¿Cómo o por qué se da cuenta el narrador de que está hablando con una persona muy parecida a él?

4. ¿Qué son *Los himnos rojos* o *Los ritmos rojos*? ¿Cree que estos títulos son irónicos?

5. Aunque los dos personajes son parecidos, ¿qué los diferencia?

6. ¿Qué quiere probar el narrador?

7. Explique la frase «Éramos demasiado distintos y demasiado parecidos».

8. ¿Para qué se mencionan tanto las fechas?

9. ¿Para qué sirven los dos últimos párrafos del cuento?

Análisis

1. Mencione algunas de las razones por las cuales podemos creer que el cuento es sobre todo un juego intelectual.

2. Analice la función del «doble» en el cuento.

3. ¿Cuál cree usted que es el papel de la retórica en este cuento?

4. Comente el propósito de dar fechas y otros datos reales. ¿Cuál es el efecto de la presentación de hechos reales en un texto ficticio?

Expansión

1. Explique el significado más amplio de «Siempre las referencias librescas» en el contexto del cuento.

2. Explique el significado de la frase «en ese mismo banco que está en dos tiempos y en dos sitios». ¿Por qué ocurre hacia el final del cuento?

3. Comente el papel del sueño en comparación con «El Sur».

4. ¿Por qué se puede decir que este cuento también es un ajuste de cuentas político de parte de Borges?

5. Analice el significado de la frase «dijo que Jesús era como los gauchos, que no quieren comprometerse, y que por eso predicaba en parábolas» en términos de «El Sur».

Pablo Palacio

EL ECUATORIANO PALACIO, como otros de los autores de su época incluidos en *Cuentistas hispanoamericanos de entresiglo,* es uno de los grandes subestimados del siglo XX, por lo menos en las historias del cuento. Esa condición comenzó a mejorar con la publicación en el año 2000 de sus *Obras completas,* en las extensas e internacionales ediciones críticas que la UNESCO sigue apoyando para difundir la mejor literatura de Hispanoamérica. No obstante, la ausencia de sus cuentos en la mayoría de las antologías representativas causa una impresión incorrecta del desarrollo del género, como de lo mucho que contribuyeron Palacio y sus pocos pares contemporáneos a la modernización de la narrativa. (También escribió novelas cortas.) Una razón principal de esa ausencia es la manera irregular en que se publicó su obra en editoriales nacionales de mínima repercusión o distribución internacional. Otra es la percepción generalizada de la crítica respecto a qué podrían aportar países pequeños como el Ecuador a las literaturas de vanguardia, que cuando vivía Palacio eran el signo de cosmopolitismo y novedad.

Después del *boom* de la narrativa hispanoamericana de los años 60 y 70, que encaminó la literatura del continente hacia su globalización actual y la convirtió en modelo, la crítica comenzó a ver en autores como Palacio las raíces de una nueva visión de la literatura. Palacio, nacido en provincias (1906) y muerto en Guayaquil (1947), ciudad principal del Ecuador, fue recuperado y puesto a la altura de cuentistas como Felisberto Hernández, Juan Emar, Julio Garmendia y muchos otros «raros» que escribieron cuentos que se distancian de toda convención, para crear su propia tradición. Lo real, como vemos en otros cuentistas de esta antología, no es tan fijo, como concepto o en su representación. Palacio, como Borges su contemporáneo, sabía que los géneros funcionan mejor y desafían más al lector cuando se los desplaza, cuando no se escribe de la manera esperada o sobre temas ya conocidos.

Los cuentos de Palacio, considerando que los escribió en los años 20, muestran cómo se puede armar una práctica mayor con temas populares y, sobre todo, marginales. Palacio, entrenado como abogado y políticamente progresista, era honesto hasta el fondo, increíblemente chistoso y particularmente subversivo respecto a lo que se creía «normal» en la Hispanoamérica de su tiempo, hasta el extremo de que parecía un expatriado cínico. Sabía muy bien que estaba escribiendo cuentos «nuevos» y que iba a tener contratiempos. Pero su arte le era más importante. Le interesaban los *outsiders,* los conocía muy bien, y entendía para qué los usaba la gente de su época. Sin embargo, se nota también una ternura, aun cuando quiere transmitir la falsa evidencia de la opinión pública (el «qué dirán» latino), los rumores que pueden terminar con una vida.

Los cuentos escogidos para esta antología son una gran novedad por varias razones. Primero, porque «Una carta, un hombre y algunas cosas más» es su primer cuento, descubierto hace poco, y no se ha incluido en ninguna antología del cuento ecuatoriano o hispanoamericano hasta esta ocasión. Segundo, aunque «Un hombre muerto a puntapiés» es el cuento más conocido y antologado de Palacio, aparece por primera vez en una antología publicada en los Estados Unidos. Tercero, a pesar de haber sido publicados años aparte y representar la progresión de Palacio como cuentista, ambos muestran varias constantes del autor. Éstas son: el miedo a la institucionalización de las personas y las cosas, la mezcla de ideas filosóficas y literarias, las nuevas actitudes hacia la sexualidad «diferente», el humor y pistas falsas (se puede leer «Un hombre muerto a puntapiés» como parodia del género policial), la abundancia de digresiones sobre el amor (sobre todo en «Una carta, un hombre y algunas cosas más»), el protagonismo del acto de escribir.

Estos cuentos se complementan con los incluidos en *Un hombre muerto a puntapiés (cuentos)* (1927), especialmente con «El antropófago» y «La doble y única mujer» y con varios de los relatos sueltos y recuperados que escribió entre 1921 y 1930, sobre todo «Los aldeanos» y «Novela guillotinada».

Bibliografía mínima

Corral, Wilfrido, ed. *Pablo Palacio, Obras completas.* París/Madrid: UNESCO/Galaxia Gutenberg, 2000.

- - -. «Un cuento rescatado de Pablo Palacio, o la manía de adelantarse». *Guaraguao: Revista de Cultura Latinoamericana* [Barcelona] 5. 13 (Invierno 2001): 140–142.

Díaz Ycaza, Rafael, et al. *Cinco estudios y dieciséis notas sobre Pablo Palacio.* Guayaquil: Casa de la Cultura Ecuatoriana, 1976.

Donoso Pareja, Miguel, ed. *Recopilación de textos sobre Pablo Palacio.* La Habana: Centro de Investigaciones Literarias, Casa de las Américas, 1987.

Fernández, María del Carmen. *El realismo abierto de Pablo Palacio en la encrucijada de los treinta.* Quito: Ediciones Libri Mundi-Enrique Grosse-Luemen, 1991.

- - -. «La vanguardia literaria y Pablo Palacio en *Hélice, Llamarada, y Savia*». *Las vanguardias literarias en Bolivia, Colombia, Ecuador, Perú.* Ed. Hubert Pöppel. Franfurt/Madrid: Vervuert/Iberoamericana, 1999. 157–168.

Pérez Pimentel, Rodolfo. «Pablo Palacio». *Spanish American Authors: The Twentieth Century.* Ed. Ángel Flores. Nueva York: The H.W. Wilson Company, 1992. 635–639.

Robles, Humberto. «Pablo Palacio». *Diccionario de la literatura española e hispanoamericana.* Ed. Ricardo Gullón. Madrid: Alianza Editorial, 1993. 1198–1199.

Wishnia, Kenneth, J. A. «Anti-Realism Before Realism: Pablo Palacio, the Ecuadorian Vanguard and European Surrealism». *Twentieth-Century Ecuadorian Narrative.* Londres: Associated University Presses, 1999. 19–30.

Una carta, un hombre y algunas cosas más

Antes de leer

Temas para comentar antes de la lectura

1. Comente respecto al género del cuento. ¿Cuáles son sus características y recursos? Sobre todo, analice la idea de que un cuento se centra en una anécdota principal.

2. Señale la importancia que tiene la fama para los artistas y el papel que tiene la crítica para valorar el trabajo artístico.

3. Los sentimientos y problemas de los seres humanos son temas centrales de la literatura. Sin embargo, señale qué otros aspectos explora la literatura que no tienen que ver con la psicología sino con la exploración formal del arte.

4. Compare el sentido de las palabras **ficción** y **realidad,** y señale qué importancia tiene para la literatura que los acontecimientos o personajes de los cuales habla han existido en la realidad.

Palabras clave

1. el anatema
2. el chambergo
3. el legajo
4. la misiva
5. una persona tibia
6. escudriñar
7. hastiar
8. minar
9. acerado/a
10. armonioso/a
11. garboso/a

Una carta, un hombre y algunas cosas más

«MI QUERIDO AMIGO EUSTAQUIO: No te he escrito hace mucho tiempo, pero esta misiva[1] va por todas. Ya te veo la cara que pones de verla tan larga. Pero, ventajosamente, casi toda es copia. Me encontré misteriosamente con un legajo[2] de escritos, ni te explico cómo ni lo necesitas. Lo que debes saber es que lo escribió don Pancho de la Piedra y Carrión, de quien nada dijo la crítica, talvez por ese sentimiento innato de justicia que tiene, talvez porque de la Piedra no publicaría en vida —¡ni aún en muerte!— ninguno de sus escritos. Yo no sé si don Pancho, como el gran Fradique, tuvo odio a la luz pública y aspiró al estilo que no se ha conocido aún: puro radiante y fluido; si fue así vengo yo a profanar aquel silencio, divulgando sus escritos, injustificado por ser pesimista.

Don Pancho parece haber sido un hombre de mediana ilustración[3] y de mucha buena fé. Yo no me atrevo a elogiar sus escritos, pues algunos de ellos vas a conocer y sería restarte[4] juicio propio, —a ti que eres tan sabio— pero sería fácil colocándose, si esto fuera posible, en la época de don Pancho, admirar el valor de sus escritos irónicos a veces y a veces dulces. Ningún dato de su vida nos queda y es por esto que yo no pueda, a manera de unos cuantos, atar cabos[5] y tejer finos análisis psicológicos, exhornados[6] de unos cuantos pensamientos hondos y bullidoras observaciones.

Mas como te conozco que no eres exigente y te vas hastiando,[7] antes de que arrojes, con rencor contra mí, este papelito inocente, voy al grano, es decir a lo de los artículos. Te dije que había encontrado un legajo escrito por don Pancho de la Piedra y Carrión; y, en verdad, cuando un accidente somero de mi vida puso a mi alcance estos papeles atados fuertemente por un balduque encarnado,[8] me dió el corazón que tenía entre manos los destinos de dos enamorados pichones,[9] como diría un vejete[10] alegre. Mas poco a poco fuime[11] poniendo en autos de la lectura del legajo, y me encontré con unos articulillos[12] que los llamaré literarios, aunque *dicho sea de paso y sin ánimo de ofenderme,*[13] no sé cómo llamarlos a punto fijo.

---

[1] carta

[2] atado de papeles que tratan de una misma materia

[3] estudios formales

[4] sería... disminuir

[5] atar... hacer conexiones

[6] adornados

[7] cansando

[8] balduque... cinta angosta de color de carne (rojo) que se usa para atar legajos

[9] jóvenes

[10] viejo, generalmente ridículo

[11] me fui

[12] artículos breves

[13] *sin...* La frase común es: «sin ánimo de ofender», así que Palacio está jugando con el sentido de una frase idiomática.

Son a veces alegres, irónicos, picantes, mordaces; a veces hay descripcio- 30
nes de paisajes de esta tierra; a veces cavilaciones[14] acerca de los primeros
principios, que satisfarían al más ortodoxo; a veces consejos llenos de amor y
de sano optimismo.

Parece que su autor había leído mucho al maestro Montaigne; al inquieto
y nervioso Azorín; al genial Eça de Queiroz; parece que se había penetrado de 35
aquel amor que anda desperdigado por el Nuevo Testamento y en alguna de
las obras de Federico Nietzsche;[15] —Anda, que me voy haciendo crítico— y
para más francamente hablarte parece que no ha leído a ninguno de estos,
sino que tú ya sabes, es la manía de comparar.

Son artículos que parecen haber sido escritos para corregir nuestras 40
inveteradas[16] costumbres sociales, o talvez, mejor, escritos al acaso sin ánimo
ni fin, sólo por la mania de escribir, que parece que minó[17] la vida de Don
Pancho.

He escogido tres de ellos para dártelos a conocer, no porque sean los mejores, no; quizá son los más desaliñados[18] y frívolos, quiza los que odió el autor. 45
Los he escogido porque... ¡vaya!, no podré decirte por qué. Porque lo he querido solamente, porque hay cosas que no tienen explicación en la vida. Yo he
escogido estos artículos así como tú amas a María, por ejemplo. Es muy difícil
penetrar en la psicología de los caprichos (anda); se ama a una mujer simplemente porque nos agrada, no porque es bella. Cuando estamos lejos nos 50
dete[ne]mos a analizar sus costumbres o tal o cual detalle grosero de su rostro; pero cerca, mano sobre mano, no ves nada; esa mujer te ha cegado y die-
ras por ella la vida. Sin embargo, qué vulgar.

Dispensa la comparación ¡y no me creas enamorado de los artículos de
don Pancho! Te los copio porque... vaya. Volvemos a lo mismo...   55

Panches

Nada iguala al prestigio de Panches. Panches es un gran poeta, un gran
ensayista, un gran crítico. Panches es un gran conversador. Decir Panches en
este pueblo de Dios es como si en el Africa se hablara del Nilo o del
Amazonas.[19] Decir aquí Panches es como hablar de poderes invisibles, de la 60
linterna mágica de Aladino.

---

[14] reflexiones

[15] Montaigne... Respectivamente, Montaigne
es el fundador del ensayo, Azorín (José
Martínez Ruiz) es uno de los mayores
novelistas españoles de la época, Eça de
Queiroz es el mayor novelista portugués del
siglo XIX y Nietzsche es el mayor filósofo
alemán del siglo XIX, cuya influencia es
inmensa en Palacio y otros autores del
Occidente.

[16] antiguas

[17] consumió o destruyó poco a poco

[18] descuidados

[19] como... Es decir, como si se hablara de una
fuerza de la naturaleza, que son esos ríos.

Nada como el gran prestigio literario de Panches. Y pregúntele Ud. a Juan o a Pedro,[20] ¿qué escribió Panches? y le miden con la vista de la cabeza a los piés, escudriñan[21] su fisonomía y aunque no saben precisar a punto fijo qué
65 escribió Panches le tiene a Ud. como a ignorante o blasfemo.

Y si nos ponemos a buscar de dónde viene aquel gran prestigio, a fuerza de registrar papeles y huronear[22] manuscritos, nos encontramos con que Panches es poeta oficial. Lo sacaron de la oscuridad de sus rimas los municipales. Se lo premió en un gran concurso promovido por el H. Cabildo,[23] al que
70 concurrieron además el poeta de 'Primaveral', 'A Bernardo Valdivieso', 'A una Jardinera', etc., y el ya célebre Portero del I. Ayuntamiento,[24] aquel que en sus mocedades había escrito eso de

Están los campos verdisecos
El cielo ya nublado ya sereno. . . .

75 ¿Qué escribió Panches? Ahora es fácil saberlo. Nuestro poeta es el autor de 'Soledades', mas no son como aquéllas del gran Lope, del famoso cantor del Siglo de Oro.[25] Panches inspiró su lira armoniosa en los perfiles *ambrosíacos*,[26] como él mismo lo decía de unas honradas señoras hermanas, de las cuales a la mayor llamaban Soledad.

80 El poema es un canto ardentísimo inspirado, sin duda, por las líneas plenas y garbosas[27] de la jamona.[28] Hay que anotar, eso sí, que se habla también de 'bosques psicológicos' y otras lindezas. (No es mi ánimo criticar a Panches; se me había puesto hacer su semblanza crítica, porque me inspira gran simpatía quiero hurtarlo a un olvido posterior. Conozco mucho a Panches y si estas lí-
85 neas tienen alguna vez el alto honor de detener su atención —ojalá eso no suceda—, yo sé que el famoso lirida[29] tendrá el mismo gesto de desdén que tuvo para algunos que quisieron manchar su reputación continental).

Ser premiado Panches y ascender a la categoría de genio todo fue uno. Lo primero, comenzar a elevársele el chambergo[30] debido a un complejo

---

[20] Juan... cualquier persona

[21] examinan con mucho cuidado

[22] procurar saber todo de

[23] H.... Honorable Cabildo, que es el gobierno municipal de una localidad

[24] I.... Ilustre Ayuntamiento, o alcaldía de una localidad

[25] Lope... Lope Félix de Vega Carpio (1562–1635), poeta y dramaturgo del Siglo de Oro (el momento más alto de la literatura espa-

ñola), sólo superado en fama por Miguel de Cervantes

[26] llenos de ambrosia (alimento de los dioses, o cualquier comida o bebida de gusto suave y delicioso)

[27] con buen aire, ánimo o valor

[28] término despectivo que se aplica a una mujer no joven, generalmente gorda

[29] que toca la lira, es decir, un poeta

[30] tipo de sombrero

bosques [sic] cabelludo, ¡no psicológico!; luego hablar en alta voz con inflexio- 90
nes metálicas, y amenazarnos con su andar airoso y ondulante.

¿Habéis tratado alguna vez a Panches? ¿No habéis sentido una gratitud
tierna hacia el poeta cuando después de una venia os ha dicho: Señor doctor
don N. N.[31] (Aquí nombre y apellido) y más títulos, si los tenéis...

¿Habéis tratado en la intimidad a Panches? ¿No habéis quedado admirado 95
de tanta sabiduría, de tanta erudición, de tanta ternura, de tanta delizadeza; no
os habéis alelado[32] al oír aquellos arranques líricos de peregrina[33] originalidad,
aquellos desesperados deseos de no sentir nada, de ser como la piedra que can-
tara el Poeta? ¿No os habéis admirado de su enorme talento crítico, de su facilidad extraordinaria para sentenciar sobre novelistas, filósofos, poetas, pintores, 100
músicos; sobre Hegel y Ossian, sobre Valera y Garcilaso, sobre Verdi y Rafael?[34]

¿No habéis oído hablar nunca a Panches? ¿No? Pues entonces amigo mío,
y perdonadme la franqueza, estáis por empezar. . . . .

Fijaos bien: Como aquel printor de mal gusto, empezaré a describíroslo
desde los piés: usa zapatillas, medias blancas —no os olvidéis de las medias 105
blancas—; . . . .

Pero, Dios Santo, ¿qué es lo que hacía?

Perdonad, esto de murmurar del prójimo es mal del siglo; ¡y seré en todo
vulgar!

Del Amor 110

Es cosa bien sabida y bien dicha: nada más grande que el amor.

El amor es el hundimiento del yo. Mas ama así; abísmate y confúndete;
ama con todo tu corazón y si quieres con todo tu cerebro. Sé fuerte y tenaz.
Ama como Buda o como Jesús; como Galileo o como Lenin; ama como Caín y
mata, pero ama.[35] ¿No habéis oído los anatemas[36] contra los tibios[37]? 115

¿Por qué no tienes un ideal?

Ama al Dios eterno e inmutable, que, como dicen los Persas, es la dureza
en la piedra, la frescura en el agua, la fluidez en el arroyo, la luz en el día, la gloria en el hombre. . . . . ¿Por qué no tienes un ideal?

---

[31] N.N., como EE.UU. (los Estados Unidos), se emplea para abreviar una forma plural.

[32] hecho simple

[33] extraordinaria

[34] Hegel... Hegel es un influyente filósofo alemán de los siglos XVIII y XIX. Ossian es un legendario guerrero galés (hoy Escocia) del siglo III. Valera y Garcilaso son importantes autores españoles de los siglos XIX y XVI, respectivamente. Verdi es el más importante compositor italiano del siglo XIX, y Rafael es un gran pintor italiano del siglo XV, representante del estilo del Alto Renacimiento.

[35] Aquí Palacio mezcla personajes bíblicos con históricos, como el científico italiano Galileo (siglo XVI) y el pensador y líder comunista ruso Lenin. Éstos dos nunca fueron aceptados por la Iglesia.

[36] maldiciones

[37] indecisos o apáticos

120 Ama la vida puesto que es tu misma alma. ¿Quién te ha dicho que la vida es mala? No creas a ese hombre, que también es la vida Dios. La vida es buena como el pan. Tras el torrente está la pradera, más allá del ziszas [sic] trágico se halla la luz. Vé a buscarla.

Y cuando la encuentres, ámala mucho, no se vaya a escapar de tus manos,
125 que no pueden aprisionarla. Mas si esto sucede, persíguela de nuevo, ¡aunque la vuelvas a perder!

Ama a la mujer. Ella es más dulce que la miel.

Mas antes, oye mi cuento:

'Hubo una vez un rey que tenía una hija, y como quisiera que sea [sic] su
130 esposo alguno de los pares del reino, llamólos un día a todos para que disputen [sic] su mano. Aprestáronse todos para la liza[38] y antes fueron a besar los piés de la hija del Rey. Mas hubo uno que al pasar ante ella ni siquiera doblegó[39] su rodilla, aparentando gran indiferencia...

Desde las almenas de la fortaleza, que estaba colocada a orillas
135 del mar, miraba la encantadora princesa tan singular batalla con el corazón palpitante.

Mas cuando vió entre el polvo de la playa a aquel caballero desdeñoso, que sólo la había mirado con sus ojos acerados[40] y que prendió en su corazón el orgullo de su estirpe, dando un grito doloroso se
140 arrojó en las profundidades del mar.'

Así es ella, incomprensible y cruel. Yo te aconsejo: si amas a una mujer, esconde mucho tu corazón; ¡que no se lo oiga palpitar!

De la tristeza de los Niños

Nada más doloroso que eso.

145 Decir cuatro años es decir risas, campo y sol; decir cuatro años es decir luz que se quiebra entre cristales, gorjeo de calandrias armoniosas;[41] decir cuatro años es decir caritas sonrosadas; gracia de ingenuidad infantil; decir cuatro años es decir alegría de la hartura; es decir bombones, frutas jugosas y carnudas.

Y cortar de golpe aquel encanto es más doloroso que todo dolor; es como
150 ver perderse un ensueño, un ideal.

¿Habéis visto alguna vez un niño triste?

Ellos no derraman lágrima inconsolablemente: son delicados y mansos, pálidos y ojerosos.[42] Contra un muro escondido y ruinoso, con los brazos cruzados, acercan su cuerpecito feble. Sus ojos fijos ven algo en el espacio vacío y

---

[38] lucha

[39] dobló

[40] como de acero, es decir, con una mirada fuerte

[41] sonidos agradables de pájaros, como los que hace un niño cuando comienza a hablar

[42] con ojeras, es decir, con coloración lívida en los párpados

a veces dos lágrimas lentas tiemblan y brillan, los nublan y ciegan; y siempre 155
quedan fijos e incomprensibles.

¿Cabe tal acervo de dolores en una [sic]^43 alma tan pequeña?

¿Qué tienen adentro? ¿En qué meditan los niños tristes?

***

No sé qué decirte de don Pancho. Mi amigo, el crítico, me dijo que no era
tan original. Yo entiendo poco de esto.   160

Allá verás tú. Te saluda tu amigo FIDEL».

---

43 Debe ser «un». El error puede ser de imprenta o de Palacio.

Después de leer

Comprensión

1. ¿A quién se dirige el narrador de esta historia?

2. ¿De quién se habla en este cuento?

3. ¿Cuántos textos de don Pancho de la Piedra y Carrión se incluyen en la
   selección del narrador y cuál es el tema de cada uno de ellos?

4. ¿Se han llegado a publicar los escritos de don Pancho o son inéditos?

5. ¿En qué se basa realmente el prestigio del personaje Panches?

6. ¿De qué tipos de amor se habla en uno de los textos de don Pancho?

7. Cuando se habla de la tristeza de los niños, ¿se trata de una tristeza real en
   ellos o de la percepción que tiene sobre el tema quien escribe?

Análisis

1. Comente la inclusión de historias dentro de otras historias y señale en qué
   partes de este cuento se presentan esos casos.

2. Considere la importancia que tiene la crítica y el prestigio para la difusión
   de los escritos de don Pancho.

3. Señale si es importante saber si don Pancho existió realmente o no.

4. ¿Por qué cuando el narrador, Fidel, explica las lecturas de don Pancho
   —Montaigne, Nietzsche, Azorín, etcétera— dice que se está volviendo
   un crítico?

5. ¿Está Fidel alardeando de su propia cultura y erudición al enviarle a su
   amigo Eustaquio los artículos que ha seleccionado de don Pancho?

Expansión

1. Investigue los siguientes conceptos en un diccionario de literatura o narrativa: **la ficcionalidad, la fragmentación, apócrifo/a.**

2. Revise la introducción de *Cuentistas hispanoamericanos de entresiglo* y examine los criterios para la selección de los autores y cuentos incluidos.

3. **OPTATIVO:** Compare este cuento con «La prodigiosa tarde de Baltazar», de Gabriel García Márquez y señale la psicología de los artistas y la manera en la que la vanidad y la opinión de las personas que los rodean les afecta.

4. **OPTATIVO:** ¿En qué se parecen «Una carta, un hombre y algunas cosas más» y «Obras completas» de Monterroso?

Un hombre muerto a puntapiés

Antes de leer

Temas para comentar antes de la lectura

1. Comente la falta de matices y las generalizaciones que se presentan en las noticias de la prensa, que pasa por alto muchos detalles o antecedentes que permitirían la comprensión cabal de las noticias.

2. Comente las distintas formas de humor que pueden ser llevadas al extremo y ser dañinas.

3. Considere las libertades sexuales que han obtenido personas con distinta tendencia sexual y los problemas que han debido superar y que todavía tienen que enfrentar.

4. Analice las dificultades para rastrear las pruebas de un delito y por qué puede resultar tan interesante para la literatura, el cine y la televisión la figura del detective y de la investigación de un asesinato.

Palabras clave

1. la aureola
2. el celador
3. la crónica roja
4. la depravación
5. el desaire
6. la diligencia
7. azuzar
8. anonadado/a
9. beodo/a
10. desalentado/a
11. fútil
12. vicioso/a

Un hombre muerto a puntapiés

«¿Cómo echar al canasto los palpitantes acontecimientos callejeros?»

«Esclarecer la verdad es acción moralizadora.»

EL COMERCIO de Quito[1]

«Anoche, a las doce y media próximamente, el Celador[2] de Policía Nº 451, que hacía el servicio de esa zona, encontró, entre las calles Escobedo y García, a un individuo de apellido Ramírez casi en completo estado de postración. El desgraciado sangraba abundantemente por la nariz, e interrogado que fue por el señor Celador dijo haber ₅ sido víctima de una agresión de parte de unos individuos a quienes no conocía, sólo por haberles pedido un cigarrillo. El Celador invitó al agredido a que le acompañara a la Comisaría de turno[3] con el objeto de que prestara las declaraciones necesarias para el esclarecimiento del hecho, a lo que Ramírez se negó rotundamente. Entonces, el primero,[4] en cumplimiento de su deber, soli- ₁₀ citó ayuda de uno de los *chaufferes*[5] de la estación más cercana de autos y condujo al herido a la Policía, donde, a pesar de las atenciones del médico, doctor Ciro Benavides, falleció después de pocas horas.

«Esta mañana, el señor Comisario de la 6ª ha practicado las diligencias[6] convenientes; pero no ha logrado descubrirse nada acerca de los asesinos ni ₁₅ de la procedencia de Ramírez. Lo único que pudo saberse, por un dato accidental, es que el difunto era vicioso.[7]

«Procuraremos tener a nuestros lectores al corriente de cuanto se sepa a propósito de este misterioso hecho.»

No decía más la crónica roja[8] del *Diario de la Tarde*. ₂₀

Yo no sé en qué estado de ánimo me encontraba entonces. Lo cierto es que reí a satisfacción. ¡Un hombre muerto a puntapiés! Era lo más gracioso, lo más hilarante de cuanto para mí podía suceder.

---

[1] EL... periódico real, y el más antiguo de esa ciudad

[2] Guardia

[3] de... abierta

[4] Es decir, el Celador.

[5] taxistas

[6] trámites

[7] perverso

[8] crónica... nota escandalosa, usualmente relacionada con crímenes

Esperé hasta el otro día en que hojeé anhelosamente el *Diario,* pero
25 acerca de mi hombre no había una línea. Al siguiente tampoco. Creo que
después de diez días nadie se acordaba de lo ocurrido entre Escobedo y
García.

Pero a mí llegó a obsesionarme. Me perseguía por todas partes la frase hilarante: ¡Un hombre muerto a puntapiés! Y todas las letras[9] danzaban ante mis
30 ojos tan alegremente que resolví al fin reconstruir la escena callejera o penetrar, por lo menos, en el misterio de *por qué* se mataba a un ciudadano de manera tan ridícula.

Caramba, yo hubiera querido hacer un estudio experimental; pero he visto
en los libros que tales estudios tratan sólo de investigar el *cómo* de las cosas; y
35 entre mi primera idea, que era ésta, de reconstrucción, y la que averigua las razones que movieron a *unos individuos* a atacar a otro a puntapiés, más original
y beneficiosa para la especie humana me pareció la segunda. Bueno, el *por qué*
de las cosas dicen que es algo incumbente a la filosofía, y en verdad nunca
supe qué de filosófico iban a tener mis investigaciones, además de que todo lo
40 que lleva humos de aquella palabra me anonada.[10] Con todo, entre miedoso y
desalentado,[11] encendí mi pipa. —Esto[12] es esencial, muy esencial.

La primera cuestión que surge ante los que se enlodan en estos trabajitos
es la del método. Esto lo saben al dedillo los estudiantes de la Universidad, los
de los Normales, los de los Colegios y en general todos los que van para per-
45 sonas de provecho. Hay dos métodos: la deducción y la inducción (Véase
Aristóteles y Bacon).

El primero, la deducción me pareció que no me interesaría. Me han dicho
que la deducción es un modo de investigar que parte de lo más conocido a lo
menos conocido. Buen método: lo confieso. Pero yo sabía muy poco del
50 asunto y había que pasar la hoja.

La inducción es algo maravilloso. Parte de lo menos conocido a lo más conocido... (¿Cómo es? No lo recuerdo bien... En fin, ¿quién es el que sabe de
estas cosas?). Si he dicho bien, éste es el método por excelencia. Cuando se
sabe poco, hay que inducir. Induzca, joven.

55 Ya resuelto, encendida la pipa y con la formidable arma de la inducción en
la mano, me quedé irresoluto, sin saber qué hacer.

—Bueno, ¿y cómo aplico este método maravilloso? —me pregunté.

¡Lo que tiene no haber estudiado a fondo la lógica! Me iba a quedar ignorante en el famoso asunto de las calles Escobedo y García sólo por la maldita
60 ociosidad de los primeros años.

---

[9] las... Es decir, las letras de la noticia sobre el
    hombre muerto

[10] confunde

[11] Sin esperanzas

[12] Encender la pipa

Desalentado, tomé el *Diario de la Tarde,* de fecha 13 de enero —no había apartado nunca de mi mesa el aciago *Diario*— y dando vigorosos chupetones a mi encendida y bien culotada pipa, volví a leer la crónica roja arriba copiada. Hube de fruncir el ceño como todo hombre de estudio —¡una honda línea en el entrecejo es señal inequívoca de atención!—

Leyendo, leyendo, hubo un momento en que me quedé casi deslumbrado.

Especialmente el penúltimo párrafo, aquello de «Esta mañana, el señor Comisario de la 6ª...» fue lo que más me maravilló. La frase última hizo brillar mis ojos: «*Lo único que pudo saberse, por un dato accidental, es que el difunto era vicioso.*» Y yo, por una fuerza secreta de intuición que Ud. no puede comprender, leí así: ERA VICIOSO, con letras prodigiosamente grandes.

Creo que fue una revelación de Astartea.[13] El único punto que me importó desde entonces fue comprobar qué clase de *vicio* tenía el difunto Ramírez. Intuitivamente había descubierto que era... No, no lo digo para no enemistar su memoria con las señoras...

Y lo que sabía intuitivamente era preciso lo verificara con razonamientos, y si era posible, con pruebas.

Para esto, me dirigí donde el señor Comisario de la 6ª quien podía darme los datos reveladores. La autoridad policial no había logrado aclarar nada. Casi no acierta a comprender lo que yo quería. Después de largas explicaciones me dijo, rascándose la frente:

—Ah!, sí... El asunto ése de un tal Ramírez... Mire que ya nos habíamos desalentado... ¡Estaba tan oscura la cosa! Pero, tome asiento; por qué no se sienta señor... Como Ud. tal vez sepa ya, lo trajeron a eso de la una y después de unas dos horas falleció... el pobre. Se le hizo tomar dos fotografías, por un caso... algún deudo... ¿Es Ud. pariente del señor Ramírez? Le doy el pésame... mi más sincero...

—No, señor —dije yo indignado—, ni siquiera le he conocido. Soy un hombre que se interesa por la justicia y nada más...

Y me sonreí por lo bajo. ¡Qué frase tan intencionada! ¿Ah? «Soy un hombre que se interesa por la justicia» ¡Cómo se atormentaría el señor Comisario! Para no cohibirle más, apresuréme:

—Ha dicho usted que tenía dos fotografías. Si pudiera verlas...

El digno funcionario tiró de un cajón de su escritorio y revolvió algunos papeles. Luego abrió otro y revolvió otros papeles. En un tercero, ya muy acalorado, encontró al fin.

---

[13] en Babilonia: diosa malhumorada del amor y de la guerra (Conocida con otros nombres y atributos, es la deidad más venerada en casi todos los pueblos de Oriente Medio, veneración que incluía la prostitución ritualizada.)

Y se portó muy culto:

—Usted se interesa por el asunto. Llévelas no más caballero... Eso sí, con
cargo de devolución —me dijo, moviendo de arriba a abajo la cabeza al pronunciar las últimas palabras y enseñándome gozosamente sus dientes
amarillos.

Agradecí infinitamente, guardándome las fotografías.

—Y dígame usted, señor Comisario, ¿no podría recordar alguna seña particular del difunto, algún dato que pudiera revelar algo?

—Una seña particular... un dato... No, no. Pues, era un hombre completamente vulgar. Así más o menos de mi estatura —el Comisario era un poco
alto—; grueso y de carnes flojas. Pero una seña particular... no... al menos que
yo recuerde...

Como el señor Comisario no sabía decirme más, salí, agradeciéndole de
nuevo.

Me dirigí presuroso a mi casa; me encerré en el estudio; encendí mi pipa y
saqué las fotografías, que con aquel dato del periódico eran preciosos docu-
mentos.

Estaba seguro de no poder conseguir otros y mi resolución fue trabajar
con lo que la fortuna había puesto a mi alcance.

Lo primero es estudiar al hombre, me dije. Y puse manos a la obra.

Miré y remiré las fotografías, una por una, haciendo de ellas un estudio
completo. Las acercaba a mis ojos; las separaba, alargando la mano; procuraba
descubrir sus misterios.

Hasta que al fin, tanto tenerlas ante mí, llegué a aprenderme de memoria
el más escondido rasgo.

Esa protuberancia fuera de la frente; esa larga y extraña nariz ¡que se parece tanto a un tapón de cristal que cubre la poma de agua de *mi* fonda!,[14]
esos bigotes largos y caídos; esa barbilla en punta; ese cabello lacio y
alborotado.

Cogí un papel, tracé las líneas que componen la cara del difunto Ramírez.
Luego, cuando el dibujo estuvo concluido, noté que faltaba algo; que lo que
tenía ante mis ojos no era él; que se me había ido un detalle complementario
e indispensable... ¡Ya! Tomé de nuevo la pluma y completé el busto, un
magnífico busto que de ser de yeso figuraría sin desentono en alguna
Academia. Busto cuyo pecho tiene algo de mujer.

Después... después me ensañé contra él. ¡Le puse una aureola! Aureola
que se pega al cráneo con un clavito, así como en las iglesias se las pegan a las
efigies de los santos.

---

[14] lugar de hospedaje y comida baratos
(«Fonducha», usado más adelante, es más
despectivo.)

¡Magnífica figura hacía el difunto Ramírez!

Mas, ¿a qué viene esto? Yo trataba... trataba de saber por qué lo mataron; sí, *por qué* lo mataron...

Entonces confeccioné las siguientes lógicas conclusiones:

El difunto Ramírez se llamaba Octavio Ramírez (un individuo con la nariz del difunto no puede llamarse de otra manera); [140]

Octavio Ramírez tenía cuarenta y dos años;

Octavio Ramírez andaba escaso de dinero;

Octavio Ramírez iba mal vestido; y, por último, nuestro difunto era extranjero. [145]

Con estos preciosos datos, quedaba reconstruída totalmente su personalidad.

Sólo faltaba, pues, aquello del motivo que para mí iba teniendo cada vez más caracteres de evidencia. La intuición me lo revelaba todo. Lo único que tenía que hacer era, por un puntillo de honradez, descartar todas las demás [150] *posibilidades.* Lo primero, lo declarado por él, la cuestión del cigarrillo, no se debía siquiera meditar. Es absolutamente absurdo que se victime de manera tan infame a un individuo por una futileza[15] tal. Había mentido, había disfrazado la verdad; más aún, asesinado la verdad, y lo había dicho porque *lo otro* no quería, no podía decirlo. [155]

¿Estaría beodo[16] el difunto Ramírez? No, esto no puede ser, porque lo habrían advertido enseguida en la Policía y el dato del periódico habría sido terminante, como para no tener dudas, o, si no constó por descuido del repórter, el señor Comisario me lo habría revelado, sin vacilación[17] alguna.

¿Qué otro vicio podía tener el infeliz victimado? Porque de ser vicioso, lo [160] fue; esto nadie podrá negármelo. Lo prueba su empecinamiento en no querer declarar las razones de la agresión. Cualquier otra causal podía ser expuesta sin sonrojo. Por ejemplo, ¿qué de vergonzoso tendrían estas confesiones:

«Un individuo engañó a mi hija; lo encontré esta noche en la calle; me cegué de ira; le traté de canalla, me le lancé al cuello, y él, ayudado por *sus* [165] *amigos,* me ha puesto en este estado» o

«Mi mujer me traicionó con un hombre a quien traté de matar; pero él, más fuerte que yo, la emprendió a furiosos puntapiés contra mí» o

«Tuve unos líos con una comadre y su marido, por vengarse, me atacó cobardemente con *sus amigos*»? [170]

Si algo de esto hubiera dicho a nadie extrañaría el suceso.

También era muy fácil declarar:

«Tuvimos una reyerta.[18]»

---

[15] insignificancia

[16] borracho

[17] duda

[18] pelea o discusión fuerte

Pero estoy perdiendo el tiempo, que estas hipótesis las tengo por insoste-
175 nibles: en los dos primeros casos, hubieran dicho algo ya los deudos del desgraciado; en el tercero su confesión habría sido inevitable, porque aquello
resultaba demasiado honroso; en el cuarto, también lo habríamos sabido ya,
pues animado por la venganza habría delatado hasta los nombres de *los
agresores*.

180 Nada, que a lo que a mí se me había metido por la honda línea del entrecejo era lo evidente. Ya no caben más razonamientos. En consecuencia, reu-
niendo todas las conclusiones hechas, he reconstruído, en resumen, la
aventura trágica ocurrida entre Escobedo y García, en estos términos:

Octavio Ramírez, un individuo de nacionalidad desconocida, de cuarenta
185 y dos años de edad y apariencia mediocre, habitaba en un modesto hotel de
arrabal hasta el día 12 de enero de este año.

Parece que el tal Ramírez vivía de sus rentas, muy escasas por cierto, no
permitiéndose gastos excesivos, ni aun extraordinarios, especialmente con
mujeres. Había tenido desde pequeño una desviación de sus instintos, que lo
190 depravaron[19] en lo sucesivo, hasta que, por un impulso fatal, hubo de terminar
con el trágico fin que lamentamos.

Para mayor claridad se hace constar que este individuo había llegado sólo
unos días antes a la ciudad teatro del suceso.[20]

La noche del 12 de enero, mientras comía en una oscura fonducha,[21] sin-
195 tió una ya conocida desazón que fue molestándole más y más. A las ocho,
cuando salía, le agitaban todos los tormentos del deseo. En una ciudad extraña para él, la dificultad de satisfacerlo, por el desconocimiento que de ella
tenía, le azuzaba,[22] poderosamente. Anduvo casi desesperado, durante dos
horas, por las calles céntricas, fijando anhelosamente sus ojos brillantes sobre
200 las espaldas de los hombres que encontraba; los seguía de cerca, procurando
aprovechar cualquiera oportunidad, aunque receloso de sufrir un desaire.[23]

Hacia las once sintió una inmensa tortura. Le temblaba el cuerpo y sentía
en los ojos un vacío doloroso.

Considerando inútil el trotar por las calles concurridas, se desvió lenta-
205 mente hacia los arrabales, siempre regresando a ver a los transeúntes, salu-
dando con voz temblorosa, deteniéndose a trechos sin saber qué hacer, como
los mendigos.

Al llegar a la calle Escobedo ya no podía más. Le daban deseos de arrojarse
sobre el primer hombre que pasara. Lloriquear, quejarse lastimeramente, ha-
210 blarle de sus torturas...

---

[19] pervirtieron, degradaron

[20] lugar del crimen

[21] (despectivo) fonda o restaurante pequeño de
clase inferior

[22] acosaba

[23] receloso... con miedo de ser humillado

Oyó, a lo lejos, pasos acompasados; el corazón le palpitó con violencia; arrimóse al muro de una casa y esperó. A los pocos instantes el recio cuerpo de un obrero llenaba casi la acera. Ramírez se había puesto pálido; con todo, cuando aquél estuvo cerca, extendió el brazo y le tocó el codo. El obrero se regresó bruscamente y lo miró. Ramírez intentó una sonrisa melosa, de proxeneta hambrienta abandonada en el arroyo. El otro soltó una carcajada y una palabra sucia; después siguió andando lentamente, haciendo sonar fuerte sobre las piedras los tacos anchos de sus zapatos. Después de una media hora apareció otro hombre. El desgraciado, todo tembloroso, se atrevió a dirigirle una galantería[24] que contestó el transeúnte con un vigoroso empellón. Ramírez tuvo miedo y se alejó rápidamente. 215 220

Entonces, después de andar dos cuadras, se encontró en la calle García. Desfalleciente,[25] con la boca seca, miró a uno y otro lado. A poca distancia y con paso apresurado iba un muchacho de catorce años. Lo siguió.

—¡Pst! ¡Pst! 225

El muchacho se detuvo.

—Hola rico[26]... ¿Qué haces por aquí a estas horas?

—Me voy a mi casa... ¿Qué quiere?

—Nada, nada... Pero no te vayas tan pronto, hermoso...

Y lo cogió del brazo. 230

El muchacho hizo un esfuerzo para separarse.

—¡Déjeme! Ya le digo que me voy a mi casa.

Y quiso correr. Pero Ramírez dio un salto y lo abrazó. Entonces el galopín, asustado, llamó gritando:

—¡Papá! ¡Papá! 235

Casi en el mismo instante, y a pocos metros de distancia, se abrió bruscamente una claridad sobre la calle. Apareció un hombre de alta estatura. Era el obrero que había pasado antes por Escobedo.

Al ver a Ramírez se arrojó sobre él. Nuestro pobre hombre se quedó mirándolo, con ojos tan grandes y fijos como platos, tembloroso y mudo. 240

—¿Qué quiere usted, so[27] sucio?

Ye le asestó un furioso puntapié en el estómago. Octavio Ramírez se desplomó,[28] con un largo hipo doloroso.

Epaminondas, así debió llamarse el obrero, al ver en tierra a aquel pícaro, consideró que era muy poco castigo un puntapié, y le propinó[29] dos más, espléndidos y maravillosos en el género, sobre la larga nariz que le provocaba como una salchicha. 245

---

[24] piropo o frase seductora

[25] Agotado, Débil

[26] guapo (Se usa como piropo.)

[27] La palabra **so** se usa antes de algunos insultos para reforzarlos: **so tonto, so idiota.**

[28] cayó bruscamente

[29] descargó, dio

¡Cómo debieron sonar esos maravillosos puntapiés!

Como el aplastarse de una naranja, arrojada vigorosamente sobre un
250 muro; como el caer de un paraguas cuyas varillas chocan estremeciéndose;
como el romperse de una nuez entre los dedos; ¡o mejor como el encuentro de
otra recia suela de zapato contra otra nariz!

Así:

¡Chaj! ⎫
255   } con un gran espacio sabroso.
¡Chaj! ⎭

Y después: ¡cómo se encarnizaría[30] Epaminondas, agitado por el instinto
de perversidad que hace que los asesinos acribillen[31] sus víctimas a puñaladas! ¡Ese instinto que presiona algunos dedos inocentes cada vez más, por
260 puro juego, sobre los cuellos de los amigos hasta que queden amoratados y
con los ojos encendidos!

¡Cómo batiría la suela del zapato de Epaminondas sobre la nariz de
Octavio Ramírez!

¡Chaj! ⎫
265   ¡Chaj! ⎬ vertiginosamente,
¡Chaj! ⎭

en tanto que mil lucesitas, como agujas, cosían las tinieblas.

---

[30] cómo... con qué crueldad atacaría

[31] perforen

Después de leer

Comprensión

1. ¿Cómo se llama el protagonista que muere en el cuento y de qué muere?

2. ¿Por qué se interesa el narrador por la muerte del personaje?

3. ¿Qué pruebas consigue el narrador respecto al personaje muerto?

4. ¿Por qué camina desorientado el «hombre muerto a puntapiés» por la ciudad?

5. ¿A quiénes acosa en su caminata nocturna?

6. ¿Quién hiere gravemente al personaje?

7. ¿Qué tipo de sonido tienen para el narrador las patadas que recibe Octavio Ramírez?

8. ¿Qué parece mostrar o quiere reproducir el autor con la peculiar disposición textual del final del cuento?

Análisis

1. Comente la objetividad y subjetividad que pesan al momento de evaluar el comportamiento humano y por qué el narrador de este cuento cree que debe seguir investigando.

2. Evalúe si son suficientes las pruebas que tenía el narrador para entender lo que motivó el crimen del hombre muerto a puntapiés.

3. ¿Por qué puede ser tan importante para el narrador averiguar los motivos del crimen y por qué persiste en saberlo teniendo tan pocos datos?

4. Considere la necesidad de fabular que tienen las personas para así dar coherencia a los actos que han hecho y las consecuencias de los mismos.

5. ¿Hay otro tipo de perversión o placer morboso en el narrador al querer reconstruir la situación del ataque al personaje?

Expansión

1. Profundice en la expresión «humor negro» y considérela en relación con este cuento.

2. Converse sobre los lugares que son permitidos socialmente para entablar relaciones con otras personas y cuáles no lo son.

3. **OPTATIVO:** Compare este cuento con el de Mayra Santos Febre «Brevísimas violencias», y analice el alcance de las noticias de la crónica roja.

Virgilio Piñera

LA OBRA DEL CUBANO VIRGILIO PIÑERA como la de otros cuentistas de esta antología, posee características especiales que, a la vez que lo separan del típico autor hispanoamericano, permiten que se lo incluya en una familia de cuentistas adelantados a su tiempo. Nacido en Cárdenas en 1912 y fallecido en La Habana en 1979, Piñera, cuya obra incluye teatro, novela, poesía y ensayo, siempre ha sido identificado con movimientos o escuelas experimentales, aunque nunca se consideró parte de ellos. Comenzó a publicar cuentos en los años 40, década en que viaja a Buenos Aires. En esa ciudad vivió de 1944 a 1958, y así como en Cuba se había asociado con revistas identificadas con nuevas maneras de concebir la literatura; en la Argentina se asoció con autores cuya visión de la narrativa no era nada tradicional. Publicó *Cuentos fríos* en 1956, en una edición argentina que se convertiría en la base de los cuentos por los que sería conocido. Concentrados en la amenaza desconocida, trampas lógicas, fracasos frecuentes y el terror, esos cuentos ya dan un indicio de los mundos insólitos y «absurdos» en que se moverían sus personajes. Aunque todas esas situaciones surgen de una «normalidad», poco a poco comienzan a desmoronarse, cuestionadas por el personaje y los lectores, que se pueden perder ante el barroquismo, humor (negro) o fragmentarismo de las ideas o de la expresión. Es lo que en su famoso prólogo y defensa de la libertad del cuentista en *Cuentos fríos* llama el dejar «correr la pluma entusiasmados».

Piñera regresó a Cuba en 1958, en el momento del triunfo de la Revolución cubana. En ese país se publicó una edición de sus *Cuentos* en 1964, y no fue hasta 1970, cuando se publicó en la Argentina una edición ampliada (aunque excluye el cuento largo «El muñeco») con el título *El que vino a salvarme,* que su cuentística comenzó a ser apreciada por un público mayor. No obstante, volver a Cuba no significó un reconocimiento del gran valor de este cuentista sino un aislamiento progresivo debido en gran parte a su condición homosexual. Aunque ahora sabemos que después de su ostracismo Piñera escribía secretamente, hasta su muerte no pudo publicar en Cuba, y su cuentística se convirtió en joya para especialistas.

Hacia fines de los años 80 comenzó una rehabilitación de su obra en Cuba. Aparte de homenajes en publicaciones oficiales, se publicaron en 1987 los tomos *Muecas para escribientes* (que incluye novelas cortas) y *Un fogonazo*, escritos de los años 40 a 70. En 1999 se publicó en España sus *Cuentos completos*, que recupera algunos cuentos censurados de ediciones anteriores e incluye un par de cuentos inéditos.

Piñera era original en el sentido en que lo era su compatriota Lino Novás Calvo, quien durante los años 30 y 40 del siglo XX publicó cuentos «vanguardistas» y perturbadores. Pero era obvio que salían de él, no de ninguna escuela o influencia. Piñera quería que el cuento se elevara sobre el lugar común, y por eso los suyos incluyen tanta ironía sobre técnicas narrativas, experiencias transmitidas y el lenguaje de los cuentos tradicionales. «El baile» (1944), uno de los cuentos más conocidos y antologados de Piñera, contiene muchas características que permiten catalogarlo como «absurdista». Aunque esa etiqueta es generalmente correcta, la riqueza temática y conceptual de «El baile» también permite ver en él una manera de hacer literatura con literatura (y filosofía) y cuestionar ese tipo de construcción. «El que vino a salvarme», que a pesar de ser de 1967, es tal vez el más representativo de la segunda etapa de la cuentística de Piñera; se presenta discretamente como la obsesión de un ser humano con su inmortalidad (la tercera etapa serían los cuentos publicados después de su muerte, a pesar de sus fechas de composición). Progresivamente, la admisión abierta del principio del cuento se convierte en un ejercicio mental, mezclado con los personajes fantásticos que aparecen en cuentos más tempranos del autor.

En verdad, como todos los cuentistas de esta antología, es casi imposible señalar cuentos que complementen a los escogidos, porque podríamos haber incluido casi cualquier cuento de cada autor. Los que más se asemejan a éstos de Piñera serían «Cosas de cojos» y «El balcón» y, de los cuentos recuperados en los años 80, «Un fogonazo» y «Un jesuita de la literatura».

Bibliografía mínima

Abreu, Alberto. *Virgilio Piñera: un hombre, una isla.* La Habana: Ediciones UNIÓN, 2002.

Arrufat, Antón. «Prólogo» a Virgilio Piñera, *Poesía y crítica.* México, D.F.: Consejo Nacional para la Cultura y las Artes, 1994. 11–41.

- - -. «Un poco de Piñera». Prólogo a Virgilio Piñera, *Cuentos completos.* Madrid: Alfaguara, 1999. 11–31.

Bianco, José. «Piñera, narrador». En Virgilo Piñera, *El que vino a salvarme*. Buenos Aires: Sudamericana, 1970. 7–19.

Clément, J. P. y F. Moreno, eds. *En torno a la obra de Virgilio Piñera*. Poitiers, Francia: Centre de Recherches Latino-Américaines, 1996.

Cristófani Barreto, Teresa. «Los cuentos fríos de Virgilio Piñera». *Hispamérica* 24. 71 (Agosto 1995): 23–33.

Encuentro de la cultura cubana. [Madrid] No. 14 (Otoño 1999). Homenaje a Virgilio Piñera.

Garrandes, Alberto. *La poética del límite: sobre la cuentística de Virgilio Piñera*. La Habana: Editorial Letras Cubanas, 1993.

Gilgen, Read G. «Virgilio Piñera and the Short Story of the Absurd». *Hispania* 63. 2 (Mayo 1980): 348–355.

Laddaga, Reinaldo. «Un elogio de la insuficiencia». *Literaturas indigentes y placeres bajos*. Rosario: Beatriz Viterbo Editora, 2000. 69–110.

Molinero, Rita, ed. *Virgilio Piñera: la memoria del cuerpo*. San Juan, PR: Editorial Plaza Mayor, 2002.

Morello-Frosch, Marta. «La anatomía: mundo fantástico de Virgilio Piñera». *Hispamérica* 7. 23–24 (1979): 19–34.

Ortega, Julio. «El que vino a salvarme de Virgilio Piñera». *Relato de la utopía*. Barcelona: La Gaya Ciencia, 1973. 99–113.

Serna, Enrique. «La oscura cabeza negadora». *Las caricaturas me hacen llorar*. México, D.F.: Joaquín Mortiz, 1996. 211–230.

Torres, Carmen. *La cuentística de Virgilio Piñera: estrategias humorísticas*. Madrid: Editorial Pliegos, 1989.

Unión [La Habana] III. 10 (Abril–Mayo–Junio 1990): 21–80. Homenaje a Virgilio Piñera.

El baile

Antes de leer

Temas para comentar antes de la lectura

1. Bailar es una de las costumbres que se practican en distintos países y de diferentes formas. Comente los tipos de uso que se le da al baile y el sentido que puedan tener.

2. Analice los motivos por los cuales dicen que las mujeres suelen tener mayor sensibilidad y creatividad cuando se trata de la organización de fiestas familiares, matrimonios, bailes, etcétera. Considere si esto es un tópico.

3. Escoja alguna de las costumbres que se tenían en épocas pasadas y compárela con la manera de realizarla hoy en día, si es que todavía existe esa costumbre. ¿Cambian las personas de acuerdo con cada época, o esencialmente siguen observando las mismas costumbres?

Palabras clave

1. el copete
2. la morada
3. el revuelo
4. acallar
5. hacer caso omiso

6. holgar
7. consustancial
8. criollo/a
9. desmedido/a
10. espinoso/a

El baile

 LA GOBERNADORA HABÍA LEÍDO LA RESEÑA de un gran baile de gala, celebrado hacía un siglo justamente, y tuvo el vivo deseo de reproducirlo en aquellos mismos salones. Pero la cosa no era tan fácil como parecía; a pesar de los recursos de la gobernadora, existía un punto[1] de la cuestión «baile» lo bastante oscuro y difícil; un punto 5 que venía a ser como la función de una pequeña llave que diera acceso a vastas dependencias de una vasta morada.[2] Una pequeña imprudencia hubo de[3] cometerse: se anunció oficialmente, a todos, el baile. Los días transcurrían y la gobernadora no lograba penetrar la naturaleza del punto referido. La cosa era así: la lectura de la reseña proponía el planteamiento y resolución de las siete 10 siguientes fases:

Primera: el baile como se ofreció realmente hace un siglo.

Segunda: el baile reseñado por el cronista de la época.

Tercera: el baile que la gobernadora imagina cómo fue con la reseña del cronista. 15

Cuarta: el baile que la gobernadora imagina cómo fue sin la reseña del cronista.

Quinta: el baile como ella imagina darlo.

Sexta: el baile como se da realmente.

Séptima: el baile que puede llevarse a cabo utilizando el recuerdo del 20 baile como se da realmente.

Es decir, que la gobernadora tenía ante sí siete posibles bailes. Claro está, ella podría hacer caso omiso[4] de la cuestión y ofrecer regiamente[5] un baile como lo hacían las señoras de su alto copete[6] social. Pero la gobernadora, con ser profundamente femenina, tenía sus escrúpulos. Esto creó ciertas confu- 25 siones muy peculiares: por ejemplo, no ya el suceso «baile», pero otro de

---

[1] detalle

[2] mansión

[3] hubo... debió

[4] hacer... ignorar

[5] suntuosamente

[6] linaje

naturaleza diferente: un paseo, el abanicarse lánguidamente en una mecedora, se cargaban de tal irritación, tantas interpretaciones proponían, tantas otras versiones podían a la vez ofrecer, que un ostensible malestar «cuasi-metafísico» cundió[7] por la villa. Claro, esa gente que damos en decir que no tiene dos dedos de frente,[8] el montón anónimo, no cayó en la cuenta, pero con su habitual y magnífico instinto comenzó a murmurar que la aristocracia de K.[9] estaba endemoniada.[10] Por su parte, la gobernadora comenzó a pensar más que de ordinario; después de todo, para qué reprochárselo, si ella estaba en el secreto de devorar perpetuamente su hígado. Quizá, por dicha circunstancia la gobernadora iba tomando una coloración que oscilaba entre el rojo cardenal y el morado obispo. A esto llamaba ella sus «etapas interesantes», y entonces —decía— trabajaba de firme.[11] Así, ordenó que la aristocracia de K. se reuniese periódicamente en el palacio del gobernador a fin de especular, nada más que especular, acerca de la terrible circunstancia que es la posibilidad de... En este punto el texto del edicto[12] concluía en interminables puntos suspensivos[13] y agobiadores etcéteras.

Era sólo un preludio que anticipaba el carácter de la *soirée* metafísica.[14] Quedaba resueltamente prohibido aludir a un baile celebrado hacía justamente un siglo. No, allí se iba nada más que a especular sobre «la terrible circunstancia que es la posibilidad de... etc, etc». A cualquier espíritu, por metódico, por sistemático que fuera, le ocurriría lo que comenzaba a suceder a aquellas gentes: con el decurso[15] de las *soirées* metafísicas, las especulaciones formaron un inextricable tejido en el que cada «punto de aguja»[16] era de naturaleza diferente al de su inmediato antecesor. Por ejemplo, si en la *soirée* de ayer se había especulado acerca de la melancolía que exhalaban las flores prendidas al talle[17] de una señora, que pudo asistir a un baile y cuya melancolía podría obtenerse por la probabilidad que significa la problemática asistencia de un cronista que muy bien pudo haberla reseñado, en la *soirée* de hoy ya se especulaba sobre la especial conformación que podría asumir la melancolía de una señora de existencia imaginaria, pero de la cual se podía

---

[7] se extendió

[8] no... no es muy inteligente

[9] «K» denota el anonimato del pueblo o ciudad, como hace Kafka en su novela *El castillo*.

[10] poseída del demonio

[11] de manera constante

[12] mandato o ley de una autoridad

[13] puntos... signo ortográfico (...) con que se denota que el sentido de una oración queda incompleto

[14] *Soirée* significa **fiesta** o **baile nocturno** en francés. Algo **metafísico** trata de la esencia de la existencia o realidad total y de una concepción total de la vida y del universo.

[15] continuación del tiempo

[16] asunto tratado

[17] cintura del vestido

imaginar que asistiese a un baile cuya probabilidad sería acaso haberse celebrado hacía justamente cien años, y que pudo haber sido reseñado por un
cronista, tan afinado,[18] por lo demás, que pudiese vislumbrar[19] la melancolía
que se deposita en las flores que, una señora, cuya existencia es en todo momento problemática, lleva prendidas a su talle.

En suma, que ese ser minucioso que es el sociólogo habría asegurado
que aquella sociedad comenzaba, como se dice, a romperse por lo más
delgado[20]... Y a propósito de sociología cabe preguntarse, sin la mente del
sociólogo, si la gobernadora constituía una variedad más de esa interminable
fauna que son los snobs. Aunque la gobernadora podía, en efecto, estar to-
cada de cierto snobismo, no era este ni con mucho el origen de sus así llamadas rarezas; de esas rarezas que ahora le impedían realizar la operación
sencillísima de ofrecer un baile que fuera la copia exacta de uno ofrecido
hacía justamente cien años. No, la gobernadora, viviente arquitectura de la
languidez de las criollas,[21] tenía su lado oscuro. Por ejemplo, ¿se pensaría
acaso en un alarde[22] de snobismo si ella, en cierta ocasión, testificara sobre
un diminuto trozo de papel que la luz es causa de muchas cosas oscuras? Y
hasta aventuró en el grupo íntimo de sus amigas que no era verdad que la
alegría fuese consustancial[23] con la luminosidad. Pero en seguida cayó en su
impenetrable silencio. Se le hicieron preguntas; se ensayaron[24] respuestas; en
vano, ya la gobernadora se había recubierto con su máscara de no se sabe
qué sustancia.

Fue precisamente pocos días después que se presentó el asunto «baile».
Pero no se vaya a creer —sería ligereza[25] imperdonable— que tal cosa tenía
que ver o era causa de aquella extraña idea de reeditar un baile celebrado
hacía justamente cien años, sino que estas y otras situaciones venían a constituir los puntos vivos en el tejido muerto de la gobernadora. Porque había que
partir de un hecho irrefutable: lo que todos convenimos[26] en llamar muy
justamente «la marcha del mundo» no tenía nada que ver con la «marcha de
la gobernadora». Y se haría caso omiso si un psicólogo pontificase[27] que ella
constituía un evidente caso de esos que ellos dan en llamar psicopatológicos...

Y lo cierto es que la gobernadora poseía su marcha. Así es presumible cre-
erlo; no estaba prometida para la destrucción porque siempre fue cosa

---

[18] perceptivo

[19] percibir

[20] lo... el lado más débil

[21] **Criollo/a** tiene varios significados en
Hispanoamérica. El más común y entendido
se refiere a las cosas o costumbres propias o
nativas de los países americanos.

[22] ostentación

[23] de la misma sustancia, naturaleza o esencia

[24] intentaron

[25] dicho o hecho de poca importancia

[26] acordamos

[27] hablara con la autoridad de un Sumo
Pontífice (el Papa, Obispo, Arzobispo)

90 destruida; ni para la putrefacción, porque igualmente era objeto de putrefacción. Claro que esto es una modalidad metafórica de expresar dicha marcha. Y en la gobernadora la contramarcha se hacía representar por su teoría de las interpretaciones. Quiere decir, que no un hecho, sino sus infinitas interpretaciones, era lo que la electrizaba.[28] Su vida era un perpetuo jugar a ese solitario

95 de las posibilidades. Por otra parte —¿para qué ocultarlo?—, se había propuesto con la invención de la *soirée* metafísica enrolar[29] en su marcha al mayor número de sus amistades.

Pero de pronto, y como una bomba, cayó el gobernador, una animada tarde de la *soirée*, con una noticia terrible. ¿Qué había sucedido? El gobernador

100 hizo saber sin más a los allí reunidos que era absolutamente necesario ofrecer el baile. A cuantas preguntas se le hicieron acerca de dicha monstruosa determinación contestaba, retorciendo su afilada barbilla, que nada podía añadir. Advirtiendo que las damas de la *soirée*, con la gobernadora a la cabeza, ya comenzaban a especular sobre el hecho citado, y meditando que esto podía

105 ser causa de un nuevo escándalo, ofreció, con toda gentileza, explicaciones. Expresó que constituía materia de escándalo aquella *soirée* metafísica y que para acallar[30] las murmuraciones debía imperiosamente[31] verificarse el baile; que la buena marcha del estado peligraba y que un gobierno siempre debía operar con claridades meridianas.[32] Éstas fueron sus declaraciones.

110 Puede imaginarse el revuelo.[33] Todo el edificio de la gobernadora se venía al suelo. Pero el gobernador no hizo el menor caso de aquella aflicción y exigió la lista de los bailes posibles; eso sí, de los bailes posibles de acuerdo con uno celebrado hacía justamente cien años. Leyó atentamente y, acto seguido,[34] puso en conocimiento de todos que se decidía por la fase primera. Como los

115 asistentes a la *soirée* metafísica sabían las siete de memoria, huelga[35] decir que todos exclamaron a una que la decisión recaía sobre «el baile como se ofreció realmente hacía un siglo». El gobernador, frotando sus manos alegremente, expresó su deseo de dar inmediata lectura a la reseña del cronista que asistiera a dicho baile: «porque —decía el gobernador— es una pista infalible para la

120 reconstrucción de un suceso pasado».

Pero la gobernadora se interpuso, declarando, a su vez, que el señor gobernador debía reparar[36] que la reseña del cronista, por ser la fase segunda del asunto «baile», pertenecía al segundo de los bailes posibles, y que esto

---

[28] exaltaba

[29] incorporar

[30] silenciar

[31] por obligación

[32] con... claramente, como al mediodía (meridiano)

[33] agitación

[34] inmediatamente

[35] sobra

[36] notar

significaba celebrar el baile segundo y no el primero. A lo que el gobernador contestó que no importaba, porque no se trataba de reconstruir lo que el cronista dijera sino que, apoyándose en su crónica, imaginar un baile de acuerdo con dicha interpretación. 125

A esto la gobernadora opuso que el señor gobernador caía de nuevo en una evidente petición de principio,[37] pues de acuerdo con su interpretación (con la del gobernador) se caía en la fase tercera y esto suponía ofrecer el baile número tres y no el primero como ordenaba el señor gobernador. Entonces éste, ostensiblemente confundido y con decisión propia de su virilidad, expresó que ofrecería el baile imaginándoselo tal cual, sin la reseña del cronista. La gobernadora, suavemente pero con firmeza, adujo[38] que su señor esposo volvía a incurrir en una petición de principio, pues reproducir un baile ofrecido hacía cien años, imaginando cómo fuera, sin contar para ello con la reseña del cronista, pertenecía a la fase cuarta y por tanto al cuarto de los bailes posibles. 130 135

El gobernador se sonó furiosamente las narices, e hizo saber que la reproducción del baile ofrecido hacía justamente cien años se haría de acuerdo con su propia imaginación, pero la gobernadora, con frialdad propia de una máquina de sumar, hizo patente a su brioso consorte[39] su inconformidad, pues, según esta versión, se caía, con la nueva medida del señor gobernador, en la fase quinta y en el quinto de los bailes posibles. Aquél, frenético, anunció que para vergüenza de todas las damas allí reunidas iba a hacer un símil[40] muy significativo, y acto seguido contó el infortunio y la dignidad de un moscón apresado en una telaraña. Entonces, con masculina ingenuidad, declaró que el honor quedaba satisfecho y que para evitar espinosos[41] debates proponía que el baile se diera realmente, eso sí, siempre en su carácter de exacta reproducción de uno celebrado hacía justamente cien años, pero haciendo caso omiso de reseñas de cronistas y de la propia imaginación de los allí reunidos. 140 145 150

Pero la imperturbable gobernadora ya levantaba su blanca mano pidiendo la palabra. Dijo así, que ella no quería aguar[42] la fiesta a su esposo, pero ofrecer realmente el baile significaba caer en la fase sexta, o sea, en el sexto de los bailes posibles. Un leve movimiento y el moscón quedó totalmente prisionero en la tela: haciendo gala de lo que él llamaba «su feérica[43] imaginación», y mirando displicentemente[44] a la gobernadora, dijo que un pequeño 155

---

[37] petición... un término de la lógica que consiste en dar como cierto lo que se trata de probar

[38] argumentó

[39] brioso... enérgico y determinado marido

[40] comparación

[41] difíciles (que tienen espinas)

[42] arruinar

[43] maravillosa, mágica

[44] con indiferencia

cambio evitaría toda disidencia, y propuso que el baile se ofreciera de acuerdo
con el recuerdo de un baile ofrecido realmente, y que había sido a su vez, la
exacta reproducción de uno ofrecido hacía justamente cien años. Mas la inmutable araña tendiendo su último hilo sobre el confundido moscón testifi-
caba que tal medida era caer en la séptima fase, o si al señor gobernador le parecía mejor, en el séptimo de los bailes posibles.

Y para que su victoria fuese aun más decisiva le hizo saber que no en-
sayase el asunto «baile» partiendo de alguna de las otras fases, pues iría
cayendo ineluctablemente[45] en las seis fases restantes, y añadía que el desme-
dido[46] ejercicio lo llevaría a infinitas combinaciones que muy pronto darían al
traste con su clarísima razón. En tocando el punto de la razón, el gobernador,
viviente antítesis de un asilo de locos, dando media vuelta salió discretamente
de la *soirée* metafísica. Pero apenas si se echó de menos su brusca desaparición, pues ya todas las damas se inclinaban ante la gobernadora para escuchar
de sus labios que acababa de descubrir una octava fase para un posible baile
que sería la exacta reproducción de uno celebrado hacía justamente cien
años.

1944.

---

[45] inevitablemente   [46] desproporcionado

Después de leer

Comprensión

1. ¿Qué es lo que quiere preparar la gobernadora?
2. ¿En qué modelo se inspira originalmente la gobernadora?
3. ¿Cuáles son las siete fases que complican el baile?
4. ¿Dónde transcurre la historia?
5. ¿Qué hace el gobernador ante las dudas de su mujer?
6. ¿Cuál es el octavo tipo de baile que podría organizar la gobernadora?

Análisis

1. ¿En qué momento se convierte en un obstáculo el pensamiento sobre algo que queremos hacer, tal como ocurre en el caso de la gobernadora?
2. Analice el sentido político que puede tener el haber hecho pública la noticia de que se iba a organizar un baile sin tener claro cómo sería.

3. Aunque se dice que la Historia debe dar ejemplos para no incurrir en errores de nuevo, analice por qué en el caso de este cuento se vuelve un problema tener un ejemplo del pasado.

4. Señale qué importancia se le da tanto al baile de hace cien años como a los comentarios que se hicieron sobre ese baile.

Expansión

1. Revise los conceptos de «acto y potencia» y «hecho e interpretación» y compárelos entre sí relacionándolos con el cuento.

2. Investigue respecto al monólogo de Hamlet, personaje de Shakespeare, quien habla de «Ser o no ser» (*Hamlet,* acto III, escena I) y comente respecto a las dudas de este personaje.

3. **OPTATIVO:** Compare este cuento con el de Carmen Naranjo, «¿Para qué matar a la condesa?», y señale los parecidos y diferencias entre ambos.

El que vino a salvarme

Antes de leer

Temas para comentar antes de la lectura

1. ¿Por qué existe el miedo de hablar sobre la muerte de uno mismo cuando a diario las noticias dan cuenta de muchas muertes y asesinatos?

2. La capacidad de la imaginación en la literatura parece no tener límites. Señale, no obstante, cuáles son algunos de esos límites que habitualmente la literatura puede superar, es decir, en aquellas cosas que no podríamos hacer en la vida real.

3. ¿Es posible creer en todas aquellas formas de adivinación del futuro (horóscopo, tarot, percepción paranormal...) que supuestamente dan pistas sobre cómo y cuándo moriría alguien. ¿Qué opina al respecto alguien con un punto de vista científico?

Palabras clave

1. la escara
2. el mingitorio
3. configurar
4. degollar
5. esgrimir
6. proferir
7. sustraer
8. enfurruñado/a
9. pendiente

El que vino a salvarme

SIEMPRE TUVE UN GRAN MIEDO: no saber cuándo moriría. Mi mujer afirmaba que la culpa era de mi padre; mi madre estaba agonizando, él me puso frente a ella y me obligó a besarla. Por esa época yo tenía diez años y ya sabemos todo eso de que la presencia de la muerte deja una profunda huella en los niños... No digo que la aseveración sea falsa, pero en mi caso, es distinto. Lo que mi mujer ignora es que yo vi ajusticiar a un hombre, y lo vi por pura casualidad. Justicia irregular, es decir dos hombres le tienden un lazo a otro hombre en el servicio sanitario de un cine y lo degüellan.[1] ¿Cómo? Yo estaba encerrado haciendo caca y ellos no podían verme; estaban en los mingitorios.[2] Yo hacía caca plácidamente y de pronto oí: «Pero no van a matarme... » Miré por el enrejillado,[3] y entonces vi una navaja cortando un pescuezo, sentí un alarido, sangre a borbotones[4] y piernas que se alejaban a toda prisa. Cuando la policía llegó al lugar del hecho me encontró desmayado, casi muerto, con eso que le dicen «shock nervioso». Estuve un mes entre la vida y la muerte.

Bueno, no vayan a pensar que, en lo sucesivo, iba a tener miedo de ser degollado. Bueno, pueden pensarlo, están en su derecho. Si alguien ve degollar a un hombre, es lógico que piense que también puede ocurrirle lo mismo a él, pero también es lógico pensar que no va a dar la maldita casualidad de que el destino, o lo que sea, lo haya escogido a uno para que tenga la misma suerte del hombre que degollaron en el servicio sanitario del cine.

No, no era ese mi miedo; el que yo sentí, justo en el momento en que degollaban al tipo, se podía expresar con esta frase: ¿Cuál es la hora? Imaginemos a un viejo de ochenta años, listo ya para enfrentarse a la muerte; pienso que su idea fija no puede ser otra que preguntarse: ¿será esta noche... ? ¿será mañana... ? ¿será a las tres de la madrugada de pasado mañana? ¿Va a ser ahora mismo en que estoy pensando que será pasado mañana a las tres de la madrugada... ? Como sabe y siente que el tiempo de vida que le queda es muy reducido, estima que sus cálculos sobre la «hora fatal» son bastante precisos, pero, al mismo tiempo, la impotencia en que se encuentra para fijar «el momento» los reduce a cero. En cambio, el tipo asesinado en el servicio sanitario supo, así de pronto, cuál sería su hora. En el momento de proferir:[5] «Pero no van a matarme... », ya sabía que le llegaba su hora. Entre su exclamación desesperada y la mano que

---

[1] lo... le cortan la garganta

[2] urinarios

[3] sitio con rejas

[4] a... violentamente, como una erupción de líquidos

[5] pronunciar

accionaba[6] la navaja para cercenarle el cuello, supo el minuto exacto de su ³⁵ muerte. Es decir que si la exclamación se produjo, por ejemplo, a las nueve horas, cuatro minutos y cinco segundos de la noche y la degollación a las nueve, cuatro minutos y ocho segundos, él supo exactamente su hora de morir con una anticipación de tres segundos.

En cambio, aquí, echado en la cama, solo (mi mujer murió el año pasado y, ⁴⁰ por otra parte, no sé la pobre en qué podría ayudarme en lo que se refiere a lo de la hora de mi muerte), estoy devanándome[7] los pocos sesos que me quedan. Es sabido que cuando se tiene noventa años (y es esa mi edad) se está, como el viajero, pendiente[8] de la hora, con la diferencia de que el viajero la sabe y uno la ignora. Pero no anticipemos. ⁴⁵

Cuando lo del tipo degollado en el servicio sanitario yo tenía apenas veinte años. El hecho de estar «lleno» de vida en ese entonces y además, tenerla por delante casi como una eternidad, borró pronto aquel cuadro sangriento y aquella pregunta angustiosa. Cuando se está lleno de vida sólo se tiene tiempo para vivir y «vivirse». Uno «se vive» y se dice: «¡Qué saludable ⁵⁰ estoy, respiro salud por todos mis poros, soy capaz de comerme un buey, copular cinco veces por día, trabajar sin desfallecer veinte horas seguidas!...», y entonces uno no puede tener noción de lo que es morir y «morirse». Cuando a los veintidós años me casé, mi mujer, viendo mis «ardores» me dijo una noche: «¿Vas a ser conmigo el mismo cuando seas un viejito?» Y le contesté: «¿Qué ⁵⁵ es un viejito? ¿Acaso tú lo sabes?»

Ella, naturalmente, tampoco lo sabía. Y como ni ella ni yo podíamos, por el momento, configurar[9] a un viejito, pues nos echamos a reír y fornicamos de lo lindo.

Pero recién cumplidos los cincuenta, empecé a vislumbrar lo de ser un ⁶⁰ viejito, y también empecé a pensar en eso de la hora... Por supuesto, proseguía viviendo, pero al mismo tiempo empezaba a morirme, y una curiosidad, enfermiza y devoradora, me ponía por delante el momento fatal. Ya que tenía que morir, al menos saber en qué instante sobrevendría mi muerte, como sé, por ejemplo, el instante preciso en que me lavo los dientes... ⁶⁵

Y a medida que me hacía más viejo, este pensamiento se fue haciendo más obsesivo hasta llegar a lo que llamamos fijación. Allá por los setenta hice, de modo inesperado, mi primer viaje en avión. Recibí un cablegrama de la mujer de mi único hermano avisándome que éste se moría. Tomé pues el avión. A las dos horas de vuelo se produjo mal tiempo. El avión era una pluma ⁷⁰ en la tempestad, y todo eso que se dice de los aviones bajo los efectos de una tormenta: pasajeros aterrados, idas y venidas de las aeromozas, objetos que se

---

⁶ manejaba   ⁸ a la expectativa

⁷ atormentándome   ⁹ imaginarse cómo es algo

vienen al suelo, gritos de mujeres y de niños mezclados con padrenuestros y avemarías,[10] en fin ese «memento mori»[11] que es más «memento» a cuarenta
75 mil pies de altura.

—Gracias a Dios —me dije—, gracias a Dios que por vez primera me acerco a una cierta precisión en lo que se refiere al momento de mi muerte. Al menos, en esta nave en peligro de estrellarse, ya puedo ir calculando el momento. ¿Diez, quince, treinta y ocho minutos...? No importa, estoy cerca,
80 y tú, muerte, no lograrás sorprenderme. Confieso que gocé salvajemente. Ni por un instante se me ocurrió rezar, pasar revista a mi vida, hacer acto de contrición[12] o simplemente esa función fisiológica que es vomitar. No, sólo estaba atento a la inminente caída del avión para saber, mientras nos íbamos estrellando, que ése era el momento de mi muerte.

85 Pasado el peligro, una pasajera me dijo: «Oiga, lo estuve viendo mientras estábamos por caernos, y usted como si nada...» Me sonreí, no le contesté; ella, con su angustia aún reflejada en su cara, ignoraba «mi angustia» que, por una sola vez en mi vida, se había transformado a esos cuarenta mil pies de altura en un estado de gracia comparable al de los santos más calificados de la
90 Iglesia.

Pero a cuarenta mil pies de altura en un avión azotado por la tormenta— único paraíso entrevisto en mi larga vida— no se está todos los días; por el contrario se habita el infierno que cada cual se construye: sus paredes son pensamientos, su techo terrores y sus ventanas abismos... Y dentro, uno helán-
95 dose a fuego lento, quiero decir perdiendo vida en medio de llamas que adoptan formas singulares, «a qué hora», «un martes o un sábado», «en el otoño o en la primavera»...[13]

Y yo me hielo y me quemo cada vez más. Me he convertido en un acabado espécimen de un museo de teratología[14] y al mismo tiempo soy la viva ima-
100 gen de la desnutrición. Tengo por seguro que por mis venas no corre sangre sino pus; hay que ver mis escaras[15] —purulentas, cárdenas—, y mis huesos, que parecen haberle conferido a mi cuerpo una muy otra anatomía. Los de las caderas,[16] como un río, se han salido de madre; las clavículas, al descarnarme,

---

[10] padrenuestros... oraciones frecuentes de los adeptos a la religión católica

[11] memento... (latín) «recuerda que debes morir» (Es decir: «recuerda que los seres humanos son mortales».)

[12] acto... oración de arrepentimiento por haber ofendido a Dios

[13] Este párrafo se refiere a la fijación del personaje en la muerte.

[14] estudio de las anomalías del organismo animal o vegetal

[15] costras, resultadas de la mortificación de partes vivas afectadas de gangrenas o muy quemadas

[16] De aquí al fin del párrafo se refiere a los huesos. El párrafo siguiente alude a que le funciona el cerebro, y por ende la memoria.

parecen anclas pendiendo del costado de un barco; los occipitales[17] hacen de mi cabeza un coco aplastado de un mazazo.

Sin embargo, lo que la cabeza contiene sigue pensando, y pensando en su idea fija; ahora mismo, en este instante, en mi cuarto, tirado en la cama, con la muerte encima, con la muerte, que puede ser esa foto de mi padre muerto, que me mira y me dice: «Te voy a sorprender, no podrás saber, me estás viendo pero ignoras cuándo te asestaré el golpe...»

Por mi parte, miré más fijamente la foto de mi padre y le dije: «no te vas a salir con la tuya, sabré el momento en que me echarás el guante y antes gritaré: ¡Es ahora! y no te quedará otro remedio que confesarte vencido».

Y justo en ese momento, en ese momento que participa de la realidad y de la irrealidad, sentí unos pasos que, a su vez, participaban de esa misma realidad e irrealidad. Desvié la vista de la foto e inconscientemente la puse en el espejo del ropero que está frente a mi cama. En él vi reflejada la cara de un hombre joven, sólo su cara ya que el resto del cuerpo se sustraía[18] a mi vista debido a un biombo colocado entre los pies de la cama y el espejo. Pero no le di mayor importancia; sería incomprensible que no se la diera teniendo otra edad, es decir, la edad en que uno está realmente vivo y la inopinada presencia de un extraño en nuestro cuarto nos causaría desde sorpresa hasta terror. Pero a mi edad y en el estado de languidez en que me hallaba, un extraño y su rostro es sólo parte de la realidad-irrealidad que se padece. Es decir, que ese extraño y su cara era, o un objeto más de los muchos que pueblan mi cuarto, o un fantasma de los muchos que pueblan mi cabeza. En consecuencia volví a poner la vista en la foto de mi padre, y cuando volví a mirar el espejo la cara del extraño había desaparecido. Volví de nuevo a mirar la foto y creí advertir que la cara de mi padre estaba como enfurruñada,[19] es decir la cara de mi padre por ser la de él, pero al mismo tiempo con una cara que no era la suya, sino como si se la hubiera maquillado para hacer un personaje de tragedia. Pero vaya usted a saber... En ese linde entre realidad e irrealidad todo es posible, y más importante, todo ocurre y no ocurre. Entonces cerré los ojos y empecé a decir en voz alta: ahora, ahora... De pronto sentí ruido de pisadas muy cerca del respaldar de la cama; abrí los ojos y allí estaba, frente a mí, el extraño, con todo su cuerpo largo como un kilómetro. Pensé: «Bah, lo mismo del espejo...» y volví a mirar la foto de mi padre. Pero algo me decía que volviera a mirar al extraño. No desobedecí mi voz interior y lo miré. Ahora esgrimía[20] una navaja e iba inclinando lentamente el cuerpo mientras me miraba fijamente. Entonces comprendí que ese extraño era el que venía a salvarme. Supe con una anticipación

115

120

125

130

135

140

---

[17] hueso de la parte inferior y posterior de la cabeza

[18] apartaba

[19] enfadada

[20] manejaba

de varios segundos el momento exacto de mi muerte. Cuando la navaja se hundió en mi yugular, miré a mi salvador y, entre borbotones de sangre, le dije: «Gracias por haber venido.»

1967.

Después de leer

Comprensión

1. ¿Cuál es el miedo principal que sufre el protagonista?
2. ¿A partir de qué momento de su vida el personaje tiene conciencia de la vejez y la muerte?
3. ¿Qué edad tiene cuando nos relata la historia?
4. ¿Qué reacción tuvo cuando voló en avión y había mucha turbulencia?
5. ¿Qué le ocurre al final al personaje?

Análisis

1. Comente la aparente contradicción de que un personaje que muere al final del cuento sea el mismo que nos narra la historia.
2. Considere los aspectos psicológicos del personaje y señale cuáles son los traumas que pueden haberlo afectado para que piense tanto en la muerte.
3. ¿Por qué le llama el personaje a la muerte «el que vino a salvarme»?
4. ¿Qué sentido puede tener, o por qué no es necesario que en este cuento no se mencionen nombres ni lugares? Compare este detalle con la manera precisa con la que se señalan las edades y el tiempo.

Expansión

1. Revise los conceptos de «la depresión» y «el trauma» en un sentido psicológico.
2. Enumere varias formas de representación de la muerte como una figura en diferentes culturas y señale parecidos y diferencias.
3. **OPTATIVO:** Compare este cuento con «¡Diles que no me maten!» de Juan Rulfo, y estudie la reacción de miedo ante la cercanía e inminencia de la muerte.

Julio Cortázar

SUS CUENTOS REVOLUCIONARON EL GÉNERO en Hispanoamérica, con el resultado de que incorporarlo a una tradición surrealista y humorística de origen europeo es insuficiente. Parte de esa combinación está también en la biografía de Cortázar. Hijo de padres argentinos, nació en Bélgica en 1914, y pasó su infancia y juventud en Buenos Aires. Su obra, inspirada en personajes y escenarios de su país, no deja de ser en todo momento cosmopolita, sobre todo próxima a autores y humoristas franceses e ingleses como Alfred Jarry, Raymond Roussel, Laurence Sterne, entre otros. Empezó escribiendo poesía, y lo siguió haciendo a lo largo de su vida. Su narrativa fue algo tardía y no es hasta 1951 que da a conocer su primer libro de cuentos *Bestiario*. Recopilada en muchas antologías, su narrativa breve más destacada está en *Final de juego* (1956), *Las armas secretas* (1959), *Historias de cronopios y de famas* (1962), *Todos los fuegos el fuego* (1966), *Octaedro* (1974), *Un tal Lucas* (1979), *Queremos tanto a Glenda* (1980) y *Deshoras* (1983). En un momento Cortázar reordenó sus primeros cuentos en base a temas generales bajo el título *Relatos* (1969). Todos fueron compilados como *Cuentos completos* en 1992 y en una edición aumentada definitiva en 2004.

Su novela más importante es *Rayuela* (1963), especie de juego formal en el que se estructura la historia a partir de capítulos que siguen tanto un orden habitual como uno dispuesto por el autor, de manera que puede leerse de varias maneras. También se trata de un manual sobre el exilio hispanoamericano en la Europa de los años 50, tema presente en sus cuentos. Traductor de oficio, Cortázar continuaba la tradición fantástica de la literatura argentina, (También fue cercano a la obra de Macedonio Fernández y Leopoldo

Marechal.) y fue una alternativa lo suficientemente poderosa para destacar frente a la obra de Borges, que había impregnado de un preciosismo verbal el trabajo del cuento. Cortázar también rescataba el habla porteña y se preocupaba por restar solemnidad a un tipo de literatura explícitamente erudita y académica. Sus cuentos no han perdido actualidad, y no dejan de reeditarse y provocarles el mismo asombro a sus lectores.

Hay que destacar también los libros de misceláneas que contienen «cuentos» en germen, como *La vuelta al día en ochenta mundos*, *Último round*, y *Territorios*, como la original *performance* que realizó con su última esposa Carole Dunlop, titulada *Los autonautas de la cosmopista*, en la que recorrieron durante un mes, deteniéndose en los paraderos, la autopista que va de Marsella a París. A la vez, y como comprueban los tres tomos de *Obra crítica* (1994) y los tres volúmenes de sus *Cartas* (2000), nunca dejó de escribir sobre el arte del cuento, la prosa, la relación entre literatura y sociedad, y de cuentistas hispanoamericanos como Felisberto Hernández y Roberto Arlt, que tuvieron gran influencia en su visión de la vida y la literatura. Cortázar murió en París en 1984 y está enterrado en el cementerio de Montparnasse. Su lápida tiene en su punto más alto una cara sonriente, ícono de su cosmovisión.

Bibliografía mínima

Alazraki, Jaime. *Hacia Cortázar: aproximaciones a su obra*. Barcelona: Anthropos, 1994.

- - - e Ivar Ivask, eds. *The Final Island. The Fiction of Julio Cortázar*. Norman: University of Oklahoma Press, 1973. [Hay versión en español de 1983.]

Alonso, Carlos, ed. *Julio Cortázar: New Readings*. Nueva York: Cambridge University Press, 1998.

Bloom, Harold, ed. *Julio Cortázar*. Filadelfia: Chelsea House, 2004.

Carter, E.D., Jr., ed. *Otro round: estudios sobre la obra de Julio Cortázar*. Número especial de *Explicación de textos literarios* [California State University, Sacramento] XVII. 1 y 2 (1988–1989).

Centre de Recherches Latino-Américaines, Université de Poitiers. *Coloquio Internacional. Lo lúdico y lo fantástico en la obra de Cortázar*. V. 2. Madrid: Fundamentos, 1986. [El primer tomo contiene estudios generales.]

Cuadernos Hispanoamericanos [Madrid] 364–366 (Octubre–Diciembre 1980). [Tomo triple dedicado a Cortázar y su obra.]

Eisterer-Barceló, Elia. *La inquietante familiaridad. El terror y sus arquetipos en los relatos fantásticos de Julio Cortázar*. Wilhelmsfeld: Gottfried Egert, 1999.

Ferré, Rosario. *Cortázar. El romántico en su observatorio*. San Juan, P.R.: Editorial Cultural, 1990.

Giacoman, Helmy F., ed. *Homenaje a Julio Cortázar, Variaciones interpretativas en torno a su obra*. Nueva York: Las Américas, 1972.

Herráez, Miguel. *Julio Cortázar*. Valencia: Institució Alfons el Magnànim, 2001.

Lastra, Pedro, ed. *Julio Cortázar*. Madrid: Taurus, 1981.

Mora Valcárcel, Carmen de. *Teoría y práctica del cuento en los relatos de Cortázar.*
  Sevilla: Escuela de Estudios Hispano-Americanos, CSIC, 1982.
Peavler, Terry J. *Julio Cortázar.* Boston: Twayne Publishers, 1990.
Peri Rossi, Cristina. *Julio Cortázar.* Barcelona: Omega, 2000.
Prego, Omar. *La fascinación de las palabras. Conversaciones con Julio Cortázar.*
  Barcelona: Muchnik Editores, 1985.
Revista Iberoamericana [Pittsburgh] XXXIX. 84/85 (Julio–Diciembre 1973).
Sanjinés, José. *Paseos en el horizonte. Fronteras semióticas en los relatos de Julio Cortázar.*
  Nueva York: Peter Lang, 1994.
Yurkievich, Saúl. *Julio Cortázar: mundos y modos.* Barcelona: Minotauro, 1997.

La noche boca arriba

Antes de leer

Temas para comentar antes de la lectura

1. Además de los museos y el trabajo documental de los historiadores, ¿de qué otra forma puede guardarse el pasado?

2. ¿Qué diferencias puede haber entre escribir sobre un sueño y escribir sobre la realidad?

3. ¿Por qué cree que en la antigüedad se hacían sacrificios humanos?

4. Comente las posibles situaciones en las que Ud. sentiría terror o miedo.

Palabras clave

1. el atabal
2. la calzada
3. la marisma
4. la modorra

5. los motecas
6. el vivac
7. estaqueado/a
8. estropeado/a

La noche boca arriba

> Y salían en ciertas épocas a cazar enemigos;
> le llamaban la guerra florida.

A MITAD DEL LARGO ZAGUÁN[1] del hotel pensó que debía ser tarde, y se apuró a salir a la calle y sacar la motocicleta del rincón donde el portero de al lado le permitía guardarla. En la joyería de la esquina vio que eran las nueve menos diez; llegaría con tiempo 5

---

[1] espacio cubierto dentro de una casa que sirve
  de entrada a ella

sobrado adonde iba. El sol se filtraba entre los altos edificios del centro, y él —porque para sí mismo, para ir pensando, no tenía nombre— montó en la máquina saboreando el paseo. La moto ronroneaba[2] entre sus piernas, y un viento fresco le chicoteaba[3] los pantalones.

Dejó pasar los ministerios (el rosa, el blanco) y la serie de comercios con brillantes vitrinas de la calle Central. Ahora entraba en la parte más agradable del trayecto, el verdadero paseo: una calle larga, bordeada de árboles, con poco tráfico y ampilas villas que dejaban venir los jardines hasta las aceras, apenas demarcadas por setos bajos. Quizá algo distraído, pero corriendo sobre la derecha como correspondía, se dejó llevar por la tersura, por la leve crispación de ese día apenas empezado. Tal vez su involuntario relajamiento le impidió prevenir el accidente. Cuando vio que la mujer parada en la esquina se lanzaba a la calzada[4] a pesar de las luces verdes, ya era tarde para las soluciones fáciles. Frenó con el pie y la mano, desviándose a la izquierda; oyó el grito de la mujer, y junto con el choque perdió la visión. Fue como dormirse de golpe.

Volvió bruscamente del desmayo. Cuatro o cinco hombres jóvenes lo estaban sacando de debajo de la moto. Sentía gusto a sal y sangre, le dolía una rodilla, y cuando lo alzaron gritó, porque no podía soportar la presión en el brazo derecho. Voces que no parecían pertenecer a las caras suspendidas sobre él, lo alentaban con bromas y seguridades. Su único alivio fue oír la confirmación de que había estado en su derecho al cruzar la esquina. Preguntó por la mujer, tratando de dominar la náusea que le ganaba la garganta. Mientras lo llevaban boca arriba hasta una farmacia próxima, supo que la causante del accidente no tenía más que rasguños en las piernas. «Usté la agarró apenas, pero el golpe le hizo saltar la máquina de costado...» Opiniones, recuerdos, despacio, éntrenlo de espaldas, así va bien, y alguien con guardapolvo dándole a beber un trago que lo alivió en la penumbra de una pequeña farmacia de barrio.

La ambulancia policial llegó a los cinco minutos, y lo subieron a una camilla blanda donde pudo tenderse a gusto. Con toda lucidez, pero sabiendo que estaba bajo los efectos de un shock terrible, dio sus señas al policía que lo acompañaba. El brazo casi no le dolía; de una cortadura en la ceja goteaba sangre por toda la cara. Una o dos veces se lamió los labios para beberla. Se sentía bien, era un accidente, mala suerte; unas semanas quieto y nada más. El vigilante[5] le dijo que la motocicleta no parecía muy estropeada.[6] «Natural», dijo él. «Como que me la ligué encima...»[7] Los dos se rieron, y el vigilante le dio la

---

[2] (voz onomatopéyica) como el ronquido que hace el gato cuando está contento (Aquí Cortázar lo aplica a la moto para hacer más sugerente su presencia.)

[3] golpeaba

[4] calle

[5] policía de tránsito en varios países hispanoamericanos

[6] maltratada

[7] Cómo... frase coloquial usada en broma que conlleva una alusión sexual al decir que el protagonista se quedó debajo de la moto

mano al llegar al hospital y le deseó buena suerte. Ya la náusea volvía poco a poco; mientras lo llevaban en una camilla de ruedas hasta un pabellón del fondo, pasando bajo árboles llenos de pájaros, cerró los ojos y deseó estar dormido o cloroformado. Pero lo tuvieron largo rato en una pieza con olor a 45 hospital, llenando una ficha, quitándole la ropa y visitiéndolo con una camisa grisácea y dura. Le movían cuidadosamente el brazo, sin que le doliera. Las enfermeras bromeaban todo el tiempo, y si no hubiera sido por las contracciones del estómago se habría sentido muy bien, casi contento.

Lo llevaron a la sala de radio, y veinte minutos después, con la placa to- 50 davía húmeda puesta sobre el pecho como una lápida negra, pasó a la sala de operaciones. Alguien de blanco, alto y delgado, se le acercó y se puso a mirar la radiografía. Manos de mujer le acomodaban la cabeza, sintió que lo pasaban de una camilla a otra. El hombre de blanco se le acercó otra vez, sonriendo, con algo que le brillaba en la mano derecha. Le palmeó la mejilla e hizo una seña a 55 alguien parado atrás.

Como sueño era curioso porque estaba lleno de olores y él nunca soñaba olores. Primero un olor a pantano, ya que a la izquierda de la calzada empeza- ban las marismas,[8] los tembladerales de donde no volvía nadie. Pero el olor cesó, y en cambio vino una fragancia compuesta y oscura como la noche en 60 que se movía huyendo de los aztecas. Y todo era tan natural, tenía que huir de los aztecas que andaban a caza de hombre, y su única probabilidad era la de esconderse en lo más denso de la selva, cuidando de no apartarse de la es- trecha calzada que sólo ellos, los motecas,[9] conocían.

Lo que más lo torturaba era el olor, como si aun en la absoluta aceptación 65 del sueño algo se rebelara contra eso que no era habitual, que hasta entonces no había participado del juego. «Huele a guerra», pensó, tocando instintiva- mente el puñal de piedra atravesado en su ceñidor[10] de lana tejida. Un sonido inesperado lo hizo agacharse y quedar inmóvil, temblando. Tener miedo no era extraño, en sus sueños abundaba el miedo. Esperó, tapado por las ramas 70 de un arbusto y la noche sin estrellas. Muy lejos, probablemente del otro lado del gran lago, debían estar ardiendo fuegos de vivac;[11] un resplandor rojizo teñía esa parte del cielo. El sonido no se repitió. Había sido como una rama quebrada. Tal vez un animal que escapaba como él del olor de la guerra. Se enderezó despacio, venteando.[12] No se oía nada, pero el miedo seguía allí 75 como el olor, ese incienso dulzón de la guerra florida. Había que seguir, llegar

---

[8] terreno bajo y pantanoso que inundan las aguas del mar

[9] otra tribu de antiguos pobladores del México actual

[10] faja, correa u otra cosa con que se ciñe o se ajuste una cintura

[11] campamento militar al aire libre

[12] indagando, inquiriendo

al corazón de la selva evitando las ciénagas. A tientas, agachándose a cada instante para tocar el suelo más duro de la calzada, dio algunos pasos. Hubiera querido echar a correr, pero los tembladerales palpitaban a su lado. En el sendero en tinieblas, buscó el rumbo. Entonces sintió una bocanada horrible del olor que más temía, y saltó desesperado hacia adelante.

—Se va a caer de la cama —dijo el enfermo de al lado—. No brinque tanto, amigazo.

Abrió los ojos y era de tarde, con el sol ya bajo en los ventanales de la larga sala. Mientras trataba de sonreír a su vecino, se despegó casi físicamente de la última visión de la pesadilla. El brazo, enyesado, colgaba de un aparato con pesas y poleas. Sintió sed, como si hubiera estado corriendo kilómetros, pero no querían darle mucha agua, apenas para mojarse los labios y hacer un buche.[13] La fiebre lo iba ganando despacio y hubiera podido dormirse otra vez, pero saboreaba el placer de quedarse despierto, entornados los ojos, escuchando el diálogo de los otros enfermos, respondiendo de cuando en cuando a alguna pregunta. Vio llegar un carrito blanco que pusieron al lado de su cama, una enfermera rubia le frotó con alcohol la cara anterior del muslo y le clavó una gruesa aguja conectada con un tubo que subía hasta un frasco lleno de líquido opalino.[14] Un médico joven vino con un aparato de metal y cuero que le ajustó al brazo sano para verificar alguna cosa. Caía la noche, y la fiebre lo iba arrastrando blandamente a un estado donde las cosas tenían un relieve como de gemelos de teatro,[15] eran reales y dulces y a la vez ligeramente repugnantes; como estar viendo una película aburrida y pensar que sin embargo en la calle es peor; y quedarse.

Vino una taza de maravilloso caldo de oro oliendo a puerro, a apio, a perejil. Un trocito de pan, más precioso que todo un banquete, se fue desmigajando[16] poco a poco. El brazo no le dolía nada y solamente en la ceja, donde lo habían suturado, chirriaba[17] a veces una punzada caliente y rápida. Cuando los ventanales de enfrente viraron a manchas de un azul oscuro, pensó que no le iba a ser difícil dormirse. Un poco incómodo, de espaldas, pero al pasarse la lengua por los labios resecos y calientes sintió el sabor del caldo, y suspiró de felicidad, abandonándose.

Primero fue una confusión, un atraer hacia sí todas las sensaciones por un instante embotadas o confundidas. Comprendía que estaba corriendo en plena oscuridad, aunque arriba el cielo cruzado de copas de árboles era menos negro que el resto. «La calzada», pensó. «Me salí de la calzada.» Sus pies

---

[13] porción de líquido que cabe en la boca

[14] de color entre blanco y azulado con reflejos irisados, como el ópalo

[15] doble anteojo de poco alcance usado en las salas de espectáculos públicos

[16] deshaciéndose en migajas

[17] producía un sonido por el roce de dos objetos

se hundían en un colchón de hojas y barro, y ya no podía dar un paso sin que las ramas de los arbustos le azotaran el torso y las piernas. Jadeante,[18] sabiéndose acorralado a pesar de la oscuridad y el silencio, se agachó para escuchar. 115 Tal vez la calzada estaba cerca, con la primera luz del día iba a verla otra vez. Nada podía ayudarlo ahora a encontrarla. La mano que sin saberlo él aferraba el mango del puñal, subió como el escorpión de los pantanos hasta su cuello, donde colgaba el amuleto protector. Moviendo apenas los labios musitó[19] la plegaria del maíz que trae las lunas felices, y la súplica a la Muy Alta, a la dis- 120 pensadora[20] de los bienes motecas. Pero sentía al mismo tiempo que los tobillos se le estaban hundiendo despacio en el barro, y la espera en la oscuridad del chaparral desconocido se le hacía insoportable. La guerra florida había empezado con la luna y llevaba ya tres días y tres noches. Si conseguía refugiarse en lo profundo de la selva, abandonando la calzada más allá de la re- 125 gión de las ciénagas, quizá los guerreros no le siguieran el rastro. Pensó en los muchos prisioneros que ya habrían hecho. Pero la cantidad no contaba, sino el tiempo sagrado. La caza continuaría hasta que los sacerdotes dieran la señal del regreso. Todo tenía su número y su fin, y él estaba dentro del tiempo sagrado, del otro lado de los cazadores. 130

Oyó los gritos y se enderezó de un salto, puñal en mano. Como si el cielo se incendiara en el horizonte, vio antorchas moviéndose entre las ramas, muy cerca. El olor a guerra era insoportable, y cuando el primer enemigo le saltó al cuello casi sintió placer en hundirle la hoja de piedra en pleno pecho. Ya lo rodeaban las luces, los gritos alegres. Alcanzó a cortar el aire una o dos veces, 135 y entonces una soga lo atrapó desde atrás.

—Es la fiebre —dijo el de la cama de al lado—. A mí me pasaba igual cuando me operé del duodeno.[21] Tome agua y va a ver que duerme bien.

Al lado de la noche de donde volvía, la penumbra tibia de la sala le pareció deliciosa. Una lámpara violeta velaba en lo alto de la pared del fondo como 140 un ojo protector. Se oía toser, respirar fuerte, a veces un diálogo en voz baja. Todo era grato y seguro, sin ese acoso, sin... Pero no quería seguir pensando en la pesadilla. Había tantas cosas en qué entretenerse. Se puso a mirar el yeso del brazo, las poleas que tan cómodamente se lo sostenían en el aire. Le habían puesto una botella de agua mineral en la mesa de noche. Bebió del gollete,[22] 145 golosamente. Distinguía ahora las formas de la sala, las treinta camas, los armarios con vitrinas. Ya no debía tener tanta fiebre, sentía fresca la cara. La ceja le dolía apenas, como un recuerdo. Se vio otra vez saliendo del hotel, sacando la moto. ¿Quién hubiera pensado que la cosa iba a acabar así? Trataba de fijar

---

[18] Respirando con dificultad

[19] murmuró

[20] la que concede o distribuye algo

[21] comienzo del intestino

[22] cuello estrecho de una botella

150 el momento del accidente, y le dio rabia advertir que había ahí como un hueco, un vacío que no alcanzaba a rellenar. Entre el choque y el momento en que lo habían levantado del suelo, un desmayo o lo que fuera no le dejaba ver nada. Y al mismo tiempo tenía la sensación de que ese hueco, esa nada, había durado una eternidad. No, ni siquiera tiempo, más bien como si en ese hueco

155 él hubiera pasado a través de algo o recorrido distancias inmensas. El choque, el golpe brutal contra el pavimento. De todas maneras al salir del pozo negro había sentido casi un alivio mientras los hombres lo alzaban del suelo. Con el dolor del brazo roto, la sangre de la ceja partida, la contusión en la rodilla; con todo eso, un alivio al volver al día y sentirse sostenido y auxiliado. Y era raro. Le

160 preguntaría alguna vez al médico de la oficina. Ahora volvía a ganarlo el sueño, a tirarlo despacio hacia abajo. La almohada era tan blanda, y en su garganta afiebrada la frescura del agua mineral. Quizá pudiera descansar de veras, sin las malditas pesadillas. La luz violeta de la lámpara en lo alto se iba apagando poco a poco.

165   Como dormía de espaldas, no lo sorprendió la posición en que volvía a reconocerse, pero en cambio el olor a humedad, a piedra rezumante[23] de filtraciones, le cerró la garganta y lo obligó a comprender. Inútil abrir los ojos y mirar en todas direcciones; lo envolvía una oscuridad absoluta. Quiso enderezarse y sintió las sogas en las muñecas y los tobillos. Estaba estaqueado[24]

170 en el suelo, en un piso de lajas helado y húmedo. El frío le ganaba la espalda desnuda, las piernas. Con el mentón buscó torpemente el contacto con su amuleto, y supo que se lo habían arrancado. Ahora estaba perdido, ninguna plegaria podía salvarlo del final. Lejanamente, como filtrándose entre las piedras del calabozo, oyó los atabales[25] de la fiesta. Lo habían traído al teo-

175 calli,[26] estaba en las mazmorras del templo a la espera de su turno.

     Oyó gritar, un grito ronco que rebotaba en las paredes. Otro grito, acabando en un quejido. Era él que gritaba en las tinieblas, gritaba porque estaba vivo, todo su cuerpo se defendía con el grito de lo que iba a venir, del final inevitable. Pensó en sus compañeros que llenarían otras mazmorras, y en los que

180 ascendían ya los peldaños del sacrificio. Gritó de nuevo sofocadamente, casi no podía abrir la boca, tenía las mandíbulas agarrotadas[27] y a la vez como si fueran de goma y se abrieran lentamente, con un esfuerzo interminable. El chirriar de los cerrojos lo sacudió como un látigo. Convulso, retorciéndose, luchó por zafarse de las cuerdas que se le hundían en la carne. Su brazo derecho, el más

---

[23] que deja escapar mucho de un líquido

[24] (americanismo) acto o castigo que consiste en estirar a un hombre, amarrado con tientos entre cuatro estacas

[25] tamborcillos que suelen tocarse en las fiestas públicas

[26] templo (de la lengua de los aztecas: *teotl* [dios] y *calli* [casa])

[27] endurecidas

fuerte, tiraba hasta que el dolor se hizo intolerable y tuvo que ceder. Vio abrirse   185
la doble puerta, y el olor de las antorchas le llegó antes que la luz. Apenas ceñidos con el taparrabos[28] de la ceremonia, los acólitos de los sacerdotes se le
acercaron mirándolo con desprecio. Las luces se reflejaban en los torsos sudados, en el pelo negro lleno de plumas. Cedieron las sogas, y en su lugar lo aferraron manos calientes, duras como bronce; se sintió alzado, siempre boca   190
arriba, tironeado por los cuatro acólitos que lo llevaban por el pasadizo. Los
portadores de antorchas iban adelante, alumbrando vagamente el corredor
de paredes mojadas y techo tan bajo que los acólitos debían agachar la cabeza. Ahora lo llevaban, lo llevaban, era el final. Boca arriba, a un metro del
techo de roca viva que por momentos se iluminaba con un reflejo de antorcha.   195
Cuando en vez del techo nacieran las estrellas y se alzara frente a él la escalinata incendiada de gritos y danzas, sería el fin. El pasadizo no acababa nunca,
pero ya iba a acabar, de repente olería el aire lleno de estrellas, pero todavía no,
andaban llevándolo sin fin en la penumbra roja, tironeándolo brutalmente, y él
no quería, pero cómo impedirlo si le habían arrancado el amuleto que era su   200
verdadero corazón, el centro de la vida.

Salió de un brinco a la noche del hospital, al alto cielo raso dulce, a la sombra blanda que lo rodeaba. Pensó que debía haber gritado, pero sus vecinos
dormían callados. En la mesa de noche, la botella de agua tenía algo de burbuja, de imagen traslúcida contra la sombra azulada de los ventanales. Jadeó,   205
buscando el alivio de los pulmones, el olvido de esas imágenes que seguían
pegadas a sus párpados. Cada vez que cerraba los ojos las veía formarse instantáneamente, y se enderezaba aterrado pero gozando a la vez del saber que
ahora estaba despierto, que la vigilia lo protegía, que pronto iba a amanecer,
con el buen sueño profundo que se tiene a esa hora, sin imágenes, sin   210
nada... Le costaba mantener los ojos abiertos, la modorra[29] era más fuerte que
él. Hizo un último esfuerzo, con la mano sana esbozó[30] un gesto hacia la botella de agua; no llegó a tomarla, sus dedos se cerraron en un vacío otra vez
negro, y el pasadizo seguía interminable, roca tras roca, con súbitas fulguraciones[31] rojizas, y él boca arriba gimió apagadamente porque el techo iba a   215
acabarse, subía, abriéndose como una boca de sombra, y los acólitos se enderezaban y de la altura una luna menguante le cayó en la cara donde los ojos no
querían verla, desesperadamente se cerraban y abrían buscando pasar al otro
lado, descubrir de nuevo el cielo raso protector de la sala. Y cada vez que se
abrían era la noche y la luna mientras lo subían por la escalinata, ahora con la   220
cabeza colgando hacia abajo, y en lo alto estaban las hogueras, las rojas

---

[28] prenda mínima que cubre los órganos sexuales y las caderas

[29] somnolencia, sopor profundo

[30] intentó

[31] brillo intenso y rápido

columnas de humo perfumado, y de golpe vio la piedra roja, brillante de sangre que chorreaba, y el vaivén de los pies del sacrificado que arrastraban para tirarlo rodando por las escalinatas del norte. Con una última esperanza apretó
225 los párpados, gimiendo por despertar. Durante un segundo creyó que lo lograría, porque otra vez estaba inmóvil en la cama, a salvo del balanceo[32] cabeza abajo. Pero olía la muerte, y cuando abrió los ojos vio la figura ensangrentada del sacrificador que venía hacia él con el cuchillo de piedra en la mano. Alcanzó a cerrar otra vez los párpados, aunque ahora sabía que no iba a
230 despertarse, que estaba despierto, que el sueño maravilloso había sido el otro, absurdo como todos los sueños; un sueño en el que había andado por extrañas avenidas de una ciudad asombrosa, con luces verdes y rojas que ardían sin llama ni humo, con un enorme insecto de metal que zumbaba[33] bajo sus piernas. En la mentira infinita de ese sueño también lo habían alzado del suelo,
235 también alguien se le había acercado con un cuchillo en la mano, a él tendido boca arriba, a él boca arriba con los ojos cerrados entre las hogueras.

---

[32] movimiento

[33] hacía un ruido áspero y continuo

Después de leer

Comprensión

1. ¿Cuál es el «nombre» del protagonista? ¿Por qué cree Ud. que el autor trata de esa manera el nombre del protagonista?

2. Describa los dos tipos de calzadas que se mencionan en el cuento y señale en qué se diferencian.

3. Señale aquellas expresiones en las que no se utiliza el nombre directo de un objeto sino que se lo describe? ¿Por qué cree que ocurre esto?

4. ¿Cómo muere el protagonista de la historia?

5. ¿En qué momento se da cuenta el protagonista de lo que realmente le está ocurriendo?

6. Indique los momentos en que se produce el salto entre los dos planos de la historia, tanto el contemporáneo del motociclista como el del guerrero moteca.

Análisis

1. Considere la importancia de los mitos en la sociedad y lo que pueden representar para un individuo.

2. ¿Qué uso tiene en los dos planos de la historia la expresión «boca arriba»?

3. ¿Puede el terror ser causado no sólo por monstruos sino por el desconocimiento del lugar en el cual nos encontramos?

Expansión
1. Consulte un libro sobre mitos y rituales de la cultura azteca.
2. Lea otros cuentos de Julio Cortázar, como «Axolotl».
3. Para una lectura acerca de la sobrevivencia de las tradiciones antiguas en la cultura contemporánea, revise el libro de ensayos de José Vasconcelos, *La raza cósmica*, y el de Carlos Fuentes, *El espejo enterrado*.

Casa tomada

Antes de leer

Temas para comentar antes de la lectura
1. Tenga presente historias que hablen de expulsiones de gente de un lugar concreto.
2. ¿Qué diferencia existe entre la ciencia ficción y la literatura que habla de lo fantástico? ¿O son lo mismo?
3. ¿En qué momentos se pueden las relaciones entre familiares cercanos convertir en un posible peligro y en un tema tabú?

Palabras clave
1. un álbum filatélico
2. el cobertor
3. el enebro
4. el macramé
5. el mate
6. la mayólica
7. el ovillo
8. cebar
9. sucumbir
10. esquivo/a

Casa tomada

 Nos gustaba la casa porque aparte de espaciosa y antigua (hoy que las casas antiguas sucumben a la más ventajosa liquidación de sus materiales) guardaba los recuerdos de nuestros bisabuelos, el abuelo paterno, nuestros padres y toda la infancia.

Nos habituamos Irene y yo a persistir solos en ella, lo que era una locura pues en esa casa podían vivir ocho personas sin estorbarse. Hacíamos la limpieza por la mañana, levantándonos a las siete, y a eso de las once yo le

dejaba a Irene las últimas habitaciones por repasar y me iba a la cocina.
Almorzábamos a mediodía, siempre puntuales; ya no quedaba nada por hacer
10 fuera de unos pocos platos sucios. Nos resultaba grato almorzar pensando en
la casa profunda y silenciosa y cómo nos bastábamos para mantenerla limpia.
A veces llegamos a creer que era ella la que no nos dejó casarnos. Irene rechazó dos pretendientes sin mayor motivo, a mí se me murió María Esther
antes que llegáramos a comprometernos. Entramos en los cuarenta años con
15 la inexpresada idea de que el nuestro, simple y silencioso matrimonio de hermanos, era necesaria clausura de la genealogía asentada[1] por los bisabuelos
en nuestra casa. Nos moriríamos allí algún día, vagos y esquivos[2] primos se
quedarían con la casa y la echarían al suelo para enriquecerse con el terreno y
los ladrillos; o mejor, nosotros mismos la voltearíamos justicieramente antes
20 de que fuese demasiado tarde.

Irene era una chica nacida para no molestar a nadie. Aparte de su actividad
matinal se pasaba el resto del día tejiendo en el sofá de su dormitorio. No sé por
qué tejía tanto, yo creo que las mujeres tejen cuando han encontrado en esa
labor el gran pretexto para no hacer nada. Irene no era así, tejía cosas siempre
25 necesarias, tricotas[3] para el invierno, medias para mí, mañanitas[4] y chalecos
para ella. A veces tejía un chaleco y después lo destejía en un momento porque
algo no le agradaba; era gracioso ver en la canastilla el montón de lana encres-
pada resistiéndose a perder su forma de algunas horas. Los sábados iba yo al
centro a comprarle lana; Irene tenía fe en mi gusto, se complacía con los colores
30 y nunca tuve que devolver madejas.[5] Yo aprovechaba esas salidas para dar una
vuelta por las librerías y preguntar vanamente si había novedades en literatura
francesa. Desde 1939 no llegaba nada valioso a la Argentina.

Pero es de la casa que me interesa hablar, de la casa y de Irene, porque yo
no tengo importancia. Me pregunto qué hubiera hecho Irene sin el tejido. Uno
35 puede releer un libro, pero cuando un pulóver está terminado no se puede
repetirlo sin escándalo. Un día encontré el cajón de abajo de la cómoda de al-
canfor lleno de pañoletas blancas, verdes, lila. Estaban con naftalina, apiladas
como en una mercería; no tuve valor de preguntarle a Irene qué pensaba hacer
con ellas. No necesitábamos ganarnos la vida, todos los meses llegaba la plata
40 de los campos y el dinero aumentaba. Pero a Irene solamente la entretenía el
tejido, mostraba una destreza maravillosa y a mí se me iban las horas viéndole
las manos como erizos plateados, agujas yendo y viniendo y una o dos canas-
tillas en el suelo donde se agitaban constantemente los ovillos.[6] Era hermoso.

---

[1] establecida

[2] huraño, que evita el trato con otra persona

[3] (galicismo) prenda tejida de distinto tipo

[4] prenda femenina usada sobre los hombros
cuando se está en la cama

[5] porciones de hilo para tejer o bordar

[6] bolas o líos que se forman devanando hilo

Cómo no acordarme de la distribución de la casa. El comedor, una sala con gobelinos,[7] la biblioteca y tres dormitorios grandes quedaban en la parte más retirada, la que mira hacia Rodríguez Peña.[8] Solamente un pasillo con su maciza puerta de roble aislaba esa parte del ala delantera donde había un baño, la cocina, nuestros dormitorios y el living[9] central, al cual comunicaban los dormitorios y el pasillo. Se entraba a la casa por un zaguán con mayólica,[10] y la puerta cancel[11] daba al living. De manera que uno entraba por el zaguán, abría la cancel y pasaba al living; tenía a los lados las puertas de nuestros dormitorios, y al frente el pasillo que conducía a la parte más retirada; avanzando por el pasillo se franqueaba la puerta de roble y más allá empezaba el otro lado de la casa, o bien se podía girar a la izquierda justamente antes de la puerta y seguir por un pasillo más estrecho que llevaba a la cocina y al baño. Cuando la puerta estaba abierta advertía uno que la casa era muy grande; si no, daba la impresión de un departamento de los que se edifican ahora, apenas para moverse; Irene y yo vivíamos siempre en esta parte de la casa, casi nunca íbamos más allá de la puerta de roble, salvo para hacer la limpieza, pues es increíble cómo se junta tierra en los muebles. Buenos Aires será una ciudad limpia, pero eso lo debe a sus habitantes y no a otra cosa. Hay demasiada tierra en el aire, apenas sopla una ráfaga se palpa el polvo en los marmoles de las consolas y entre los rombos de las carpetas de macramé;[12] da trabajo sacarlo bien con plumero, vuela y se suspende en el aire, un momento después se deposita de nuevo en los muebles y los pianos.

Lo recordaré siempre con claridad porque fue simple y sin circunstancias inútiles. Irene estaba tejiendo en su dormitorio, eran las ocho de la noche y de repente se me ocurrió poner al fuego la pavita del mate.[13] Fui por el pasillo hasta enfrentar la entornada puerta de roble, y daba la vuelta al codo que llevaba a la cocina cuando escuché algo en el comedor o la biblioteca. El sonido venía impreciso y sordo, como un volcarse de silla sobre la alfombra o un ahogado susurro de conversación. También lo oí, al mismo tiempo o un segundo después, en el fondo del pasillo que traía desde aquellas piezas hasta la puerta. Me tiré contra la puerta antes de que fuera demasiado tarde, la cerré de golpe apoyando el cuerpo; felizmente la llave estaba puesta de nuestro lado y además corrí el gran cerrojo para más seguridad.

Fui a la cocina, calenté la pavita, y cuando estuve de vuelta con la bandeja del mate le dije a Irene:

—Tuve que cerrar la puerta del pasillo. Han tomado la parte del fondo.

---

[7] tapices de origen francés o similar

[8] calle de Buenos Aires

[9] anglicismo por **sala** o **salón**

[10] loza común con esmalte metálico, fabricada antiguamente por los árabes

[11] puerta... puerta grande y techada, que da hacia la calle

[12] tejido hecho con nudos más o menos complicados

[13] pavita... tipo de cafetera empleada para hacer el mate (Véase la nota 15.)

Dejó caer el tejido y me miró con sus graves ojos cansados.

80 —¿Estás seguro?

Asentí.[14]

—Entonces —dijo recogiendo las agujas— tendremos que vivir en este lado.

Yo cebaba[15] el mate[16] con mucho cuidado, pero ella tardó un rato en re-
85 anudar su labor. Me acuerdo que tejía un chaleco gris; a mí me gustaba ese chaleco.

Los primeros días nos pareció penoso porque ambos habíamos dejado en la parte tomada muchas cosas que queríamos. Mis libros de literatura fran-cesa, por ejemplo, estaban todos en la biblioteca. Irene extrañaba unas carpe-
90 tas, un par de pantuflas que tanto la abrigaban en invierno. Yo sentía mi pipa de enebro[17] y creo que Irene pensó en una botella de Hesperidina de muchos años. Con frecuencia (pero esto solamente sucedió los primeros días) cerrába-mos algún cajón de las cómodas y nos mirábamos con tristeza.

—No está aquí.

95 Y era una cosa más de todo lo que habíamos perdido al otro lado de la casa.

Pero también tuvimos ventajas. La limpieza se simplificó tanto que aun levantándose tardísimo, a las nueve y media por ejemplo, no daban las once y ya estábamos de brazos cruzados. Irene se acostumbró a ir conmigo a la
100 cocina y ayudarme a preparar el almuerzo. Lo pensamos bien, y se decidió esto: mientras yo preparaba el almuerzo, Irene cocinaría platos para comer fríos de noche. Nos alegramos porque siempre resulta molesto tener que abandonar los dormitorios al atardecer y ponerse a cocinar. Ahora nos bastaba con la mesa en el dormitorio de Irene y las fuentes de comida
105 fiambre.[18]

Irene estaba contenta porque le quedaba más tiempo para tejer. Yo an-daba un poco perdido a causa de los libros, pero por no afligir a mi hermana me puse a revisar la colección de estampillas de papá, y eso me sirvió para matar el tiempo. Nos divertíamos mucho, cada uno en sus cosas, casi siem-
110 pre reunidos en el dormitorio de Irene que era más cómodo. A veces Irene decía:

—Fijate este punto[19] que se me ha ocurrido. ¿No da un dibujo de trébol?

---

[14] Dije que sí

[15] preparaba

[16] infusión de hierbas que se bebe con un sor-bete metálico en países como la Argentina y el Uruguay

[17] madera de tono rojizo, fuerte y muy olorosa

[18] comida... comida que se ha dejado enfriar para comérsela después

[19] tipo de tejido hecho con agujas especiales

Un rato después era yo el que le ponía ante los ojos un cuadradito de papel para que viese el mérito de algún sello de Eupen y Malmédy. Estábamos bien, y poco a poco empezábamos a no pensar. Se puede vivir sin pensar. 115

(Cuando Irene soñaba en alta voz yo me desvelaba en seguida. Nunca pude habituarme a esa voz de estatua o papagayo, voz que viene de los sueños y no de la garganta. Irene decía que mis sueños consistían en grandes sacudones que a veces hacían caer el cobertor.[20] Nuestros dormitorios tenían el living de por medio, pero de noche se escuchaba cualquier cosa en la casa. 120 Nos oíamos respirar, toser, presentíamos el ademán que conduce a la llave del velador, los mutuos y frecuentes insomnios.

Aparte de eso todo estaba callado en la casa. De día eran los rumores domésticos, el roce metálico de las agujas de tejer, un crujido al pasar las hojas del álbum filatélico.[21] La puerta de roble, creo haberlo dicho, era ma- 125 ciza. En la cocina y el baño, que quedaban tocando la parte tomada, nos poníamos a hablar en voz más alta o Irene cantaba canciones de cuna. En una cocina hay demasiado ruido de loza y vidrios para que otros sonidos irrumpan en ella. Muy pocas veces permitíamos allí el silencio, pero cuando tornábamos a los dormitorios y al living, entonces la casa se ponía callada y a 130 media luz, hasta pisábamos más despacio para no molestarnos. Yo creo que era por eso que de noche, cuando Irene empezaba a soñar en alta voz, me desvelaba en seguida.)

Es casi repetir lo mismo salvo las consecuencias. De noche siento sed, y antes de acostarnos le dije a Irene que iba hasta la cocina a servirme un vaso 135 de agua. Desde la puerta del dormitorio (ella tejía) oí ruido en la cocina; tal vez en la cocina o tal vez en el baño porque el codo del pasillo apagaba el sonido. A Irene le llamó la atención mi brusca manera de detenerme, y vino a mi lado sin decir palabra. Nos quedamos escuchando los ruidos, notando claramente que eran de este lado de la puerta de roble, en la cocina y el baño, o en el 140 pasillo mismo donde empezaba el codo casi al lado nuestro.

No nos miramos siquiera. Apreté el brazo de Irene y la hice correr conmigo hasta la puerta cancel, sin volvernos hacia atrás. Los ruidos se oían más fuerte pero siempre sordos, a espaldas nuestras. Cerré de un golpe la cancel y nos quedamos en el zaguán. Ahora no se oía nada. 145

—Han tomado esta parte —dijo Irene. El tejido le colgaba de las manos y las hebras iban hasta la cancel y se perdían debajo. Cuando vio que los ovillos habían quedado del otro lado, soltó el tejido sin mirarlo.

—¿Tuviste tiempo de traer alguna cosa? —le pregunté inútilmente.

---

[20] colcha o cobertura para la cama   [21] álbum... colección de estampillas

—No, nada.

Estábamos con lo puesto. Me acordé de los quince mil pesos en el armario de mi dormitorio. Ya era tarde ahora.

Como me quedaba el reloj pulsera, vi que eran las once de la noche. Rodeé con mi brazo la cintura de Irene (yo creo que ella estaba llorando) y salimos así a la calle. Antes de alejarnos tuve lástima, cerré bien la puerta de entrada y tiré la llave a la alcantarilla.[22] No fuese que a algún pobre diablo se le ocurriera robar y se metiera en la casa, a esa hora y con la casa tomada.

---

[22] acueducto subterráneo por el que circulan
las aguas sucias y lluvias

Después de leer

Comprensión

1. ¿Quiénes son los protagonistas de la historia?

2. ¿Cuántas generaciones habían vivido en esa casa?

3. ¿Quién o qué ha invadido y tomado la casa? ¿Se puede reconocer qué o quiénes son?

4. ¿Por qué se van los dos hermanos sin hacer el menor esfuerzo por defender la casa?

5. Cuando salen de la casa, ¿cuál es la última medida que toma el narrador con la puerta?

Análisis

1. ¿Qué simbología cree Ud. que puede tener esa invasión y toma de la casa?

2. ¿Hay algún tipo de relación extraña entre los hermanos? Revise el concepto del incesto.

3. ¿Es necesario saber exactamente cuál es la presencia montruosa en un texto fantástico o basta con sugerirla para causar terror?

4. ¿Le recuerda esta historia la expulsión de Adán y Eva del paraíso, según cuenta la Biblia?

5. ¿Qué otra historia mítica le recuerda la expulsión de los dos hermanos de la casa?

Expansión

1. Consulte ampliamente el sentido de las palabras **culpa, pecado, expiación** y **decadencia**.

2. Varios críticos han leído este cuento como una alegoría de cómo las clases altas argentinas se vieron despojadas de sus pertenencias por el gobierno y simpatizantes del gobierno militar de Juan Domingo Perón en los años 40. ¿Nota Ud. una lucha de clases en el cuento? Explique.

3. **OPTATIVO:** Compare esta visión de la familia con la de Ferré o Maturana.

4. **OPTATIVO:** Revise otro cuento de Cortázar que haya leído y compare la creación de un cuento de terror a partir de las sugerencias de algo monstruoso que nunca se llega a ver.

Juan Rulfo

Su escritura es como un susurro. Fue breve y parco para publicar; también fue el más efectivo con lo poco que publicó. Juan Rulfo nació en Apulco, un pueblo del estado de Jalisco, México, en 1918, y falleció en la Ciudad de México en 1986. Aunque vivió su infancia en un orfanato de Guadalajara, su obra trata del mundo más próximo a su región natal, la vida rural de los campesinos mexicanos en la primera mitad del siglo XX. Su obra es difícilmente clasificable dentro de un registro estrictamente realista. Publicó dos libros: uno de relatos, *El llano en llamas* (1953), y la novela, *Pedro Páramo* (1955), y algunos guiones de cine recogidos en varias versiones de su obra completa. Posteriormente se hicieron recopilaciones de otros textos suyos, como *Los cuadernos de Juan Rulfo* (1994) y *Aire de las colinas* (2000), que reúne sus cartas de noviazgo con la que sería su esposa, Clara Aparicio. Han sido suficientes sus dos libros de ficción para ponerlo en uno de los lugares más destacados de la narrativa hispanoamericana. También resulta relativo decir que Rulfo solamente describe el ámbito rural mexicano.

Su obra es la creación de un estilo original y de un mundo temático muy coherente donde los mitos, la sensualidad, la fantasía y la fatalidad destacan con fuerza. En su novela *Pedro Páramo,* el narrador ha decidido volver al pueblo de su madre, Comala, para conocer a su padre. Sin embargo, los protagonistas ya han muerto y él tendrá que vérselas con fantasmas y apariciones que penan en ese territorio de leyenda. Precursor de autores como Gabriel García Márquez, Rulfo no ha tenido sucesores en el estricto sentido de la palabra. Ni siquiera él mismo dio continuidad a esas obras, porque no publicó más narraciones, al punto que se volvió una leyenda la escritura de una novela titulada *La cordillera* —refiriéndose al ganado atado por un cordel— que nunca se llegó a publicar. Esta parquedad respecto a la difusión de nuevos libros coincide con el mundo silencioso y reservado en el cual viven sus personajes.

Los secretos, el pasado oculto y los murmullos —el título previo de *Pedro Páramo* fue precisamente *Los murmullos*— son parte de la atmósfera en la cual se desenvuelven sus historias. Éstas no dejan al margen las características propias de un México sacudido por las revueltas políticas y afectado por una pobreza rural de la que sólo escapaban sus gobernantes y hacendados. Traducida a muchísimas lenguas, la obra de Rulfo no ha dejado de ganar adeptos entre lectores y escritores de otras culturas. La intensidad y la fuerza de su prosa se muestran en los dos cuentos que incluye esta antología: «La herencia de Matilde Arcángel» —que no constaba en la primera edición de *El llano en llamas* y que Rulfo añadió con posterioridad— y «¡Díles [sic] que no me maten!». Ambos tratan de las difíciles y complejas relaciones entre padre e hijo, y de cómo se mezclan la culpa, la indiferencia, la ley y la violencia.

Bibliografía mínima

Campbell, Federico, ed. *La ficción de la memoria: Juan Rulfo ante la crítica.* México D.F.: UNAM/Ediciones Era, 2003. [La compilación más extensa y actualizada.]

Giacoman, Helmy, ed. *Homenaje a Rulfo.* Madrid: Anaya, 1974.

Kozer, José. «Relaciones entre el hombre y la naturaleza en Juan Rulfo». *Cuadernos Hispanoamericanos* [Madrid] 274 (1973): 147–155.

Medina, Dante, ed. *Homenaje a Juan Rulfo.* Guadalajara: Editorial Universidad de Guadalajara, 1989.

Olivier, Florence. «La seducción de los fantasmas en la obra de Rulfo». Trad. Mario Zamudio. En Juan Rulfo, *Toda la obra.* Ed. Claude Fell. Madrid/París: UNESCO/CSIC, 1992. 617–650.

Rowe, William. *Rulfo: El llano en llamas.* Londres: Grant & Cutler/Tamesis, 1987.

Ruffinelli, Jorge. «El lugar de Rulfo». *El lugar de Rulfo y otros ensayos.* Xalapa: Universidad Veracruzana, 1980. 9–40.

Sommers, Joseph. *La narrativa de Juan Rulfo. Interpretaciones críticas.* México D.F.: SepSetentas, 1974.

La herencia de Matilde Arcángel
Antes de leer
Temas para comentar antes de la lectura

1. Las relaciones entre padre e hijo suelen ser conflictivas. Comente las causas que pueden originar malentendidos entre ambos.

2. En las sociedades tradicionales antiguas, la culpa por algún delito o falta de los padres la heredaban también sus descendientes. ¿Se repite todavía en nuestra época esta especie de fatalidad?

3. El crecimiento urbano deja en el olvido a los habitantes de zonas remotas. Sin embargo, estas poblaciones mantienen ciertas costumbres y leyendas gracias a la tradición oral. ¿Qué implica esta capacidad y qué aporta?

4. Medite acerca de la relación entre lo que es justo y lo que es «legal» en una sociadad.

Palabras clave

1. la apuración	9. agenciado/a
2. el desarrapado	10. alrevesado/a
3. el greñero	11. arrendado/a
4. el horcón	12. chulo/a
5. el somormujo	13. desbocado/a
6. el tecolote	14. garrudo/a
7. fletear	15. mero/a
8. presumir	

La herencia de Matilde Arcángel

 EN CORAZÓN DE MARÍA vivían, no hace mucho tiempo, un padre y un hijo conocidos como los Eremites; si acaso porque los dos se llamaban Euremios. Uno, Euremio Cedillo; otro, Euremio Cedillo también, aunque no costaba ningún trabajo distinguirlos, ya que
5 uno le sacaba al otro una ventaja de veinticinco años bien colmados.[1]

Lo colmado estaba en lo alto y garrudo[2] de que lo había dotado la benevolencia de Dios Nuestro Señor al Euremio grande. En cambio al chico lo había hecho todo alrevesado,[3] hasta se dice que de entendimiento. Y por si fuera poco el estar trabado de flaco, vivía si es que todavía vive, aplastado por el odio como
10 por una piedra; y válido es decirlo, su desventura fue la de haber nacido.

Quien más lo aborrecía era su padre, por más cierto mi compadre; porque yo le bauticé al muchacho. Y parece que para hacer lo que hacía se atenía a su estatura. Era un hombrón así de grande, que hasta daba coraje estar junto a él y sopesar[4] su fuerza, aunque fuera con la mirada. Al verlo uno se sentía como si

---

[1] completos

[2] que tiene mucha garra (En México significa forzudo o vigoroso.)

[3] al revés, al contrario

[4] calcular

a uno lo hubieran hecho de mala gana o con desperdicios. Fue, en Corazón de $_{15}$
María abarcando los alrededores, el único caso de un hombre que creciera
tanto hacia arriba, siendo que los de por ese rumbo crecen a lo ancho y son ba-
jitos; hasta se dice que es allí donde se originan los chaparros;[5] y chaparra es
allí la gente y hasta su condición. Ojalá que ninguno de los presentes se
ofenda por si es de allá, pero yo me sostengo en mi juicio. $_{20}$

Y regresando a donde estábamos, les comenzaba a platicar de unos fulanos que vivieron hace tiempo en Corazón de María. Euremio grande tenía un
rancho apodado Las Ánimas, venido a menos por muchos trastornos, aunque
el mayor de todos fue el descuido. Y es que nunca quiso dejarle esa herencia
al hijo que, como ya les dije era mi ahijado. Se lo bebió entero a tragos de $_{25}$
«bingarrote»,[6] que conseguía vendiendo pedazo tras pedazo de rancho y con
el único fin de que el muchacho no encontrara cuando creciera de dónde aga-
rrarse para vivir. Y casi lo logró. El hijo apenas si se levantó un poco sobre la
tierra, hecho una pura lástima, y más que nada debido a unos cuantos compa-
decidos que le ayudaron a enderezarse; porque su padre ni se ocupó de él, $_{30}$
antes parecía que se le cuajaba la sangre de sólo verlo.

Pero para entender todo esto hay que ir más atrás. Mucho más atrás de
que el muchacho naciera, y quizá antes de que Euremio conociera a la que iba
a ser su madre.

La madre se llamó Matilde Arcángel. Entre paréntesis, ella no era de $_{35}$
Corazón de María, sino de un lugar más arriba que se nombra Chupaderos, al
cual nunca llegó a ir el tal Cedillo y que si acaso lo conoció fue por referencias.
Por ese tiempo ella estaba comprometida conmigo; pero uno nunca sabe lo
que se trae entre manos, así que cuando fui a presentarle a la muchacha, un
poco por presumirla[7] y otro poco para que él se decidiera a apadrinarnos la $_{40}$
boda, no me imaginé que a ella se le agotara de pronto el sentimiento que
decía sentir por mí, ni que comenzaran a enfriársele los suspiros, y que su
corazón se lo hubiera agenciado[8] otro. Lo supe después.

Sin embargo, habrá que decirles antes quién y qué cosa era Matilde
Arcángel. Y allá voy. Les contaré esto sin apuraciones.[9] Despacio. Al fin y al cabo $_{45}$
tenemos toda la vida por delante.

Ella era hija de una tal doña Sinesia, dueña de la fonda[10] de Chupaderos;
un lugar caído en el crepúsculo como quien dice, allí donde se nos acababa la
jornada. Así que cuanto arriero recorría esos rumbos alcanzó a saber de ella y
pudo saborearse los ojos mirándola. Porque por ese tiempo, antes de que $_{50}$

---

[5] rechonchos y bajos de estatura

[6] bebida típica producida del agave, como el
tequila

[7] alardearla, ostentarla con orgullo

[8] atrapado

[9] prisa

[10] restaurante pequeño de clase inferior

desapareciera, Matilde era una muchachita que se filtraba como el agua entre todos nosotros.

Pero el día menos pensado, y sin que nos diéramos cuenta de qué modo, se convirtió en mujer. Le brotó una mirada de semisueño que escarbaba
55 clavándose dentro de uno como un clavo que cuesta trabajo desclavar. Y luego se le reventó la boca como si se la hubieran desflorado a besos. Se puso bonita la muchacha, lo que sea de cada quien.

Está bien que uno no esté para merecer. Ustedes saben, uno es arriero. Por puro gusto. Por platicar con uno mismo, mientras se anda en los caminos.
60 Pero los caminos de ella eran más largos que todos los caminos que yo había andado en mi vida y hasta se me ocurrió que nunca terminaría de quererla.

Pero total, se la apropió el Euremio.

Al volver de uno de mis recorridos, supe que ya estaba casada con el dueño de Las Ánimas. Pensé que la había arrastrado la codicia y tal vez lo grande del
65 hombre. Justificaciones nunca me faltaron. Lo que me dolió aquí en el estómago, que es donde más duelen los pesares, fue que se hubiera olvidado de ese atajo de pobres diablos que íbamos a verla y nos guarecíamos en el calor de sus miradas. Sobre todo de mí, Tranquilino Herrera, servidor de ustedes,[11] y con quien ella se comprometió de abrazo y beso y toda la cosa. Aunque vién-
70 dolo bien, en condiciones de hambre, cualquier animal se sale del corral; y ella no estaba muy bien alimentada que digamos; en parte porque a veces éramos tantos que no alcanzaba la ración, en parte porque siempre estaba dispuesta a quitarse el bocado de la boca para que nosotros comiéramos.

Después engordó. Tuvo un hijo. Luego murió. La mató un caballo desbo-
75 cado.[12]

Veníamos de bautizar a la criatura. Ella lo traía en sus brazos. No podría yo contarles los detalles de por qué y cómo se desbocó el caballo, porque yo venía mero[13] adelante. Sólo me acuerdo que era un animal rosillo.[14] Pasó junto a nosotros como una nube gris, y más que caballo fue el aire del caballo el que
80 nos tocó ver; solitario, ya casi embarrado a la tierra. La Matilde Arcángel se había quedado atrás, sembrada no muy lejos de allí y con la cara metida en un charco de agua. Aquella carita que tanto quisimos tantos, ahora casi hundida, como si se estuviera enjuagando la sangre que brotaba como manadero de su cuerpo todavía palpitante.
85 Pero ya para entonces no era de nosotros. Era propiedad de Euremio Cedillo, el único que había trabajado como suya. ¡Y vaya si era chula[15] la

---

[11] servidor... frase que se usa en expresiones de humildad (El que habla se pone a las órdenes de quien lo escucha.)

[12] que ha perdido el control

[13] justo

[14] de color oscuro, salpicado de blanco

[15] guapa, bella

Matilde! Y más que trabajado, se había metido dentro de ella mucho más allá de las orillas de la carne, hasta el alcance[16] de hacerle nacer un hijo. Así que a mí, por ese tiempo, ya no me quedaba de ella más que la sombra o si acaso una brizna de recuerdo.

Con todo, no me resigné a no verla. Me acomedí a bautizarles al muchacho, con tal de seguir cerca de ella, aunque fuera nomás en calidad de compadre.

Por eso es que todavía siento pasar junto a mí ese aire, que apagó la llamarada de su vida, como si ahora estuviera soplando; como si siguiera soplando contra uno.

A mí me tocó cerrarle los ojos llenos de agua; y enderezarle la boca torcida por la angustia: esa ansia que le entró y que seguramente le fue creciendo durante la carrera del animal, hasta el fin, cuando se sintió caer. Ya les conté que la encontramos embrocada sobre su hijo. Su carne ya estaba comenzando a secarse, convirtiéndose en cáscara por todo el jugo que se le había salido durante todo el rato que duró su desgracia. Tenía la mirada abierta, puesta en el niño. Ya les dije que estaba empapada en agua. No en lágrimas, sino del agua puerca del charco lodoso donde cayó su cara. Y parecía haber muerto contenta de no haber apachurrado[17] a su hijo en la caída, ya que se le traslucía la alegría en los ojos. Como les dije antes, a mí me tocó cerrar aquella mirada todavía acariciadora, como cuando estaba viva.

La enterramos. Aquella boca, a la que tan difícil fue llegar, se fue llenando de tierra. Vimos cómo desaparecía toda ella sumida en la hondonada de la fosa, hasta no volver a ver su forma. Y allí, parado como horcón,[18] Euremio Cedillo. Y yo pensando: «Si la hubiera dejado tranquila en Chupaderos, quizá todavía estuviera viva.»

«Todavía viviría, se puso a decir él, si el muchacho no hubiera tenido la culpa.» Y contaba que «al niño se le había ocurrido dar un berrido como de tecolote,[19] cuando el caballo en que venían era muy asustón. Él se lo advirtió a la madre muy bien, como para convencerla de que no dejara berrear al muchacho». Y también decía que «ella podía haberse defendido al caer; pero que hizo todo lo contrario: se hizo arco, dejándole un hueco al hijo como para no aplastarlo. Así que, contando unas con otras toda la culpa es del muchacho. Da unos berridos que hasta uno se espanta. Y yo para qué voy a quererlo. Él de nada me sirve. La otra podía haberme dado más y todos los hijos que yo quisiera; pero éste no me dejó ni siquiera saborearla». Y así se soltaba diciendo cosas y más cosas, de modo que ya uno no sabía si era pena o coraje el que sentía por la muerta.

Lo que sí se supo siempre fue el odio que le tuvo al hijo.

---

[16] extremo

[17] aplastado (violentamente)

[18] madero vertical para sostener vigas o aleros de tejados

[19] mexicanismo por **búho**

125 Y era de eso de lo que yo les estaba platicando desde el principio. El Euremio se dio a la bebida. Comenzó a cambiar pedazos de sus tierras por botellas de «bingarrote». Después lo compraba hasta por barricas. A mí me tocó una vez fletear[20] toda una recua con puras barricas de «bingarrote» consignadas al Euremio. Allí entregó todo su esfuerzo: en eso y en golpear a mi
130 ahijado, hasta que se le cansaba el brazo.

Ya para esto habían pasado muchos años. Euremio chico creció a pesar de todo, apoyado en la piedad de unas cuantas almas; casi por el puro aliento que trajo desde al nacer. Todos los días amanecía aplastado por el padre que lo consideraba un cobarde y un asesino, y si no quiso matarlo, al menos procuró
135 que muriera de hambre para olvidarse de su existencia. Pero vivió. En cambio el padre iba para abajo con el paso del tiempo. Y ustedes y yo y todos sabemos que el tiempo es más pesado que la más pesada carga que puede soportar el hombre. Así, aunque siguió manteniendo sus rencores, se le fue mermando el odio, hasta convertir sus dos vidas en una viva soledad.
140 Yo los procuraba poco. Supe, porque me lo contaron, que mi ahijado tocaba la flauta mientras su padre dormía la borrachera. No se hablaban ni se miraban; pero aun después de anochecer se oía en todo Corazón de María la música de la flauta; y a veces se seguía oyendo mucho más allá de la media noche.

Bueno, para no alargarles más la cosa, un día quieto, de esos que abundan
145 mucho en estos pueblos, llegaron unos revoltosos a Corazón de María. Casi ni ruido hicieron, porque las calles estaban llenas de hierba; así que su paso fue en silencio, aunque todos venían montados en bestias. Dicen que aquello estaba tan calmado y que ellos cruzaron tan sin armar alboroto, que se oía el grito del somormujo[21] y el canto de los grillos; y que más que ellos, lo que más
150 se oía era la musiquita de una flauta que se les agregó al pasar frente a la casa de los Eremites, y se fue alejando, yéndose, hasta desaparecer.

Quién sabe qué clase de revoltosos serían y qué andarían haciendo. Lo cierto, y esto también me lo contaron, fue que a pocos días, pasaron también sin detenerse, tropas del gobierno. Y que en esa ocasión Euremio el viejo, que
155 a esas alturas ya estaba un tanto achacoso,[22] les pidió que lo llevaran. Parece que contó que tenía cuentas pendientes con uno de aquellos bandidos que iban a perseguir. Y sí, lo aceptaron. Salió de su casa a caballo y con el rifle en la mano, galopando para alcanzar a las tropas. Era alto, como antes les decía, que más que un hombre parecía una banderola por eso de que llevaba el
160 greñero[23] al aire, pues no se preocupó de buscar el sombrero.

---

[20] alquilar (algún medio de transporte para trasladar una encomienda)

[21] ave acuática que se sumerge para capturar a su presa

[22] enfermizo

[23] pelo enredado o despeinado

Y por algunos días no se supo nada. Todo siguió igual de tranquilo. A mí me tocó llegar entonces. Venía de «abajo» donde también nada se rumoraba. Hasta que de pronto comenzó a llegar gente. «Coamileros», saben ustedes: unos fulanos que se pasan parte de su vida arrendados[24] en las laderas de los montes, y que si bajan a los pueblos es en procura de algo o porque algo les preocupa. Ahora los había hecho bajar el susto. Llegaron diciendo que allá en los cerros se estaba peleando desde hacía varios días. Y que por ahí venían ya unos casi de arribada.

Pasó la tarde sin ver pasar a nadie. Llegó la noche. Algunos pensamos que tal vez hubieran agarrado otro camino. Esperamos detrás de las puertas cerradas. Dieron las 9 y las 10 en el reloj de la iglesia. Y casi con la campana de las horas se oyó el mugido del cuerno.[25] Luego el trote de caballos. Entonces yo me asomé a ver quiénes eran. Y vi un montón de desarrapados[26] montados en caballos flacos; unos estilando sangre, y otros seguramente dormidos porque cabeceaban. Se siguieron de largo.

Cuando ya parecía que había terminado el desfile de figuras oscuras que apenas si se distinguía de la noche, comenzó a oírse, primero apenitas[27] y después más clara la música de una flauta. Y a poco rato, vi venir a mi ahijado Euremio montado en el caballo de mi compadre Euremio Cedillo. Venía en ancas, con la mano izquierda dándole duro a su flauta, mientras que con la derecha sostenía, atravesado sobre la silla, el cuerpo de su padre muerto.

---

[24] unos... uso figurativo de una de las acepciones de arrendar, que consiste en atar por las riendas a un caballo. (En este caso significa que los personajes vivían muy apegados a los montes.)

[25] mugido... anuncio hecho con un cuerno en vez de una corneta de metal

[26] personas que van mal vestidos, como un vagabundo

[27] diminutivo de **apenas:** muy levemente

Después de leer

Comprensión

1. ¿Cómo murió Matilde Arcángel y a quién salvó, a su vez, para que no muriera?

2. ¿Por qué odia Euremio Cedillo a su hijo?

3. ¿En qué se diferencia el temperamento del padre del de su hijo?

4. ¿Qué papel tiene el narrador de este cuento? ¿Cómo se llama? ¿Y qué rasgos de lenguaje encuentra Ud. en su manera de contar la historia?

Análisis

1. La muerte de la madre en una familia suele determinar que ésta pierda cohesión. Analice por qué en este cuento es decisiva su muerte. ¿Por el carácter del padre? ¿Por el tipo de sociedad rural en la cual viven?

2. Al marcharse del pueblo, Euremio Cedillo hijo huye para liberarse de su padre. Sin embargo, éste lo persigue y muere en su persecución. La escena final del cuento es una forma simbólica de representar el «peso» que tienen nuestros antepasados.

3. La belleza de Matilde Arcángel pasa a su hijo trasfigurada en el talento para tocar la flauta. Considere la posibilidad de que el sentido de la belleza sea la herencia a la cual se refiere el título del cuento.

4. Aunque el cuento se centra en una historia familiar, se insinúa la presencia de una época histórica concreta: la Revolución mexicana. Señale la influencia que puede tener esto en el conflicto entre padre e hijo, como representantes de mundos distintos.

Expansión

1. Consulte en un manual de psicología los términos **complejo de Edipo** y **complejo de Electra**.

2. Revise el significado de las palabras **parricidio** y **filicidio**.

3. **OPTATIVO:** A lo largo de la literatura universal, las relaciones entre padre e hijo han sido temas recurrentes. Revise la historia de la obra de teatro griega, *Edipo Rey,* de Sófocles, y el cuento «Las botellas y los hombres», de Julio Ramón Ribeyro.

¡Díles que no me maten!

Antes de leer

Temas para comentar antes de la lectura

1. Comente las formas más usuales de aplicación de la justicia, desde las sanciones penales o civiles, hasta las formas fuera de la ley, como la búsqueda de justicia por la propia mano. ¿Es el sentimiento de culpa una forma de expiar el delito cometido?

2. Los movimientos revolucionarios implican una alteración de las instituciones sociales y la violación de mecanismos de control destinados a evitar atrocidades. Comente si se justifica esta destrucción del orden para lograr un nuevo sistema social sin opresión.

3. En el cuento anterior comentábamos el hecho de que en cierto tipo de sociedades muchas veces se heredan las culpas de los padres. Así también se puede heredar el deseo de buscar justicia por un daño cometido contra los padres. ¿Es esta búsqueda de justicia o hasta de venganza otra forma de señalar una cohesión familiar arcaica?

Palabras clave

1. el buche
2. el carrizo
3. el exhorto
4. la milpa
5. la paranera
6. la Providencia
7. la sicua
8. el tiro de gracia
9. la verdolaga
10. afusilarse (fusilarse)
11. pardear
12. repegarse
13. acalambrado/a
14. apestado/a
15. derrengado/a
16. rancio/a
17. tantito/a

¡Díles que no me maten!

 —¡DÍLES QUE NO ME MATEN, Justino! Anda, vete a decirles eso. Que por caridad. Así díles. Díles que lo hagan por caridad.

—No puedo. Hay allí un sargento que no quiere oír hablar nada de ti.

—Haz que te oiga. Date tus mañas y díle que para sustos ya ha estado 5 bueno. Díle que lo haga por caridad de Dios.

—No se trata de sustos. Parece que te van a matar de a de veras. Y yo ya no quiero volver allá.

—Anda otra vez. Solamente otra vez, a ver qué consigues.

—No. No tengo ganas de ir. Según eso, yo soy tu hijo. Y, si voy mucho con 10 ellos, acabarán por saber quién soy y les dará por afusilarme[1] a mí también. Es mejor dejar las cosas de este tamaño.[2]

—Anda, Justino. Díles que tengan tantita[3] lástima de mí. Nomás eso díles.

Justino apretó los dientes y movió la cabeza diciendo:

—No. 15

Y siguió sacudiendo la cabeza durante mucho rato.

---

[1] ejecutarme (por disparos de fusil)

[2] de... así como están

[3] un poco de (expresión mexicana)

—Díle al sargento que te deje ver al coronel. Y cuéntale lo viejo que estoy. Lo poco que valgo. ¿Qué ganancia sacará con matarme? Ninguna ganancia. Al fin y al cabo él debe de tener un alma. Díle que lo haga por la bendita salvación de su alma.

Justino se levantó de la pila de piedras en que estaba sentado y caminó hasta la puerta del corral. Luego se dio vuelta para decir:

—Voy, pues. Pero si de perdida me afusilan a mí también, ¿quién cuidará de mi mujer y de los hijos?

—La Providencia,[4] Justino. Ella se encargará de ellos. Ocúpate de ir allá y ver qué cosas haces por mí. Eso es lo que urge.

Lo habían traído de madrugada.

Y ahora era ya entrada la mañana y él seguía todavía allí, amarrado a un horcón,[5] esperando. No se podía estar quieto. Había hecho el intento de dormir un rato para apaciguarse, pero el sueño se le había ido. También se le había ido el hambre. No tenía ganas de nada. Sólo de vivir. Ahora que sabía bien a bien que lo iban a matar, le habían entrado unas ganas tan grandes de vivir como sólo las puede sentir un recién resucitado.

Quién le iba a decir que volvería aquel asunto tan viejo, tan rancio,[6] tan enterrado como creía que estaba. Aquel asunto de cuando tuvo que matar a don Lupe. No nada más por nomás, como quisieron hacerle ver los de Alima, sino porque tuvo sus razones. Él se acordaba:

Don Lupe Terreros, el dueño de la Puerta de Piedra, por más señas su compadre. Al que él, Juvencio Nava, tuvo que matar por eso; por ser el dueño de la Puerta de Piedra y que, siendo también su compadre, le negó el pasto para su animales.

Primero se aguantó por puro compromiso. Pero después, cuando la sequía, en que vio cómo se le morían uno tras otro sus animales hostigados por el hambre y que su compadre don Lupe seguía negándole la yerba de sus potreros,[7] entonces fue cuando se puso a romper la cerca y a arrear la bola[8] de animales flacos hasta las paraneras[9] para que se hartaran de comer. Y eso no le había gustado a don Lupe, que mandó tapar otra vez la cerca, para que él, Juvencio Nava, le volviera a abrir otra vez el agujero. Así, de día se tapaba el agujero y de noche se volvía a abrir, mientras el ganado estaba allí, siempre pegado a la cerca, siempre esperando; aquel ganado suyo que antes nomás se vivía oliendo el pasto sin poder probarlo.

---

[4] término religioso que se refiere a Dios y al cuidado y protección que Él les da a sus fieles

[5] madero usado como soporte o columna

[6] anticuado, remoto

[7] lugar destinado a la cría y pasto del ganado

[8] la... coloquialismo mexicano para referirse a un grupo de personas, animales o cosas

[9] tipo de cerca

Y él y don Lupe alegaban y volvían a alegar sin llegar a ponerse de acuerdo. Hasta que una vez don Lupe le dijo:

—Mira, Juvencio, otro animal más que metas al potrero y te lo mato.

Y él le contestó:

—Mire, don Lupe, yo no tengo la culpa de que los animales busquen su acomodo. Ellos son inocentes. Áhi se lo haiga[10] si me los mata.

«Y me mató un novillo.»

«Esto pasó hace treinta y cinco años, por marzo, porque ya en abril andaba yo en el monte, corriendo del exhorto.[11] No me valieron ni las diez vacas que le di al juez, ni el embargo de mi casa para pagarle la salida de la cárcel. Todavía después se pagaron con lo que quedaba nomás por no perseguirme, aunque de todos modos me perseguían. Por eso me vine a vivir junto con mi hijo a este otro terrenito que yo tenía y que se nombra Palo de Venado. Y mi hijo creció y se casó con la nuera Ignacia y tuvo ya ocho hijos. Así que la cosa ya va para viejo, y según eso debería estar olvidada. Pero, según eso, no lo está.»

«Yo entonces calculé que con unos cien pesos quedaba arreglado todo. El difunto don Lupe era solo, solamente con su mujer y los dos muchachitos todavía de a gatas.[12] Y la viuda pronto murió también dizque[13] de pena. Y a los muchachitos se los llevaron lejos, donde unos parientes. Así que, por parte de ellos, no había que tener miedo.»

«Pero los demás se atuvieron a que yo andaba exhortado y enjuiciado para asustarme y seguir robándome. Cada que llegaba alguien al pueblo me avisaban:

—Por ahí andan unos fuereños,[14] Juvencio.»

«Y yo echaba pal[15] monte, entreverándome entre los madroños y pasándome los días comiendo sólo verdolagas.[16] A veces tenía que salir a la medianoche, como si me fueran correteando los perros. Eso duró toda la vida. No fue un año ni dos. Fue toda la vida.»

Y ahora habían ido por él, cuando no esperaba ya a nadie, confiado en el olvido en que lo tenía la gente; creyendo que al menos sus últimos días los pasaría tranquilo. «Al menos esto —pensó— conseguiré con estar viejo. Me dejarán en paz.»

---

[10] haya (corrupción verbal común)

[11] despacho que libra un juez a otro para que lleve a cabo alguna acción o sanción

[12] de... gateando (moviéndose como el gato, la manera en que se mueven los niños antes de caminar)

[13] americanismo por **dicen que**

[14] extraños (coloquialismo para referirse a los de otro lugar)

[15] para él (apócope)

[16] verduras silvestres

85 Se había dado a esta esperanza por entero. Por eso era que le costaba trabajo imaginar morir así, de repente, a estas alturas de su vida, después de tanto
pelear para librarse de la muerte; de haberse pasado su mejor tiempo tirando
de un lado para otro arrastrado por los sobresaltos y cuando su cuerpo había
acabado por ser un puro pellejo correoso[17] curtido por los malos días en que
90 tuvo que andar escondiéndose de todos.

Por si acaso, ¿no había dejado hasta que se le fuera su mujer? Aquel día en
que amaneció con la nueva de que su mujer se le había ido, ni siquiera le pasó
por la cabeza la intención de salir a buscarla. Dejó que se fuera sin indagar para
nada ni con quién ni para dónde, con tal de no bajar al pueblo. Dejó que se
95 fuera como se le había ido todo lo demás, sin meter las manos. Ya lo único que
le quedaba para cuidar ero la vida, y ésta la conservaría a como diera lugar. No
podía dejar que lo mataran. No podía. Mucho menos ahora.

Pero para eso lo habían traído de allá, de Palo de Venado. No necesitaron
amarrarlo para que los siguiera. Él anduvo solo, únicamente maniatado[18] por
100 el miedo. Ellos se dieron cuenta de que no podía correr con aquel cuerpo viejo,
con aquellas piernas flacas como sicuas[19] secas, acalambradas[20] por el miedo
de morir. Porque a eso iba. A morir. Se lo dijeron.

Desde entonces lo supo. Comenzó a sentir esa comezón en el estómago,
que le llegaba de pronto siempre que veía de cerca la muerte y que le sa-
105 caba el ansia por los ojos, y que le hinchaba la boca con aquellos buches[21] de
agua agria que tenía que tragarse sin querer. Y esa cosa que le hacía los pies
pesados mientras su cabeza se le ablandaba y el corazón le pegaba con
todas sus fuerzas en las costillas. No, no podía acostumbrarse a la idea de
que lo mataran.
110 Tenía que haber alguna esperanza. En algún lugar podría aún quedar alguna esperanza. Tal vez ellos se hubieran equivocado. Quizá buscaban a otro
Juvencio Nava y no al Juvencio Nava que era él.

Caminó entre aquellos hombres en silencio, con los brazos caídos. La
madrugada era oscura, sin estrellas. El viento soplaba despacio, se llevaba la
115 tierra seca y traía más, llena de ese olor como de orines que tiene el polvo de
los caminos.

Sus ojos, que se habían apeñuscado[22] con los años, venían viendo la tierra,
aquí, debajo de sus pies, a pesar de la oscuridad. Allí en la tierra estaba toda su
vida. Sesenta años de vivir sobre de ella, de encerrarla entre sus manos, de

---

[17] endurecido

[18] «atado de manos», presionado

[19] corteza de un tipo de árbol, usada como cordel

[20] con calambres (contracciones dolorosas e involuntarias de un músculo)

[21] porciones de líquido que caben en la boca

[22] deteriorado

90 Juan Rulfo

haberla probado como se prueba el sabor de la carne. Se vino largo rato des- 120
menuzándola con los ojos, saboreando cada pedazo como si fuera el último,
sabiendo casi que sería el último.

Luego, como queriendo decir algo, miraba a los hombres que iban junto a
él. Iba a decirles que lo soltaran, que lo dejaran que se fuera: «Yo no le he hecho
daño a nadie, muchachos», iba a decirles, pero se quedaba callado. «Más ade- 125
lantito se los diré», pensaba. Y sólo los veía. Podía hasta imaginar que eran sus
amigos; pero no quería hacerlo. No lo eran. No sabía quiénes eran. Los veía a su
lado ladeándose²³ y agachándose de vez en cuando para ver por dónde seguía el camino.

Los había visto por primera vez al pardear²⁴ de la tarde, en esa hora 130
desteñida en que todo parece chamuscado. Habían atravesado los surcos
pisando la milpa²⁵ tierna. Y él había bajado a eso: a decirles que allí estaba
comenzando a crecer la milpa. Pero ellos no se detuvieron.

Los había visto con tiempo. Siempre tuvo la suerte de ver con tiempo todo.
Pudo haberse escondido, caminar unas cuantas horas por el cerro mientras ellos 135
se iban y después volver a bajar. Al fin y al cabo la milpa no se lograría de ningún
modo. Ya era tiempo de que hubieran venido las aguas y las aguas no aparecían
y la milpa comenzaba a marchitarse. No tardaría en estar seca del todo.

Así que ni valía la pena de haber bajado; haberse metido entre aquellos
hombres como en un agujero, para ya no volver a salir. 140

Y ahora seguía junto a ellos, aguantándose²⁶ las ganas de decirles que lo
soltaran. No les veía la cara; sólo veía los bultos que se repegaban²⁷ o se separaban de él. De manera que cuando se puso a hablar, no supo si lo habían
oído. Dijo:

—Yo nunca le he hecho daño a nadie —eso dijo. Pero nada cambió. 145
Ninguno de los bultos pareció darse cuenta. Las caras no se volvieron a verlo.
Siguieron igual, como si hubieran venido dormidos.

Entonces pensó que no tenía nada más que decir, que tendría que buscar
la esperanza en algún otro lado. Dejó caer otra vez los brazos y entró en las
primeras casas del pueblo en medio de aquellos cuatro hombres oscurecidos 150
por el color negro de la noche.

—Mi coronel, aquí está el hombre.

Se habían detenido delante del boquete²⁸ de la puerta. Él, con el sombrero
en la mano, por respeto, esperando ver salir a alguien. Pero sólo salió la voz:

—¿Cuál hombre? —preguntaron. 155

—El de Palo de Venado, mi coronel. El que usted nos mandó a traer.

---

²³ haciéndose hacia un lado   ²⁶ conteniéndose

²⁴ oscurecer   ²⁷ acercaban

²⁵ terreno cultivado de maíz   ²⁸ entrada estrecha, agujero

—Pregúntale que si ha vivido alguna vez en Alima —volvió a decir la voz de allá adentro.

—¡Ey, tú! ¿Que si has habitado en Alima? —repitió la pregunta el sargento que estaba frente a él.

—Sí. Díle al coronel que de allá mismo soy. Y que allí he vivido hasta hace poco.

—Pregúntale que si conoció a Guadalupe Terreros.

—Que dizque si conociste a Guadalupe Terreros.

—¿A don Lupe? Sí. Díle que sí lo conocí. Ya murió.

Entonces la voz de allá adentro cambió de tono:

—Ya sé que murió —dijo. Y siguió hablando como si platicara con alguien allá, al otro lado de la pared de carrizos.[29]

—Guadalupe Terreros era mi padre. Cuando crecí y lo busqué me dijeron que estaba muerto. Es algo difícil crecer sabiendo que la cosa de donde podemos agarrarnos para enraizar está muerta. Con nosotros, eso pasó.

«Luego supe que lo habían matado a machetazos, clavándole después una pica de buey en el estómago. Me contaron que duró más de dos días perdido y que, cuando lo encontraron, tirado en un arroyo, todavía estaba agonizando y pidiendo el encargo de que le cuidaran a su familia.»

«Esto, con el tiempo, parece olvidarse. Uno trata de olvidarlo. Lo que no se olvida es llegar a saber que el que hizo aquello está aún vivo, alimentando su alma podrida con la ilusión de la vida eterna. No podría perdonar a ése, aunque no lo conozco; pero el hecho de que se haya puesto en el lugar donde yo sé que está, me da ánimos para acabar con él. No puedo perdonarle que siga viviendo. No debía haber nacido nunca.»

Desde acá, desde afuera, se oyó bien claro cuanto dijo. Después ordenó:

—¡Llévenselo y amárrenlo un rato, para que padezca, y luego fusílenlo!

—¡Mírame, coronel! —pidió él—. Ya no valgo nada. No tardaré en morirme solito, derrengado[30] de viejo. ¡No me mates...!

—¡Llévenselo! —volvió a decir la voz de adentro.

— ...Ya he pagado, coronel. He pagado muchas veces. Todo me lo quitaron. Me castigaron de muchos modos. Me he pasado cosa[31] de cuarenta años escondido como un apestado,[32] siempre con el pálpito[33] de que en cualquier rato me matarían. No merezco morir así, coronel. Déjame que, al menos, el Señor me perdone. ¡No me mates! ¡Díles que no me maten!

---

[29] plantas cuyos tallos se usan para construir paredes o techos leves

[30] torcido, deslomado, con la columna gravemente herida

[31] alrededor

[32] enfermo de peste que debía ocultarse del trato con la gente

[33] presentimiento

Estaba allí, como si lo hubieran golpeado, sacudiendo su sombrero contra la tierra. Gritando.

En seguida la voz de allá adentro dijo:

—Amárrenlo y dénle algo de beber hasta que se emborrache para que no le duelan los tiros. 195

Ahora, por fin, se había apaciguado. Estaba allí arrinconado al pie del horcón. Había venido su hijo Justino y su hijo Justino se había ido y había vuelto y ahora otra vez venía.

Lo echó encima del burro. Lo apretaló[34] bien apretado al aparejo para que 200 no se fuese a caer por el camino. Le metió su cabeza dentro de un costal para que no diera mala impresión. Y luego le hizo pelos al burro[35] y se fueron, arrebiatados,[36] de prisa, para llegar a Palo de Venado todavía con tiempo para arreglar el velorio del difunto.

—Tu nuera y los nietos te extrañarán —iba diciéndole—. Te mirarán a la 205 cara y creerán que no eres tú. Se les afigurará[37] que te ha comido el coyote, cuando te vean con esa cara tan llena de boquetes por tanto tiro de gracia[38] como te dieron.

---

[34] apretó

[35] hizo... acarició, palmeó

[36] arrebatados

[37] les... imaginarán

[38] en las guerras o fusilamientos, aquel disparo final que se da al moribundo para evitarle una larga agonía (Por extensión suele usarse para todo tipo de acción destinada a zanjar una situación incómoda para el afectado.)

Después de leer

Comprensión

1. ¿Por que motivo mata Juvencio Nava a don Lupe Terreros?

2. ¿Qué pasa en la vida de Juvencio luego de cometer el asesinato?

3. ¿Qué les pasó a los hijos de don Lupe Terreros?

4. ¿Quiénes son los hombres que se llevan preso a Juvencio cuando ya es anciano y que finalmente lo fusilan? ¿Qué representan?

5. ¿Por qué no fusila también el hijo de don Lupe a Justino, el hijo del asesino de su padre?

Análisis

1. La venganza del hijo de Lupe es una forma de ejercer justicia por la propia mano, aunque ya había de por medio una sanción de un juez para que Juvencio pagara por su delito. ¿Cuál es el motivo de esta venganza?

2. Este cuento da saltos en el tiempo, empieza por el final, retrocede hacia muchos años atrás, y luego vuelve al presente. Establezca por secciones los tiempos en los cuales se desenvuelve.

3. Observe que hay dos historias. Una es la más visible, la de las desgracias de Juvencio. Hay otra historia que se descubre al final, y es la del Coronel. Éste era uno de los dos «muchachitos» que quedaron huérfanos a la muerte de don Lupe Terreros. Describa por qué se juntan las dos historias.

4. Observe que al final de este cuento, como en «La herencia de Matilde Arcángel», el hijo carga al padre muerto, esta vez en un burro. ¿Cuál es la importancia de esta imagen?

Expansión

1. Sobre el mundo de la Revolución mexicana y sus desmanes, busque y anote qué otros autores u obras han tratado el tema.

2. **OPTATIVO:** Sobre las relaciones entre padre e hijo, y la desolación de un hijo frente a la desaparición o ausencia de su padre, o incluso el daño que pudo haber recibido por parte de terceros, examine brevemente los cuentos de García Márquez en esta antología.

Juan Rodolfo Wilcock

ABRIÓ UN TÚNEL SECRETO ENTRE DOS LENGUAS y cada vez que pasaba por este túnel traía historias inquietantes. Juan Rodolfo Wilcock nació en Buenos Aires en 1919. Aunque se formó como Ingeniero Civil, ejerció desde muy joven el periodismo y se dedicó a la literatura. Estuvo en el círculo de autores como Jorge Luis Borges, Adolfo Bioy Casares y Silvina Ocampo (con quien escribió *Los traidores* [1956, 1988]). Sus primeras obras fueron de poesía y tuvo un amplio y destacado trabajo como traductor al español de autores como Kafka, Graham Greene y Jack Kerouac, entre otros. Pero donde más destacó J.R. Wilcock fue en el ámbito del cuento. Libros suyos (la mayoría traducidos del italiano) como *El caos* (1958, 1999), *La sinagoga de los iconoclastas* (1972, 1981), *El estereoscopio de los solitarios* (1972, 1998) y *Hechos inquietantes* (1992, 1998) son algunos de los mejores libros de cuentos y «minicuentos» de la literatura hispanoamericana.

Su humor, su gran imaginación y su sentido de la parodia, han hecho que su obra destaque junto a autores de la altura de Borges, Monterroso y Cortázar. Sin embargo, hay una particularidad en la obra de Wilcock que conviene tener en cuenta para entender mejor su evolución. A mediados de los años 50, Wilcock se traslada a vivir a Italia (donde muere en 1978) y empieza a escribir en italiano. Lo hace con tanta fortuna que obtiene el reconocimiento en su país de acogida, incluso como traductor (tradujo para Italo Calvino), ya que llegó a traducir a Shakespeare. Este acoplamiento a la cultura italiana ha producido un fenómeno parecido a los que se presentan en autores como Nabokov, Conrad o Samuel Beckett, cuyas obras terminaron siendo escritas en la lengua de adopción.

Su condición de desplazado está reflejada en algunos de sus cuentos de manera explícita, pero sobre todo se puede percibir en la distancia irónica que tiene respecto a los temas que trata, en los cuales no importa tanto el escenario ni la nacionalidad de los personajes, sino el conflicto que se plantean ellos. Wilcock no se interesaba tanto en representar la idiosincracia de sus connacionales ni en exaltar los aspectos folclóricos de su país. Será más bien el humor, una visión cómica del mundo y una dimensión fantástica que se convierten en protagonistas de su obra.

Fue a partir de la última década del siglo XX que sus novelas y cuentos —algunos de ellos recién traducidos al español, como la novela *El ingeniero* (1996)— empezaron a tener el reconocimiento que se merecían. Era un gran cuentista, no sólo de Argentina sino de los dos idiomas a los cuales pertenece indistintamente. Los dos cuentos incluidos en este capítulo reflejan la evolución del autor, que pasa de un cuento con enfoque más psicológico —«La noche de Aix»— a otro más fantasioso: «Yves de Lalande».

Bibliografía mínima

Bianciotti, Héctor. «Juan Rodolfo Wilcock, la felicidad del poeta». Suplemento *Cultura, La Nación,* 1 Feb. 1998: 6, 1–2.

Freidemberg, Daniel. «Un infierno exquisito». *Clarín, Cultura y Nación,* 12 Septiembre 1999, 8.

Harris, Greg. «A Livable Temple». *American Book Review* 21.6 (Octubre 2000): 17–19.

Herrera, Ricardo. *La ilusión de las formas: escritos sobre Banchs, Molinari, Mastronardi, Wilcock y Madariaga.* Buenos Aires: El Imaginero, 1988.

Ladagga, Reinaldo. «Maneras de abandonar un cuento». *Literaturas indigentes y placeres bajos.* Rosario: Beatriz Viterbo Editora, 2000. 111–148.

Montequín, Ernesto. «Un escritor en dos mundos». *La Nación,* 1 Feb. 1998: 6, 2.

Zonana, Víctor Gustavo. «*De viris pessimis:* biografías imaginarias de Marcel Schwob, Jorge Luis Borges y Juan Rodolfo Wilcock». *Rilce: Revista de Filología Hispánica* 16.3 (2000): 673–690.

La noche de Aix

Antes de leer

Temas para comentar antes de la lectura

1. Cambiar de país e idioma es una experiencia que no todas las personas asumen de igual manera, sobre todo cuando las causas de ese cambio han sido voluntarias o impuestas. Comente las implicaciones que traen consigo ambas situaciones.

2. Si Ud. pudiera, ¿a qué ciudad le gustaría trasladarse a vivir? ¿Podría quedarse a vivir allí para siempre?

3. La experiencia del turista es diferente de la del exiliado. Comente cómo o por qué son diferentes.

4. Considere los países hispanoamericanos que más emigrantes han tenido y trate de dar un perfil de lo que Ud. sabe de ellos.

5. La tensión dramática de un cuento o de una novela se logra gracias a la presencia de varios personajes. ¿Es posible lograr esta tensión con un solo personaje?

Palabras clave

1. la campanilla
2. el mistral
3. el ornato
4. la valijita
5. desandar
6. disturbar
7. chato/a
8. estólido/a
9. monótono/a
10. porteño/a

La noche de Aix

 A PESAR DE SER ARGENTINO Guido Falcone vivía en París, modestamente enseñando en una academia dos lenguas, una antigua y una moderna. Si bien se había alejado de Buenos Aires para eludir la perspectiva de una existencia monótona (ya que la presencia constante de sus amigos y familiares no le permitía ser tan independiente 5 como hubiera querido) esta perspectiva lo había seguido, aunque con cierta demora, del otro lado del océano, y de vez en cuando lo obligaba a tomar decisiones incómodas, de las que luego no siempre se arrepentía. Por ejemplo, pasar el fin de semana en otra parte. En el peor de los casos, estos traslados le permitían a su regreso apreciar más claramente las ventajas de quedarse en 10 casa, sobre todo en invierno.

Así partió un sábado para Aix-en-Provence.[1] Durante el viaje tuvo el placer de desconcertar a la pasajera sentada a su lado, cubriéndole primero las piernas con su elegante sobretodo viejo de cachemira, con la excusa del frío, y después tocándole suavemente el muslo por debajo del sobretodo. La muchacha, 15 en excelente estado pero egoísta, apartó la prenda sin decir nada y poco después se apeó[2] del tren, en una de esas estaciones que sólo los directamente interesados conocen o recuerdan. Al salir del compartimiento miró con

---

[1] ciudad del sur de Francia, cercana a Marsella (Su nombre [Aix] viene de las fuentes que decoran su centro histórico.)

[2] bajó

curiosidad al pretendiente frustrado, y se permitió un gesto casi imperceptible
20 de desdén. «¿Por qué me desdeña? —pensó Falcone—, ¿por qué no me aba-
lancé sobre ella con un grito salvaje de guerra para poseerla desesperadamente sobre el asiento, abriéndole las piernas como un soldado invasor con
guantes de cuero tosco y arrancándole al mismo tiempo a mordiscos la punta
de los senos que por lo menos en ese momento de libertinaje habrían adop-
25 tado la forma y la posición que más podían excitarme? Los demás pasajeros
no me lo habrían permitido.»

Sin embargo, para un extranjero de ambiciones modestas que todavía no
domina a fondo las costumbres del país, la aventura podía considerarse relativamente satisfactoria; pero el resto del trayecto, entre hombres que fumaban
30 y leían revistas y de vez en cuando se levantaban para mirar por las ventanillas
del corredor lo que creían un paisaje y era en realidad para cada uno una imagen distinta y casi aterradora de una condena permanente aunque aparentemente provisional, resultó demasiado largo y apagó poco a poco el resplandor
festivo del contacto bajo el sobretodo.

35 El tren llegó a Aix-en-Provence al anochecer. Sin prisa y sin fatiga, Falcone
buscó una pensión modesta donde pasar la noche, y la encontró en la avenida
oval que circunda[3] la ciudad vieja. Aceptó la habitación que le ofrecieron, dejó
su valijita[4] sobre el mármol de la cómoda y salió a comer. Por la calle recordó
un sueño reciente: un niño le mostraba un paisaje de edificios chatos[5] en la
40 margen opuesta de un río amarillo como el Plata,[6] y le decía: «Hubiera visto
qué lindo era todo esto en 1810.» La escena irreal empezaba ya a incorporarse
a la colección de escenas reales que aún conservaba de su país distante, y que
le gustaba evocar como quien relee un libro de poesías.

Después de comer recorrió las calles y se detuvo un momento, sin espec-
45 tadores, frente a la casa de Cézanne.[7] En un cine de la Cour Mirabeau[8] daban
una película argentina vieja y un documental sobre los animales salvajes del
África. Entró; a la luz amarillenta de un desierto con jirafas que se desplazaban
sin rumbo fijo por la pantalla, hubiera deseado encontrar entre las largas hileras de asientos desocupados alguna de esas mujeres solas que esperan al via-
50 jero sin hogar, tendiendo una mano fría y vanamente cuidada hacia sus
pantalones tibios en la penumbra, más por deseo de compañía que por otra
cosa. Pero no la encontró. Los animales del África eran más o menos siempre
los mismos. De pronto, después de un intervalo durante el cual la dirección del

---

[3] rodea

[4] maleta pequeña

[5] con menos relieve o más pequeños que otros

[6] principal río argentino, desemboca en Buenos
Aires

[7] Paul Cézanne (1839–1906), pintor francés
posimpresionista

[8] plaza de Aix-en-Provence

Juan Rodolfo Wilcock

cine no se había atrevido a encender todas las luces porque se avergonzaba de mostrar la sala tan vacía, aparecieron en la pantalla rectangular las estólidas[9] caras porteñas[10] que en su infancia le habían sido familiares, conversando en francés en un Barrio Norte[11] poblado de almaceneros retirados y prostitutas en actividad. Fragmentos de la Diagonal, una entrada del subterráneo, una calle de paraísos; hasta lo cierto resultaba falso, como en un cuadro académico. Cuando salió, el mistral[12] persistía, amontonando en islas irregulares el detrito amarillo de los plátanos.

Encontró la pension cerrada y a oscuras; por otra parte todas las casas del barrio estaban ya cerradas y a oscuras, en silencio. El silencio de los campos no es nunca tan completo como el silencio de una ciudad, de cuyo recinto el hombre ha alejado transitoriamente la vida que no duerme de noche. Detrás de las fachadas uniformes se adivinaba sin embargo en la tiniebla interna, como el vago temblor de un telón que representa un edificio, la respiración de las larvas calientes y palpitantes, gordas y blandas, de tantos seres distribuidos paralela o transversalmente en sus camas a diversas alturas, en un segundo piso, en un tercer piso. Falcone tocó el timbre largo rato; por fin comprendió que la dueña había desconectado la campanilla[13] antes de acostarse. Golpeó, llamó, pero con voz cautelosa, porque en cierto modo lo aterraba disturbar[14] esa multitud invisible entre frazadas; tampoco habría gritado de noche en un cementerio, aun sabiendo que uno de los sepultos debía acudir a su llamado. Eran las doce pasadas cuando desistió, sin rencor porque de todos modos no había nunca ignorado que es difícil penetrar en la morada de los hombres.

Aix invernaba[15] resueltamente bajo las constelaciones incomprensibles del hemisferio norte; solamente las estatuas, figuras de muerte y olvido, se atrevían a ofrecer al pasante sus símbolos cotidianos: un rollo de papeles, un cedro, una fuente con frutas incomibles. El único hotel que Falcone encontró abierto, en la Cour Mirabeau, estaba lleno; lo remitieron a otro hotel, cerca de la estación, que resultó más lleno todavía ya que contenía según el portero un club entero de fútbol. Quedaba el Rey René, pero era demasiado caro para Falcone, o mejor dicho, sus precios no correspondían a ninguna realidad, como ocurre a menudo con los hoteles frecuentados por personas famosas, ya que después de pagar por un cuarto el precio de una bicicleta o un traje de verano resultaba incongruente renunciar a esos objetos para irse a dormir. Guido Falcone comprendió que tendría que pasar la noche a la intemperie.

---

[9] torpes

[10] del puerto de Buenos Aires

[11] El «Barrio Norte» y «la Diagonal» (que se menciona a continuación) son lugares de Buenos Aires.

[12] viento frío y seco que sopla del norte en las costas del Mediterráneo

[13] timbre eléctrico

[14] perturbar, causar disturbios

[15] pasaba el invierno

90　　El centro de Aix, quizá porque la ciudad no ha sido suficientemente bombardeada como Colonia o Canterbury, carece de terrenos baldíos[16] y de jardines. Falcone se sentó en una especie de plaza frente al Casino, que era el único edificio iluminado, si se exceptúa una lamparita roja de forma cúbica que pendía sobre la puerta del cuartel de policía. El lugar era demasiado abierto, y por
95　él fluía el mistral como un río oscuro en el que los árboles navegaran a contracorriente. Después de un rato, el forastero se alejó entre largas verjas por el camino a Marsella, pero al llegar al cementerio volvió sobre sus pasos, recordando que cuando hace frío no conviene distanciarse demasiado del centro de una ciudad porque siempre es más cálido que los suburbios. Pasó por una
100　callecita de tierra; entre las casas bajas divisó el hueco de un baldío.

　　Lo cerraba una pared de ladrillos sin revoque[17] con una abertura poligonal casi circular como las que suelen formarse en las tapias[18] de los terrenos abandonados, agrandamientos paulatinos de un agujero iniciado por los niños que meten la mano en todas partes y completado por los adultos que codician esos
105　lugares donde uno encuentra gratis la generosidad y las ventajas que la naturaleza virgen prodiga en tierras lejanas, poco habitadas, inalcanzables para el ciudadano medio: allí nos es permitidos arrojar sin discriminación los objetos rotos o desechados de hierro y de loza, allí se nos ofrece el estremecimiento satisfactorio de escondernos con fines impúdicos,[19] solos o acompañados. Guido
110　Falcone trepó por los ladrillos y entró.

　　La vegetación interior era relativamente abundante; además de una especie de hiedra adosada al muro, había arbustos, matorrales y un árbol de hojas perennes, pero la tierra estaba en gran parte cubierta de cascotes,[20] restos de antiguas construcciones. Falcone se preparó con hojas y ramitas una almo-
115　hada al pie del árbol; apartó las piedras más molestas, que le punzaban la espalda a través de la ropa; de los arbustos cortó una cierta cantidad de ramas para taparse la parte inferior de las piernas que el sobretodo no llegaba a cubrir. Luego encendió un cigarrillo y se acostó. Primero sintió la calma, luego la incomodidad.

120　　No podía dormir de cara al cielo, y en un plano inferior de su conciencia se repetía cíclicamente una frase musical, vulgar y cansadora. Pasaban ignorándolo gatos atentos a sus intermitentes quehaceres nocturnos, sus intereses incomprensibles para el hombre; las ratas susurraban en la hiedra, el silencio parecía poblado de arañas. Falcone casi soñaba con un enemigo, un déspota
125　bajo, vestido como Napoleón en la campaña de Rusia con un capote largo de solapas anchas, que lo buscaba en esos momentos por todas las calles no

---

[16] abandonados

[17] sin... que no han sido recubiertos

[18] muros que cercan un terreno

[19] deshonestos, vergonzosos

[20] sobrantes de una construcción de albañilería que han quedado luego de su derribo

justamente de Aix sino de Poitiers,[21] seguido por una patrulla obediente, quejándose del frío.

Se sentía flotar bajo el firmamento, sentía la rotación silenciosa de la tierra;
atravesaba con rapidez el vasto cono de sombra, inconteniblemente, girando   130
en la noche estelar hacia la penumbra marginal. El viento se había calmado, y
cada vez hacía más frío; las hojas lustrosas que reflejaban la luz de un farol distante parecían ahora de vidrio, el aire de agujas.

Así como al vislumbrar por las barbacanas[22] de la escalera helicoidal[23] de
una torre los arbotantes[24] contiguos, el turista se va formando una idea ascen-   135
dente y teatral de la catedral o castillo que visita, así constataba Falcone cada
vez con más nitidez la singularidad poética de la noche. En su inocente, modesto terreno baldío de Aix, donde los siglos pasados y los futuros parecían su-
perponerse abolidos por la futilidad de sus acontecimientos importantes bajo
el techo en ese momento helado de Europa y en el silencio sin ladridos de pe-   140
rros, un argentino se acurrucaba entre tejidos de lana de oveja como los primeros pobladores de Francia que tal vez eran negros, y a pesar de una preparación
literaria de muchos años, o quizá gracias a ella, conseguía percibir la intensidad
de la pureza nocturna que pudo haber exaltado cualquier instante de la vigilia
del hombre magdaleniano[25] cuando, exiliado de su cueva familiar por haber in-   145
fringido un rito religioso, erraba por el valle del Ródano[26] no totalmente libe-
rado todavía de los hielos, durmiendo bajo los árboles como Falcone,
esperando el ataque de otra familia o el salto letal del tigre prehistórico.

Al mismo tiempo, aislado por el frío casi poliédrico[27] en un recinto tan in-
violable de aire congelado que si bien no bastaba para hacerle creer que era el   150
único hombre del mundo no le negaba sin embargo la posibilidad de considerarse como el último sobreviviente de una campaña de la que todos los
demás hubieran desistido, sentía como un símbolo más de la noche la ausencia absoluta de cualquier deseo de expresar su soledad vertiginosa, de encar-
narla en un esquema comunicativo cualquiera que no fuera un título sin más   155
destinatario que el gusto de la evocación, por ejemplo «La noche que dormí
en un baldío de Aix», o simplemente «La noche de Aix.» Y esa certeza suya de
que nadie en el futuro comprendería su experiencia, ni siquiera se interesaría
en ella, constituía la mejor confirmación de la esencia misma de la experiencia,
que era la soledad.   160

---

[21] ciudad del sudoeste de Francia

[22] muros bajos

[23] circular, en torno a un eje

[24] arcos que en su parte superior contrarresta el
empuje de otros arcos o bóvedas

[25] referencia al hombre del período magdale-
niense (entre los años 15.000 y 9.000 a.C.,

aproximadamente), nombre que viene de la
Cueva de La Madeleine, estación prehistó-
rica de Francia, lugar donde fueron encontrados artefactos de la cultura paleolítica

[26] importante río francés

[27] (figurativo) que tiene muchos lados y muchas formas de manifestarse

Como esos problemas de solución levemente tediosa que uno se propone para ayudar a la conciencia a disolverse en las aguas que fluyen por las grutas subterráneas del sueño, Falcone se preguntaba hasta dónde debía prolongarse la soledad para llegar a abolir el arte. No solamente bajo ese firmamento ahora nublado bastaba una noche para desandar[28] una civilización y volver al origen, al refugio del árbol y la almohada vegetal. Pero esos pensamientos de carácter metafísico impreciso, al estilo alemán, que solían presentársele cuando cerraba los ojos, ¿eran una consecuencia del sueño o eran su causa? Al dormirse se diluían las contradicciones, uno abría una puerta y se precipitaba en el tiempo infinito, tan rápido que desde el primer momento perdía de vista la altura de donde había caído. Sólo un santo, pensaba Falcone ya dormido, es totalmente espiritual, sólo un santo es totalmente material...

Poco a poco, un fulgor nebuloso que anunciaba la aparición de la luna fue alumbrando una especie de hondonada[29] situada detrás del terreno, por el fondo del cual pasaban unas vías muertas, invisibles desde el lugar pedregoso donde Falcone se adormecía y se despertaba intermitentemente como esos soldados que duermen en los trenes y sin embargo se despiertan en todas las estaciones o por lo menos abren un ojo velado porque instintivamente no creen en la inmutabilidad de las distancias ni en la benevolencia de las fuerzas invisibles que dirigen el curso y la velocidad del tren.

Soñaba que bombardeaban Buenos Aires. Era una revolución contra el dictador, que en el sueño se llamaba Conejo, y la población daba grandes muestras de entusiasmo. Falcone paseaba solo entre multitudes aterradas[30] aunque dichosas; dos o tres bombas caían cerca de él, pero pronto aprendía a eludir sus efectos. Había que mirar hacia lo alto para verlas llegar; cuando una bomba se aproximaba, había que echarse al suelo en cuatro patas y aferrarse a las grietas del pavimento resquebrajado para soportar la sacudida del impacto. Segundos más tarde una especie de viento lo arrastraba a gran velocidad, alejándolo radialmente del centro de la explosión; el único peligro de ese desplazamiento vertiginoso consistía en la posibilidad de chocar contra algún objeto. Por todos lados se alzaban resplandores rojos como llamas.

A las tres y media empezó a nevar; de la luna persistía solamente la blancura difusa del cielo. La nieve no se derretía al tocar la tierra; al pie del árbol llegaban apenas unos copos aislados, hasta que una rama se inclinó bajo el peso de su nuevo ornato[31] y se derramó sobre Falcone. Éste se levantó, miró admirado esa sustancia que le parecía la más pura de la tierra, generosamente

---

[28] hacer olvidar todo lo que se ha adquirido como experiencia

[29] lugar hundido

[30] bajo el efecto del terror

[31] adorno

dispersa sobre los elementos hasta ese momento más o menos confundidos de su pequeño paisaje y ahora claramente delimitados en sus blandos contornos blancos, y salió del baldío por donde había entrado, con la sangre exaltada por la felicidad de la nieve.

Se echó nuevamente a andar por la ciudad inmóvil, con el mismo criterio con que pasea un perro por Pompeya,[32] o sea desvinculado por completo de la arquitectura que lo rodea y su significado histórico, salvo bajo su aspecto de obstáculos de piedra que lo obligan, como al más consciente historiador, etnólogo o poeta, a atenerse al trazado inmemorial de las calles hasta el momento excavadas. Y también en su caso, aparte de la apreciación visual velada por la nieve y por el sueño, que después de todo equivalía al hambre indefinida que siente el perro mientras pasea, lo guiaba el propósito casi instintivo de encontrar un refugio menos expuesto al frío omnipresente. Llegó por fin a una plaza poco arbolada, contigua a un monasterio, donde una pérgola,[33] sin duda destinada en otros tiempos a suministrar el ámbito circular que la *musique militaire* exige en sus momentos menos ambulatorios, le ofrecía las ruinas de su techo cónico.[34] Minutos después, a menos de veinte metros de la pérgola, del otro lado de una tapia suficientemente alta para no dejar entrar las tentaciones, empezaron a cantar los monjes, o lo que fuera que vivía preso en ese monasterio para ser más libre, como en una cárcel a la inversa; a cantar melodías que alguna vez habrán sido alegres y que mediante el astuto sistema de prolongar exageradamente los tiempos hoy resultaban melancólicas y hasta lastimosas. Cantaban a las cuatro de la mañana como insomnes rencorosos, pero la nieve apenas dejaba pasar su voz.

Falcone se había sentado en el suelo, con las piernas extendidas y la espalda apoyada contra una columna de hierro, tan incómodo que ni podía pensar ni podía dormir. Mientras tanto, seguía nevando sin viento en la oscuridad; nevaba como en el tierno cuento de Joyce,[35] sobre el detrito amarillo de los plátanos, sobre el pedregullo[36] de la plaza y sobre el aula de piedra donde los derviches[37] evasionistas salmodiaban sus simples líneas pensando en el desayuno restaurador, sobre los nidos abandonados y las letrinas públicas, sobre el camino a Aviñón[38] y sobre el camino a Marsella.[39]

---

32 histórica ciudad del Imperio Romano, que desapareció por una erupción volcánica

33 construcción en un jardín o parque, formada por vigas y sostenida por columnas por las cuales crecen plantas trepadoras

34 que tiene forma de cono

35 uno de los autores irlandeses más importantes del siglo XX (Sus cuentos están recopilados en el libro *Dublineses*.)

36 especie de grava o gravilla

37 miembros de una orden musulmana que buscan la unión mística con Dios a través de danzas giratorias

38 una de las ciudades más importantes del sur de Francia

39 el puerto francés más importante ubicado en el Mediterráneo

230　　　Como cuando uno oye una espléndida sinfonía interminable de algún músico de fin de siglo, con sus repeticiones y sus momentos de franca distracción y hasta de vacío mental, redimidos por atisbos sublimes de un éxtasis de otras esferas, Falcone empezaba, semiinconsciente y acalambrado[40] contra su columna de hierro, a aburrirse de la duración y la incomodidad de la noche, aun-
235　que el cansancio y el frío le impedían, en sus momentos de mayor nitidez perceptiva, obedecer al impulso de levantarse y seguir caminando por la pálida ciudad crepuscular, visitándola con esa especie de afecto que era en él consecuencia natural de una intimidad no compartida con otros, el afecto que puede sentir por su gallinero una gallina solitaria. No obstante, cuando por fin co-
240　menzó a aclarar, con esa lentitud a pesar de todo prometedora de una aurora de invierno, Falcone emergió de la pérgola y volvió a perambular[41] por las calles que del ocre de la luz eléctrica pasaban ahora al gris amarillento del alba entre manchas blancas, perdiendo su austeridad nocturna de telón poético de tragedia para retornar a su condición de hileras de casas sumisas al hombre. Tan
245　sumisas las volvía el amanecer lechoso, que Falcone se encontró de pronto con el primer café abierto. Entró, como el que vuelve de una alta montaña deshabitada y lejana o de un desierto de arena; como si se hubiera encontrado con el primer café abierto después del diluvio o de una explosión atómica; como si esas cinco personas, la dueña despeinada y el mozo que no se había despojado
250　aún de su máscara tersa de campesino durmiente y los tres clientes madrugadores que todavía se saludaban con gotas de nieve fundida sobre los botines, hubieran sido actores rápidamente congregados mediante telegramas para ofrecerle, en nombre de las atentas autoridades municipales que sin embargo preferían mantenerse en el anonimato, una digna acogida en ocasión de su re-
255　greso triunfal a la civilización.

　　　Fortificado por el café y por el rumor banal y conocido de la conversación humana, el joven noctámbulo[42] dio por terminada su prueba de iniciación no del todo involuntaria, su ejercicio de desligamiento del ritmo social, primera jornada de un proceso de inversión que con la ayuda de la suerte podría hacer
260　de él un verdadero viajero sobre la tierra; decidió volver a la pensión, como quien se encamina resueltamente hacia su Santo Grial[43] sostenido por la seguridad de su pureza. En un banco verde de la avenida esperó sentado, frente a la puerta. Garuaba[44] suavemente, fundiendo con lentitud la nieve de las ramas claras de los plátanos.

---

[40] que sufre de calambres o entumecimiento muscular

[41] dar vueltas alrededor de un lugar, sin destino fijo

[42] que le gusta estar despierto de noche

[43] Santo... vaso místico que según la tradición sirvió a Jesucristo para la última cena (En algunas novelas de caballerías es objeto de constante búsqueda.)

[44] Lloviznaba

A las siete y media se abrió la ventana del último piso; Falcone se acercó, 265
llamó, se expuso con los brazos casi en cruz a los injustos reproches y al asombro rencoroso de ambos propietarios asomados, y por fin consiguió que la mujer bajara a abrirle también la puerta de calle. En el cuarto inviolado y sin cuadros en las paredes, el aire era tibio; sobre el mármol de la cómoda lo esperaba su valija, inconsciente de la lenta gracia con que sin duda había cambiado de color a lo largo de la noche, a medida que iban entrando por las hendijas[45] de la persiana los reflejos sucesivos de la luz eléctrica, de la claridad lunar, de la nieve y del alba gris.

Y como una última metamorfosis del color del cuero, mientras Falcone se quitaba las medias húmedas y se secaba los pies con una toalla, cayó de 275 pronto sobre la valija todavía inmóvil la primera faja de sol neblinoso, que atravesaba por fin la llovizna pasando sin deformarse entre el techo de una fábrica y un cartel que decía «Du Bo, Du Bon, Du Bonnet».[46] El viajero cerró mejor la persiana, se acostó y se quedó inmediatamente dormido, con la noche guardada en la memoria. 280

---

[45] hendiduras pequeñas, como unas aperturas o resquicios

[46] cartel... referencia a un anuncio comercial de un vermouth popular llamado *Du Bonnet*

Después de leer

Comprensión

1. ¿Se resuelve el deseo de Guido Falcone de vivir alejado de su país para estar más tiempo a solas al trasladarse a vivir a París?

2. ¿Por qué pasa el protagonista toda la noche en la calle?

3. ¿Cuáles son los pensamientos y sueños que obsesionan a Falcone?

4. ¿Por qué parece que el mundo está contra Falcone?

5. ¿Qué aprende Falcone al terminar la noche y volver al hotel? ¿A qué rito de iniciación se refiere en el momento que toma el café en el desayuno?

Análisis

1. Comente la frase que inicia el cuento «A pesar de ser argentino... » como una señal de que los argentinos están acostumbrados a vivir desarraigados en otros países.

2. Compare el momento del cuento en el cual el protagonista ve una vieja película argentina con otro en el cual sueña que se produce una revolución contra un dictador en la Argentina. En la mente del personaje, ¿qué sentido tienen estas comparaciones?

3. Hay un momento en el cual el personaje piensa escribir un «esquema comunicativo», algún tipo de texto, al que incluso le da título. ¿Significa esto que el personaje quiere comunicarse, escribir?

Expansión

1. **OPTATIVO:** Consulte los cuentos de autores hispanoamericanos que transcurren en otros países distintos a los suyos, como el cuento «Sensini», de Bolaño, o «El verano feliz de la señora Forbes», de Gabriel García Márquez.

2. **OPTATIVO:** Compare la redacción y el estilo de este cuento con los del siguiente, «Yves de Lalande», que también transcurre en Francia. ¿Qué sentido puede tener el hecho de ubicar en Francia ambos cuentos y en qué se diferencian?

Yves de Lalande

Antes de leer

Temas para comentar antes de la lectura

1. De los libros de literatura —poemarios, novelas, obras de teatro, ensayos o libros de cuentos— ¿cuál cree Ud. que es el que más se vende? ¿Qué es un *bestseller*?

2. Si Ud. tuviera que comparar brevemente un cuento con una novela, ¿qué diferencias y parecidos encontraría entre ellos?

3. Comente las dificultades que Ud. tendría si tuviera que escribir un libro y cómo cree que se realiza esta actividad.

4. ¿Es el éxito comercial de un escritor garantía de que sea un buen escritor?

5. Los cuentos, por lo general, revelan una enigma al final. ¿Cree Ud. que también pueden describir una situación por sí misma interesante, sin que pase nada en concreto o no haya ningún acontecimiento sorpresivo? Explique.

Palabras clave

1. el/la asesor(a)
2. la concordancia
3. el incidente
4. la mimética
5. la plancha

6. abundar
7. crujir
8. avispado/a
9. idóneo/a
10. menesteroso/a

Yves de Lalande

 HOY NADIE LEE YA LAS NOVELAS DE YVES DE LALANDE, lo que permite sospechar que dentro de poco ya nadie leerá las novelas de nadie. Yves de Lalande era un nombre inventado: en realidad se llamaba Hubert Puits. Fue el primer productor de novelas a escala realmente industrial. Como todos, se había iniciado en su actividad en un plano artesanal, escribiendo novelas a máquina; con ese método muy ilustre, pero primitivo, necesitaba al menos seis meses para terminar una obra, y esa obra quedaba muy lejos de poder ser llamada un producto bien acabado. Con el tiempo, Puits se dio cuenta de que la idea de escribir por sí solo una cosa tan compleja y variada como una novela, tan llena de humores[1] y situaciones y puntos de vista diferentes, parecía tarea más adecuada para un Robinson Crusoe[2] que para un ciudadano de la más grande y avanzada nación industrial del siglo veinte, Francia.

Para empezar, el editor de la Biblioteca del Gusto, para la cual trabajaba Puits entonces, exigía que sus novelas abundaran no sólo en[3] aventuras, sino también en escenas de amor romántico; pero Puits llevaba seis años manteniendo una relación absolutamente normal con su camarera o sirvienta a horas, una antigua monja gris y avara que no le concedía el más mínimo detalle de tipo romántico, de modo que se veía obligado a sacarlos de otros libros y siempre había algo que no funcionaba, por ejemplo cuando la protagonista sabía que era la hija adulterina del hermano del rey de Francia, arrebataba al novio la espada y se atravesaba el pecho, pero la escena se desarrollaba en el metro entre Bac y Solferino bajo el Ministerio de Trabajos Públicos, cosa que podía parecer algo extraña.[4]

En cuanto a aventuras, una vez le había sucedido que se quedó encerrado en el ascensor durante dos horas y media, y, en efecto, este episodio reaparecía con frecuencia en sus novelas, incluso en la de ambiente tonquinés,[5] *La fiera de la Cochinchina;*[6] pero sabía que no podía exprimirlo al infinito. Puits se convenció de que para hacer una buena novela no basta un solo hombre, hacen falta diez, tal vez veinte: quién sabe los empleados que tenían Balzac, Alexandre Dumas, Malraux,[7] pensaba.

---

[1] estados de ánimo variables

[2] personaje homónimo de la novela de Daniel Defoe (Crusoe naufraga y vive sólo en una isla durante muchos años.)

[3] abundaran... tuvieran gran cantidad no sólo de

[4] En esta oración, el narrador se refiere a paradas reales del metro de París.

[5] de la región de Tonkín, en Vietnam

[6] Decir que alguien o algo es de la «Cochinchina» es decir que es de muy lejos.

[7] Honoré de Balzac (1799–1850), Alexandre Dumas, padre (1802–1870) y André Malraux (1901–1976) son tres novelistas franceses de gran reconocimiento que escribieron grandes novelas de corte realista, precisamente del tipo sobre las cuales ironiza este cuento.

Por otra parte, los hombres son propensos a discutir entre sí: mejor cinco empleados de buen carácter que no diez genios incompatibles. Así fue como se inició el establecimiento o fábrica de novelas Lalande. No nos pondremos a describir aquí las fases sucesivas de su desarrollo, sino su forma definitiva, la
35 que permitió al todavía joven marqués De Lalande (también el título era inventado) publicar, entre 1927 y 1942, 672 novelas, de las cuales 87 fueron trasladadas con variado éxito a la pantalla.

El proceso de fabricación era riguroso e inmutable; los trabajadores eran todos ellos chicas sanas y avispadas,[8] poco propensas a la afirmación perso-
40 nal: cuando alguna de ellas daba muestras de querer insertar en la mecánica de la producción las propias veleidades[9] literarias o, en cualquier caso, individualistas, era inexorablemente sustituida. Todas juntas compartían el orgullo del producto acabado: por otra parte, se trataba de un producto que rara vez era capaz de inspirar el mínimo orgullo, y en realidad cada una de ellas traba-
45 jaba, como era justo, por el sueldo, a su vez también justo.

Ni los elogios ni las censuras ni los silencios de la crítica rozaban los muros aislados del hotelito de Meudon, donde estaba situada la fábrica de novelas; de todo lo referente a los contratos editoriales, tiradas, derechos, traducciones extranjeras, se ocupaba la correspondiente oficina de la rue Vaugirard. El pala-
50 cete de Meudon estaba totalmente dedicado a la creación; allí dentro crujía[10] una sola mente, aquella casa era un Balzac, un Alexandre Dumas, un Malraux simbiótico, un literato-colonia, una medusa. Armoniosamente, todas aquellas empleadas formaban el cuerpo de Yves de Lalande.

En su calidad de director-propietario de la firma, Hubert Puits proponía un
55 tema cualquiera. La titular de la oficina Argumentos-Base[11] elegía de su riquísimo archivo de argumentos-base, puestos al día de acuerdo con la moda del momento, uno adecuado al tema. Esta decisión era de las más comprometidas, porque la función de la moda consiste más en prever que en seguir. La titular de Personajes recibía el argumento y deducía de él, cuidadosamente, de
60 acuerdo con fórmulas garantizadas, los personajes; luego los pasaba al despacho de Historias Individuales y Destinos.

La oficina Destinos era de carácter combinatorio; la titular se servía de una ruleta y para cada personaje sacaba tres números correspondientes a tres fichas del archivo de Incidentes-Base, con los que era rápidamente compuesto

---

[8] despiertas, creativas

[9] ocurrencias banales y de segundo orden

[10] hacía un ruido como el que se produce al quebrarse una rama o romperse un hueso (El sentido aquí es hiperbólico, ya que se exagera al punto de decir que la mente suena para sugerir una alta actividad intelectual.)

[11] la idea fundamental para la trama de una obra (El resto del cuento juega con los componentes esenciales de una narración, siempre con ironía.)

el destino de cada cual. En la oficina Concordancias se concordaban entre sí 65
los destinos individuales, con el propósito de evitar que un personaje se ca-
sara con su hijo o naciera antes que su padre o anomalías semejantes. El
Argumento ya compuesto y concordado pasaba a la experta en Estilos-Base,
que asignaba a la novela el estilo más adecuado, entre los que estaban de
moda en aquel momento; finalmente la chica dedicada a los títulos proponía 70
de seis a ocho títulos, a elegir una vez ultimado el trabajo. Esta primera fase
preparativa requería a lo más una mañana de trabajo; inmediatamente después la novela pasaba al estadio de Elaboración, en el sentido literal de la
palabra.

Éste era el estadio más serio, pero al mismo tiempo más férreamente[12] 75
automatizado, el menos aleatorio[13] de toda la confección. El llamado Guión era
transmitido a la experta en Gráficos, recientemente diplomada en Proyectación
y Programación, la cual mediante un correcto empleo de gráficos temporales,
espaciales, motivacionales, etcétera, coordinaba en sistemas de Escenas numeradas, en series y en paralelo, toda la historia; después la obra, así esquemati- 80
zada, pasaba a la sección Escenas y Situaciones.

Éscenas y Situaciones ocupaba todo el primer piso y parte del ático del pa-
lacete de Meudon, y estaba formado por un enorme archivo, en constante expansión, de escenas y de situaciones de dos, tres, cuatro y más personajes —o
bien de personaje individual— tratadas en primera y tercera persona, con diá- 85
logos, acciones, descripción, fragmentos introspectivos y demás elementos
narrativos; estas escenas, cada una de ellas de cuatro a ocho hojas, eran cata-
logadas y ordenadas según los más modernos métodos de clasificación, lo
que permitía su casi inmediata localización. Un equipo de jóvenes y meneste-
rosos[14] diplomados en literatura proporcionaba continuamente nuevas esce- 90
nas y situaciones al ya considerable archivo de la empresa, obedeciendo las
leyes del mercado, y cuatro muchachas especialmente despiertas estaban en-
tregadas a los diversos trabajos de investigación y clasificación.

Apenas recibido el esquema de Escenas y Situaciones numeradas
—supongamos 80, lo que daba una novela de 450 a 500 páginas a máquina— 95
las archiveras se entregaban a la búsqueda de los tratamientos correspondientes; de cada escena sacaban una copia, con los instrumentos copiadores
entonces utilizados, que aunque incómodos resultaban eficaces; después
ordenaban todas estas copias y podía decirse que la novela ya estaba montada.

Se trataba naturalmente de un producto todavía tosco (por dar un ejem- 100
plo, en cada escena y situación el mismo personaje aparecía con un nombre

---

[12] fuertemente

[13] que puede variar de acuerdo con las circunstancias, inestable

[14] necesitados o pobres (Aquí Wilcock alude a
la precariedad económica de la mayor parte
de quienes se dedican a la literatura.)

diferente, el provisional que le había puesto originariamente el narrador anónimo); otras dos chicas, instaladas permanentemente en el ático, desde donde se gozaba, por otra parte, de una espléndida vista sobre el ferrocarril y los alrededores, procedían a los trabajos de acabado.[15]

La primera, irónicamente apodada por sus colegas la Plancha,[16] unificaba los nombres de personas y lugares, corregía incongruencias y encadenaba las escenas entre sí (posteriormente, con el cambio de gusto, este trabajo de encadenamiento resultó innecesario); al mismo tiempo, una joven mecanógrafa pasaba a máquina el texto por decirlo de algún modo planchado. La segunda, llamada la Mimética[17] por la habilidad con que sabía imitar el estilo de cualquier escritor vivo de grandes éxitos, corregía el conjunto de acuerdo con las directrices ya establecidas en la oficina Estilo de la planta baja. En realidad, su tarea era mucho menos ardua de lo que podía parecer; exigía como máximo aquella parte de distanciamiento y de marrullería[18] necesarias para reconocer que el estilo de cada escritor está definido por unas pocas y simples obstinaciones, debilidades, vicios contraídos en la infancia, cuando no en la vejez, pero en cualquier caso imitables, allí donde un estilo plano e impersonal es concedido a pocos, y ciertamente no a un escritor de éxito.

Por lo que se refiere al diálogo, la Mimética completaba el trabajo de la Plancha, uniformando como era debido las conversaciones de los personajes, independientemente de su condición social, nacionalidad, dialecto, edad, sexo, oficio, etcétera; Yves de Lalande detestaba, y con razón, el color local.[19]

Después de lo cual, la novela estaba terminada y era entregada a la Gran Asesora,[20] una mujer madura de vasta experiencia y singular memoria, que la convertía en una especie de biblioteca viviente, en el sentido de que no sólo había leído todas las novelas de la firma Lalande, sino que, lo que es casi increíble, las recordaba. La Gran Asesora observaba eventuales coincidencias entre los nombres de los personajes, que pudieran inducir al lector a pensar que se

---

[15] toques finales, afinamiento o ajustes

[16] instrumento para planchar, acción de quitarle las arrugas a la ropa (En este caso el uso es figurativo, ya que el efecto del planchado corrige las irregularidades en las novelas de la industria de Yves de Lalande.)

[17] derivada de la palabra mimesis, empleada para señalar en su acepción más sencilla todo tipo de imitación, por parte de las artes, de elementos de la realidad

[18] halagos hechos con astucia para engañar a alguien

[19] color... efecto literario que prefiere referencias específicas a un mundo físico reducido, generalmente vinculado al autor (Es una preferencia temática que se opone al cosmopolitismo de tema o universalismo de ideas.)

[20] persona encargada de aconsejar u orientar profesionalmente y de manera continua para la realización de proyectos o trabajos

trataba de un personaje ya aparecido en otra novela del mismo autor; procu- 130 raba que las situaciones no estuvieran ya demasiado utilizadas y en cualquier caso que no hubieran sido empleadas en las novelas realizadas por la casa en los últimos tres años, plazo máximo atribuido por los expertos a la memoria del lector; daba en suma una última mirada al producto antes de declararlo idóneo[21] y ponerlo en circulación. Todo el procedimiento de montaje, desde la 135 elección del tema hasta la entrega a la editorial interesada, no requería más de veinte días de trabajo: si fuera necesario, con un ritmo sostenido, bastaban incluso dos semanas.

Yves de Lalande no leía sus propias novelas. Como todos saben, murió aplastado contra un plátano, en abril de 1942, expulsado del automóvil mien- 140 tras regresaba de una cenita con un grupo de alegres oficiales de la Wehrmacht residentes en Versalles.[22] A la llegada del ejército de la Liberación,[23] conducido por Jean-Paul Sartre,[24] las revistas literarias en el poder decretaron la prohibición, por colaboracionismo,[25] de todas las obras del hotelito de Meudon, hoy confiado a la Protección de Animales y, por lo que dicen, completamente lleno 145 de gatos: así desapareció una mente poderosa, en la patria de Balzac, Alexandre Dumas, Malraux, etcétera.

---

[21] condición ideal de algo, que cumple los requisitos que se esperan de él

[22] zona cercana a París donde se construyeron palacios en donde residieron los reyes franceses y donde se situó parte del Wehrmacht (ejército alemán) durante la Segunda Guerra Mundial

[23] de... que enfrentó a los soldados nazis en la Segunda Guerra Mundial

[24] destacado filósofo y escritor francés del siglo XX (Aunque Sartre [1905–1980] perteneció a la resistencia francesa contra los alemanes, esta parte de la historia es apócrifa.)

[25] Los colaboracionistas eran los franceses que simpatizaron con los alemanes o les ayudaron durante su ocupación de Francia en la Segunda Guerra Mundial.

Después de leer

Comprensión

1. ¿Qué país fue conocido como el más importante en literatura a lo largo del siglo XIX, sobre todo en lo que respecta a la novela?

2. ¿Por qué decide Yves de Lalande abrir su «fábrica de novelas»?

3. ¿Cree Yves de Lalande en la originalidad o la considera más bien una combinación equilibrada de aspectos muy concretos?

4. ¿Cuáles son esos aspectos según las distintas oficinas y despachos de la fábrica de novelas?

5. ¿Es así de fácil, como se dice en el cuento, escribir una novela en veinte días, o incluso en dos semanas?

6. ¿Cree Ud. que las novelas se dejarán de leer? ¿Qué puede competir con ellas?

Análisis

1. Las historias que se pueden contar no son infinitas y consistirían en variaciones de lo mismo. El control en la fábrica de novelas de Lalande toma esto como principio. Analice los distintos controles.

2. La brevedad del cuento exige que vaya directamente a lo que quiere contar. ¿Es criticar largas novelas tradicionales una ironía necesaria para cuentistas como Wilcock?

3. ¿Cómo es imaginar la historia de una fábrica de novelas una crítica a la comercialización del arte?

Expansión

1. Hay muchos cuentos y novelas que tienen como tema a las mismas novelas y a la literatura en general. Revise los cuentos de Borges titulados «La biblioteca de Babel» y «El libro de arena».

2. Consulte algunos de los ensayos de Cortázar sobre el cuento recogidos en los tres tomos de su *Obra crítica* y compare la ausencia de la «argentinidad» en esas discusiones y en este cuento de Wilcock.

3. **OPTATIVO:** Revise cómo el cuento «Obras completas» de Monterroso provee un excelente análisis de las dificultades de escribir.

Augusto Monterroso

Monterroso, Quiroga, Borges y Cortázar, son los autores que definen el cuento para todo conocedor verdadero del género y su historia. No sólo renuevan el género sino que establecen pautas y modelos que los autores del siglo XXI siguen admirando y reconociendo. Son fuentes constantes para las comparaciones que hacen los lectores y «escritores de escritores» que no se alejan de la realidad. Nacido en Honduras en 1921 y fallecido en México en 2003, su infancia transcurrió entre Tegucigalpa y Guatemala, país con el que se identificó. En 1944 se estableció en México donde —aparte de cargos diplomáticos en Bolivia y otro exilio en Chile— vivió hasta su muerte.

La perfección de los cuentos de Monterroso es admirada y examinada por autores como Fuentes, García Márquez, Vargas Llosa, Bryce Echenique e Isaac Asimov, entre muchos otros. No es menor la admiración de Italo Calvino por «El dinosaurio», su texto más conocido y discutido, a tal extremo que ha ocasionado una edición crítica, a pesar de tener sólo una línea. Desde principios de los años 80 la obra de Monterroso ha sido una de las más citadas y estudiadas del continente. Iguales son la atención a su obra en el exterior, las traducciones, reimpresiones y premios internacionales como el Premio Juan Rulfo (1996) y el Príncipe de Asturias de las Letras en 2000.

En la obra de Monterroso hay una riqueza infinita de alusiones, parodias, referencias eruditas y populares, «influencias», registros lingüísticos, citas y varios desplazamientos que permiten leer un «cuento» suyo como si perteneciera a otros géneros. Esa riqueza intertextual, frecuentemente transmitida con humor, se basa en la compleja actitud de Monterroso hacia la prosa y en su evidente economía de expresión. Así, nunca se repite, tal como muestra el último libro que publicó en vida,[1] *Pájaros de América* (2002), en el cual la biografía se convierte en cuento, y viceversa. No sorprenderá entonces que varios de sus libros —sean presentados convencionalmente como novelas, viñetas, fábulas, biografía apócrifa, diarios, autobiografía, ensayos y hasta entrevistas— contienen cuentos. Por ende, los textos más cercanos a lo que tradicionalmente se lee como «cuento» se encuentran en sus colecciones *Obras completas* (*y otros cuentos*) (1959), *Movimiento perpetuo* (1972) y *La palabra mágica* (1983).

«Míster Taylor», junto con «El eclipse», es tal vez el más antologado de sus cuentos. Fue escrito en Bolivia y publicado originalmente en el diario *El Siglo* en 1955. Si «Míster Taylor» representa la primera etapa de sus cuentos, también es una lección, paralela a la del último Cortázar, sobre cómo criticar los abusos socioeconómicos que sigue sufriendo Hispanoamérica, sin disminuir en ningún instante los valores estéticos que han definido al género históricamente. «Míster Taylor» no cae en los fáciles binarismos (por ejemplo: los Estados Unidos, malo, Hispanoamérica, víctima) del realismo socialista, y es su modernidad conceptual, ayudada por la oscilación entre sátira y sarcasmo, que lo convierte en hito inolvidable para la historia del cuento de entresiglo.

«Obras completas», cuya ironía es otra plantilla de la colección en que se incluye, es uno de los primeros cuentos del siglo XX que critica con sutileza incomparable las inseguridades de los miembros del mundo literario. Observamos sus relaciones peligrosas y sobre todo la maldad y daños que acechan, intencionalmente o no, detrás de las presuntas buenas intenciones de los «maestros» que no quieren reconocer el talento de sus aprendices. A la vez, se cuestiona clarividentemente el valor de la hiperespecialización y de los «descubrimientos», por medio de métodos que la crítica de hoy considera demasiado tradicionales.

Bibliografía mínima

Bach, Caleb. «Musings of a Minimalist». *Américas*. 54.1 (Enero/Febrero 2002): 40–47. [disponible en la versión en español de esta revista]

Campos, Marco Antonio, et al. *La literatura de Augusto Monterroso*. México D.F.: Universidad Autónoma Metropolitana, 1988. [17 notas y artículos, varios ya publicados]

Corral, Wilfrido H. *Lector, sociedad y género en Monterroso*. Xalapa, México: CILL, Universidad Veracruzana, 1985.

- - -. «Before and After Augusto Monterroso». En Augusto Monterroso, *Complete Works and Other Stories*. Trad. Edith Grossman. Austin: University of Texas Press, 1995. vii–xviii.

- - -, ed. *Refracción: Augusto Monterroso ante la crítica*. México D.F.: Ediciones Era, 1995. [Contiene 27 artículos y entrevistas sobre el autor y su obra.]

---

[1] Publicó dos libros póstumos en 2004: *Literatura y vida* y *Monterroso por él mismo*.

- - -, ed. *Augusto Monterroso*. Madrid: Ediciones de Cultura Hispánica, Agencia Española de Cooperación Internacional, 1997.

Durán, Dony, et al. *Celebración de Augusto Monterroso*. México D.F.: Alfaguara, 1999.

Fuentes, Norberto. «Prólogo». Augusto Monterroso, *Míster Taylor & Co*. La Habana: Casa de las Américas, 1982. 7–14.

Liano, Dante. «Augusto Monterroso». *Modern Latin American Fiction Writers*. Eds. Ann González y William Luis. Detroit: Gale Research Inc., 1994. 178–184.

Noguerol Jiménez, Francisca. *La trampa de la sonrisa: sátira en la narrativa de Augusto Monterroso*. Sevilla: Universidad de Sevilla, 1995.

Ogno, Lía. «Augusto Monterroso: La oveja negra de la literatura hispanoamericana». *Cuadernos Hispanoamericanos* No. 511 (Enero 1993): 32–42.

Price, Greg. «Augusto Monterroso». *Latin America: The Writer's Journey*. Londres: Hamish Hamilton, 1990. 220–230.

Quimera [Barcelona]. XXIII. 230 (Mayo 2003). Ed. Wilfrido H. Corral. [Incluye dossier dedicado a Monterroso con colaboraciones de nuevos autores.]

Revista de la Universidad. II. 2 (Enero, Febrero, Marzo 2001). [número dedicado a Monterroso por la Universidad Pedagógica Nacional Francisco Morazán de Honduras]

Ruffinelli, Jorge, ed. *Monterroso*. Xalapa, México: CILL, Universidad Veracruzana, 1976. [Incluye trabajos pioneros de críticos como Ángel Rama, Carlos Monsiváis y Ruffinelli.]

Zúñiga, Dulce María, et al. *Con Augusto Monterroso en la selva literaria*. México D.F./Xalapa: Ediciones del Ermitaño/Universidad Veracruzana, 2000. [la más extensa colección de textos sobre Monterroso (Incluye dos de sus discursos e iconografía.)]

Míster Taylor

Antes de leer

Temas para comentar antes de la lectura

1. La crítica de las relaciones mercantiles entre los Estados Unidos e Hispanoamérica es bastante transparente. Explique si hay alguna relación entre la situación representada (los años 40) y la situación actual.

2. Mientras Ud. lee el cuento, determine si el Míster Taylor representa o no al «americano feo», o si simplemente es producto permanente de su sociedad y cultura.

Palabras clave

1. el auge
2. el desenvolvimiento
3. la estera
4. la maleza
5. fomentar
6. aturdido/a

7. doliente

8. halagadísimo/a

9. natural

10. nimio/a

11. previo/a

12. pudiente

Míster Taylor

 —**MENOS RARA, AUNQUE SIN DUDA MÁS EJEMPLAR** —dijo entonces el otro—, es la historia de Mr. Percy Taylor, cazador de cabezas en la selva amazónica.

5 Se sabe que en 1937 salió de Boston, Massachusetts, en donde había pulido su espíritu hasta el extremo de no tener un centavo. En 1944 aparece por primera vez en América del Sur, en la región del Amazonas, conviviendo con los indígenas de una tribu cuyo nombre no hace falta recordar.[1]

Por sus ojeras y su aspecto famélico[2] pronto llegó a ser conocido allí como «el gringo pobre», y los niños de la escuela hasta lo señalaban con el dedo y le 10 tiraban piedras cuando pasaba con su barba brillante bajo el dorado sol tropical. Pero esto no afligía la humilde condición de Mr. Taylor porque había leído en el primer tomo de las *Obras completas* de William G. Knight que si no se siente envidia de los ricos la pobreza no deshonra.

En pocas semanas los naturales se acostumbraron a él y a su ropa extrava-15 gante. Además, como tenía los ojos azules y un vago acento extranjero, el Presidente y el Ministro de Relaciones Exteriores lo trataban con singular respeto, temerosos de provocar incidentes internacionales.[3]

Tan pobre y mísero estaba, que cierto día se internó en la selva en busca de hierbas para alimentarse. Había caminado cosa de varios metros sin 20 atreverse a volver el rostro, cuando por pura casualidad vio a través de la maleza dos ojos indígenas que lo observaban decididamente. Un largo estremecimiento recorrió la sensitiva espalda de Mr. Taylor. Pero Mr. Taylor, intrépido, arrostró[4] el peligro y siguió su camino silbando como si nada hubiera visto.

---

[1] La reducción de cabezas, o *tsantsa*, se practica en las tribus que forman parte de los jívaros del Amazonas ecuatoriano y peruano. Al no nombrar ninguna tribu específica, Monterroso alude a estereotipos que todavía funcionan respecto a ciertas prácticas culturales hispanoamericanas.

[2] hambriento (Monterroso altera la visión hispanoamericana estereotipada de la riqueza de los estadounidenses.)

[3] Este párrafo dialoga con la actitud de dependencia generalizada que impulsa al hispanoamericano de clases menos aventajadas, o a los políticos oportunistas, a ver en el estadounidense un ser ideal y superior, obviando cualquier valor de los naturales.

[4] resistió

De un salto (que no hay para qué llamar felino)[5] el nativo se le puso enfrente y exclamó:

—*Buy head? Money, money.*

A pesar de que el inglés no podía ser peor, Mr. Taylor, algo indispuesto, sacó en claro que el indígena le ofrecía en venta una cabeza de hombre, curiosamente reducida, que traía en la mano.

Es innecesario decir que Mr. Taylor no estaba en capacidad de comprarla; pero como aparentó no comprender, el indio se sintió terriblemente disminuido por no hablar bien el inglés, y se la regaló pidiéndole disculpas.[6]

Grande fue el regocijo con que Mr. Taylor regresó a su choza. Esa noche, acostado boca arriba sobre la precaria estera de palma que le servía de lecho, interrumpido tan sólo por el zumbar de las moscas acaloradas que revoloteaban en torno haciéndose obscenamente el amor, Mr. Taylor contempló con deleite durante un buen rato su curiosa adquisición. El mayor goce estético lo extraía de contar, uno por uno, los pelos de la barba y el bigote, y de ver de frente el par de ojillos entre irónicos que parecían sonreírle agradecidos por aquella deferencia.

Hombre de vasta cultura, Mr. Taylor solía entregarse a la contemplación; pero esta vez en seguida se aburrió de sus reflexiones filosóficas y dispuso obsequiar la cabeza a un tío suyo, Mr. Rolston, residente en Nueva York, quien desde la más tierna infancia había revelado una fuerte inclinación por las manifestaciones culturales de los pueblos hispanoamericanos.

Pocos días después el tío de Mr. Taylor le pidió —previa indagación sobre el estado de su importante salud— que por favor lo complaciera con cinco más. Mr. Taylor accedió gustoso al capricho de Mr. Rolston y —no se sabe de qué modo— a vuelta de correo «tenía mucho agrado en satisfacer sus deseos». Muy reconocido, Mr. Rolston le solicitó otras diez. Mr. Taylor se sintió «halagadísimo de poder servirlo». Pero cuando pasado un mes aquél le rogó el envío de veinte, Mr. Taylor, hombre rudo y barbado pero de refinada sensibilidad artística, tuvo el presentimiento de que el hermano de su madre estaba haciendo negocio con ellas.

Bueno, si lo quieren saber, así era. Con toda franqueza, Mr. Rolston se lo dio a entender en una inspirada carta cuyos términos resueltamente comerciales hicieron vibrar como nunca las cuerdas del sensible espíritu de Mr. Taylor.

De inmediato concertaron una sociedad en la que Mr. Taylor se comprometía a obtener y remitir cabezas humanas reducidas en escala industrial, en tanto que Mr. Rolston las vendería lo mejor que pudiera en su país.[7]

---

[5] Nota irónica que comunica que el narrador sabe que los lectores probablemente esperan que un cuentista tradicional se exprese así respecto al salto.

[6] continuación de la actitud descrita en la nota 3

[7] Nótese cómo el Mr. Taylor vende inmediatamente sus «principios».

Los primeros días hubo algunas molestas dificultades con ciertos tipos del lugar. Pero Mr. Taylor, que en Boston había logrado las mejores notas con un ensayo sobre Joseph Henry Silliman, se reveló como político y obtuvo de las autoridades no sólo el permiso necesario para exportar, sino, además, una concesión exclusiva por noventa y nueve años.[8] Escaso trabajo le costó convencer al guerrero Ejecutivo y a los brujos Legislativos[9] de que aquel paso patriótico enriquecería en corto tiempo a la comunidad, y de que luego luego[10] estarían todos los sedientos aborígenes en posibilidad de beber (cada vez que hicieran una pausa en la recolección de cabezas) un refresco bien frío, cuya fórmula mágica él mismo proporcionaría.[11]

Cuando los miembros de la Cámara, después de un breve pero luminoso esfuerzo intelectual, se dieron cuenta de tales ventajas, sintieron hervir su amor a la patria y en tres días promulgaron un decreto exigiendo al pueblo que acelerara la producción de cabezas reducidas.

Contados meses más tarde, en el país de Mr. Taylor las cabezas alcanzaron aquella popularidad que todos recordamos. Al principio eran privilegio de las familias más pudientes; pero la democracia es la democracia y, nadie lo va a negar, en cuestión de semanas pudieron adquirirlas hasta los mismos maestros de escuela.[12]

Un hogar sin su correspondiente cabeza teníase por un hogar fracasado. Pronto vinieron los coleccionistas y, con ellos, las contradicciones: poseer diecisiete cabezas llegó a ser considerado de mal gusto; pero era distinguido tener once. Se vulgarizaron tanto que los verdaderos elegantes fueron perdiendo interés y ya sólo por excepción adquirían alguna, si presentaba cualquier particularidad que la salvara de lo vulgar. Una, muy rara, con bigotes prusianos, que perteneciera en vida a un general bastante condecorado, fue obsequiada al Instituto Danfeller, el que a su vez donó, como de rayo, tres y medio millones de dólares para impulsar el

---

[8] La alusión es a ciertos tratados casi vitalicios que los gobiernos o negocios hispanoamericanos acordaron con firmas extranjeras, por ejemplo, el contrato por 99 años del Canal de Panamá, entre este país y los Estados Unidos.

[9] No es casual que el texto hable de «tribu», «guerrero» y «brujos». El autor quiere señalar cómo, al venderse para tratar de entrar en la modernidad, algunos países mantienen su estado primitivo y, como en este caso, son casi igualmente responsables del colonialismo.

[10] luego... americanismo por **al rato o en corto tiempo**

[11] Por algunos años «la pausa que refresca» fue el eslogan publicitario utilizado por la Coca Cola Bottling Company. La fórmula de su refresco es todavía un secreto.

[12] Monterroso critica la presunta democracia estadounidense y muestra una visión casi universal de la baja estima en que se tiene a los profesores y maestros en general.

desenvolvimiento de aquella manifestación cultural, tan excitante, de los pueblos hispanoamericanos.[13]

Mientras tanto, la tribu había progresado en tal forma que ya contaba con una veredita alrededor del Palacio Legislativo. Por esa alegre veredita paseaban los domingos y el Día de la Independencia los miembros del Congreso, carraspeando, luciendo sus plumas, muy serios riéndose,[14] en las bicicletas que les había obsequiado la Compañía.[15]

Pero, ¿qué quieren? No todos los tiempos son buenos. Cuando menos lo esperaban se presentó la primera escasez de cabezas.

Entonces comenzó lo más alegre de la fiesta.

Las meras defunciones resultaron ya insuficientes. El Ministro de Salud Pública se sintió sincero, y una noche caliginosa,[16] con la luz apagada, después de acariciarle un ratito el pecho como por no dejar,[17] le confesó a su mujer que se consideraba incapaz de elevar la mortalidad a un nivel grato a los intereses de la Compañía, a lo que ella le contestó que no se preocupara, que ya vería cómo todo iba a salir bien, y que mejor se durmieran.

Para compensar esa deficiencia administrativa fue indispensable tomar medidas heroicas y se estableció la pena de muerte en forma rigurosa.

Los juristas se consultaron unos a otros y elevaron a la categoría de delito, penado con la horca o el fusilamiento, según su gravedad, hasta la falta más nimia.

Incluso las simples equivocaciones pasaron a ser hechos delictuosos. Ejemplo: si en una conversación banal, alguien, por puro descuido, decía «Hace mucho calor», y posteriormente podía comprobársele, termómetro en mano, que en realidad el calor no era para tanto, se le cobraba un pequeño impuesto y era pasado ahí mismo por las armas, correspondiendo la cabeza a la Compañía y, justo es decirlo, el tronco y las extremidades a los dolientes.

La legislación sobre las enfermedades ganó inmediata resonancia y fue muy comentada por el Cuerpo Diplomático y por las Cancillerías de potencias amigas.

De acuerdo con esa memorable legislación, a los enfermos graves se les concedían veinticuatro horas para poner en orden sus papeles y morirse; pero

---

[13] complicada e irónica alusión a la Rockefeller Foundation de los Estados Unidos cuya misión era «promover el bienestar de la humanidad en todo el mundo» lo cual, para algunos hispanoamericanos, representa la interferencia imperialista y enriquecimiento extranjero a cuesta del trabajo y materia prima del continente

[14] oxímoron, «unión de dos términos de significado opuesto que, lejos de excluirse, se complementan para resaltar el mensaje que transmiten» —Demetrio Estébanez

Calderón, *Diccionario de términos literarios* (Madrid: Alianza Editorial, 1996), pág. 792.

[15] Al usar la frase «la Compañía», Monterroso establece una crítica general a cualquier negocio y alude a los tentáculos de su poder. «La Compañía» es también el nombre en español dado a la Central Intelligence Agency de los Estados Unidos.

[16] calurosa

[17] por... para no perder la costumbre

si en este tiempo tenían suerte y lograban contagiar a la familia, obtenían tantos plazos de un mes como parientes fueran contaminados. Las víctimas de enfermedades leves y los simplemente indispuestos merecían el desprecio de la patria y, en la calle, cualquiera podía escupirles el rostro. Por primera vez en la historia fue reconocida la importancia de los médicos (hubo varios candidatos al premio Nobel) que no curaban a nadie. Fallecer se convirtió en ejemplo del más exaltado patriotismo, no sólo en el orden nacional, sino en el más glorioso, en el continental.[18]

Con el empuje que alcanzaron otras industrias subsidiarias (la de ataúdes, en primer término, que floreció con la asistencia técnica de la Compañía) el país entró, como se dice, en un periodo de gran auge económico. Este impulso fue particularmente comprobable en una nueva veredita florida, por la que paseaban, envueltas en la melancolía de las doradas tardes de otoño, las señoras de los diputados, cuyas lindas cabecitas decían que sí, que sí, que todo estaba bien, cuando algún periodista solícito, desde el otro lado, las saludaba sonriente sacándose el sombrero.

Al margen recordaré que uno de estos periodistas, quien en cierta ocasión emitió un lluvioso estornudo que no pudo justificar, fue acusado de extremista y llevado al paredón de fusilamiento. Sólo después de su abnegado fin los académicos de la lengua reconocieron que ese periodista era una de las más grandes cabezas del país; pero una vez reducida quedó tan bien que ni siquiera se notaba la diferencia.

¿Y Mr. Taylor? Para ese tiempo ya había sido designado consejero particular del Presidente Constitucional. Ahora, y como ejemplo de lo que puede el esfuerzo individual, contaba los miles por miles; mas esto no le quitaba el sueño porque había leído en el último tomo de las *Obras completas* de William G. Knight que ser millonario no deshonra si no se desprecia a los pobres.[19]

Creo que con ésta será la segunda vez que diga que no todos los tiempos son buenos.[20]

Dada la prosperidad del negocio llegó un momento en que del vecindario sólo iban quedando ya las autoridades y sus señoras y los periodistas y sus señoras. Sin mucho esfuerzo, el cerebro de Mr. Taylor discurrió que el único remedio posible era fomentar la guerra con las tribus vecinas. ¿Por qué no? El progreso.

Con la ayuda de unos cañoncitos, la primera tribu fue limpiamente descabezada en escasos tres meses. Mr. Taylor saboreó la gloria de extender sus

---

[18] Con humor frecuentemente negro, los seis párrafos anteriores muestran la total y absurda degeneración de la sociedad.

[19] Nótese la sutileza con que Monterroso socava cualquier valor que tenga la obra del inexistente William G. Knight. Aparentemente

esas obras, apócrifas, se tratan de platitudes sobre las relaciones entre ricos y pobres.

[20] tipo de comentario muy frecuente en los cuentos de Monterroso, una manera de comunicarse directamente con los lectores y decirles: «Sé que Uds. están leyendo una ficción».

dominios. Luego vino la segunda; después la tercera y la cuarta y la quinta. El 155 progreso se extendió con tanta rapidez que llegó la hora en que, por más esfuerzos que realizaron los técnicos, no fue posible encontrar tribus vecinas a quienes hacer la guerra.

Fue el principio del fin.[21]

Las vereditas empezaron a languidecer. Sólo de vez en cuando se veía 160 transitar por ellas a alguna señora, a algún poeta laureado con su libro bajo el brazo. La maleza, de nuevo, se apoderó de las dos, haciendo difícil y espinoso el delicado paso de las damas. Con las cabezas, escasearon las bicicletas y casi desaparecieron del todo los alegres saludos optimistas.

El fabricante de ataúdes estaba más triste y fúnebre que nunca. Y todos 165 sentían como si acabaran de recordar de un grato sueño, de ese sueño formidable en que tú te encuentras una bolsa repleta de monedas de oro y la pones debajo de la almohada y sigues durmiendo y al día siguiente muy temprano, al despertar, la buscas y te hallas con el vacío.

Sin embargo, penosamente, el negocio seguía sosteniéndose. Pero ya se 170 dormía con dificultad, por el temor a amanecer exportado.

En la patria de Mr. Taylor, por supuesto, la demanda era cada vez mayor. Diariamente aparecían nuevos inventos, pero en el fondo nadie creía en ellos y todos exigían las cabecitas hispanoamericanas.

Fue para la última crisis. Mr. Rolston, desesperado, pedía y pedía más cabezas. 175 A pesar de que las acciones de la Compañía sufrieron un brusco descenso, Mr. Rolston estaba convencido de que su sobrino haría algo que lo sacara de aquella situación.

Los embarques, antes diarios, disminuyeron a uno por mes, ya con cualquier cosa, con cabezas de niño, de señoras, de diputados. 180

De repente cesaron del todo.

Un viernes áspero y gris, de vuelta de la Bolsa,[22] aturdido aún por la gritería y por el lamentable espectáculo de pánico que daban sus amigos, Mr. Rolston se decidió a saltar por la ventana (en vez de usar el revólver, cuyo ruido lo hubiera llenado de terror) cuando al abrir un paquete del correo se 185 encontró con la cabecita de Mr. Taylor, que le sonreía desde lejos, desde el fiero Amazonas, con una sonrisa falsa de niño que parecía decir: «Perdón, perdón, no lo vuelvo a hacer.»

---

[21] De aquí en adelante se acelera la narración para demostrar la (auto)destrucción de esta sociedad debido a la reducción de cabezas.

[22] Bolsa de Valores, lugar donde se opera con efectos públicos, se intercambian y cotizan los precios de acciones, bonos y lo afín (En los Estados Unidos este lugar se asocia con Wall Street.)

Después de leer

Comprensión

1. ¿Qué está haciendo el Mr. Taylor en América del Sur?
2. Describa por qué el Mr. Taylor es y no es el estadounidense típico.
3. ¿Quién es el Mr. Rolston?
4. ¿Qué tipo de sociedad concertaron Taylor y Rolston?
5. ¿Para qué se usa la veredita y cuál es su significado en el desarrollo del cuento?
6. ¿Por qué y cómo termina el negocio del Mr. Taylor?

Análisis

1. En «Míster Taylor», Monterroso cuestiona la noción del progreso. Explique brevemente si Ud. está de acuerdo o no con esta conclusión.
2. ¿Qué nos dice este cuento sobre las sociedades hispanoamericanas y estadounidenses?
3. Describa cómo se va construyendo todo un negocio en torno a las cabezas reducidas.
4. Explique los aspectos negativos del negocio de las cabezas reducidas.

Expansión

1. Piense en cómo Ud. elige un «grupo de estudio» y describa los criterios que emplea para pertenecer a ese grupo.
2. ¿Qué relación trata de mantener Ud. con sus profesores y compañeros de clase? ¿Cómo es la dinámica para las relaciones profesionales o personales en ese ambiente?
3. **OPTATIVO:** Compare la visión que se da del «mentor» (Rolston) en «Míster Taylor» con la que se da del «maestro» en «Obras completas».

Obras completas

Antes de leer

Temas para comentar antes de la lectura

1. Mientras Ud. lee este cuento, considere si la decisión de Feijoo de pertenecer al grupo de Fombona es forzada o si es el resultado de una elección propia y libre.
2. Explique si ha notado comportamientos similares en la institución donde Ud. estudia, y qué haría en una situación similar.

Palabras clave

1. la erudición
2. la parquedad
3. el rubor

4. pugnar
5. huraño/a
6. insondable

Obras completas

 Cuando cumplió cincuenta y cinco años, el profesor Fombona había consagrado cuarenta al resignado estudio de las más diversas literaturas, y los mejores círculos intelectuales lo consideraban autoridad de primer orden en una dilatada variedad de autores. Sus traducciones, monografías, prólogos y conferencias, sin ser lo que se llama 5 geniales (por lo menos eso dicen hasta sus enemigos) podrían constituir en caso dado una preciosa memoria de cuanto de valor se ha escrito en el mundo, máxime[1] si ese caso fuera, digamos, la destrucción de todas las bibliotecas existentes.

Su gloria como maestro de la juventud no era menor. El selecto grupo de 10 ávidos discípulos que comandaba, y con el que compartía una que otra hora por las tardes, veía en él un humanista de inagotable erudición y seguía sus indicaciones con fanatismo incondicional, del que el propio Fombona era el primero en asustarse: más de una vez había sentido el peso de esos destinos gravitando sobre su conciencia. 15

El último, Feijoo, apareció tímidamente. Un día, con cualquier pretexto, se atrevió a reunírseles en el café.*[2] Aceptado en principio por Fombona, más tarde se incorporó al grupo como todo buen neófito:[3] con cierto temor inocultable y sin participar mucho en las discusiones. Sin embargo, pasados algunos días y vencida en parte la timidez inicial, se decidió al fin a mostrarles 20 algunos versos. Le gustaba leerlos él mismo, acentuando con entonación molestamente escolar las partes que creía de mayor efecto. Después doblaba sus papelitos con serenidad nerviosa, los metía en su cartapacio y jamás volvía a hablar de ellos. Ante cualquier opinión, favorable o negativa, desarrollaba un silencio oprimido, molesto. Inútil consignar[4] que a Fombona esos trabajos no 25 le parecían buenos, pero adivinaba en el autor cierta fuerza poética oculta pugnando por salir.

---

* El Daysie's, en la calle de Versalles, cerca de Reforma.

---

[1] mayormente

[2] (en la nota de Monterroso) «Reforma» es una amplia avenida de México D.F.

[3] principiante

[4] manifestar por escrito

La inseguridad de Feijoo no podía escapar a la felina percepción de Fombona. Muchas veces lo pensó con detenimiento y estuvo a punto de decirle unas palabras de elogio (era obvio que Feijoo las necesitaba); pero una resistencia extraña que no llegó nunca a comprender, o que trataba por todos los medios de ocultarse, le impedían pronunciar esas palabras. Por el contrario, si algo se le ocurría era más bien una broma, cualquier agudeza[5] sobre los versos, que provocaba invariablemente la risa de todos. Decía que eso «descargaba la atmósfera» haciendo menos sensible su presencia de maestro; pero un acre remordimiento se apoderaba siempre de él inmediatamente después de aquellas salidas.[6] La parquedad[7] en el elogio era la virtud que cultivaba con más esmero. Sin duda porque él mismo, a la edad de Feijoo, se avergonzaba de escribir versos, y un rubor invencible —tanto más difícil de evitar cuanto más combatido— le subía al rostro si alguien encomiaba sus vacilantes composiciones. Aún ahora, cuando cuarenta años de tenaz ejercicio literario —traducciones, monografías, prólogos y conferencias— le deparaban una seguridad antes desconocida, rehuía todo género de alabanza, y los elogios de sus admiradores eran para él más bien una constante amenaza, algo que en secreto imploraba, pero que rechazaba siempre con un gesto huraño, o superior.

Con el tiempo los poemas de Feijoo empezaron a ser perceptiblemente mejores. Claro, ni Fombona ni su grupo se lo decían, pero en ausencia de Feijoo comentaban la posibilidad de que terminara por convertirse en un gran poeta. Sus progresos fueron finalmente tan notorios que el mismo Fombona se entusiasmó, y una tarde, como sin darse cuenta, le dijo que *a pesar de todo* sus versos encerraban no poca belleza. El rubor de Feijoo ante lo insólito de ese inesperado incienso[8] fue más visible y penoso que nunca. Evidentemente sufría por la exigencia futura que esas palabras implicaban: mientras Fombona guardó silencio no tenía nada que perder; ahora su obligación era superarse a cada nuevo intento para conservar el derecho a aquella generosa frase de aliento.

Desde entonces le fue cada vez más difícil mostrar sus trabajos. Por otra parte, a partir de ese momento el entusiasmo de Fombona se transformó en una discreta indiferencia que Feijoo no tuvo la capacidad de comprender. Un sentimiento de impotencia lo asaltó ya no sólo ante los demás, sino hasta a solas consigo mismo. Aquella alabanza de Fombona equivalía un poco a la gloria, y el riesgo de una censura fue algo que Feijoo no se sintió ya con

---

[5] comentario ingenioso

[6] aquellas... dichos agudos u ocurrencias

[7] moderación

[8] (figurativo) alabanza afectada para ganar la voluntad de alguien

fuerzas para afrontar. Pertenecía a esa clase de personas a quienes los elogios hacen daño.

En Daysie's el café no es muy bueno y últimamente lo contamina la televisión. Saltemos sobre la ingrata descripción de ese ambiente banal y no nos detengamos, pues no viene al caso, ni siquiera a ver los rostros llenos de vida de las adolescentes que pueblan las mesas, ni mucho menos a oír las conversaciones de los graves empleados de banco que en las tardes, a la hora del crepúsculo, gustan dialogar, llenos de la suave melancolía propia de su profesión, acerca de sus números y de las mujeres sutilmente perfumadas con que sueñan.[9]

Iturbe, Ríos y Montúfar charlaban sobre sus respectivas especialidades: Montúfar, Quintiliano;[10] Ríos, Lope de Vega;[11] Iturbe, Rodó.[12] Al calor de un café que la charla había dejado enfriar, Fombona, como un director de orquesta, señalaba a cada uno la nota apropiada, y extraía una y otra vez de su insondable saco gris (cruelmente injuriado por superpuestas manchas de origen poco misterioso) tarjetas con nuevos datos, por las cuales la posteridad estaría en aptitud de saber que hubo una coma que Rodó no puso, un verso que Lope encontró prácticamente en la calle, un giro que indignaba a Quintiliano. Brillaba en todos los ojos la alegría que esos aportes eruditos despiertan siempre en las personas de corazón sensible. Cartas de primordiales especialistas, envíos de amigos lejanos y hasta contribuciones de procedencia anónima, iban a acrecentar semana a semana el conocimiento exhaustivo de esos grandes hombres distantes en el tiempo y en la geografía. Esta variante, aquella simple errata descubierta en los textos, acrecentaban en el grupo la fe en la importancia de su trabajo, en la cultura, en el destino de la humanidad.

Feijoo, según su costumbre, llegó en silencio y se colocó de inmediato al margen de la conversación. Aparte de conocer bien a Lope de Vega (aunque conocer «bien» a Lope de Vega era algo que Fombona no creía posible), es improbable que supiera distinguir con claridad la diferencia precisa entre Quintiliano y Rodó. Resultaba fácil ver que se sentía molesto y como disminuido.

---

[9] Es irónico que el narrador, a pesar de mostrar conciencia de estar narrando y querer ir al grano, hace lo que dice que no es necesario hacer: describir.

[10] Marcus Fabius Quintilianus (ca. 35–99 d.C.), retórico nacido en España y profesor de oratoria en Roma desde el 68 d.C.)

[11] Félix Lope de Vega Carpio (1562–1635), probablemente el mayor dramaturgo y poeta lírico español (Cultivó exitosamente todos los géneros literarios de su época. Su primer biógrafo dice que el mítico Lope leía perfectamente latín y español a los 5 años.)

[12] José Enrique Rodó (1871–1917), prosista uruguayo del modernismo, figura esencial y fundacional del pensamiento hispanoamericano (Su *Ariel* [1900], proclama el idealismo de la juventud americana frente al crecimiento canibalesco de los Estados Unidos y opone el valor humanístico de la formación grecolatina al derrame del materialismo estadounidense.)

Fombona consideró propicio el momento. Como solía en esos casos, produjo un cargado silencio que se prolongó por varios minutos. Después, sonriendo un poco, dijo:

—Dígame, Feijoo, ¿recuerda aquella cita de Shakespeare que trae Unamuno en el capítulo III de *Del sentimiento trágico de la vida?*[13]

No; Feijoo no la recordaba.

—Búsquela; es interesante, puede servirle.

Tal como lo esperaba, al día siguiente Feijoo habló de aquella cita y de su torpe memoria.

Unamuno dejó de ser tema de conversación por algunos días. Y Quintiliano, Lope y Rodó tuvieron tiempo de crecer considerablemente.

Cuando ya Unamuno estaba olvidado por completo:

—Feijoo —dijo otra vez sonriendo Fombona—, usted que conoce tan bien a Unamuno, ¿recuerda cuál fue su primer libro traducido al francés?

Feijoo no lo recordaba muy bien.

El sábado y el domingo siguientes no se vieron. Pero el lunes Feijoo proporcionó ese dato, y la fecha, y el pie de imprenta.

Desde ese día inolvidable las conversaciones adquirieron un nuevo huésped efectivo: Feijoo. Ahora charlaban mucho mejor, y cierto atardecer desapacible,[14] en que la lluvia imprimía una vaga tristeza en los rostros de todos, Feijoo pronunció por primera vez, clara y distintamente, el nombre sagrado de Quintiliano. Feijoo, antigua pieza suelta en aquel armonioso sistema, había encontrado por fin su lugar preciso en el engranaje. Desde entonces los unió algo que antes no compartían: el afán de saber, de saber con precisión.

Fombona volvió a gozar el deleite de sentirse maestro, y un día y otro imprimió un nuevo signo en aquella dócil materia. ¡La indecisión de Feijoo encajaba tan fácilmente en la indecisión de Unamuno! El tema no fue escogido al azar. El campo era infinito. Unamuno filósofo, Unamuno novelista, Unamuno poeta, Kierkegaard y Unamuno, Unamuno y Heidegger y Sartre.[15] Un autor digno de que alguien le consagrara la vida entera, y él, Fombona, encauzando esa vida, haciéndola una prolongación de la suya. Imaginaba a

---

[13] Miguel de Unamuno y Jugo (1864–1936), polígrota y filósofo español (El clásico ensayo *Del sentimiento trágico de la vida* [1912] se anticipa al existencialismo en su visión de la vida como absurda y del ser humano como radicalmente solitario. El tercer capítulo es «El hambre de inmortalidad» y contiene dos citas de Shakespeare: «*To be or not to be*», de *Hamlet* y «*He wants nothing of a god but eternity*», de *Coriolanus*. En muchas de sus obras Monterroso activa la reacción y colaboración de los lectores con pistas falsas o inexactas. Borges hace lo mismo.)

[14] desagradable a los sentidos

[15] Soren Kierkegaard (1813–1855), Martin Heidegger (1889–1976) y Jean-Paul Sartre (1905–1980) forman un continuo respecto al existencialismo moderno: Kierkegaard fue recuperado por Heidegger y éste influyó a Sartre.

126   Augusto Monterroso

Feijoo en un mar de papeles y notas y pruebas de imprenta, libre de sus temores, de su horror a la creación. ¡Qué seguridad adquiriría! Cómo en adelante 125 aquel querido muchacho temeroso podría enfrentarse a quien fuera, y hablar de todo a través de Unamuno.[16] Y se vio a sí mismo, cuarenta años atrás, sufriendo avergonzado y solo por el verso que se negaba a salir, y que si salía era únicamente para producirle aquel rubor como fuego que nunca pudo explicarse. Pero de nuevo volvió la vieja duda a atormentarlo. Se preguntó otra vez si 130 sus traducciones, monografías, prólogos y conferencias —que constituirían, en caso dado, una preciosa memoria de cuanto de valor se había escrito en el mundo— bastarían a compensarlo de la primavera que sólo vio a través de otros y del verso que no se atrevió nunca a decir. La responsabilidad de un nuevo destino oprimía sus hombros. Y un como remordimiento, el viejo remor- 135 dimiento de siempre, vino a intranquilizar sus noches: Feijoo, Feijoo, muchacho querido, escápate, escápate de mí, de Unamuno; quiero ayudarte a escapar.

Cuando Marcel Bataillon[17] nos visitó hace unos meses, Fombona les propuso organizar una reunión para agasajarlo y hablar de sus libros.

En la pequeña fiesta Bataillon se interesó vivamente por los nuevos 140 poetas, por la investigación literaria, por la pintura, por todo. Como a las diez y media Fombona tomó a Feijoo por el brazo (creyó percibir una ligera resistencia que fue vencida más por la autoridad de su mirada sonriente que por la fuerza), se acercó al distinguido visitante y pronunció despacio, con calma:

—Maestro, quiero presentarle a Feijoo. Es especialista en Unamuno; pre- 145 para la edición crítica de sus *Obras completas*.

Feijoo le estrechó la mano y dijo dos o tres palabras que casi no se oyeron, pero que significaban que sí, que mucho gusto, mientras Fombona saludaba de lejos a alguien, o buscaba un cerillo, o algo.

---

[16] La lógica de Fombona es falsa, y las oraciones anteriores señalan el problema más grave de la relación: Fombona quiere que Feijoo sea como él, un parásito de los verdaderos creadores.

[17] (1895–1977) erudito historiador francés (Su *Érasme et l'Espagne* (1937) sigue siendo la más extensa y brillante interpretación de la historia intelectual y religiosa de la España del siglo XVI.)

Después de leer

Comprensión

1. ¿Qué fama tiene el profesor Fombona al principio del cuento?
2. ¿Cómo es Feijoo al principio del cuento?
3. ¿Cuál es la verdadera razón por la cual Fombona no elogia a Feijoo como se lo merece?

4. ¿Cómo actúa Fombona cuando otros reconocen el valor de Feijoo, y cómo cambia Feijoo?

5. ¿Quiénes son Iturbe, Ríos y Montúfar?

6. ¿Cuál es la verdadera razón por la cual Fombona quiere que Feijoo conozca a Bataillon?

Análisis

1. ¿Qué puede significar que al final del cuento Fombona se aleje de Feijoo y Bataillon, y que el narrador diga que Fombona buscaba «un cerillo, o algo»?

2. ¿Qué hechos nos demuestran la inseguridad de Fombona?

3. ¿Cuáles son las cosas que valen más para Fombona? ¿Son importantes o no?

4. Explique la indecisión de Feijoo respecto a dedicarse a la obra de Unamuno.

5. Comente la gravedad de no dedicarse a lo que a uno le gusta debido a la influencia de otros.

Expansión

1. Busque información sobre Unamuno en Germán Bleiberg y Julián Marías, *Diccionario de literatura española* (1972) y Ricardo Gullón, et al., ed. *Diccionario de literatura española e hispanoamericana* (1993). Explique por qué cree Ud. que Fombona escoge a Unamuno.

2. «Obras completas» se trata de la originalidad. Explique por qué.

3. Examine por qué se puede decir que cuando Feijoo deja la poesía, abandona la parte sentimental de su vida.

4. **OPTATIVO:** Algunos profesores creen que siempre tienen que dar una lección. Compare la que quiere enseñar Fombona y la que encontramos en «Lección de cocina» de Rosario Castellanos.

5. **OPTATIVO:** Compare la visión que se da de la función de la literatura en «Obras completas» con la de «El polvo del saber» de Ribeyro.

Rosario Castellanos

Su sutileza de percepción hacia la realidad de las mujeres a mediados del siglo XX hizo de ella una de las precursoras de las novelistas que vendrían los años siguientes. Nació en la Ciudad de México en 1925, estudió filosofía en la Universidad Nacional Autónoma de México y realizó cursos de posgrado sobre estética en la Universidad de Madrid. Fue profesora y promotora cultural, y entre 1971 y 1974 fue embajadora de México en Israel, donde murió en 1974. Obtuvo varios reconocimientos, entre otros el Premio Chiapas 1958, en 1961 el Premio Xavier Villaurrutia, y en 1962 el Premio Sor Juana Inés de la Cruz. Se desenvolvió en varios géneros, como el teatro y el ensayo, pero básicamente publicó cuatro libros de narrativa: los cuentos de *Ciudad Real* y *Los convidados de agosto,* y las novelas *Oficio de tinieblas* y *Balún Canán.* Su mirada literaria también tiene un gran interés por la historia, y así lo certifica su ensayo «La novela mexicana contemporánea y su valor testimonial», de 1966.

Desde muy joven fue admiradora de escritoras como Virginia Woolf, interesándose por combinar una reflexión social sobre el papel de la mujer en la cultura mexicana[1] con la exploración de técnicas narrativas novedosas que le permitieran dar voz a historias de mujeres que no la habían tenido. En este sentido es muy representativo su cuento «Lección de cocina», donde se puede percibir uno de los aspectos que más criticó a lo largo de su obra: el matrimonio en el sentido más tradicional del término. La exposición de su pensamiento sobre el matrimonio, entendido como institución que absorbe y

---

[1] Su tesis de maestría en la Universidad Nacional Autónoma de México fue «Sobre cultura femenina».

destruye a la mujer, se encuentra en su libro de ensayos, *Mujer que sabe latín*, título basado en el refrán popular que dice: «Mujer que sabe latín, ni tiene marido ni tiene buen fin». Además de esta preocupación por los derechos de la mujer, Rosario Castellanos tuvo una percepción creativa sobre el peso de la historia, tal como lo vemos reflejado en su cuento «La muerte del tigre».

Bibliografía mínima

Ahern, Maureen, y Mary Seale Vásquez, eds. *Homenaje a Rosario Castellanos*. Valencia: Albatros-Hispanófila Ediciones, 1980.

Bouchony, Claire Tron de. «Women in the Work of Rosario Castellanos: A Struggle for Identity». *Cultures* 8. 3 (1982): 66–82.

Carballo, Emmanuel. «Rosario Castellanos: la historia de sus libros contada por ella misma». In *Diecinueve protagonistas de la literatura mexicana del siglo XX*. México D.F.: Empresas Editoriales, 1965. 411–424.

Estrella, Jennifer. «La mujer se escribe a sí misma: ensayismo y ontología en Rosario Castellanos y Rosario Ferré». *Inti* 46–47 (1997–1998): 83–94.

Fiscal, María Rosa. «Identidad y lenguaje en los personajes femeninos de Rosario Castellanos». *Chasqui*: 14. 2–3 (1985): 25–35.

- - - . *La imagen de la mujer en la narrativa de Rosario Castellanos*. México D.F.: Universidad Nacional Autónoma de México, 1980.

Franco, María Estela. *Rosario Castellanos (1925–1974): Semblanza sicoanalítica*. México D.F.: Joaquín Mortiz, 1985.

Llamas, María del Refugio, ed. *A Rosario Castellanos: Sus amigos*. México D.F.: Año internacional de la Mujer / Programa de México, 1975.

Paley de Francescato, Martha. «Transgresión y aperturas en los cuentos de Rosario Castellanos». En Ahern y Vásquez, 115–120.

Poniatowska, Elena. «Rosario Castellanos». *¡Ay vida, no me mereces!* México D.F.: Joaquín Mortiz, 1985. 45–132.

Lección de cocina

Antes de leer

Temas para comentar antes de la lectura

1. ¿Cómo cambia la vida de una mujer y de un hombre cuando se casan? ¿Qué costumbres se adquieren y cuáles se pierden?

2. ¿Qué importancia tiene la cocina y el comer, y por lo general, a qué tipo de eventos, ceremonias o acontecimientos importantes están vinculados?

3. ¿Se han dado de la misma manera en los países hispanoamericanos que en el resto del mundo los cambios sociales a favor de las mujeres?

4. Compare la situación de las mujeres hispanoamericanas con la de las mujeres de este país.

5. Comente libros o películas que también hablen de la cocina.

Palabras clave

1. el/la afanador(a)
2. la albura
3. la charamusca
4. la propedéutica
5. el/la tarado/a

6. el/la viandante
7. acarrear
8. mancillar
9. ímprobo/a

Lección de cocina

LA COCINA RESPLANDECE DE BLANCURA. Es una lástima tener que mancillarla[1] con el uso. Habría que sentarse a contemplarla, a describirla, a cerrar los ojos, a evocarla. Fijándose bien esta nitidez, esta pulcritud carece del exceso deslumbrador que produce escalofríos en los sanatorios. ¿O es el halo de desinfectantes, los pasos de goma de las afanadoras,[2] la presencia oculta de la enfermedad y de la muerte? Qué me importa. Mi lugar está aquí. Desde el principio de los tiempos ha estado aquí. En el proverbio alemán la mujer es sinónimo de Küche, Kinder, Kirche.[3] Yo anduve extraviada en aulas, en calles, en oficinas, en cafés; desperdiciada en destrezas que ahora he de olvidar para adquirir otras. Por ejemplo, elegir el menú. ¿Cómo podría llevar al cabo labor tan ímproba[4] sin la colaboración de la sociedad, de la historia entera? En un estante especial, adecuado a mi estatura, se alinean mis espíritus protectores, esas aplaudidas equilibristas que concilian en las páginas de los recetarios las contradicciones más irreductibles: la esbeltez y la gula, el aspecto vistoso y la economía, la celeridad y la suculencia.[5] Con sus combinaciones infinitas: la esbeltez y la economía, la celeridad y el aspecto vistoso, la suculencia y... ¿Qué me aconseja usted para la comida de hoy, experimentada ama de casa, inspiración de las madres ausentes y presentes, voz de la tradición, secreto a voces de los supermercados? Abro un libro al azar y leo: «La cena de don Quijote.» Muy literario pero muy insatisfactorio. Porque don Quijote no tenía fama de gourmet sino de despistado. Aunque un análisis más a fondo del texto nos revela, etc., etc., etc. Uf. Ha corrido más tinta[6] en torno a esa figura que agua debajo de los puentes. «Pajaritos de centro de

---

[1] deslucirla

[2] encargadas de la limpieza en locales públicos

[3] Küche... términos alemanes que significan respectivamente **cocina, niños** e **iglesia;** ámbitos en los que debería desenvolverse la mujer desde un punto de vista tradicional

[4] difícil, excesivo

[5] sustantivo derivado del adjetivo **suculento/a:** rico/a, jugoso/a, provocativamente sabroso/a

[6] Ha... Se ha escrito mucho más

cara.» Esotérico. ¿La cara de quién? ¿Tiene un centro la cara de algo o de
25 alguien? Si lo tiene no ha de ser apetecible. «Bigos a la rumana.» Pero ¿a quién
supone usted que se está dirigiendo? Si yo supiera lo que es estragón[7] y ananá
no estaría consultando este libro porque sabría muchas otras cosas. Si tuviera
usted el mínimo sentido de la realidad debería, usted misma o cualquiera de
sus colegas, tomarse el trabajo de escribir un diccionario de términos técnicos,
30 redactar unos prolegómenos, idear una propedéutica[8] para hacer accesible al
profano el difícil arte culinario. Pero parten del supuesto de que todas estamos
en el ajo[9] y se limitan a enunciar. Yo, por lo menos, declaro solemnemente que
no estoy, que no he estado nunca ni en este ajo que ustedes comparten ni en
ningún otro. Jamás he entendido nada de nada. Pueden ustedes observar los
35 síntomas: me planto, hecha una imbécil, dentro de una cocina impecable y
neutra, con el delantal que usurpo para hacer un simulacro de eficiencia y del
que seré despojada vergonzosa pero justicieramente.

Abro el compartimiento del refrigerador que anuncia «carnes» y extraigo
un paquete irreconocible bajo su capa de hielo. La disuelvo en agua caliente y
40 se me revela el título sin el cual no habría identificado jamás su contenido: es
carne especial para asar. Magnífico. Un plato sencillo y sano. Como no representa la superación de ninguna antinomia ni el planteamiento de ninguna
aporía,[10] no se me antoja.

Y no es sólo el exceso de lógica el que me inhibe el hambre. Es también el
45 aspecto, rígido por el frío; es el color que se manifiesta ahora que he desbaratado el paquete. Rojo, como si estuviera a punto de echarse a sangrar.

Del mismo color teníamos la espalda, mi marido y yo después de las
orgiásticas asoleadas en las playas de Acapulco. Él podía darse el lujo de
«portarse como quien es» y tenderse boca abajo para que no le rozara la piel
50 dolorida. Pero yo, abnegada mujercita mexicana que nació como la paloma
para el nido, sonreía a semejanza de Cuauhtémoc en el suplicio cuando dijo
«mi lecho no es de rosas»[11] y se volvió a callar. Boca arriba soportaba no sólo
mi propio peso sino el de él encima del mío. La postura clásica para hacer el
amor. Y gemía, de desgarramiento, de placer. El gemido clásico. Mitos, mitos.
55 Lo mejor (para mis quemaduras, al menos) era cuando se quedaba dormido. Bajo la yema de mis dedos —no muy sensibles por el prolongado contacto con las teclas de la máquina de escribir— el nylon de mi camisón de
desposada resbalaba en un fraudulento esfuerzo por parecer encaje. Yo

---

[7] hierba aromática utilizada en la preparación
de comidas

[8] enseñanza preparatoria para acceder a una
disciplina

[9] el... la misma situación

[10] contradicción o dificultad lógica que aparece
en un razonamiento y que no se puede
superar

[11] mi... conocida respuesta que el cacique mexicano les dio a los conquistadores españoles
del siglo XVI sobre su encarcelamiento

juegueteaba con la punta de los botones y esos otros adornos que hacen parecer tan femenina a quien los usa, en la oscuridad de la alta noche. La albura[12] de mis ropas, deliberada, reiterativa, impúdicamente simbólica, quedaba abolida transitoriamente. Algún instante quizá alcanzó a consumar su significado bajo la luz y bajo la mirada de esos ojos que ahora están vencidos por la fatiga.

Unos párpados que se cierran y he aquí, de nuevo, el exilio. Una enorme extensión arenosa, sin otro desenlace que el mar cuyo movimiento propone la parálisis; sin otra invitación que la del acantilado al suicidio.

Pero es mentira. Yo no soy el sueño que sueña, que sueña, que sueña; yo no soy el reflejo de una imagen en un cristal; a mí no me aniquila la cerrazón de una conciencia o de toda conciencia posible. Yo continúo viviendo con una vida densa, viscosa,[13] turbia, aunque el que está a mi lado y el remoto, me ignoren, me olviden, me pospongan, me abandonen, me desamen.

Yo también soy una conciencia que puede clausurarse, desamparar a otro y exponerlo al aniquilamiento. Yo… La carne, bajo la rociadura de la sal, ha acallado el escándalo de su rojez y ahora me resulta más tolerable, más familiar. Es el trozo que vi mil veces, sin darme cuenta, cuando me asomaba, de prisa, a decirle a la cocinera que…

No nacimos juntos. Nuestro encuentro se debió a un azar ¿feliz? Es demasiado pronto aún para afirmarlo. Coincidimos en una exposición, en una conferencia, en un cine-club; tropezamos en un elevador; me cedió su asiento en el tranvía; un guardabosques interrumpió nuestra perpleja y, hasta entonces, paralela contemplación de la jirafa porque era hora de cerrar el zoológico. Alguien, él o yo, es igual, hizo la pregunta idiota pero indispensable: ¿usted trabaja o estudia? Armonía del interés y de las buenas intenciones, manifestación de propósitos «serios». Hace un año yo no tenía la menor idea de su existencia y ahora reposo junto a él con los muslos entrelazados, húmedos de sudor y de semen. Podría levantarme sin despertarlo, ir descalza hasta la regadera.[14] ¿Purificarme? No tengo asco. Prefiero creer que lo que me une a él es algo tan fácil de borrar como una secreción y no tan terrible como un sacramento.

Así que permanezco inmóvil, respirando rítmicamente para imitar el sosiego, puliendo mi insomnio, la única joya de soltera que he conservado y que estoy dispuesta a conservar hasta la muerte.

Bajo el breve diluvio de pimienta la carne parece haber encanecido.[15] Desvanezco este signo de vejez frotando como si quisiera traspasar la superficie e impregnar el espesor con las esencias. Porque perdí mi antiguo nombre y aún no me acostumbro al nuevo, que tampoco es mío. Cuando en el vestíbulo del hotel algún empleado me reclama yo permanezco sorda, con ese

---

[12] blancura, nitidez

[13] espesa

[14] americanismo por **ducha**

[15] envejecido (como si a la carne le hubieran aparecido canas)

vago malestar que es el preludio del reconocimiento. ¿Quién será la persona que no atiende a la llamada? Podría tratarse de algo urgente, grave, definitivo, de vida o muerte. El que llama se desespera, se va sin dejar ningún rastro,
100 ningún mensaje y anula la posibilidad de cualquier nuevo encuentro. ¿Es la angustia la que oprime mi corazón? No, es su mano la que oprime mi hombro. Y sus labios que sonríen con una burla benévola, más que de dueño, de taumaturgo.[16]

Y bien, acepto mientras nos encaminamos al bar (el hombro me arde, está
105 despellejándose) es verdad que en el contacto o colisión con él he sufrido una metamorfosis profunda: no sabía y sé, no sentía y siento, no era y soy.

Habrá que dejarla reposar así. Hasta que ascienda a la temperatura ambiente, hasta que se impregne de los sabores de que la he recubierto. Me da la impresión de que no he sabido calcular bien y de que he comprado un pedazo
110 excesivo para nosotros dos. Yo, por pereza, no soy carnívora. Él, por estética, guarda la línea.[17] ¡Va a sobrar casi todo! Sí, ya sé que no debo preocuparme: que alguna de las hadas que revolotean en torno mío va a acudir en mi auxilio y a explicarme cómo se aprovechan los desperdicios. Es un paso en falso de todos modos. No se inicia una vida conyugal de manera tan sórdida. Me temo
115 que no se inicie tampoco con un platillo tan anodino como la carne asada.

Gracias, murmuro, mientras me limpio los labios con la punta de la servilleta. Gracias por la copa transparente, por la aceituna sumergida. Gracias por haberme abierto la jaula de una rutina estéril para cerrarme la jaula de otra rutina que, según todos los propósitos y las posibilidades, ha de ser fecunda.[18]
120 Gracias por darme la oportunidad de lucir un traje largo y caudaloso, por ayudarme a avanzar en el interior del templo, exaltada por la música del órgano. Gracias por…

¿Cuánto tiempo se tomará para estar lista? Bueno, no debería de importarme demasiado porque hay que ponerla al fuego a última hora. Tarda muy
125 poco, dicen los manuales. ¿Cuánto es poco? ¿Quince minutos? ¿Diez? ¿Cinco? Naturalmente, el texto no especifica. Me supone una intuición que, según mi sexo, debo poseer pero que no poseo, un sentido sin el que nací que me permitiría advertir el momento preciso en que la carne está a punto.[19]

¿Y tú? ¿No tienes nada que agradecerme? Lo has puntualizado con una
130 solemnidad un poco pedante y con una precisión que acaso pretendía ser halagadora pero que me resultaba ofensiva: mi virginidad. Cuando la descubriste yo me sentí como el último dinosaurio en un planeta del que la especie había desaparecido. Ansiaba justificarme, explicar que si llegué hasta ti intacta no fue por virtud ni por orgullo ni por fealdad sino por apego a un estilo. No soy
135 barroca. La pequeña imperfección en la perla me es insoportable. No me

---

[16] persona que dice hacer o hace milagros

[17] guarda… cuida la dieta para no engordar

[18] fértil, reproductiva, capaz de procrear

[19] a… lista para comer

queda entonces más alternativa que el neoclásico y su rigidez es incompatible con la espontaneidad para hacer el amor.[20] Yo carezco de la soltura del que rema, del que juega al tenis, del que se desliza bailando. No practico ningún deporte. Cumplo un rito y el ademán de entrega se me petrifica en un gesto estatuario.[21]

¿Acechas mi tránsito a la fluidez, lo esperas, lo necesitas? ¿O te basta este hieratismo[22] que te sacraliza y que tú interpretas como la pasividad que corresponde a mi naturaleza? Y si a la tuya corresponde ser voluble te tranquilizará pensar que no estorbaré tus aventuras. No será indispensable —gracias a mi temperamento— que me cebes,[23] que me ates de pies y manos con los hijos, que me amordaces con la miel espesa de la resignación. Yo permaneceré como permanezco. Quieta. Cuando dejas caer tu cuerpo sobre el mío siento que me cubre una lápida, llena de inscripciones, de nombres ajenos, de fechas memorables. Gimes inarticuladamente y quisiera susurrarte al oído mi nombre para que recuerdes quién es a la que posees.

Soy yo. ¿Pero quién soy yo? Tu esposa, claro. Y ese título basta para distinguirme de los recuerdos del pasado, de los proyectos para el porvenir. Llevo una marca de propiedad y no obstante me miras con desconfianza. No estoy tejiendo una red para prenderte. No soy una mantis religiosa.[24] Te agradezco que creas en semejante hipótesis. Pero es falsa.

Esta carne tiene una dureza y una consistencia que no caracterizan a las reses. Ha de ser de mamut. De esos que se han conservado, desde la prehistoria, en los hielos de Siberia y que los campesinos descongelan y sazonan para la comida. En el aburridísimo documental que exhibieron en la Embajada, tan lleno de detalles superfluos, no se hacía la menor alusión al tiempo que dedicaban a volverlos comestibles. Años, meses. Y yo tengo a mi disposición un plazo de...

¿Es la alondra? ¿Es el ruiseñor? No, nuestro horario no va a regirse por tan aladas criaturas como las que avisaban el advenimiento de la aurora a Romeo y Julieta sino por un estentóreo e inequívoco despertador. Y tú no bajarás al día por la escala de mis trenzas[25] sino por los pasos de una querella

---

[20] La autora juega con los orígenes y atribuciones de estilos artísticos: barroco (perla imperfecta, del portugués) y neoclásico (intento de perfeccionamiento, de lo clásico grecorromano)

[21] de estatua, rígido

[22] cualidad de ser hierático/a: aquello que es muy solemne, de estilos y ademanes muy formales y serios

[23] cebar: acto de engordar a un animal para luego sacrificarlo

[24] mantis... insecto verde que atrapa y consume al macho de su especie al terminar el acto sexual

[25] referencia al cuento clásico de Rapunzel, en el que la protagonista, encerrada en lo alto de una torre, extiende las trenzas de su cabello para que le sirvan de cuerda al héroe que la va a rescatar

minuciosa: se te ha desprendido un botón del saco, el pan está quemado, el café frío.

Yo rumiaré, en silencio, mi rencor. Se me atribuyen las responsabilidades y
170 las tareas de una criada para todo. He de mantener la casa impecable, la ropa lista, el ritmo de la alimentación infalible. Pero no se me paga ningún sueldo, no se me concede un día libre a la semana, no puedo cambiar de amo. Debo, por otra parte, contribuir al sostenimiento del hogar y he de desempeñar con eficacia un trabajo en el que el jefe exige y los compañeros conspiran y los
175 subordinados odian. En mis ratos de ocio me transformo en una dama de sociedad que ofrece comidas y cenas a los amigos de su marido, que asiste a reuniones, que se abona a la ópera, que controla su peso, que renueva su guardarropa, que cuida la lozanía[26] de su cutis, que se conserva atractiva, que está al tanto de los chismes, que se desvela y que madruga, que corre el riesgo
180 mensual de la maternidad, que cree en las juntas nocturnas de ejecutivos, en los viajes de negocios y en la llegada de clientes imprevistos; que padece alucinaciones olfativas cuando percibe la emanación de perfumes franceses (diferentes de los que ella usa) de las camisas, de los pañuelos de su marido; que en sus noches solitarias se niega a pensar por qué o para qué tantos afa-
185 nes y se prepara una bebida bien cargada y lee una novela policiaca con ese ánimo frágil de los convalescientes.

¿No sería oportuno prender la estufa? Una lumbre muy baja para que se vaya calentando, poco a poco, el asador «que previamente ha de untarse con un poco de grasa para que la carne no se pegue». Eso se me ocurre hasta a mí,
190 no había necesidad de gastar en esas recomendaciones las páginas de un libro.

Y yo, soy muy torpe. Ahora se llama torpeza; antes se llamaba inocencia y te encantaba. Pero a mí no me ha encantado nunca. De soltera leía cosas a escondidas. Sudando de emoción y de vergüenza. Nunca me enteré de nada.
195 Me latían las sienes,[27] se me nublaban los ojos, se me contraían los músculos en un espasmo de náusea.

El aceite está empezando a hervir. Se me pasó la mano, manirrota, y ahora chisporrotea y salta y me quema. Así voy a quemarme yo en los apretados infiernos por mi culpa, por mi culpa, por mi grandísima culpa.[28] Pero, niñita, tú
200 no eres la única. Todas tus compañeras de colegio hacen lo mismo, o cosas peores, se acusan en el confesionario, cumplen la penitencia, las perdonan y reinciden. Todas. Si yo hubiera seguido frecuentándolas me sujetarían ahora a un interrogatorio. Las casadas para cerciorarse, las solteras para averiguar hasta dónde pueden aventurarse. Imposible defraudarlas. Yo inventaría acrobacias,

---

[26] frescura y juventud

[27] partes del rostro, ubicadas a los costados externos de los ojos

[28] por... alusión a una oración de los fieles católicos con la cual admiten sus pecados y le piden perdón por ellos a Dios

desfallecimientos sublimes, transportes como se les llama en *Las mil y una* 205
noches, récords. ¡Si me oyeras entonces no te reconocerías, Casanova[29]!

Dejo caer la carne sobre la plancha e instintivamente retrocedo hasta la pared. ¡Qué estrépito! Ahora ha cesado. La carne yace silenciosamente, fiel a su condición de cadáver. Sigo creyendo que es demasiado grande.

Y no es que me hayas defraudado. Yo no esperaba, es cierto, nada en 210 particular. Poco a poco iremos revelándonos mutuamente, descubriendo nuestros secretos, nuestros pequeños trucos, aprendiendo a complacernos. Y un día tú y yo seremos una pareja de amantes perfectos y entonces, en la mitad de un abrazo, nos desvaneceremos y aparecerá en la pantalla la palabra «fin». 215

¿Qué pasa? La carne se está encogiendo. No, no me hago ilusiones, no me equivoco. Se puede ver la marca de su tamaño original por el contorno que dibujó en la plancha. Era un poco más grande. ¡Qué bueno! Ojalá quede a la medida de nuestro apetito.

Para la siguiente película me gustaría que me encargaran otro papel. 220 ¿Bruja blanca en una aldea salvaje? No, hoy no me siento inclinada ni al heroísmo ni al peligro. Más bien mujer famosa (diseñadora de modas o algo así), independiente y rica que vive sola en un apartamento en Nueva York, París o Londres. Sus «affaires» ocasionales la divierten pero no la alteran. No es sentimental. Después de una escena de ruptura enciende un cigarrillo y contempla 225 el paisaje urbano al través de los grandes ventanales de su estudio.

Ah, el color de la carne es ahora mucho más decente. Sólo en algunos puntos se obstina en recordar su crudeza. Pero lo demás es dorado y exhala un aroma delicioso. ¿Irá a ser suficiente para los dos? La estoy viendo muy pequeña. 230

Si ahora mismo me arreglara, estrenara uno de esos modelos que forman parte de mi trousseau[30] y saliera a la calle ¿qué sucedería, eh? A la mejor me abordaba un hombre maduro, con automóvil y todo. Maduro. Retirado. El único que a estas horas puede darse el lujo de andar de cacería.

¿Qué rayos pasa? Esta maldita carne está empezando a soltar un humo 235 negro y horrible. ¡Tenía yo que haberle dado vuelta! Quemada de un lado. Menos mal que tiene dos.

Señorita, si usted me permitiera... ¡Señora! Y le advierto que mi marido es muy celoso... Entonces no debería dejarla andar sola. Es usted una tentación para cualquier viandante.[31] Nadie en el mundo dice viandante. ¿Transeúnte? 240

---

[29] personaje histórico italiano cuyo nombre se utiliza como sinónimo de seductor o donjuán

[30] palabra francesa por **(el) ajuar:** conjunto de ropa, alhajas, que la mujer lleva al matrimonio

[31] término formal y poco usado para referirse al que camina por la calle

Sólo los periódicos cuando hablan de los atropellados. Es usted una tentación para cualquier x. Silencio. Sig-ni-fi-ca-ti-vo. Miradas de esfinge. El hombre maduro me sigue a prudente distancia. Más le vale. Más me vale a mí porque en la esquina ¡zas! Mi marido, que me espía, que no me deja ni a sol ni a sombra, que

245 sospecha de todo y de todos, señor juez. Que así no es posible vivir, que yo quiero divorciarme.

¿Y ahora qué? A esta carne su mamá no le enseñó que era carne y que debería de comportarse con conducta. Se enrosca igual que una charamusca.[32] Además yo no sé de dónde puede seguir sacando tanto humo si ya

250 apagué la estufa hace siglos. Claro, claro, doctora Corazón.[33] Lo que procede ahora es abrir la ventana, conectar el purificador de aire para que no huela a nada cuando venga mi marido. Y yo saldría muy mona[34] a recibirlo a la puerta, con mi mejor vestido, mi mejor sonrisa y mi más cordial invitación a comer fuera.

255 Es una posibilidad. Nosotros examinaríamos la carta del restaurante mientras un miserable pedazo de carne carbonizada, yacería, oculta, en el fondo del bote de la basura. Yo me cuidaría mucho de no mencionar el incidente y sería considerada como una esposa un poco irresponsable, con proclividades a la frivolidad pero no como una tarada.[35] Ésta es la primera imagen pública que

260 proyecto y he de mantenerme después consecuente con ella, aunque sea inexacta.

Hay otra posibilidad. No abrir la ventana, no conectar el purificador de aire, no tirar la carne a la basura. Y cuando venga mi marido dejar que olfatee, como los ogros de los cuentos, y diga que aquí huele, no a carne humana, sino

265 a mujer inútil. Yo exageraré mi compunción[36] para incitarlo a la magnanimidad. Después de todo, lo ocurrido ¡es tan normal! ¿A qué recién casada no le pasa lo que a mí acaba de pasarme? Cuando vayamos a visitar a mi suegra, ella, que todavía está en la etapa de no agredirme porque no conoce aún cuáles son mis puntos débiles, me relatará sus propias experiencias. Aquella vez,

270 por ejemplo, que su marido le pidió un par de huevos estrellados y ella tomó la frase al pie de la letra y… ja, ja, ja. ¿Fue eso un obstáculo para que llegara a convertirse en una viuda fabulosa, digo, en una cocinera fabulosa? Porque lo de la viudez sobrevino mucho más tarde y por otras causas. A partir de entonces ella dio rienda suelta a sus instintos maternales y echó a perder con

275 sus mimos…

---

[32] confitura mexicana con forma de tirabuzón

[33] doctora… frase coloquial que se usa para designar a aquella persona que se hace pasar como experta en dar consejos sentimentales

[34] bonita, coqueta

[35] término despectivo que se usa para referirse a una persona que padece algún tipo de tara psíquica

[36] sentimiento o dolor de haber cometido un pecado

No, no le va a hacer la menor gracia. Va a decir que me distraje, que es el colmo del descuido. Y, sí, por condescendencia yo voy a aceptar sus acusaciones.

Pero no es verdad, no es verdad. Yo estuve todo el tiempo pendiente de la carne, fijándome en que le sucedían una serie de cosas rarísimas. Con razón Santa Teresa decía que Dios anda en los pucheros.[37] O la materia que es ener- gía o como se llame ahora.

Recapitulemos. Aparece, primero el trozo de carne con un color, una forma, un tamaño. Luego cambia y se pone más bonita y se siente una muy contenta. Luego vuelve a cambiar y ya no está tan bonita. Y sigue cambiando y cambiando y cambiando y lo que uno no atina es cuándo pararle el alto. Porque si yo dejo este trozo de carne indefinidamente expuesto al fuego, se consume hasta que no queden ni rastros de él. Y el trozo de carne que daba la impresión de ser algo tan sólido, tan real, ya no existe.

¿Entonces? Mi marido también da la impresión de solidez y de realidad cuando estamos juntos, cuando lo toco, cuando lo veo. Seguramente cambia, y cambio yo también, aunque de manera tan lenta, tan morosa que ninguno de los dos lo advierte. Después se va y bruscamente se convierte en recuerdo y… Ah, no, no voy a caer en esa trampa: la del personaje inventado y el narra- dor inventado y la anécdota inventada. Además, no es la consecuencia que se deriva lícitamente[38] del episodio de la carne.

La carne no ha dejado de existir. Ha sufrido una serie de metamorfosis. Y el hecho de que cese de ser perceptible para los sentidos no significa que se haya concluido el ciclo sino que ha dado el salto cualitativo.[39] Continuará ope- rando en otros niveles. En el de mi conciencia, en el de mi memoria, en el de mi voluntad, modificándome, determinándome, estableciendo la dirección de mi futuro.

Yo seré, de hoy en adelante, lo que elija en este momento. Seductora- mente aturdida, profundamente reservada, hipócrita. Yo impondré, desde el principio, y con un poco de impertinencia, las reglas del juego. Mi marido re- sentirá la impronta de mi dominio que irá dilatándose, como los círculos en la superficie del agua sobre la que se ha arrojado una piedra. Forcejeará por pre- valecer y si cede yo le corresponderé con el desprecio y si no cede yo no seré capaz de perdonarlo.

Si asumo la otra actitud, si soy el caso típico, la femineidad que solicita in- dulgencia para sus errores, la balanza se inclinará a favor de mi antagonista y yo

---

[37] referencia a Santa Teresa de Ávila (1515–1582) quien expresó: «Entended, que si es en la cocina, entre los pucheros anda el Señor.» (Habría que vincularlo con Sor Juana Inés de la Cruz (1651–1695) quien hizo hincapié en todo aquello que la mujer puede aprender en la cocina.)

[38] válidamente

[39] salto… expresión que se utiliza para dar entender que algo ha cambiado de manera sustancial y definitiva a como era antes

participaré en la competencia con un handicap[40] que, aparentemente, me destina a la derrota y que, en el fondo, me garantiza el triunfo por la sinuosa vía que recorrieron mis antepasadas, las humildes, las que no abrían los labios sino para asentir, y lograron la obediencia ajena hasta al más irracional de sus caprichos. La receta, pues, es vieja y su eficacia está comprobada. Si todavía lo dudo me basta preguntar a la más próxima de mis vecinas. Ella confirmará mi certidumbre.

Sólo que me repugna actuar así. Esta definición no me es aplicable y tampoco la anterior, ninguna corresponde a mi verdad interna, ninguna salvaguarda mi autenticidad. ¿He de acogerme a cualquiera de ellas y ceñirme a sus términos sólo porque es un lugar común aceptado por la mayoría y comprensible para todos? Y no es que yo sea una «rara avis». De mí se puede decir lo que Pfandl[41] dijo de Sor Juana: que pertenezco a la clase de neuróticos cavilosos. El diagnóstico es muy fácil ¿pero qué consecuencias acarrearía[42] asumirlo?

Si insisto en afirmar mi versión de los hechos mi marido va a mirarme con suspicacia, va a sentirse incómodo en mi compañía y va a vivir en la continua expectativa de que se me declare la locura.

Nuestra convivencia no podrá ser más problemática. Y él no quiere conflictos de ninguna índole. Menos aún conflictos tan abstractos, tan absurdos, tan metafísicos como los que yo le plantearía. Su hogar es el remanso de paz[43] en que se refugia de las tempestades de la vida. De acuerdo. Yo lo acepté al casarme y estaba dispuesta a llegar hasta el sacrificio en aras de[44] la armonía conyugal. Pero yo contaba con que el sacrificio, el renunciamiento completo a lo que soy, no se me demandaría más que en la Ocasión Sublime, en la Hora de las Grandes Resoluciones, en el Momento de la Decisión Definitiva. No con lo que me he topado hoy que es algo muy insignificante, muy ridículo. Y sin embargo…

---

[40] anglicismo utilizado con el mismo sentido que lleva en inglés: defecto o limitación

[41] Ludwig Pfandl fue uno de los tempranos intérpretes de la poeta Sor Juana y su obra, y el primero en tratar de construir una visión psicológica de la personalidad de la autora.

[42] llevaría consigo

[43] remanso… lugar tranquilo

[44] en… para lograr

Después de leer

Comprensión

1. ¿Quién está contando la historia? ¿Por qué cree Ud. que no se menciona su nombre, como tampoco el de los otros protagonistas?

2. ¿A quién se le cuenta la historia? Revise y señale todas aquellas partes en las que la narradora parece dirigirse a alguien determinado.

3. ¿Cuáles son las dos historias paralelas que se relatan en este cuento?

4. ¿Cuál es la actitud de la protagonista frente a su cocina? ¿Y puede esta cocina explicar la situación de la protagonista por el estado en el que se encuentra?

5. Subraye todos los momentos en los que se hace una crítica específica a la situación de la mujer en el matrimonio.

Análisis

1. Considere cómo ese incidente en la cocina, el de la carne quemada que se echa a la basura al final, pueda representar un paralelo de exclusión de la mujer casada que cumple o no cumple con las expectativas que se tienen de ella.

2. La narradora, aunque expone sus problemas y deseos, y tiene muy clara su situación, no parece del todo segura de la decisión de cambiar su papel de mujer casada. ¿Qué teme perder?

3. Este cuento no tiene una trama habitual, sino una exposición detallada de ciertas reflexiones generales. Sin embargo, tiene una historia mínima que hace viable el cuento. ¿Cuál sería?

Expansión

1. Revise partes de otros libros en donde la cocina y la mujer tienen un papel destacado: *Como agua para chocolate,* de Laura Esquivel, o *Afrodita,* de Isabel Allende.

2. Explique lo que Ud. sabe de la legislación social sobre la situación laboral de las mujeres que trabajan en casa y se dedican a labores domésticas.

La muerte del tigre

Antes de leer

Temas para comentar antes de la lectura

1. Converse sobre pequeños grupos étnicos de los cuales tenga noticia y de los cuales tenga presente la evolución que han tenido y su situación en la actualidad.

2. Tenga en consideración qué elementos parecidos o diferentes se pueden presentar entre lo que cuenta la historia empírica y «real» y un relato de ficción.

3. ¿Hay sólo un héroe en un relato o es posible que haya muchos más? ¿Cambia mucho un relato cuando hay más de un protagonista?

Palabras clave

La muerte del tigre

 LA COMUNIDAD DE LOS BOLOMETIC ESTABA INTEGRADA por familias de un mismo linaje. Su espíritu protector, su *waigel,* era el tigre, cuyo nombre fueron dignos de ostentar por su bravura y por su audacia.

5 Después de las peregrinaciones inmemoriales (huyendo de la costa, del mar y su tentación suicida), los hombres de aquella estirpe vinieron a establecerse en la región montañosa de Chiapas,[1] en un valle rico de prados, arboleda y aguajes.[2] Allí la prosperidad les alzó la frente, los hizo de ánimo soberbio y rapaz. Con frecuencia los Bolometic descendían a cebarse[3] en las posesiones
10 de las tribus próximas.

Cuando la llegada de los blancos, de los *caxlanes,* el ardor belicoso de los Bolometic se lanzó a la batalla con un ímpetu que —al estrellarse contra el hierro invasor— vino a caer desmoronado. Peor que vencidos, estupefactos, los Bolometic resintieron en su propia carne el rigor de la derrota que antes
15 jamás habían padecido. Fueron despojados, sujetos a cárcel, a esclavitud. Los que lograron huir (la ruindad de su condición les sopló al oído este proyecto, los hizo invisibles a la saña de sus perseguidores para llevarlo al cabo), buscaron refugio en las estribaciones del cerro. Allí se detuvieron a recontar lo que se había rescatado de la catástrofe. Allí iniciaron una vida precaria en la que el
20 recuerdo de las pasadas grandezas fue esfumándose, en la que su historia se convirtió en un manso rescoldo[4] que ninguno era capaz de avivar.

---

[1] estado mexicano poblado mayoritariamente por indígenas, conocido desde la época de la conquista española por su resistencia a extranjeros (Hoy es famoso por el levantamiento del Ejército Zapatista de Liberación Nacional y sus discusiones con el gobierno mexicano.)

[2] aguadero, lugar donde suelen beber los animales silvestres

[3] comer hasta hartarse (aquí utilizado de manera despectiva)

[4] resentimiento, recelo

De cuando en cuando los hombres más valientes bajaban a los parajes vecinos para trocar[5] los productos de sus cosechas, para visitar los santuarios, solicitando a las potencias superiores que cesaran de atormentar a su *waigel*, al tigre, que los brujos oían rugir, herido, en la espesura de los montes. Los Bolometic eran generosos para las ofrendas. Y sin embargo sus ruegos no podían ser atendidos. El tigre aún debía recibir muchas heridas más.

Porque la codicia de los *caxlanes* no se aplaca ni con la predación[6] ni con los tributos. No duerme. Vela en ellos, en sus hijos, en los hijos de sus hijos. Y los *caxlanes* avanzaban, despiertos, hollando la tierra con los férreos cascos de sus caballos, derramando, en todo el alrededor, su mirada de gavilán;[7] chasqueando[8] nerviosamente su látigo.

Los Bolometic vieron que se aproximaba la amenaza y no corrieron, como antes, a aprestar un arma que ya no tenían el coraje de esgrimir. Se agruparon, temblorosos de miedo, a examinar su conducta, como si estuvieran a punto de comparecer ante un tribunal exigente y sin apelación. No iban a defenderse, ¿cómo? si habían olvidado el arte de guerrear y no habían aprendido el de argüir.[9] Iban a humillarse. Pero el corazón del hombre blanco, del ladino, está hecho de una materia que no se ablanda con las súplicas. Y la clemencia luce bien como el morrión[10] que adorna un yelmo[11] de capitán, no como la arenilla que mancha los escritos del amanuense.

—En este papel que habla se consigna la verdad. Y la verdad es que todo este rumbo, con sus laderas buenas para sembrar trigo, con sus pinares que han de talarse para abastecimiento de leña y carbón, con sus ríos que moverán molinos, es propiedad de don Diego Mijangos y Orantes, quien probó su descendencia directa de aquel otro don Diego Mijangos, conquistador, y de los Mijangos que sobrevinieron después, encomenderos.[12] Así es que tú, Sebastián Gómez Escopeta, y tú, Lorenzo Pérez Diezmo, y tú, Juan Domínguez Ventana, o como te llames, estás sobrando, estás usurpando un lugar que no te pertenece y es un delito que la ley persigue. Vamos, vamos, chamulas.[13] Fuera de aquí.

Los siglos de sumisión habían deformado aquella raza. Con prontitud abatieron el rostro en un signo de acatamiento; con docilidad mostraron la

---

[5] cambiar una cosa por otra

[6] acción de saquear

[7] ave rapaz de mirada tan poderosa como el águila

[8] chasquear: hacer un sonido corto e intenso que se produce por un roce o golpe rápido entre dos objetos

[9] argumentar o dar razones para sustentar un punto de vista

[10] armadura de la parte superior de la cabeza

[11] armadura militar para defenderse de golpes

[12] encargados de cobrar los tributos de una determinada región o pueblo (encomienda)

[13] originarios del poblado de San Juan Chamula, México

espalda en la fuga. Las mujeres iban adelante, cargando los niños y los enseres
55 más indispensables. Los ancianos, con la lentitud de sus pies, las seguían. Y
atrás, para proteger la emigración, los hombres.

Jornadas duras, sin meta. Abandonando este sitio por hostil y el otro para
no disputárselo a sus dueños. Escasearon los víveres y las provisiones. Aquéllos
en quienes más cruelmente mordía la necesidad se atrevieron al merodeo
60 nocturno, cerca de las milpas,[14] y aprovechaban la oscuridad para apoderarse
de una mazorca en sazón, de la hoja de algunas legumbres. Pero los perros
husmeaban la presencia del extraño y ladraban su delación. Los guardianes
venían blandiendo un machete y suscitaban tal escándalo que el intruso,
aterrorizado, escapaba. Allá iba, famélico,[15] furtivo, con el largo pelo hirsuto y
65 la ropa hecha jirones.

La miseria diezmó a la tribu. Mal guarecida de las intemperies, el frío le
echó su vaho[16] letal y fue amortajándola en una neblina blancuzca, espesa.
Primero a los niños, que morían sin comprender por qué, con los puñezuelos
bien apretados como para guardar la última brizna[17] de calor. Morían los vie-
70 jos, acurrucados junto a las cenizas del rescoldo, sin una queja. Las mujeres se
escondían para morir, con un último gesto de pudor, igual que en los tiempos
felices se habían escondido para dar a luz.

Éstos fueron los que quedaron atrás, los que ya no alcanzarían a ver su
nueva patria. El paraje se instaló en un terraplén alto, tan alto, que partía en
75 dos el corazón del *caxlán* aunque es tan duro. Batido de ráfagas enemigas;
pobre; desdeñado hasta por la vegetación más rastrera y vil, la tierra mostraba
la esterilidad de su entraña en grietas profundas. Y el agua, de mala índole,
quedaba lejos.

Algunos robaron ovejas preñadas y las pastorearon a hurtadillas. Las mu-
80 jeres armaban el telar, aguardando el primer esquileo.[18] Otros roturaban la
tierra, esta tierra indócil, avara; los demás emprendían viajes para solicitar, en
los sitios consagrados a la adoración, la benevolencia divina.

Pero los años llegaban ceñudos[19] y el hambre andaba suelta, de casa en
casa, tocando a todas las puertas con su mano huesuda.

85 Los varones, reunidos en deliberación, decidieron partir. Las esposas re-
nunciaron al último bocado para no entregarles vacía la red del bastimento. Y
en la encrucijada donde se apartan los caminos se dijeron adiós.

Andar. Andar. Los Bolometic no descansaban en la noche. Sus antorchas
se veían, viboreando entre la negrura de los cerros.

---

[14] terrenos sembrados de maíz

[15] hambriento

[16] vapor

[17] resto insignificante

[18] acción de cortar el pelo o la lana de ganado y otros animales

[19] incomprensiblemente duros

Llegaron a Ciudad Real,[20] acezantes. Pegajosa de sudor la ropa desga- 90
rrada; las costras de lodo, secas ya de muchos días, se les iban resquebrajando
lentamente, dejando al descubierto sus pantorrillas desnudas.

En Ciudad Real los hombres ya no viven según su capricho o su servidumbre a la necesidad. En el trazo de este pueblo de *caxlanes* predominó la inteli-
gencia. Geométricamente se entrecruzan las calles. Las casas son de una 95
misma estatura, de un homogéneo estilo. Algunas ostentan en sus fachadas
escudos nobiliarios. Sus dueños son los descendientes de aquellos hombres
aguerridos (los conquistadores, los primeros colonizadores), cuyas hazañas
resuenan aún comunicando una vibración heroica a ciertos apellidos: Marín,
De la Tovilla, Mazariegos. 100

Durante los siglos de la Colonia y los primeros lustros de la Independencia,
Ciudad Real fue asiento de la gubernatura de la provincia. Detentó la opulencia y la abundancia del comercio; irradió el foco de la cultura. Pero sólo permaneció siendo la sede de una elevada jerarquía eclesiástica: el Obispado.

Porque ya el esplendor de Ciudad Real, pertenecía a la memoria. La ruina 105
le comió primero las entrañas. Gente sin audacia y sin iniciativa, pagada de sus
blasones, sumida en la contemplación de su pasado, soltó el bastón del poder
político, abandonó las riendas de las empresas mercantiles, cerró el libro de las
disciplinas intelectuales. Cercada por un estrecho anillo de comunidades indígenas, sordamente enemigas, Ciudad Real mantuvo siempre con ellas una re- 110
lación presidida por la injusticia. A la rapiña sistemática correspondía un
estado latente de protesta que había culminado varias veces en cruentas su-
blevaciones. Y cada vez Ciudad Real fue menos capaz de aplacarlas por sí
misma. Pueblos vecinos —Comitán y Tuxtla, Chiapa de Corzo— vinieron en
auxilio suyo. Hacia ellos emigró la riqueza, la fama, el mando. Ciudad Real no 115
era ya más que un presuntuoso y vacío cascarón, un espantajo[21] eficaz tan
sólo para el alma de los indios, tercamente apegada al terror.

Los Bolometic atravesaron las primeras calles entre la tácita desaproba-
ción de los transeúntes que esquivaban, con remilgados gestos, el roce con
aquella ofensiva miseria. 120

Los indios examinaban, incomprensiva, insistente y curiosamente, el espectáculo que se ofrecía a su mirada. Las macizas construcciones de los tem-
plos los abrumaron como si estuvieran obligados a sostenerlas sobre sus
lomos. La esquisitez de los ornamentos —algunas rejas de hierro, el labrado
minucioso de algunas piedras— les movían el deseo de aplastarlas. Reían ante 125
la repentina aparición de objetos cuyo uso no acertaban a suponer: abanicos,

---

[20] *Ciudad Real* es el nombre de la colección en que se incluye este cuento, como una alusión a cómo los españoles honraban a los reyes al añadir «real» a caminos, lugares, etcétera.

Naturalmente, la percepción era diferente para los indígenas.

[21] cosa que causa miedo

figuras de porcelana, prendas de encaje. Se extasiaban ante esa muestra que de la habilidad de su trabajo exhibe el fotógrafo: tarjetas postales en las que aparece una melancólica señorita, meditando junto a una columna truncada,
130 mientras en el remoto horizonte muere, melancólicamente también, el sol.

¿Y a las personas? ¿Cómo veían a las personas los Bolometic? No advertían la insignificancia de estos hombrecitos, bajos, regordetes,[22] rubicundos, bagazo[23] de una estirpe enérgica y osada. Resplandecía únicamente ante sus ojos el rayo que, en otro tiempo, los aniquiló. Y al través de la fealdad, de la de-
135 cadencia de ahora, la superstición del vencido aún vislumbraba el signo misterioso de la omnipotencia del dios *caxlán*.

Las mujeres de Ciudad Real, las «coletas», se deslizaban con su paso menudo, reticente, de paloma; con los ojos bajos, las mejillas arreboladas por la ruda caricia del cierzo. El luto, el silencio, iban con ellas. Y cuando hablaban,
140 hablaban con esa voz de musgo que adormece a los recién nacidos, que consuela a los enfermos, que ayuda a los moribundos. Esa voz de quien mira pasar a los hombres tras una vidriera.

El mercado atrajo a los forasteros con su bullicio. Aquí está el lugar de la abundancia. Aquí el maíz, que sofoca las trojes[24] con su amarillez de oro; aquí
145 las bestias de sangre roja, destazadas, pendiendo de enormes garfios. Las frutas pulposas, suculentas: el durazno con su piel siempre joven; los plátanos vigorosos, machos; la manzana que sabe, en sus filos ácidos, a cuchillo. Y el café de virtudes vehementes, que llama desde lejos al olfato. Y los dulces, barrocos, bautizados con nombres gentilicios[25] y distantes: tartaritas, africanos. Y el pan,
150 con el que Dios saluda todas las mañanas a los hombres.

Esto fue lo que vieron los Bolometic y lo vieron con un asombro que ya no era avidez, que desarmaba todo ademán de posesión. Con un asombro religioso.

El gendarme, encargado de vigilar aquella zona, se paseaba distraída-
155 mente entre los puestos, canturreando una cancioncilla, espantando, aquí y allá, una mosca. Pero cuando advirtió la presencia de esos vagabundos andrajosos (estaba acostumbrado a verlos pero aislados, no en grupo y sin capataz ladino como ahora), adoptó automáticamente una actitud de celo. Empuñó con más fuerza el garrote, dispuesto a utilizarlo a la primera tentativa de robo
160 o de violación a ese extenso y nebuloso inciso de la ley, que jamás había leído, pero cuya existencia sospechaba: perturbaciones del orden público. Sin embargo, los Bolometic parecían tener intenciones pacíficas. Se habían alejado

---

[22] gruesos

[23] residuo, desecho

[24] espacios destinados a guardar frutos o cereales

[25] del lugar de su origen

de los puestos para ir a buscar un sitio vacío en las gradas de la Iglesia de la Merced. Encuclillados, los indios se espulgaban[26] pacientemente y comían los piojos. El gendarme los observaba a distancia, complacido, porque el desprecio estaba de su parte. 165

Un señor, que rondaba en torno de los Bolometic, se decidió, por fin, a abordarlos. Rechoncho,[27] calvo, animado por una falsa jovialidad, les dijo en su dialecto:

—¿Yday, chamulas? ¿Están buscando colocación? 170

Los Bolometic cruzaron entre sí rápidas y recelosas miradas. Cada uno descargó en el otro la responsabilidad de contestar. Por último el que parecía más respetable (y era más respetado por sus años y porque había hecho un viaje anterior a Ciudad Real), preguntó:

—¿Acaso tú puedes darnos trabajo? ¿Acaso eres enganchador? 175

—Precisamente. Y tengo fama de equitativo. Me llamo Juvencio Ortiz.

—Ah, sí. Don Juvencio.

El comentario era, más que eco de la fama, seña de cortesía. El silencio se extendió entre los interlocutores como una mancha. Don Juvencio tamborileaba[28] sobre la curva de su abdomen, a la altura del botón del chaleco donde 180 debería enroscarse la leontina de oro.[29] Comprobar que no era propietario aún de ninguna leontina, le hizo hincar espuelas a la conversación.

—¿Entonces qué? ¿Hacemos trato?

Pero los indios no tenían prisa. Nunca hay prisa de caer en la trampa.

—Bajamos de nuestro paraje. Hay escasez allá, patrón. No se quieren dar 185 las cosechas.

—Más a mi favor, chamula. Vamos al despacho para ultimar los detalles.

Don Juvencio echó a andar, seguro de que los indios lo seguirían. Hipnotizados por esta seguridad, los Bolometic fueron tras él.

Lo que don Juvencio llamaba, con tanta pompa, su despacho, no era más 190 que un cuchitril,[30] un cuarto redondo en una de las calles paralelas a la del mercado. El moblaje[31] lo constituían dos mesas de ocote[32] (en más de una ocasión las astillas de su mal pulida superficie habían rasgado las mangas de los únicos trajes de don Juvencio y de su socio), un estante repleto de papeles

---

[26] buscaban pulgas o piojos

[27] Gordo

[28] tamborilear: tocar con los dedos cierta secuencia rítmica similar a cuando se toca un tambor

[29] leontina... cadenita de oro que se usaba para mantener atado un reloj al bolsillo de su portador

[30] habitación pequeña y descuidada

[31] conjunto de muebles

[32] tipo de madera

195 y dos sillas de inseguras patas. En una de ellas, posado con una provisionalidad de pájaro, estaba el socio de don Juvencio: un largo perfil, protegido por una visera[33] de celuloide verde. Granzó cuando tuvo ante sí a los recién venidos.

—¿Qué trae usted de bueno, don Juvencio?

—Lo que se pudo conseguir, mi estimado. La competencia es dura.
200 Enganchadores con menos méritos —¡yo tengo título de abogado, expedido por la Escuela de Leyes de Ciudad Real!— y con menos experiencia que yo, me arrebatan los clientes.

—Usan otros métodos. Usted nunca ha querido recurrir al alcohol. Un indio borracho ya no se da cuenta ni de lo que hace ni de a lo que se compro-
205 mete. Pero con tal de ahorrar lo del trago...

—No es eso. Es que aprovecharse de la inconsciencia de estos infelices es, como dice Su Ilustrísima, don Manuel Oropeza, una bribonada.[34]

El socio de don Juvencio mostró los dientes en una risita maligna.

—Pues así nos va con sus ideas. Usted era el que afirmaba que todo podía
210 faltar en este mundo pero que siempre sobrarían indios. Ya lo estamos viendo. Las fincas que nos encargaron sus intereses corren el riesgo de perder sus cosechas por falta de mano de obra.

—Es de sabios cambiar de opinión, mi querido socio. Yo también decía... pero, en fin, ahora no hay por qué quejarse. Ahí los tiene usted.
215 Don Juvencio hizo el ampuloso ademán con que el prestidigitador[35] descorre el velo de las sorpresas. Pero el sentido de apreciación de su socio permaneció insobornable.

—¿Esos?

Don Juvencio se vio en el penoso deber de impostar la voz.
220 —¡Esos! ¡Con qué tono lo dice usted señor mío! ¿Qué tacha puede ponérseles?

El socio de don Juvencio se encogió de hombros.

—Están con el zopilote en l'anca,[36] como quien dice. No van a aguantar el clima de la costa. Y como usted es tan escrupuloso...
225 Don Juvencio se aproximó a su socio, enarbolando un dedo humorísticamente amenazante.

—¡Ah, mañosón[37]! Si bien hacen en llamarle ave de mal agüero. Pero tenga presente, mi estimado, aquel refrán que aconseja no meterse en lo que

---

[33] ala pequeña que tienen las gorras en la parte delantera para proteger la vista de los rayos del sol

[34] acción de los bribones, quienes engañan o roban

[35] mago rápido con los dedos

[36] Están... expresión coloquial que significa que no vivirán mucho tiempo

[37] persona que tiene sus mañas o costumbres viciosas

a uno no le importa. ¿Es acaso responsabilidad nuestra que estos indios aguanten o no el clima? Nuestra obligación consiste en que comparezcan vivos ante el dueño de la finca. Lo que suceda después ya no nos incumbe. [230]

Y para evitar nuevas disquisiciones fue al estante y apartó un fajo de papeles. Después de entregarlos a su socio, don Juvencio se volvió a los Bolometic, conminándolos:[38]

—A ver, chamulas, pónganse en fila. Pasen, uno por uno, ante la mesa del [235] señor y contesten lo que les pregunte. Sin decir mentira, chamulas, porque el señor es brujo y los puede dañar. ¿Saben para qué se pone esa visera? Para no lastimarlos con la fuerza de su vista.

Los Bolometic escucharon esta amonestación con creciente angustia. ¿Cómo iban a poder seguir ocultando su nombre verdadero? Lo entregaron, [240] pusieron a su *waigel,* al tigre herido, bajo la potestad de estas manos manchadas de tinta.

—Pablo Gómez Bolom.
—Daniel Hernández Bolom.
—José Domínguez Bolom. [245]

El socio de don Juvencio taladraba a los indios con una inútil suspicacia. Como de costumbre, estaban tomándole el pelo. Después, cuando se escapaban de las fincas sin satisfacer sus deudas, nadie podía localizarlos porque el paraje al que habían declarado pertenecer no existía y los nombres que dieron como suyos eran falsos. [250]

¡Pero no, por la Santísima Virgen de la Caridad, ya basta! El socio de don Juvencio dio un manotazo sobre la mesa, dispuesto a reclamar. Sólo que sus conocimientos de la lengua indígena no eran suficientes como para permitirle ensarzarse[39] en una discusión. Refunfuñando, apuntó:

—¡Bolom! Ya te voy a dar tu bolom para que aprendáis. A ver, el que sigue. [255]
Cuando hubo terminado notificó a don Juvencio.

—Son cuarenta. ¿A cuál finca los vamos a mandar?

—Le taparemos la boca a don Federico Werner, que es el que más nos apremia. Apunte usted; Finca Cafetera «El Suspiro», Tapachula.

Mientras escribía, con los ojos protegidos por la visera verde, el socio de [260] don Juvencio hurgó en la llaga:

—No son suficientes.

—¿Que no son suficientes? ¿Cuarenta indios para levantar la cosecha de café de una finca, peor es nada, no son suficientes?

—No van a llegar los cuarenta. No aguantan ni el viaje. [265]

Y el socio de don Juvencio dio vuelta a la página, satisfecho de tener razón.

---

[38] amenazándolos   [39] adentrarse

Con el anticipo que recibieron, los Bolometic iniciaron la caminata. Conforme iban dejando atrás la fiereza de la serranía, un aire tibio, moroso, los envolvió, quebrando la rigidez de su ascetismo. Venteaban,[40] en este aire endulzado de confusos aromas, la delicia. Y se sobresaltaban, como el sabueso cuando le dan a perseguir una presa desconocida.

La altura, al desampararlos tan bruscamente, les reventó los tímpanos. Dolían, supuraban.[41] Cuando los Bolometic llegaron al mar creyeron que aquel gran furor era mudo.

La única presencia que no se apartó fue la del frío. No abandonaba este reducto del que siempre había sido dueño. A diario, a la misma hora, aunque el sol de los trópicos derritiera las piedras, el frío se desenroscaba en forma de culebra repugnante y recorría el cuerpo de los Bolometic, trabando sus quijadas, sus miembros, en un terrible temblor. Después de su visita, el cuerpo de los Bolometic quedaba como amortecido, se iba encogiendo, poco a poco, para caber en la tumba.

Los sobrevivientes de aquel largo verano no pudieron regresar. Las deudas añadían un eslabón a otro, los encadenaban. En la cicatriz del tímpano resonaba, cada vez más débilmente, la voz de sus mujeres, llamándolos, la voz de sus hijos, extinguiéndose.

Del tigre en el monte nada se volvió a saber.

---

[40] Aspiraban   [41] echaban pus

Después de leer

Comprensión

1. ¿Quién o quiénes son los protagonistas de este cuento?
2. Aproximadamente, ¿qué tiempo abarca la historia de este cuento? ¿En qué epoca comienza y en cuál termina?
3. ¿Qué transformación importante se produce entre los Bolometic con el paso del tiempo?
4. ¿A qué lugar son destinados los Bolometic hacia el final del cuento?
5. ¿Hay diálogo entre blancos e indios en el cuento?
6. ¿Qué sentido tiene el tigre en el cuento?

Análisis

1. ¿Qué dificultades plantean las transformaciones casi épicas de estas pequeñas comunidades a un cuento que trata de contar esos cambios y transformaciones?

2. ¿Qué relaciones existen entre la historia y la literatura? Reflexione sobre el papel que tiene la literatura frente a la historia de un país.

3. A diferencia del cuento «Lección de cocina», aquí no se establece ningún tipo de identidad específica en el narrador. ¿Puede un escritor o escritora escribir sólo desde el punto de vista de un hombre o de una mujer, o puede utilizar ambos puntos?

Expansión

1. Consulte libros como *El laberinto de la soledad* del mexicano Octavio Paz y analice la visión que tuvo este pensador mexicano de las mezclas de diferentes etnias mexicanas.

2. Revise el concepto de emigración y el de inmigración. Señale las diferencias.

3. Analice las noticias de la prensa actual sobre las mafias que actúan en los países más desarrollados, traficando con personas y relaciónelas con don Juvencio.

Gabriel García Márquez

CREÓ UN MUNDO MÍTICO y creó una forma de escribir que mitifica aquello que cuenta. Gabriel García Márquez, nacido en 1928 en un pueblo colombiano similar a los que crea en sus cuentos, es uno de los autores de lengua española más conocidos. Novelas suyas como *Cien años de soledad* o *El coronel no tiene quien le escriba* han sido traducidas a casi todas las lenguas. La culminación de su reconocimiento llegó con la entrega del Premio Nobel en 1982. Además de talentoso novelista, García Márquez ha destacado por su trabajo periodístico, oficio con el que empezó su vida de escritor, y al que se encuentra estrechamente vinculado su talento de cuentista. Fue precisamente este género el que lo reveló como narrador, y parte de la riqueza de sus novelas consiste en una creativa síntesis de varios cuentos entrelazados que dan cuenta del mundo que describe: una Hispanoamérica que abarca tanto sus zonas rurales como urbanas, siempre matizadas por un estilo denominado como «realismo mágico», según el cual se describe la realidad bajo un sesgo mágico e hiperbólico.

Sin embargo, esta etiqueta que se ha impuesto a su trabajo no siempre resulta precisa, porque su obra no consiste sólo en esto. Hay un trabajo de escritura y una percepción de la realidad que supera con mucho ese supuesto marco mágico o mítico, y esta progresión se percibe desde sus primeros cuentos hasta los últimos de *Doce cuentos peregrinos*. Se trata en realidad de un autor que ha sabido crear un mundo propio, tan rico que se presta a multitud de interpretaciones, tanto la que señala que su obra representa a Hispanoamérica como otras lecturas que ven en su literatura la recuperación de formas clásicas de narración que la hacen comprensible para lectores de diferentes idiomas y culturas. De cualquier manera, su trabajo narrativo tiene una variedad de registros y temáticas, tal como podremos comprobarlo a continuación.

Los cuentos elegidos para esta antología muestran dos tipos distintos de escenarios y temas. Su único punto en común es la particularidad en la riqueza lingüística y la originalidad del estilo. Se ha escrito mucho sobre la obra de este autor colombiano, y la mayoría de sus libros se pueden hallar fácilmente. También hay que señalar novelas suyas de corte histórico, como *El general en el laberinto,* donde aborda la figura de Simón Bolívar. Como un nuevo giro a su producción literaria, ahora tenemos el primer tomo de sus memorias, *Vivir para contarla* (2003), donde se recrea el escenario de su infancia, fuente mayor de su narrativa. Con *Memoria de mis putas tristes* (2004) vuelve a la narrativa corta con que se inició su maestría.

Bibliografía mínima

Bell-Villada, Gene H. *García Márquez: The Man and His Work.* Chapel Hill: University of North Carolina, 1990.

Bloom, Harold, ed. *Modern Critical Views: Gabriel García Márquez.* Nueva York: Chelsea House Publishers, 1989.

Corrales Pascual, Manuel, ed. *Lectura de García Márquez* (*doce estudios*). Quito: Centro de Publicaciones de la Pontificia Universidad Católica del Ecuador, 1975.

García Márquez, Gabriel. *El olor de la guayaba: Conversaciones con Plinio Apuleyo Mendoza.* Barcelona: Bruguera, 1984.

Martínez, Pedro Simón, ed. *Recopilación de textos sobre Gabriel García Márquez.* La Habana: CIL, Casa de las Américas, 1969.

McGuirk, Bernard y Richard Cardwell, eds. *Gabriel García Márquez: New Readings.* Cambridge: Cambridge University Press, 1987.

Vargas Llosa, Mario. *García Márquez: Historia de un deicidio.* Barcelona: Barral Editores, 1971.

La prodigiosa tarde de Baltazar

Antes de leer

Temas para comentar antes de la lectura

1. Las relaciones sociales entre ricos y pobres suelen caracterizarse por asignar un valor muy diferente a los objetos y a los gestos. Converse sobre la escala de valores que tienen unos y otros.

2. El trabajo artesanal tiene un valor económico concreto. Sin embargo, el artesano, en algunas ocasiones, prefiere regalar lo que ha hecho con esfuerzo. Analice este comportamiento.

3. En cierto tipo de sociedad o estratos sociales la riqueza va unida a una actitud de poder que se ejerce sobre las emociones o los sentimientos. Señale casos en los que esa prepotencia no tiene poder para lograr sus objetivos.

4. Hay cuentos en los que no siempre se producen historias sorprendentes ni giros fantásticos, sino que trazan un perfil psicológico o social. Comente esta diferencia de enfoque en los cuentos.

Palabras clave

1. el alcaraván
2. el alero
3. el cacharro
4. el candor
5. la chicharra
6. el colorete
7. las crines
8. la cúpula
9. la fricción
10. la gallera
11. la hamaca
12. el montón
13. los nudillos
14. la palmadita
15. el prestigio
16. la tanda
17. el tumulto
18. el turpial
19. apaciguar
20. yacer
21. arduo/a
22. atiborrado/a
23. embadurnado/a
24. inválido/a
25. prevenido/a

La prodigiosa tarde de Baltazar

 LA JAULA ESTABA TERMINADA. Baltazar la colgó en el alero,[1] por la fuerza de la costumbre, y cuando acabó de almorzar ya se decía por todos lados que era la jaula más bella del mundo. Tanta gente vino a verla, que se formó un tumulto[2] frente a la casa, y Baltazar

5 tuvo que descolgarla y cerrar la carpintería.

—Tienes que afeitarte —le dijo Ursula, su mujer—. Pareces un capuchino.[3]

—Es malo afeitarse después del almuerzo —dijo Baltazar.

Tenía una barba de dos semanas, un cabello corto, duro y parado como las

10 crines[4] de un mulo, y una expresión general de muchacho asustado. Pero era

---

[1] parte inferior del tejado que sale fuera de la pared

[2] multitud que provoca ruidos, alboroto o desorden

[3] monje de la orden religiosa de los Capuchinos, que suelen llevar barba

[4] cerdas que tienen algunos animales en la parte superior del cuello

una expresión falsa. En febrero había cumplido 30 años, vivía con Ursula desde hacía cuatro, sin casarse y sin tener hijos, y la vida le había dado muchos motivos para estar alerta, pero ninguno para estar asustado. Ni siquiera sabía que para algunas personas, la jaula que acababa de hacer era la más bella del mundo. Para él, acostumbrado a hacer jaulas desde niño, aquél había sido apenas un trabajo más arduo[5] que los otros.

—Entonces repósate un rato —dijo la mujer—. Con esa barba no puedes presentarte en ninguna parte.

Mientras reposaba tuvo que abandonar la hamaca varias veces para mostrar la jaula a los vecinos. Ursula no le había prestado atención hasta entonces. Estaba disgustada porque su marido había descuidado el trabajo de la carpintería para dedicarse por entero a la jaula, y durante dos semanas había dormido mal, dando tumbos y hablando disparates, y no había vuelto a pensar en afeitarse. Pero el disgusto se disipó ante la jaula terminada. Cuando Baltazar despertó de la siesta, ella le había planchado los pantalones y una camisa, los había puesto en un asiento junto a la hamaca, y había llevado la jaula a la mesa del comedor. La contemplaba en silencio.

—¿Cuánto vas a cobrar? —preguntó.

—No sé —contestó Baltazar—. Voy a pedir treinta pesos para ver si me dan veinte.

—Pide cincuenta —dijo Ursula—. Te has trasnochado[6] mucho en estos quince días. Además, es bien grande. Creo que es la jaula más grande que he visto en mi vida.

Baltazar empezó a afeitarse.

—¿Crees que me darán los cincuenta pesos?

—Eso no es nada para don Chepe Montiel, y la jaula los vale —dijo Ursula—. Debías pedir sesenta.

La casa yacía en una penumbra sofocante. Era la primera semana de abril y el calor parecía menos soportable por el pito de las chicharras.[7] Cuando acabó de vestirse, Baltazar abrió la puerta del patio para refrescar la casa, y un grupo de niños entró en el comedor.

La noticia se había extendido. El doctor Octavio Giraldo, un médico viejo, contento de la vida pero cansado de la profesión, pensaba en la jaula de Baltazar mientras almorzaba con su esposa inválida.[8] En la terraza interior donde ponían la mesa en los días de calor, había muchas macetas con flores y dos jaulas con canarios.

_____

[5] muy difícil de realizar

[6] acostado muy tarde

[7] insectos que producen un ruido monótono como una especie de pito

[8] que no puede andar o moverse

A su esposa le gustaban los pájaros, y le gustaban tanto que odiaba a los gatos porque eran capaces de comérselos. Pensando en ella, el doctor Giraldo fue esa tarde a visitar a un enfermo, y al regreso pasó por la casa de Baltazar a
50 conocer la jaula.

Había mucha gente en el comedor. Puesta en exhibición sobre la mesa, la enorme cúpula[9] de alambre con tres pisos interiores, con pasadizos y compartimientos especiales para comer y dormir, y trapecios en el espacio reservado al recreo de los pájaros, parecía el modelo reducido de una gigantesca fábrica
55 de hielo. El médico la examinó cuidadosamente, sin tocarla, pensando que en efecto aquella jaula era superior a su propio prestigio, y mucho más bella de lo que había soñado jamás para su mujer.

—Esto es una aventura de la imaginación —dijo. Buscó a Baltazar en el grupo, y agregó, fijos en él sus ojos maternales—: Hubieras sido un extraordi-
60 nario arquitecto.

Baltazar se ruborizó.

—Gracias —dijo.

—Es verdad —dijo el médico. Tenía una gordura lisa y tierna como la de una mujer que fue hermosa en su juventud, y unas manos delicadas. Su voz parecía
65 la de un cura hablando en latín—. Ni siquiera será necesario ponerle pájaros —dijo, haciendo girar la jaula frente a los ojos del público, como si la estuviera vendiendo—. Bastará con colgarla entre los árboles para que cante sola.

—Volvió a ponerla en la mesa, pensó un momento, mirando la jaula, y dijo:

—Bueno, pues me la llevo.

70 —Está vendida —dijo Ursula.

—Es del hijo de don Chepe Montiel —dijo Baltazar—. La mandó a hacer expresamente.

El médico asumió una actitud respetable.

—¿Te dio el modelo?

75 —No —dijo Baltazar—. Dijo que quería una jaula grande, como ésa, para una pareja de turpiales.[10]

El médico miró la jaula.

—Pero ésta no es para turpiales.

—Claro que sí, doctor —dijo Baltazar, acercándose a la mesa. Los niños lo
80 rodearon—. Las medidas están bien calculadas —dijo, señalando con el índice los diferentes compartimientos. Luego golpeó la cúpula con los nudillos,[11] y la jaula se llenó de acordes profundos.

---

[9] bóveda en forma de media esfera que suele cubrir un edificio

[10] pájaros de vistosos colores originarios de Sudamérica

[11] nudillo: parte exterior de las junturas que unen los huesos de los dedos

—Es el alambre más resistente que se puede encontrar, y cada juntura está soldada por dentro y por fuera —dijo.

—Sirve hasta para un loro —intervino uno de los niños. 85

—Así es —dijo Baltazar.

El médico movió la cabeza.

—Bueno, pero no te dio el modelo —dijo—. No te hizo ningún encargo[12] preciso, aparte de que fuera una jaula grande para turpiales. ¿No es así?

—Así es —dijo Baltazar. 90

—Entonces no hay problema —dijo el médico—. Una cosa es una jaula grande para turpiales y otra cosa es esta jaula. No hay pruebas de que sea ésta la que te mandaron hacer.

—Es esta misma —dijo Baltazar, ofuscado—. Por eso la hice.

El médico hizo un gesto de impaciencia. 95

—Podrías hacer otra —dijo Ursula, mirando a su marido. Y después, hacia el médico—: Usted no tiene apuro.

—Se la prometí a mi mujer para esta tarde —dijo el médico.

—Lo siento mucho, doctor —dijo Baltazar—, pero no se puede vender una cosa que ya está vendida. 100

El médico se encogió de hombros. Secándose el sudor del cuello con un pañuelo, contempló la jaula en silencio, sin mover la mirada de un mismo punto indefinido, como se mira un barco que se va.

—¿Cuánto te dieron por ella?

Baltazar buscó a Ursula sin responder. 105

—Sesenta pesos —dijo ella.

El médico siguió mirando la jaula.

—Es muy bonita —suspiró—. Sumamente bonita.

Luego, moviéndose hacia la puerta, empezó a abanicarse con energía, sonriente, y el recuerdo de aquel episodio desapareció para siempre de su 110 memoria.

—Montiel es muy rico —dijo.

En verdad, José Montiel no era tan rico como parecía, pero había sido capaz de todo por llegar a serlo. A pocas cuadras de allí, en una casa atiborrada[13] de arneses[14] donde nunca se había sentido un olor que no se pudiera 115 vender, permanecía indiferente a la novedad de la jaula. Su esposa, torturada por la obsesión de la muerte, cerró puertas y ventanas después del almuerzo y yació[15] dos horas con los ojos abiertos en la penumbra del cuarto, mientras José Montiel hacía la siesta. Así la sorprendió un alboroto de muchas voces. Entonces

---

[12] solicitud de hacer un trabajo

[13] cargada en exceso

[14] guarniciones de la caballería

[15] se acostó

120 abrió la puerta de la sala y vio un tumulto frente a la casa, y a Baltazar con la jaula en medio del tumulto, vestido de blanco y acabado de afeitar, con esa expresión de decoroso candor[16] con que los pobres llegan a la casa de los ricos.

—Qué cosa tan maravillosa —exclamó la esposa de José Montiel, con una expresión radiante, conduciendo a Baltazar hacia el interior—. No había visto
125 nada igual en mi vida —dijo, y agregó, indignada con la multitud que se agolpara en la puerta—: Pero llévesela para adentro que nos van a convertir la sala en una gallera.[17]

Baltazar no era un extraño en la casa de José Montiel. En distintas ocasiones, por su eficacia y buen cumplimiento, había sido llamado para hacer tra-
130 bajos de carpintería menor. Pero nunca se sintió bien entre los ricos. Solía pensar en ellos, en sus mujeres feas y conflictivas, en sus tremendas operaciones quirúrgicas, y experimentaba siempre un sentimiento de piedad. Cuando entraba en sus casas no podía moverse sin arrastrar los pies.

—¿Está Pepe? —preguntó.
135 Había puesto la jaula en la mesa del comedor.

—Está en la escuela —dijo la mujer de José Montiel—. Pero ya no debe demorar. —Y agregó—: Montiel se está bañando.

En realidad José Montiel no había tenido tiempo de bañarse. Se estaba dando una urgente fricción[18] de alcohol alcanforado para salir a ver lo que pa-
140 saba. Era un hombre tan prevenido,[19] que dormía sin ventilador eléctrico para vigilar durante el sueño los rumores de la casa.

—Ven a ver qué cosa tan maravillosa —gritó su mujer.

José Montiel —corpulento y peludo, la toalla colgada en la nuca— se asomó por la ventana del dormitorio.
145 —¿Qué es eso?

—La jaula de Pepe —dijo Baltazar.

La mujer lo miró perpleja.

—¿De quién?

—De Pepe —confirmó Baltazar. Y después dirigiéndose a José Montiel—:
150 Pepe me la mandó a hacer.

Nada ocurrió en aquel instante, pero Baltazar se sintió como si le hubieran abierto la puerta del baño. José Montiel salió en calzoncillos del dormitorio.

—Pepe —gritó.

---

[16] sin afectación (Por extensión, se usa en sentido irónico como ingenuidad.)

[17] lugar alborotado por mucha gente (Originalmente se utiliza para indicar un lugar donde se realizan peleas de gallos.)

[18] acción de restregar o frotar con fuerza alguna parte del cuerpo

[19] cuidadoso, alerta

—No ha llegado —murmuró su esposa, inmóvil.

Pepe apareció en el vano[20] de la puerta. Tenía unos doce años y las mismas pestañas rizadas y el quieto patetismo de su madre.

—Ven acá —le dijo José Montiel—. ¿Tú mandaste a hacer esto?

El niño bajó la cabeza. Agarrándolo por el cabello, José Montiel lo obligó a mirarlo a los ojos.

—Contesta.

El niño se mordió los labios sin responder.

—Montiel —susurró la esposa.

José Montiel soltó al niño y se volvió hacia Baltazar con una expresión exaltada.

—Lo siento mucho, Baltazar —dijo—. Pero has debido consultarlo conmigo antes de proceder. Sólo a ti se te ocurre contratar con un menor. —A medida que hablaba, su rostro fue recobrando la serenidad. Levantó la jaula sin mirarla y se la dio a Baltazar.— Llévatela en seguida y trata de vendérsela a quien puedas —dijo—. Sobre todo, te ruego que no me discutas. —Le dio una palmadita[21] en la espalda, y explicó—: El médico me ha prohibido coger rabia.[22]

El niño había permanecido inmóvil, sin parpadear, hasta que Baltazar lo miró perplejo con la jaula en la mano. Entonces emitió un sonido gutural, como el ronquido de un perro, y se lanzó al suelo dando gritos.

José Montiel lo miraba impasible, mientras la madre trataba de apaciguarlo.[23]

—No lo levantes —dijo—. Déjalo que se rompa la cabeza contra el suelo y después le echas sal y limón para que rabie con gusto.

El niño chillaba sin lágrimas, mientras su madre lo sostenía por las muñecas.

—Déjalo —insistió José Montiel.

Baltazar observó al niño como hubiera observado la agonía de un animal contagioso. Eran casi las cuatro.

A esa hora, en su casa, Ursula cantaba una canción muy antigua, mientras cortaba rebanadas de cebolla.

—Pepe —dijo Baltazar.

Se acercó al niño, sonriendo, y le tendió la jaula. El niño se incorporó de un salto, abrazó la jaula, que era casi tan grande como él, y se quedó mirando a Baltazar a través del tejido metálico, sin saber qué decir. No había derramado una lágrima.

---

[20] espacio vacío de la puerta abierta

[21] golpe muy suave con la mano que se da a otra persona en la espalda como gesto de amistad o aprecio, aunque también de compasión

[22] coger... enojarse mucho

[23] calmarlo

—Baltazar —dijo Montiel, suavemente—. Ya te dije que te la lleves.

190 —Devuélvela —ordenó la mujer al niño.

—Quédate con ella —dijo Baltazar. Y luego, a José Montiel—: Al fin y al cabo, para eso la hice.

José Montiel lo persiguió hasta la sala.

—No importa —dijo Baltazar—. La hice expresamente para regalársela a 195 Pepe. No pensaba cobrar nada.

Cuando Baltazar se abrió paso a través de los curiosos que bloqueaban la puerta, José Montiel daba gritos en el centro de la sala. Estaba muy pálido y sus ojos empezaban a enrojecer.

—Estúpido —gritaba—. Llévate tu cacharro.^{24} Lo último que faltaba es 200 que un cualquiera venga a dar órdenes en mi casa. ¡Carajo!^{25}

En el salón de billar recibieron a Baltazar con una ovación. Hasta ese momento, pensaba que había hecho una jaula mejor que las otras, que había tenido que regalársela al hijo de José Montiel para que no siguiera llorando, y que ninguna de esas cosas tenía nada de particular.

205 Pero luego se dio cuenta de que todo eso tenía una cierta importancia para muchas personas, y se sintió un poco excitado.

—De manera que te dieron cincuenta pesos por la jaula.

—Sesenta —dijo Baltazar.

—Hay que hacer una raya en el cielo —dijo alguien—. Eres el único que ha 210 logrado sacarle ese montón^{26} de plata a don Chepe Montiel. Esto hay que celebrarlo.

Le ofrecieron una cerveza, y Baltazar correspondió con una tanda^{27} para todos. Como era la primera vez que bebía, al anochecer estaba completamente borracho, y hablaba de un fabuloso proyecto de mil jaulas de a sesenta 215 pesos, y después de un millón de jaulas hasta completar sesenta millones de pesos.

—Hay que hacer muchas cosas para vendérselas a los ricos antes que se mueran —decía, ciego de la borrachera—. Todos están enfermos y se van a morir. Cómo estarán de jodidos^{28} que ya ni siquiera pueden coger rabia.

220 Durante dos horas el tocadiscos automático estuvo por su cuenta tocando sin parar. Todos brindaron por la salud de Baltazar, por su suerte y su fortuna, y por la muerte de los ricos, pero a la hora de la comida lo dejaron solo en el salón.

---

^{24} objeto inútil

^{25} fuerte expresión de enojo, de uso vulgar

^{26} gran cantidad

^{27} correspondió... pidió bebidas para todos los presentes y pagó por ellas

^{28} estarán... expresión vulgar que aquí significa que estarán sufriendo o en una situación difícil

Ursula lo había esperado hasta las ocho, con un plato de carne frita cubierto de rebanadas de cebolla. Alguien le dijo que su marido estaba en el salón de billar, loco de felicidad, brindando cerveza a todo el mundo, pero no lo creyó porque Baltazar no se había emborrachado jamás. Cuando se acostó, casi a la medianoche, Baltazar estaba en un salón iluminado, donde había mesitas de cuatro puestos con sillas alrededor, y una pista de baile al aire libre, por donde se paseaban los alcaravanes.[29] Tenía la cara embadurnada[30] de colorete,[31] y como no podía dar un paso más, pensaba que quería acostarse con dos mujeres en la misma cama. Había gastado tanto, que tuvo que dejar el reloj como garantía, con el compromiso de pagar al día siguiente. Un momento después, despatarrado[32] por la calle, se dio cuenta de que le estaban quitando los zapatos, pero no quiso abandonar el sueño más feliz de su vida. Las mujeres que pasaron para la misa de cinco no se atrevieron a mirarlo, creyendo que estaba muerto.

---

[29] aves de cuello muy largo y cola y alas pequeñas, de color predominantemente rojo, salvo la cabeza que es de un negro verdoso

[30] untado, pintado

[31] cosmético de color que usan las mujeres

[32] caído al suelo con las piernas abiertas

Después de leer

Comprensión

1. ¿Quién le pidió a Baltazar que construyera esa jaula especial?
2. ¿Por qué decide Baltazar regalar la jaula a pesar de que tiene un precio elevado y le costó mucho hacerla?
3. ¿Por qué le molesta a Montiel que Baltazar le regale la jaula a su hijo Pepe?
4. ¿Por qué se titula el cuento la «prodigiosa tarde» y no la «prodigiosa jaula»?
5. ¿Por qué es importante para la gente lo que Baltazar dice que ha hecho al venderle a Montiel la jaula a un precio tan alto, cuando esto no es cierto?
6. ¿Qué le pasa a Baltazar al final del cuento?

Análisis

1. La resignación de gente pobre como Baltazar ante la prepotencia de los ricos como Montiel se agudiza por una cosa tan sencilla como el regalo de la jaula. Analice el alcance de esta situación.
2. ¿Por qué, cuando sale de la casa de Montiel, no cuenta Baltazar la verdad de que ha regalado la jaula, sino que inventa otra historia?

3. ¿Por qué decide Baltazar celebrar lo que dice que ha ocurrido en la casa de Montiel e invita a quienes están con él en el bar?

4. Explique por qué se puede decir que este cuento es sobre el artista y el verdadero valor de su arte.

Expansión

1. Analice los siguientes conceptos: **la clase social, el nivel socio-económico, el/la artesano/a, el/la artista, la obstinación.**

2. **OPTATIVO:** Revise el cuento de Julio Ramón Ribeyro, en esta antología, «Los gallinazos sin plumas», y compare el mundo de pobreza de ambos cuentos.

3. **OPTATIVO:** Compare el sentido de la fatalidad de los «ricos» en «Casa tomada» de Cortázar con el de este cuento de García Márquez.

El verano feliz de la señora Forbes

Antes de leer

Temas para comentar antes de la lectura

1. En el paso de la infancia a la adolescencia se producen situaciones que permiten a la persona percibir ese cambio. Reflexione sobre esa adquisición de conciencia y sus posibles problemas: los conflictos morales, la sexualidad, la rebeldía, la inconformidad, la desorientación.

2. Las pasiones amorosas también producen cambios de carácter en las personas. Converse sobre el tema y señale a qué extremos puede llegar el arrebato sentimental.

3. La función y poder de los adjetivos y adverbios es modificar a los sustantivos y a los verbos para producir sorpresa. Comente la necesidad para utilizarlos.

Palabras clave

1. la algarabía
2. el ánfora
3. el atuendo marcial
4. el borboriteo
5. la capitulación
6. el clamor
7. el desaliento
8. el dintel
9. el estruendo
10. la grieta
11. el ímpetu
12. el ladrillazo
13. la marmita
14. el mico

15. la prédica
16. la reprimenda
17. el rescoldo
18. la ristra
19. la sevicia
20. la vigilia
21. cacarear
22. concebir
23. ponerse trémulo/a

24. aborrecible
25. acezante
26. contiguo/a
27. cribado/a
28. despernancado/a
29. diáfano/a
30. inexorable
31. lívido/a
32. pedregoso/a

El verano feliz de la señora Forbes

 POR LA TARDE, DE REGRESO A CASA, encontramos una enorme serpiente de mar clavada por el cuello en el marco de la puerta, y era negra y fosforescente y parecía un maleficio de gitanos, con los ojos todavía vivos y los dientes de serrucho en las mandíbulas despernancadas.[1] Yo andaba entonces por los nueve años, y sentí un terror tan 5
intenso ante aquella aparición de delirio, que se me cerró la voz. Pero mi hermano, que era dos años menor que yo, soltó los tanques de oxígeno, las máscaras y las aletas de nadar y salió huyendo con un grito de espanto. La señora Forbes lo oyó desde la tortuosa escalera de piedras que trepaba por los arrecifes desde el embarcadero hasta la casa, y nos alcanzó, acezante[2] y lívida,[3] pero 10
le bastó con ver al animal crucificado en la puerta para comprender la causa de nuestro horror. Ella solía decir que cuando dos niños están juntos ambos son culpables de lo que cada uno hace por separado, de modo que nos reprendió[4] a ambos por los gritos de mi hermano, y nos siguió recriminando nuestra falta de dominio. Habló en alemán, y no en inglés, como lo establecía 15
su contrato de institutriz, tal vez porque también ella estaba asustada y se resistía a admitirlo. Pero tan pronto como recobró el aliento volvió a su inglés pedregoso[5] y a su obsesión pedagógica.

—Es una *muræna helena* —nos dijo—, así llamada porque fue un animal sagrado para los griegos antiguos.   20

Oreste, el muchacho nativo que nos enseñaba a nadar en aguas profundas, apareció de pronto detrás de los arbustos de alcaparras.[6] Llevaba la

---

[1] abiertas o separadas mucho más de lo habitual

[2] respirando con dificultad

[3] pálida

[4] llamó la atención

[5] áspero, tosco

[6] alcaparra: planta cuyo fruto es comestible

máscara de buzo en la frente, un pantalón de baño minúsculo y un cinturón de cuero con seis cuchillos, de formas y tamaños distintos, pues no concebía[7] otra manera de cazar debajo del agua que peleando cuerpo a cuerpo con los animales. Tenía unos veinte años, pasaba más tiempo en los fondos marinos que en la tierra firme y él mismo parecía un animal de mar con el cuerpo siempre embadurnado de grasa de motor. Cuando lo vio por primera vez, la señora Forbes había dicho a mis padres que era imposible concebir un ser humano más hermoso. Sin embargo, su belleza no lo ponía a salvo del rigor: también él tuvo que soportar una reprimenda[8] en italiano por haber colgado la murena en la puerta, sin otra explicación posible que la de asustar a los niños. Luego, la señora Forbes ordenó que la desclavara con el respeto debido a una criatura mítica y nos mandó a vestirnos para la cena.

Lo hicimos de inmediato y tratando de no cometer un solo error, porque al cabo de dos semanas bajo el régimen de la señora Forbes habíamos aprendido que nada era más difícil que vivir. Mientras nos duchábamos en el baño en penumbra, me di cuenta de que mi hermano seguía pensando en la murena. «Tenía ojos de gente», me dijo. Yo estaba de acuerdo, pero le hice creer lo contrario, y conseguí cambiar de tema hasta que terminé de bañarme. Pero cuando salí de la ducha me pidió que me quedara para acompañarlo.

—Todavía es de día —le dije.

Abrí las cortinas. Era pleno agosto, y a través de la ventana se veía la ardiente llanura lunar hasta el otro lado de la isla, y el sol parado en el cielo.

—No es por eso —dijo mi hermano—. Es que tengo miedo de tener miedo.

Sin embargo, cuando llegamos a la mesa parecía tranquilo, y había hecho las cosas con tanto esmero que mereció una felicitación especial de la señora Forbes, y dos puntos más en su buena cuenta de la semana. A mí, en cambio, me descontó dos puntos de los cinco que ya tenía ganados, porque a última hora me dejé arrastrar por la prisa y llegué al comedor con la respiración alterada. Cada cincuenta puntos nos daban derecho a una doble ración de postre, pero ninguno de los dos había logrado pasar de los quince puntos. Era una lástima, de veras, porque nunca volvimos a encontrar unos pudines más deliciosos que los de la señora Forbes.

Antes de empezar la cena rezábamos de pie frente a los platos vacíos. La señora Forbes no era católica, pero su contrato estipulaba que nos hiciera rezar seis veces al día, y había aprendido nuestras oraciones para cumplirlo. Luego nos sentábamos los tres, reprimiendo la respiración mientras ella comprobaba hasta el detalle más ínfimo de nuestra conducta, y sólo cuando todo

---

[7] imaginaba

[8] advertencia tan grave como un castigo

parecía perfecto hacía sonar la campanita. Entonces entraba Fulvia Flamínea, la cocinera, con la eterna sopa de fideos de aquel verano aborrecible.[9]

Al principio, cuando estábamos solos con nuestros padres, la comida era una fiesta. Fulvia Flamínea nos servía cacareando[10] en torno a la mesa, con una vocación de desorden que alegraba la vida, y al final se sentaba con nosotros y 65 terminaba comiendo un poco de los platos de todos. Pero desde que la señora Forbes se hizo cargo de nuestro destino nos servía en un silencio tan oscuro, que podíamos oír el borboriteo[11] de la sopa hirviendo en la marmita.[12] Cenábamos con la espina dorsal apoyada en el espaldar de la silla, masticando diez veces con un carrillo[13] y diez veces con el otro, sin apartar la vista de la 70 férrea y lánguida mujer otoñal,[14] que recitaba de memoria una lección de urbanidad. Era igual que la misa del domingo, pero sin el consuelo de la gente cantando.

El día en que encontramos la murena colgada en la puerta, la señora Forbes nos habló de los deberes para con la patria. Fulvia Flamínea, casi flo- 75 tando en el aire enrarecido por la voz, nos sirvió después de la sopa un filete al carbón de una carne nevada con un olor exquisito. A mí, que desde entonces prefería el pescado a cualquier otra cosa de comer de la tierra o del cielo, aquel recuerdo de nuestra casa de Guacamayal me alivió el corazón. Pero mi hermano rechazó el plato sin probarlo. 80

—No me gusta —dijo.

La señora Forbes interrumpió la lección.

—No puedes saberlo —le dijo—, ni siquiera lo has probado.

Dirigió a la cocinera una mirada de alerta, pero ya era demasiado tarde.

—La murena es el pescado más fino del mundo, *figlio mio*[15] —le dijo Fulvia 85 Flamínea—. Pruébalo y verás.

La señora Forbes no se alteró. Nos contó, con su método inclemente,[16] que la murena era un manjar de reyes en la antigüedad, y que los guerreros se disputaban su hiel porque infundía un coraje sobrenatural. Luego nos repitió, como tantas veces en tan poco tiempo, que el buen gusto no es una facultad 90 congénita, pero que tampoco se enseña a ninguna edad, sino que se impone desde la infancia. De manera que no había ninguna razón válida para no

---

[9] detestable

[10] haciendo sonidos como los que hacen los gallos y las gallinas (Aquí se usa metafóricamente para caracterizar a la cocinera.)

[11] acción de las burbujas cuando hierven los líquidos

[12] olla de metal con asas

[13] uno de los dos lados interiores de la boca

[14] del otoño (Se usa como expresión literaria de estar al final de la vida.)

[15] expresión italiana por **hijo mío,** con tono adulto pero cariñoso

[16] rígido, duro

comer. Yo, que había probado la murena antes de saber lo que era, me quedé para siempre con la contradicción: tenía un sabor terso, aunque un poco melancólico, pero la imagen de la serpiente clavada en el dintel[17] era más apremiante que mi apetito. Mi hermano hizo un esfuerzo supremo con el primer bocado, pero no pudo soportarlo: vomitó.

—Vas al baño —le dijo la señora Forbes sin alterarse—, te lavas bien y vuelves a comer.

Sentí una gran angustia por él, pues sabía cuánto le costaba atravesar la casa entera con las primeras sombras y permanecer solo en el baño el tiempo necesario para lavarse. Pero volvió muy pronto, con otra camisa limpia, pálido y apenas sacudido por un temblor recóndito,[18] y resistió muy bien el examen severo de su limpieza. Entonces la señora Forbes trinchó un pedazo de la
murena, y dio la orden de seguir. Yo pasé un segundo bocado a duras penas.[19] Mi hermano, en cambio, ni siquiera cogió los cubiertos.

—No lo voy a comer —dijo.

Su determinación era tan evidente, que la señora Forbes la esquivó.

—Está bien —dijo—, pero no comerás postre.

El alivio de mi hermano me infundió su valor. Crucé los cubiertos sobre el plato, tal como la señora Forbes nos enseñó que debía hacerse al terminar, y dije:

—Yo tampoco comeré postre.

—Ni verán la televisión —replicó ella.

—Ni veremos la televisión —dije.

La señora Forbes puso la servilleta sobre la mesa, y los tres nos levantamos para rezar. Luego nos mandó al dormitorio, con la advertencia de que debíamos dormirnos en el mismo tiempo que ella necesitaba para acabar de comer. Todos nuestros puntos buenos quedaron anulados, y sólo a partir de veinte
volveríamos a disfrutar de sus pasteles de crema, sus tartas de vainilla, sus exquisitos bizcochos de ciruelas, como no habíamos de conocer otros en el resto de nuestras vidas.

Tarde o temprano teníamos que llegar a esa ruptura. Durante un año entero habíamos esperado con ansiedad aquel verano libre en la isla de
Pantelaria, en el extremo meridional de Sicilia, y lo había sido en realidad durante el primer mes, en que nuestros padres estuvieron con nosotros. Todavía recuerdo como un sueño la llanura solar de rocas volcánicas, el mar eterno, la casa pintada de cal viva hasta los sardineles,[20] desde cuyas ventanas se veían en las noches sin viento las aspas luminosas de los faros de África. Explorando

---

[17] parte superior de las puertas

[18] muy escondido

[19] con dificultad

[20] ladrillos ubicados de manera uniforme

con mi padre los fondos dormidos alrededor de la isla habíamos descubierto 130
una ristra[21] de torpedos amarillos, encallados desde la última guerra; habíamos rescatado un ánfora[22] griega de casi un metro de altura, con guirnaldas
petrificadas, en cuyo fondo yacían los rescoldos[23] de un vino inmemorial y
venenoso, y nos habíamos bañado en un remanso humeante, cuyas aguas
eran tan densas que casi se podía caminar sobre ellas. Pero la revelación más 135
deslumbrante para nosotros había sido Fulvia Flamínea. Parecía un obispo
feliz, y siempre andaba con una ronda de gatos soñolientos que le estorbaban
para caminar, pero ella decía que no los soportaba por amor, sino para impe-
dir que se la comieran las ratas. De noche, mientras nuestros padres veían en la
televisión los programas para adultos, Fulvia Flamínea nos llevaba con ella a su 140
casa, a menos de cien metros de la nuestra, y nos enseñaba a distinguir las
algarabías[24] remotas, las canciones, las ráfagas de llanto de los vientos de
Túnez.[25] Su marido era un hombre demasiado joven para ella, que trabajaba
durante el verano en los hoteles de turismo, al otro extremo de la isla, y sólo
volvía a casa para dormir. Oreste vivía con sus padres un poco más lejos, y apa- 145
recía siempre por la noche con ristras de pescados y canastas de langostas
acabadas de pescar, y las colgaba en la cocina para que el marido de Fulvia
Flamínea las vendiera al día siguiente en los hoteles. Después se ponía otra vez
la linterna de buzo en la frente y nos llevaba a cazar las ratas de monte, grandes como conejos, que acechaban los residuos de las cocinas. A veces volvía- 150
mos a casa cuando nuestros padres se habían acostado, y apenas si podíamos
dormir con el estruendo[26] de las ratas disputándose las sobras en los patios.
Pero aun aquel estorbo era un ingrediente mágico de nuestro verano feliz.

La decisión de contratar una institutriz alemana sólo podía ocurrírsele
a mi padre, que era un escritor del Caribe con más ínfulas[27] que talento. 155
Deslumbrado por las cenizas de las glorias de Europa, siempre pareció demasiado ansioso por hacerse perdonar su origen, tanto en los libros como en la
vida real, y se había impuesto la fantasía de que no quedara en sus hijos ningún vestigio de su propio pasado. Mi madre siguió siendo siempre tan
humilde como lo había sido de maestra errante en la alta Guajira, y nunca se 160
imaginó que su marido pudiera concebir una idea que no fuera providencial.
De modo que ninguno de los dos debió preguntarse con el corazón cómo iba
a ser nuestra vida con una sargenta de Dortmund, empeñada en inculcarnos a

---

[21] conjunto de objetos colocados uno tras otro

[22] jarra alta y estrecha, de cuello largo y con dos asas, propia de los antiguos griegos para lle-var vino o agua

[23] residuos o restos inservibles

[24] griterío confuso de varias personas que conversan

[25] ciudad africana de la orilla mediterránea

[26] alboroto

[27] pretensiones de ser algo que no se era

la fuerza los hábitos más rancios de la sociedad europea, mientras ellos parti-
165 cipaban con cuarenta escritores de moda en un crucero cultural[28] de cinco
semanas por las islas del mar Egeo.[29]

La señora Forbes llegó el último sábado de julio en el barquito regular de
Palermo, y desde que la vimos por primera vez nos dimos cuenta de que la fiesta
había terminado. Llegó con unas botas de miliciano y un vestido de solapas cru-
170 zadas en aquel calor meridional, y con el pelo cortado como el de un hombre
bajo el sombrero de fieltro. Olía a orines de mico.[30] «Así huelen todos los europeos, sobre todo en verano», nos dijo mi padre. «Es el olor de la civilización». Pero,
a despecho de su atuendo marcial,[31] la señora Forbes era una criatura escuálida,
que tal vez nos habría suscitado una cierta compasión si hubiéramos sido mayo-
175 res o si ella hubiera tenido algún vestigio de ternura. El mundo se volvió distinto.
Las seis horas de mar, que desde el principio del verano habían sido un continuo
ejercicio de imaginación, se convirtieron en una sola hora igual, muchas veces re-
petida. Cuando estábamos con nuestros padres disponíamos de todo el tiempo
para nadar con Oreste, asombrados del arte y la audacia con que se enfrentaba a
180 los pulpos en su propio ámbito turbio de tinta y de sangre, sin más armas que sus
cuchillos de pelea. Después siguió llegando a las once en el botecito de motor
fuera borda, como lo hacía siempre, pero la señora Forbes no le permitía quedarse con nosotros ni un minuto más del indispensable para la clase de natación
submarina. Nos prohibió volver de noche a la casa de Fulvia Flamínea, porque lo
185 consideraba como una familiaridad excesiva con la servidumbre, y tuvimos que
dedicar a la lectura analítica de Shakespeare el tiempo de que antes disfrutába-
mos cazando ratas. Acostumbrados a robar mangos en los patios y a matar
perros a ladrillazos[32] en las calles ardientes de Guacamayal, para nosotros era
imposible concebir un tormento más cruel que aquella vida de príncipes.
190 Sin embargo, muy pronto nos dimos cuenta de que la señora Forbes no
era tan estricta consigo misma como lo era con nosotros, y esa fue la primera
grieta[33] de su autoridad. Al principio se quedaba en la playa bajo el parasol de
colores, vestida de guerra, leyendo baladas de Schiller[34] mientras Oreste nos
enseñaba a bucear, y luego nos daba clases teóricas de buen comportamiento
195 en sociedad, horas tras horas, hasta la pausa del almuerzo.

---

[28] El «crucero cultural» es una práctica que combina el turismo con excursiones y cursos culturales. Los instructores son catedráticos y, en casos excepcionales, escritores famosos.

[29] mar ubicado junto a las orillas de Grecia

[30] especie de mono pequeño

[31] atuendo... vestido varonil de corte militar y rígido

[32] a... con ladrillos

[33] debilidad

[34] Johann Christoph Friedrich von Schiller (1759–1805), destacado poeta alemán del siglo XIX

Un día pidió a Oreste que la llevara en el botecito de motor a las tiendas de turistas de los hoteles, y regresó con un vestido de baño enterizo, negro y tornasolado, como un pellejo de foca, pero nunca se metió en el agua. Se asoleaba en la playa mientras nosotros nadábamos, y se secaba el sudor con la toalla, sin pasar por la regadera, de modo que a los tres días parecía una langosta en carne viva y el olor de su civilización se había vuelto irrespirable.

Sus noches eran de desahogo. Desde el principio de su mandato sentíamos que alguien caminaba por la oscuridad de la casa, braceando en la oscuridad, y mi hermano llegó a inquiestarse con la idea de que fueran los ahogados errantes de que tanto nos había hablado Fulvia Flamínea. Muy pronto descubrimos que era la señora Forbes, que se pasaba la noche viviendo la vida real de mujer solitaria que ella misma se hubiera reprobado[35] durante el día. Una madrugada la sorprendimos en la cocina, con el camisón de dormir de colegiala, preparando sus postres espléndidos, con todo el cuerpo embadurnado de harina hasta la cara y tomándose un vaso de oporto con un desorden mental que habría causado el escándalo de la otra señora Forbes. Ya para entonces sabíamos que después de acostarnos no se iba a su dormitorio, sino que bajaba a nadar a escondidas, o se quedaba hasta muy tarde en la sala, viendo sin sonido en la televisión las películas prohibidas para menores, mientras comía tartas enteras y se bebía hasta una botella del vino especial que mi padre guardaba con tanto celo para las ocasiones memorables. Contra sus propias prédicas[36] de austeridad y compostura, se atragantaba sin sosiego, con una especie de pasión desmandada.[37] Después la oíamos hablando sola en su cuarto, la oíamos recitando en su alemán melodioso fragmentos completos de *Die Jungfrau von Orleans*,[38] la oíamos cantar, la oíamos sollozando en la cama hasta el amanecer, y luego aparecía en el desayuno con los ojos hinchados de lágrimas, cada vez más lúgubre y autoritaria. Ni mi hermano ni yo volvimos a ser tan desdichados como entonces, pero yo estaba dispuesto a soportarla hasta el final, pues sabía que de todos modos su razón había de prevalecer contra la nuestra. Mi hermano, en cambio, se le enfrentó con todo el ímpetu[39] de su carácter, y el verano feliz se nos volvió infernal. El episodio de la murena fue el último límite. Aquella misma noche, mientras oíamos desde la cama el trajín incesante de la señora Forbes en la casa dormida, mi hermano soltó de golpe toda la carga del rencor que se le estaba pudriendo en el alma.

---

[35] rechazado como algo incorrecto

[36] sermones

[37] descontrolada, desobediente

[38] o, *La doncella de Orleans* (1801), tragedia romántica de Friedrich von Schiller (1759–1805) basada en Juana de Arco

[39] fuerza y violencia

—La voy a matar —dijo.

Me sorprendió, no tanto por su decisión, como por la casualidad de que yo estuviera pensando lo mismo desde la cena. No obstante, traté de disuadirlo.

235 —Te cortarán la cabeza —le dije.

—En Sicilia no hay guillotina —dijo él—. Además, nadie va a saber quién fue.

Pensaba en el ánfora rescatada de las aguas, donde estaba todavía el sedimento del vino mortal. Mi padre lo guardaba porque quería hacerlo someter a un análisis más profundo para averiguar la naturaleza de su veneno, pues
240 no podía ser el resultado del simple transcurso del tiempo. Usarlo contra la señora Forbes era algo tan fácil, que nadie iba a pensar que no fuera accidente o suicidio. De modo que al amanecer, cuando la sentimos caer extenuada por la fragorosa vigilia, echamos vino del ánfora en la botella del vino especial de mi padre. Según habíamos oído decir, aquella dosis era bastante para matar un
245 caballo.

El desayuno lo tomábamos en la cocina a las nueve en punto, servido por la propia señora Forbes con los panecillos de dulce que Fulvia Flamínea dejaba muy temprano sobre la hornilla. Dos días después de la sustitución del vino, mientras desayunábamos, mi hermano me hizo caer en la cuenta con
250 una mirada de desencanto que la botella envenenada estaba intacta en el aparador. Eso fue un viernes, y la botella siguió intacta durante el fin de semana. Pero la noche del martes, la señora Forbes se bebió la mitad mientras veía las películas libertinas de la televisión.

Sin embargo, llegó tan puntual como siempre al desayuno del miércoles.
255 Tenía su cara habitual de mala noche, y los ojos estaban tan ansiosos como siempre detrás de los vidrios macizos, y se le volvieron aún más ansiosos cuando encontró en la canasta de los panecillos una carta con sellos de Alemania. La leyó mientras tomaba el café, como tantas veces nos había dicho que no se debía hacer, y en el curso de la lectura le pasaban por la cara las rá-
260 fagas[40] de claridad que irradiaban las palabras escritas. Luego arrancó las estampillas del sobre y las puso en la canasta con los panecillos sobrantes para la colección del marido de Fulvia Flamínea. A pesar de su mala experiencia inicial, aquel día nos acompañó en la exploración de los fondos marinos, y estuvimos divagando por un mar de aguas delgadas hasta que se nos empezó a
265 agotar el aire de los tanques y volvimos a casa sin tomar la lección de buenas costumbres. La señora Forbes no sólo estuvo de un ánimo floral[41] durante todo el día, sino que a la hora de la cena parecía más viva que nunca. Mi hermano, por su parte, no podía soportar el desaliento.[42] Tan pronto como

---

[40] golpes instantáneos de luz

[41] de... alegre, feliz

[42] falta de ánimo

recibimos la orden de empezar apartó el plato de sopa de fideos con un gesto provocador.   270

—Estoy hasta los cojones[43] de esta agua de lombrices —dijo.

Fue como si hubiera tirado en la mesa una granada de guerra. La señora Forbes se puso pálida, sus labios se endurecieron hasta que empezó a disiparse el humo de la explosión, y los vidrios de sus lentes se empañaron de lágrimas. Luego se los quitó, los secó con la servilleta, y antes de levantarse la   275 puso sobre la mesa con la amargura de una capitulación sin gloria.

—Hagan lo que les dé la gana —dijo—. Yo no existo.

Se encerró en su cuarto desde las siete. Pero antes de la media noche, cuando ya nos suponía dormidos, la vimos pasar con el camisón de colegiala y llevando para el dormitorio medio pastel de chocolate y la botella con más de   280 cuatro dedos del vino envenenado. Sentí un temblor de lástima.

—Pobre señora Forbes —dije.

Mi hermano no respiraba en paz.

—Pobres nosotros si no se muere esta noche —dijo.

Aquella madrugada volvió a hablar sola por un largo rato, declamó a   285 Schiller a grandes voces, inspirada por una locura frenética, y culminó con un grito final que ocupó todo el ámbito de la casa. Luego suspiró muchas veces hasta el fondo del alma y sucumbió con un silbido triste y continuo como el de una barca a la deriva. Cuando despertamos, todavía agotados por la tensión de la vigilia,[44] el sol se metía a cuchilladas por las persianas, pero la casa pare-   290 cía sumergida en un estanque. Entonces caímos en la cuenta de que iban a ser las diez y no habíamos sido despertados por la rutina matinal de la señora Forbes. No oímos el desagüe del retrete[45] a las ocho, ni el grifo del lavabo, ni el ruido de las persianas, ni las herraduras de las botas y los tres golpes mortales en la puerta con la palma de su mano de negrero. Mi hermano puso la oreja   295 contra el muro, retuvo el aliento para percibir la mínima señal de vida en el cuarto contiguo,[46] y al final exhaló un suspiro de liberación.

—¡Ya está! —dijo—. Lo único que se oye es el mar.

Preparamos nuestro desayuno poco antes de las once, y luego bajamos a la playa con dos cilindros para cada uno y otros dos de repuesto, antes de que   300 Fulvia Flamínea llegara con su ronda de gatos a hacer la limpieza de la casa. Oreste estaba ya en el embarcadero destripando una dorada[47] de seis libras que acababa de cazar. Le dijimos que habíamos esperado a la señora Forbes hasta las once, y en vista de que continuaba dormida decidimos bajar solos al

---

[43] vulgarismo que se refiere a los genitales masculinos (En este contexto el que habla quiere decir que está harto o cansado de algo.)

[44] acción de permanecer despierto/a hasta altas horas de la noche

[45] inodoro

[46] al lado

[47] especie de pez comestible

305 mar. Le contamos además que la noche anterior había sufrido una crisis de llanto en la mesa, y tal vez había dormido mal y prefirió quedarse en la cama. A Oreste no le interesó demasiado la explicación, tal como nosotros lo esperábamos, y nos acompañó a merodear[48] poco más de una hora por los fondos marinos. Después nos indicó que subiéramos a almorzar, y se fue en el bo-
310 tecito de motor a vender la dorada en los hoteles de los turistas. Desde la escalera de piedra le dijimos adiós con la mano, haciéndole creer que nos disponíamos a subir a la casa, hasta que desapareció en la vuelta de los acantilados. Entonces nos pusimos los tanques de oxígeno y seguimos nadando sin permiso de nadie.

315 El día estaba nublado y había un clamor de truenos oscuros en el horizonte, pero el mar era liso y diáfano[49] y se bastaba de su propia luz. Nadamos en la superficie hasta la línea del faro de Pantelaria, doblamos luego unos cien metros a la derecha y nos sumergimos donde calculábamos que habíamos visto los torpedos de guerra en el principio del verano. Allí estaban: eran seis,
320 pintados de amarillo solar y con sus números de serie intactos, y acostados en el fondo volcánico en un orden perfecto que no podía ser casual. Luego seguimos girando alrededor del faro, en busca de la ciudad sumergida de que tanto y con tanto asombro nos había hablado Fulvia Flamínea, pero no pudimos encontrarla. Al cabo de dos horas, convencidos de que no había nue-
325 vos misterios por descubrir, salimos a la superficie con el último sorbo[50] de oxígeno.

Se había precipitado una tormenta de verano mientras nadábamos, el mar estaba revuelto, y una muchedumbre de pájaros carniceros revoloteaba con chillidos feroces sobre el reguero de pescados moribundos en la playa. Pero
330 la luz de la tarde parecía acabada de hacer, y la vida era buena sin la señora Forbes. Sin embargo, cuando acabamos de subir a duras penas por la escalera de los acantilados, vimos mucha gente en la casa y dos automóviles de la policía frente a la puerta, y entonces tuvimos conciencia por primera vez de lo que habíamos hecho. Mi hermano se puso trémulo[51] y trató de regresar.
335 —Yo no entro— dijo.

Yo, en cambio, tuve la inspiración confusa de que con sólo ver el cadáver estaríamos a salvo de toda sospecha.

—Tate[52] tranquilo— le dije—. Respira hondo, y piensa sólo una cosa: nosotros no sabemos nada.
340 Nadie nos puso atención. Dejamos los tanques, las máscaras y las aletas en el portal, y entramos por la galería lateral, donde estaban dos hombres

---

48 dar vueltas alrededor de un lugar para observarlo sin acercarse

49 de una claridad y limpieza deslumbrante

50 aspiración

51 se... empezó a temblar

52 contracción coloquial de **estáte** o **quédate**

fumando sentados en el suelo junto a una camilla de campaña. Entonces nos dimos cuenta de que había una ambulancia en la puerta posterior y varios militares armados de rifles. En la sala, las mujeres del vecindario rezaban en dialecto sentadas en las sillas que habían sido puestas contra la pared, y sus hombres estaban amontonados en el patio hablando de cualquier cosa que no tenía nada que ver con la muerte. Apreté con más fuerza la mano de mi hermano, que estaba dura y helada, y entramos en la casa por la puerta posterior. Nuestro dormitorio estaba abierto y en el mismo estado en que lo dejamos por la mañana. En el de la señora Forbes, que era el siguiente, había un carabinero[53] armado controlando la entrada, pero la puerta estaba abierta. Nos asomamos al interior con el corazón oprimido, y apenas tuvimos tiempo de hacerlo cuando Fulvia Flamínea salió de la cocina como una ráfaga y cerró la puerta con un grito de espanto:

—¡Por el amor de Dios, *figlioli*,[54] no la vean!

Ya era tarde. Nunca, en el resto de nuestras vidas, habíamos de olvidar lo que vimos en aquel instante fugaz. Dos hombres de civil estaban midiendo la distancia de la cama a la pared con una cinta métrica,[55] mientras otro tomaba fotografías con una cámara de manta negra como las de los fotógrafos de los parques. La señora Forbes no estaba sobre la cama revuelta. Estaba tirada de medio lado en el suelo, desnuda en un charco de sangre seca que había teñido por completo el piso de la habitación, y tenía el cuerpo cribado[56] a puñaladas. Eran veintisiete heridas de muerte, y por la cantidad y la sevicia[57] se notaba que habían sido asestadas con la furia de un amor sin sosiego, y que la señora Forbes las había recibido con la misma pasión, sin gritar siquiera, sin llorar, recitando a Schiller con su hermosa voz de soldado, consciente de que era el precio inexorable de su verano feliz.

1976.

---

[53] policía italiano

[54] palabra italiana que significa **hijitos**

[55] cinta para medir

[56] La criba es un instrumento para separar elementos, a modo de un colador. En este caso, el uso figurativo es que el cuerpo, por la cantidad de heridas, parece tener el aspecto de una criba.

[57] crueldad excesiva

Después de leer

Comprensión

1. ¿En qué lugar pasan el verano los niños que protagonizan esta historia?
2. ¿Por qué están los niños bajo el cuidado de la institutriz?

3. ¿Qué personaje lleva cuchillos? ¿Cuántas veces se menciona al personaje en relación a los cuchillos?

4. ¿Qué cambio descubren los niños en las costumbres tan rígidas de la señora Forbes?

5. ¿Qué planea hacer el hermano de la narradora y cómo?

6. ¿Alegra o entristece a la institutriz la carta que le llega desde Alemania?

7. ¿En qué sentido es «feliz» el verano del cuento para la señora Forbes o para los niños, al menos cuando están lejos de su control?

Análisis

1. En los cuentos policiales el lector desconoce una información fundamental para que se pueda sostener el suspenso. En este cuento no se revela al final el dato sobre quién es el asesino. ¿Por qué?

2. Una historia contada en primera persona puede proporcionar información parcial. Considere esto al establecer una hipótesis sobre quién es el asesino de la señora Forbes.

3. ¿Por qué se sienten culpables los niños hacia el final del cuento?

Expansión

1. Pensando en la agresividad de los niños, revise distintos personajes de dibujos animados en los que sus protagonistas son niños perversos, como Bart en *Los Simpson* o Calvin en la tira cómica de *Calvin y Hobbes*.

2. En este cuento de una familia hispanoamericana en Europa, los protagonistas pertenecen a una clase privilegiada. Detalle cómo nos enteramos de esto.

3. **OPTATIVO:** Aunque se diga que el protagonista tiene nueve años cuando se refiere la historia, el lenguaje del narrador no se parece al de un niño. Considere otro cuento de esta antología, «Yambalalón y los siete perros», de Juan Villoro, y compare el lenguaje que supuestamente poseen ambos niños.

Carmen Naranjo

JUNTO CON AUTORAS COMO CARMEN LIRA y Dorelia Barahona, Carmen Naranjo proyectó fuera de su país el nacimiento de una sólida narrativa centroamericana. Nació en Costa Rica en 1928 y ha vivido en varios países centroamericanos. Se licenció en Filología y posteriormente realizó cursos de posgrado en la Universidad Autónoma de México y en la Escuela de Letras de la Universidad de Iowa. Se desempeñó como asesora para las Naciones Unidas y la Organización de Estados Americanos. Su obra ha sido ampliamente reconocida y traducida a varios idiomas. Obtuvo varios premios de novela en su país, en 1977 la Orden Simón Bolívar en Venezuela, y en 1996 recibió del gobierno de Chile la Medalla Gabriela Mistral. Entre sus libros se encuentran *Misa a oscuras* (1967), *Memorias de un hombre de palabras* (1968), *Mujer y cultura* (1989), entre otros títulos. *Diario de una multitud* (1974) es considerada su mejor novela.

Las preocupaciones de Carmen Naranjo se han centrado en una muy fluida combinación de procedimientos aplicados a mostrar con una gran tensión narrativa tanto las realidades históricas y sociales de su país como las de orden psicológico, más íntimas y personales. En los cuentos incluidos a continuación, «¿Para qué matar a la condesa?» y «Ondina», el alcance de sus temas es muy amplio, y en estos casos regido por el carácter precursor de la visión del machismo. La historia, la política, el periodismo, pero también los traumas psicológicos y los mitos literarios caben en su obra de ficción, con una sutilísima percepción de la humanidad de sus personajes. Es reconocida como una de las fundadoras del nuevo cuento escrito por mujeres y sus textos en ese género han sido difundidos en múltiples antologías y lenguas.

Bibliografía mínima

Arizpe, Lourdes. «Interview with Carmen Naranjo: Women and Latin American Literature». *Signs* 5. 1 (1979): 98–110.

Chase, Alfonso. *Narrativa contemporánea de Costa Rica*. San José, CR: Ministerios de Cultura, Juventud y Deportes, 1975. 124–125, 127–128.

Cruz Burdiel de López, María. «Estudio de tres cuentos de Carmen Naranjo». *Kañina: Revista de la Universidad de Costa Rica* 41 (1975): 101–110.

Flores, Ángel, ed. «Carmen Naranjo». *Spanish American Authors: The Twentieth Century*. Nueva York: The H.W. Wilson Company, 1992. 579–581.

Martínez, Luz Ivette. *Carmen Naranjo y la narrativa femenina en Costa Rica*. San José: Editorial Universitaria Costarricense, 1987.

Picón Garfield, Evelyn. «La luminosa ceguera de sus días: los cuentos 'humanos' de Carmen Naranjo». *Revista Iberoamericana* LIII. 138–139 (Enero–Junio 1987): 287–301.

Rubio, Patricia. «Carmen Naranjo». *Spanish American Women Writers. A Bio-Bibliographical Source Book*. Ed. Diane Marting. Westport, Conn.: Greenwood Press, 1990. 350–359.

Sandoval de Fonseca, Virginia. «Carmen Naranjo». *Resumen de la literatura costarricense*. San José: Editorial Costa Rica, 1978. 39–52.

Schrade, Arlene O. «Naranjo, Carmen». *Women Writers of Spanish America*. Ed. Diane Marting. Westport, Conn.: Greenwood Press, 1987. 267–268.

¿Para qué matar a la condesa?

Antes de leer

Temas para comentar antes de la lectura

1. ¿Cómo se maneja la información sobre personajes públicos de los que se habla en todas partes?

2. ¿Hasta qué punto se puede creer lo que se dice sobre alguien a quien nunca llegamos a conocer en persona?

3. ¿Qué importancia tienen los mitos o los personajes míticos para una sociedad?

4. ¿Es posible que en sociedades violentas y machistas se dé paso a las mujeres para que sean ellas las que gobiernen?

Palabras clave

1. la blasfemia
2. la compostura
3. los dimes y diretes
4. la finura
5. la majadería
6. la maña
7. el pendejo
8. al serpenteo

¿Para qué matar a la condesa?

«**Vine a esta ciudad,** de métete por acá y piérdete por allá,[1] con
otra idea. Pensaba encontrar un drama, algo heroico. Me encuentro con una tonta historia, de dimes y diretes.[2] La gente es débil y
simple, la pobre condesa una vieja tonta y presumida. Ni siquiera
el paisaje valía tan largo viaje. Los árboles son muy grandes, las calles estre- 5
chas, frías, empiezan pronto a doler con desconsuelos reumáticos.»

Ya estaban acostumbrados a esos comentarios. A nadie le interesó la historia, ni a los hombres con lápiz ni a los que se metían en las caras y en las casas
como si esperaran de pronto encontrar huellas de sangre.

No los habían llamado. Llegó primero un periodista. Él fue el que atrajo a 10
los demás. El retrato que hizo de la condesa era extraordinario: una niña dulce
y poética que sembraba geranios, mientras soñaba con hacer en la misma colina una iglesia de torres y puntas, blanca, como un balcón sobre el precipicio
para recordar las caídas y ampliar la plegaria[3] hacia el cielo, que eso era la síntesis de un templo. Y la iglesia no podía estar sola, alrededor calles y casas, en 15
círculos abiertos al serpenteo.[4] La niña ordenó, casi jugando, la siembra de
pinos, cedros, cipreses, que desde el valle subieron por la colina, sin tocar la
planicie[5] superior, el lugar de la iglesia y de las casas. Ella quería un bosque y
cuando la condesita quería no había más alternativa que complacerla. Fuera lo
que fuera después, la verdad es que fundó el pueblo. 20

«Yo la recuerdo en sus años mozos.» La grabadora, recoge la voz lenta de
un viejo. «No sé si fue hermosa a lo mejor nunca pensé en eso y no me atreví
a verla como se ve viendo lo que está al frente. Recuerdo que era terca, tres
veces se cayó la iglesia por su culpa, la quería al puro borde del abismo, sin entender que las aguas lavan y el viento golpea de duro para arriba. Los fracasos 25
no le enseñaron nada, por eso está torcida y la torre quedó como una flecha
temblorosa, y por eso también el mejor día se nos cae encima.»

El encargado de la limpieza graba con emoción su voz. No se imagina que
la condesa fuera niña y después joven, tiene la idea de que siempre fue vieja,
con su toca[6] de encajes blancos y su manto de seda negra, encogida en arru- 30
gas y en gestos de anciana impaciencia. «Porque era un demonio de voluntad
y de capricho, vieja bruja, malvada como pocas, siempre tratando con el diablo
y tentándonos a matarla como se mata a un animal malo.»

---

[1] métete... una ciudad de poca importancia

[2] dimes... habladurías, chismes

[3] oración de petición

[4] en... dando vueltas y curvas como lo haría
una serpiente

[5] espacio llano

[6] prenda de tela con que algunas mujeres se
cubren la cabeza

Alguien pensó en un drama y fue interrogando a los vecinos. Usted, ¿qué
criterio tiene de la condesa? La pregunta va hacia una mujer de mediana
edad, que con la escoba en la mano acaba de espantar las gallinas del patio,
uno sobre el que cae la sombra de la torre como la aguja torcida de un reloj
viejo. «¡A mí no me venga con majaderías[7]! Que otros juzguen a la condesa, y
por cierto ya va siendo hora de que le quiten el título. Ni nadie ahora los tiene,
el mundo se igualó, ni ella lo tuvo nunca. No soy del pueblo, vine aquí porque
me casé con un ignorante que era el sacristán[8] de la iglesia, un pobre diablo
y no ha cambiado mucho, ni siquiera con la revolución, sé que reza en silencio y eso me rechina.[9] Hay cada mula por estos lados y mi marido pertenece
al rebaño. No más truena y empieza a invocar los santos, después se aver-
güenza y me dice que es maña.[10] Maña de tonto, me lo conozco muy bien. A
ella la conocía muy por dentro mi familia. Rica sí era, rica de explotación y rica
por los padres y por los abuelos. El marido no le trajo nada, más bien le botó
lo que pudo, pero la suerte estaba de su parte, se le murió pronto y dejó a la
viuda sola, contando la plata, sin cansarse nunca. Una mujer sin conciencia,
explotadora de estos pobres imbéciles, aumentando su capital cada día, llena
de avaricia. Cuando se vino la revolución, estos estúpidos le avisaron, le pidieron permiso para izar la nueva bandera y ella escondió todo: dinero, joyas,
sólo encontraron en su casa una vajilla incompleta y unos cuadros infernales
de feos.[11] Condesa se llamaba, pero sin título, un nombre apenas y la preten-
sión de tener esclavos. No quiero hablar de ella, ni de mi marido, ni de este
asco de pueblo.»

Y usted, ¿qué relación tuvo con la condesa? Un muchacho flaco, con ojos
irritados, que está aprendiendo a mirar con descaro y a fumar sin bañarse de
humo la cara. «Hablar de la condesa es ya una aburrición. Parece mentira que
cueste tanto deshacerse de ella. Antes en las mesas y en las calles hablábamos
de otras cosas, del frío, de la comida, de las mujeres. Claro que si pasaba por la
calle o repicaban[12] las campanas, a coro decíamos «Dios dé salud a la condesa». Necesidad de servilismo o de imbecilidad, pero no había uno que lo dejara de decir. Creo que si volvieran a repicar las campanas o pasara ella de
nuevo, repetiríamos lo mismo. Son cosas que se pegan. Ahora el día entero la
mencionamos y cuentan de ella cada historia que para el pelo: eso de que
mató a un niño a latigazos porque se atravesó en su camino, que envenenó a
su sirvienta porque entró en su cuarto cuando invocaba al diablo, que de
noche y de día rondaba las casas para decidir la suerte de cada uno. Hablan de

---

[7] dichos o hechos necios, molestos o imprudentes

[8] persona encargada de ayudar al sacerdote en
la iglesia

[9] disgusta

[10] habilidad para lograr algo

[11] infernales... muy feos (como del infierno)

[12] sonaban continuamente

sus amantes, de sus vicios, de su maltrato. Hablan tanto que ya se duda de qué es cierto y de qué es mentira. A mí me tienen harto con las historias y con la condesa. Sólo me habló una vez antes de la revolución y me llamó por mi nombre: Pedro, deja de molestar a la hija de los García, ninguno de los dos está en edad de matrimonio, no faltes a misa y a trabajar más duro en el campo. Me dejó muy impresionado, inmóvil como una estatua. No sé si fue su voz, que retumbaba lejana, pero desprendida del mismo cielo, o el honor de que me llamara por mi nombre. Quizás sus ojos verdes, que no se podían parar y decir hasta aquí, no vayan más adentro. Después la vi en la cárcel, fui con los otros a insultarla, a gritarle vieja, bruja mala, puta. Ella nos miró con una serenidad y con un orgullo que a mí mismo me asustó. No me dijo nada, parecía no oír. En la noche no pude dormir, después me alegré de que la aislaran. Es mejor así, no me gusta maltratar a los viejos, aunque hayan sido tan desgraciados como ella.»

Usted, que apresó a la condesa, cuénteme cómo sucedió. El tipo alto y fornido, comisario[13] por dentro y por fuera, mueve las puntas del bigote con un gesto ágil de labios, mientras la tarde se va terminando sin el repique de las campanas. «Nunca conocí un conjunto tan grande de pendejos[14] como el que se encuentra por acá. Cuando llegué, me di rápida cuenta de que desconocían los propósitos de la revolución y del nuevo gobierno popular. La condesa era todo: el estado mayor, la ley, la autoridad y la propietaria absoluta. Las tierras eran de ella, las casas, las tiendas, los árboles, hasta el prostíbulo. Me dijeron que un grupo le había hablado de los cambios sucedidos en el país, de los sacrificios que implicaron, de la sangre, de los muertos, de los fusilamientos a quienes se oponían a la revolución y a las medidas que se debían tomar. Claro, para hablarle de eso buscaron a un estudiante de un pueblo vecino, no podía ser en otra forma, temblaban delante de ella, una vieja ya en plena decadencia, débil físicamente como un pájaro sin alas, pero poderosa y fuerte en su dominio. Ella los recibió y oyó el discurso, mientras sonreía pasando el rosario[15] entre los dedos. Cuando acabó el estudiante, dijo que la historia era muy triste, que el domingo habría una misa especial en memoria de los muertos, que volvieran al trabajo y que ella hablaría con Dios sobre lo sucedido. Todos se retiraron, menos el estudiante. Él le explicó que no habría misa, al cura lo fusilaron en la ciudad vecina, él lo vio cuando lloraba, pedía clemencia y ofrecía unirse a la revolución. Le dijo que pronto llegarían soldados y ella también sería juzgada y quizás… La condesa lo invitó a la cocina y le ofreció té, ella lo hizo. El estudiante siguió hablando, contándole en detalle lo que había sucedido a los ricos y a los curas. Ella no se alteró, cuando terminó el te lo acompañó a la puerta, siempre en silencio. Al despedirse le dijo: «En mi mundo

---

[13] inspector de policía

[14] tontos (expresión vulgar)

[15] cadena de cuentas que usan los devotos de la fe católica para hacer el seguimiento de rezos

mando yo, ni siquiera Dios interviene, Él está para asuntos más importantes. En el mundo mío no hay gobierno, ni revoluciones.» Ese testimonio se expuso en
110 el juicio y ella confirmó sus palabras. Extraña mujer. Cuando llegué, sentí que me esperaba, no le inspiré miedo, ni desconfianza, me dijo bienvenido. Le puse las esposas[16] en las muñecas más esqueléticas que he visto en mi vida, frías y encogidas como las de un muerto. Le leí los cargos de explotadora del pueblo y contrarrevolucionaria. Se sonreía distante, al punto de que quise abofetearla
115 y hacerle sentir mi autoridad. La pobre vieja, a lo mejor chocheaba,[17] por eso me limité a levantarla bondadosamente, usted sabe que lo revolucionario no estorba con las buenas maneras. Este pueblo no tiene cárcel, la encerré en la casa que tomé para la comisaría. La gente, después de adoctrinarla, vino y la insultó. Los que buscaban empleo y granjerías,[18] hicieron demasiado ruido.
120 Eso me obligó a trasladarla de nuevo a su casa, por supuesto debidamente custodiada. Estas mujeres son el puro demonio, a lo mejor se escapan y estos estúpidos de acá pueden creer que hace milagros y voló al cielo.»

Usted sirvió por muchos años en la casa de la condesa, cuéntenos algo de su vida y de sus costumbres. Antes de responder, una mujer vieja, con las
125 manos temblorosas y la cara con mapas de días largos de invierno y verano, miró a los lados, quizás con la idea de escaparse por algún sitio o encontrar otro que respondiera. «Era mala como son los malos, pero peor aún, nunca se sentía en paz con su maldad, quería siempre más y más. Nos despreciaba, ¿qué éramos para ella?, animales, bestias que sólo entendían con malos
130 modos y groserías.[19] A mí siempre me lastimó, siempre, nunca se cansaba de llamarme estúpida y de exigirme más trabajo, aun cuando era innecesario y yo no podía… Ella se llevó mi juventud y mi fuerza, gratuitamente porque me regateaba el pan. No le importaba que los demás murieran de hambre, ella no sabía lo que era eso, con sus finuras[20] y sus golosinas. Cuando ya no pude
135 hacer espejos en los mosaicos, atenderla día y noche en sus necedades, me dijo que me fuera con los míos, así no más, sin un asomo de gratitud. Un monstruo de egoísmo y de altanería.[21] Decidió quedarse sola en su casona, para esconder sus bienes y revolcarse a pleno gusto en su mezquindad. Ella algo de raro hacía en sus cuartos cerrados, nunca supe qué era, tal vez
140 algún rito diabólico, porque le garantizo que no creía en Dios ni en nadie. Aparentemente siempre rezaba, a lo mejor eran blasfemias y brujerías. Pobre mujer… tan sola y tan callada, con sus recuerdos tristes. Su madre se quitó la vida cuando ella apenas tenía siete años. Los sirvientes viejos, que murieron

---

[16] pulseras de acero para atar a una persona por las manos

[17] tener las facultades mentales debilitadas por la edad

[18] beneficios que se obtienen negociando

[19] palabras vulgares, insultantes

[20] lujos o elegancias en el vestir o el comer

[21] sentimiento de considerarse superior a los demás

en la casa de pulmonías y de hambre, me contaron que ella la encontró colgada de una viga,[22] atada al cuello con las sábanas de lino, esas que tenían las marcas de la familia entre flores y hojas. La mujer colgada con la lengua afuera, los ojos desorbitados y los pies bailando en el vacío. La niña quedó sin habla mucho tiempo. Después gritó en las noches como una desesperada. El padre se la llevó lejos y la trajo de nuevo. Dicen que desde entonces sus ojos verdes se hicieron de piedra y nunca cantó ni bailó. El padre fue su compañero inseparable, aun después de casada, caminaban juntos por las tardes, del brazo, por la misma vereda entre los pinos y hasta los lirios, esos que crecen todavía por el fondo del riachuelo. Por ahí quedó él un día, un cólico repentino le robó el aire y se ahogó cuando la brisa corría con mariposas y hojas. No lo conocí, cuentan que era muy buen mozo,[23] triste como la hija, pero más bueno y más dulce, conversaba con los sirvientes, era amable y generoso. Ella hizo la iglesia para sus padres, trajo los restos y los colocó en el altar, lo que es un sacrilegio, pues santos no fueron, la madre ni siquiera esperó la voluntad de Dios y él se fue sin confesión. Yo digo que eso no es un templo, es un cementerio, el cementerio de los ricos, de los malvados. El pobre marido, que no tenía nada, está enterrado en el cementerio de nosotros, ni siquiera tiene lápida ni cruz.[24] La condesa ordenó que se cubriera la tumba con piedras, a lo mejor temía que se saliera de noche, aunque dicen que lo enterraron bien muerto, ya hinchado, medio podrido. Murió fuera del pueblo, en una vecindad cercana, de una fiebre intensa y rara que lo consumió como si estuviera lleno de gusanos. Para mí que nunca se quisieron. La condesa no lo mencionó mientras viví con ella, y bien que me hablaba de sus padres, aun con lágrimas en los ojos. Era muy sentimental, se ponía débil, indefensa cuando alguien hacía memoria de ellos, rogaba que se repitiera una y otra vez cualquier cita de sus padres. Los que en el pueblo los recordaban eran sus preferidos, sus invitados de honor aun cuando no distinguieran una cuchara de postre y una de sopa.[25] Cuánto abusaron de su generosidad... eran su debilidad, la única debilidad que le conocí a esa mala, injusta mujer.»

¿Qué impresión le produjo la condesa? El estudiante refina su voz y prepara su oratoria, debajo de los anteojos una mirada opaca y melancólica agota el tono marcial[26] de las palabras: «Una vieja como cualquier otra, sin nada extraordinario, tan común como los ricachos[27] que vimos gobernando el mundo, con una miopía hacia los intereses populares y con un afán marcado

---

[22] madero largo y grueso para sostener los techos

[23] guapo, de buen aspecto físico

[24] está... Es decir, está enterrado como pobre, sin atención a los detalles tradicionales de un entierro católico.

[25] Esta oración describe el estrato social bajo de los invitados.

[26] solemne

[27] expresión coloquial para referirse a gente adinerada

de explotar sin ninguna clase de conciencia al pobre pueblo sacrificado por su ignorancia y su desvalidez.[28] No me mereció respeto, pero me asombró su falta de sensibilidad y su incomprensión hacia las necesidades inmediatas del hombre. Sentí que no era una persona viva y real, me pareció más bien alguien muerto hace mucho tiempo, pero dominante de un grupo de ignorantes por efecto de un acondicionamiento a la autoridad y a la religión. Un tipo prototipo, reconocido tradicionalmente, sin ningún valor propio y sin la menor noción del mínimo respeto al ser humano. Era una de esas personas que cree en la existencia natural de los privilegios y recibe, sin idea alguna de límite, el trabajo y el sacrificio de los otros. Hablarle era igual que hablar frente a una pared. No creo que entendiera los principios humanitarios de la revolución, ni nuestro derecho de justicia social. Las mismas palabras parecían nuevas para ella, sin significado en su propia lengua, dominada por verbos de quiero, deseo, ordeno. El típico caso de las cadenas que no pueden tener concepto de libertad, de las prisiones que desconocen el derecho y la justicia. Sin embargo, debo mencionar que me impresionó la fuerza de esa anciana, a pesar de parecer una muñeca apergaminada en el pasado,[29] sin haber nunca crecido en ideales y en consideración hacia los otros. Una especie de reina o de momia muy antigua, que todavía respiraba y tenía el vigor físico suficiente para continuar la explotación. En todo caso, llegamos a tiempo para parar ese apestado acomodamiento al mando arbitrario. La revolución no permitirá en el futuro esta clase de condesas, dueñas de vidas y de destinos. Vamos a cambiar el rumbo de este pueblo. No más ídolos condesas, ahora mandan las ideas y los derechos humanos. La revolución es... »

La condesa atravesó el largo salón sin interrumpir el silencio de museo abandonado que adornaba los pocos y solemnes muebles, los cuadros oscuros con las caras y las manos blancas de los santos, las cajas de bocas abiertas y vacías, los objetos sin brillo, el trazo nuevo y viejo de una o varias telerañas.[30] Cada hora hacía el mismo viaje, desde el cuarto al jardín interno, donde crecían con rosas mucho tiempo sin podar,[31] de altos y feos tallos que cargaban flores nuevas, ramas, hojas y flores secas, las más diversas clases de hierbas. Quizás abajo, cerca de la tierra, ya sin verse, había violetas, margaritas, pensamientos, semillero de aristocráticas y hurañas plantas. Desde el jardín, después de recoger unas hojas de yerbabuena, la condesa seguía hasta la cocina, allí colgaban platos de cerámica, cobre, tal vez plata, con reseñas[32] de frutas,

---

[28] falta de recursos y apoyos para salir adelante

[29] apergaminada... que no tiene idea del presente (la revolución) ni de los cambios sociales que se producen

[30] Todo este párrafo indica el estado de deterioro del salón.

[31] cortar o quitar ramas a los árboles y otras plantas para que puedan crecer con más vigor

[32] detalles

pájaros y paisajes de lagos y nieve. Un desván de ollas y máquinas, colocadas en donde quedaron la última vez, en una silla rota, en una mesa de barnices reventados o de mosaicos incompletos, o en el mismo suelo con parches oscuros de invasiones húmedas. Mientras el agua hervía, la condesa miraba el cielo por el tragaluz ya oscuro, pues la ancha y larga cocina con sus ventanales cerrados era una adivinanza de penumbras. 215

Quiero, papá, que todos vivan cerca de la iglesia, allá en la colina, poco a poco los trasladaremos, cada uno en su casa, cerca de Dios. Haremos el pueblo más bello del mundo, nuestro pueblo de paz y de amor. 220

Ves, mamá, yo no quería nada de la vida, y todo se me ha ido, pero el pueblo es cada día más hermoso y su gente tal vez tenga la felicidad que se me fue de las manos cuando te fuiste. Tengo tus muñecas, tu diario, tus libros de versos y tu biblia. ¡Cómo crecen los niños en las calles! Ayer los llevaban de la mano y hoy ya juegan solos, mañana los veré a ellos mismos con niños de la mano. La vida es un milagro que no termina y a veces no sé si tiene algún sentido. 225

Hija, mi pequeña condesa, quiero que entiendas que yo nunca fui mala. No me gusta la vida, creo que al mismo tiempo que abrí los ojos sentí horror de vivir. No te veré crecer, eres tan linda y pequeña, me dueles en el alma y en los huesos, pero no te quería tener ni quería que vinieras a este mundo de miseria y de dolor. Eres lo que más me apena. Tu padre encontrará una mujer llena de sonrisas como a él le gustan. Yo soy su única tristeza, no se puede ser feliz con una mujer sin vida entre los brazos, una mujer que no desea nada, ni comida, ni joyas, ni casas en la ciudad o en el campo, que no le gusta el aire ni el mar, que sólo quiere estar a oscuras, sin hablar, para pensar en cómo y cuándo. No heredes mi tristeza, lucha por algo, haz algo, ama a la gente, esa pobre gente que entretiene su desconocida pena comiendo y amando. Sé fuerte y vive, sé como tu padre, a él le parecen cortas las horas del día y jamás piensa en la muerte. 230 235 240

«Señor comisario, he encontrado cosas muy raras en la vida de la condesa. La primera de ellas es que desde hace mucho tiempo, ha sido la persona más pobre de este pueblo. Vendió hasta las joyas y objetos personales, para construir la última casa que le pidió esta gente. Realmente, una persona miserable, ni para su comida tenía dinero. No ha escondido nada en su casa, es innecesario seguir excavando y destrozando muebles. Sus bienes los fue vendiendo y no tiene nada desde hace rato. Me he encontrado cosas de ella en los pueblos vecinos. Aquí venían a comprarle los mercaderes y por cualquier cosa daba cuadros, vajillas, adornos, joyas, manteles, muebles. El pueblo no le pagó por las siembras, por los negocios, por las casas. Ella nunca recibió un centavo de esa gente. Les pedía que trabajaran y no les pidió que trabajaran para ella. Cada uno ha dispuesto de tierra, casa y negocio para su propio 245 250

255　provecho.[33] Hay en el pueblo varios ricos y no hay otro tan pobre como la condesa. Pero, no se desanime usted, éstos serán cargos contra ella, ya verá cómo le damos vuelta al asunto.[34] ¿Qué se cree esta vieja? Seguramente se había olido el proceso revolucionario y se quiso salvar dándolo todo. No hay nada más evidente de su deliberado sabotaje. Pero, ese gesto tan obvio no le

260　será útil. Además, el pueblo entero pide un fusilamiento y si el pueblo lo pide por algo será. El pueblo siempre tiene la razón.»

Condesa, no hemos sido felices y no sé cuál ha sido el motivo. Como caballero debo reconocer de antemano mi culpa. Soy diferente, no me interesa el campo ni el pueblo. Me enferma esta gente pidiendo siempre.

265　*¿Podríamos vivir en otra parte? Hay sitios alegres en el mundo, sitios en que las personas hablan y se ríen. Me siento enfermo, aquí me canso de no hacer nada. Puede ser la altura, el frío, este viento que no deja en paz o esta sequedad que me va envejeciendo. ¡Vámonos! Mañana. En otra parte, Condesa, hay vida. Aquí la muerte huele, apesta. No soy persona*

270　*adecuada para compartir este ambiente. No creo en Dios y Dios se asoma por todos lados para verme. Creo que me voy a morir.*

Condesa, mi hijo está mal, ¿no ve el color amarillo de su piel y esos ojos dilatados, sin ganas de vivir? Déle algo de dinero para que se vaya a otro lado, al mar, a la ciudad, a un lugar en donde recobre su vigor. Déle

275　*sus propiedades en la capital, siquiera en consideración a los años que ha pasado aquí. No cargue en su conciencia lo que sucederá pronto. Él es como un niño, no sabe trabajar, no piensa en orden, es indefenso. Lo único que tenía de riqueza eran sus buenas maneras, su porte aristocrático, su juventud. De eso sólo queda su cortesía, aunque está tan débil que*

280　*ya le cuesta abrir las puertas y sostener el brazo.*

«Señor Comisario, la condesa no tiene propiedades, no aparece nada en el registro. Los campos, las calles, las plazas, la iglesia, todo está traspasado[35] hace años al pueblo. Las propiedades en la capital las vendió hace tiempo y fue un dinero que empleó en pagar nuevas construcciones, mejorar la cañería y los

285　servicios. ¿Qué hacemos, señor Comisario? La condesa está limpia de culpa, no es propietaria, no es rica, no es explotadora, quizás más bien haya sido explotada.»

Los vientos traen los más extraños mensajes. El hijo de la hija del panadero es hijo de tu marido. Tu marido no duerme, ronda por el pueblo, toca las

290　puertas, pide comida, reclama amor. Tu marido está en el valle vomitando vino,

---

[33] beneficio, ganancia

[34] le... cambiamos por completo la situación de manera que parezca lo contrario

[35] está... se ha cedido

vomitando sangre. Tu marido trajo unas mujeres raras, con los pechos enormes y agitados, que hablan y no se les entiende. Tu marido no es tu marido, ni te conoce ni lo conoces.

Como tú quieras, padre, como tú quieras. Yo soy tu voluntad. No conozco otra. Sólo te pido que me dejes aquí, con las cosas de la madre. No me 295 *hacen daño, te lo juro, no ves que soy distinta, alegre y con un gran apego a la vida.*

Ella era buena y dulce, además muy hermosa. Con tus mismos ojos, pero más profundos y tristes. Lo impresionante siempre fue su silencio, pasaba días y días sin decir una palabra. Ese silencio era una distancia 300 *demasiado grande para mí. Acabé por no hablarle, por ignorarla también, por sentirme tan solo como ella. No podía forzarla, era demasiado frágil. Ni siquiera la besaba, era imposible, no resistía el contacto físico, lloraba y gritaba. Contigo, aun contigo era igual, nunca te besó ni te acarició.* 305

Mientes, padre, mientes porque no la quisiste y sólo a través de un enorme amor se podía llegar a ella. Madre me besaba siempre, cuando estábamos a solas, me peinaba con sus dedos. ¡Cómo recuerdo sus abrazos y aquel olor de rosas y de primavera, tan suyo! Mientes, padre, como miento yo al amarte y respetarte, pero eso no tiene importancia porque 310 *te quiero mintiendo y te quiero de verdad. No quiero tu fuerza, tu don de mando,*[36] *tu hacer que los demás hagan las cosas. Quiero tu pobreza de sueños y de ideales, tu ausencia de ojos para las cosas bellas. No has visto nunca como las mariposas vuelan alrededor de mi cabeza, porque tengo miel de luces y soy una mariposa grande sin alas. Ellas me conocen y* 315 *reverencian.*

«Quiero establecer de nuevo su testimonio. Dijo usted que la condesa fue siempre el ejemplo más negativo del capitalismo, por su actitud de tomarlo todo, sin tener en cuenta las necesidades de los demás, ni pagarles lo justo por el trabajo. Creo que usted tiene razón en su juicio, pero quiero saber por qué 320 cuando la vio encadenada, cuando la paseamos por el pueblo, cuando esperamos que ustedes y los demás no sólo hablaran sino que también tomaran la justicia en sus manos, usted, sí usted, que la acusó con graves palabras, obedeció su ruego y corrió a darle agua. No me diga que lo hizo por caridad, porque se trataba de una anciana, usted y los otros saben que ella es algo más, per- 325 verso e indigno, es una institución, representa un sistema de trabajo contra el pueblo. ¿Por qué entonces servirle agua, con tanta presteza, con servilleta y

---

[36] don... capacidad para dirigir o mandar, liderazgo

¿Para qué matar a la condesa?　　**185**

ceremonias de alta dignidad? ¿Por qué hizo usted eso? ¿Por qué no le escupió la cara? ¿Por qué no desoyó el[37] ruego? ¿Es que le gustaba su régimen de ex-
330 plotación y está contra el nuevo gobierno?»

Mi padre era duro, no te puedes imaginar cuánto. Yo temblaba cuando sus ojos me seguían, unos ojos lentos y siempre despiertos como los de tu propio padre. No conocí a mi madre. Murió el día que nací. Así viniste al mundo, matando. Si no lo decían, sé que siempre lo pensaron. Mis her-
335 *manos quedaron enterrados en la mina, con muchos otros obreros de mi padre. Él sólo dijo: esta vida es perra. Hizo la lista de mis bienes y se la dio a tu padre. Nos casamos sin grandes ceremonias, yo estaba de duelo.[38] Fui sola al altar. Mi padre se había ido lejos, no supe ni cuándo murió, a lo mejor aún está con vida. Los míos, los verdaderamente míos, me esperan*
340 *desde hace mucho tiempo.*

«Tengo miedo, Miguel, tengo miedo de la condesa. Lo mejor es pedir que la encierren en otra casa, en donde la traten como se debe. Aquí yo no puedo, no puedo ni gritarle ni hacerle mala cara. Me gusta que le guste mi sopa, me agrada que se sonría conmigo, siento placer al arreglarle su ropa y limpiarla.
345 Para mí es una santa, una buena mujer que no ha hecho daño. Si vieras sus fustanes[39] remendados, la pobreza de sus interiores, hasta la capa de seda tiene carriles y la toca de encaje está llena de huecos. Aquí se está engordando y recobrando el color. Es mejor que se la lleven a otro lado, antes de que nos llamen traidores.»

350 El viento brinca en las noches con la violencia de los temores, trae mensa-jes, voces viejas y voces nuevas, largos quejidos. La condesa está triste y espera sentencia. La condesa fue buena, piedad para las mentiras. Dios dé salud a la condesa, ya para qué. A nosotros también nos llegará la hora, a todos nos llega. La condesa irá al cielo, pero ¿nosotros?, ¿qué será de nosotros? Hay que
355 vivir conforme al tiempo. Ahora es invierno para todos, aunque brille el sol. Si tuviéramos mando, podríamos hablar de conciencia. Tal vez, si la fusilan, le podamos hacer un lindo entierro, con flores y llantos.

«Hay que deshacerse de la condesa lo antes posible. Es una vieja que cho-chea, ni siquiera habla, pero nos hace un daño tremendo. El pueblo la quiere,
360 eso es un hecho innegable. La admira, sabe que ella lo ha dado todo. Ahora tiene vergüenza, siente que peca con sólo hablar de ella. Por otra parte, no han aceptado los impuestos, rehúsan pagar tributos, no hay voluntarios para el ejército. La condesa hace que no entiendan la revolución. Ella dio y dio sin

---

[37] no... no le hizo caso al

[38] luto (período de pena por la muerte de una persona querida)

[39] faldas o enaguas (prenda interior femenina similar a una falda y que se lleva debajo de ésta)

exigir nada, es un pésimo ejemplo. En este estado de cosas, extravagante y loco como ella, es imposible implantar los sistemas del nuevo gobierno. La condesa es una consigna que los puede levantar contra nosotros.» 365

Amaneció aquel día más temprano que nunca. Los cartelones estaban listos, así como el orden del desfile, las cámaras, las grabadoras y los periodistas. Los títulos se escribieron de antemano, la pura verdad es que los títulos han antecedido los más grandes sucesos, aun la génesis era génesis antes de la creación del mundo. HOY NACIÓ LA LIBERTAD EN ESTE PUEBLO. LA REVOLUCIÓN TRIUNFA Y HACE JUSTICIA. AQUI SE ACABÓ LA TIRANEÍA. 370

Dicen que estuvo muy serena, sonriente, quizás no entendió lo que estaba pasando. Una dama, como ella, no podía perder la compostura.[40] Nadie sabe para quién hace las cosas, fue allá, al inicio del bosque, por donde caminaba 375 con su padre.

> *Padre, padre mío, mi querido papá, yo quiero ser una enredadera[41] que no salga de la tierra, nazca del aire, no necesite apoyo, y dé flores y frutas a lo largo del año.*
>
> *Madre, madre mía, mi querida mamá, tu distancia de silencio es una* 380 *música que nos lleva a bailar juntas. Tampoco quise a nadie, sólo a mí misma, a tus muñecas, al padre que nunca nos entendió, a ti que te llevaste mi vida. A los otros los odié amándolos y ellos me han amado odiándome.*

No gritó, no lloró, no rezó, quizás no se dio cuenta. Fue mejor así. Dicen que 385 no cayó al primer grito de fuego, en el segundo se fue muy despacio, tal como si se hubiera desvanecido. Dicen que admitió todos los cargos y les dio las gracias por su generosidad. Dicen que pidió para su última cena sólo un té de las hojas de yerbabuena que crecen en el jardín de su casa. Dicen que únicamente preguntó si habían conocido a sus padres. Dicen que un halo de mariposas le revo- 390 loteaba sobre la cabeza. Dicen que no admitió un pañuelo ni cerró los ojos. Ya estaba loca, caduca,[42] una vieja de tripas livianas con los huesos encogidos.

A las nueve el pueblo entero sigue el desfile y las cámaras captan los detalles. Un rótulo dice: «Ha muerto la esclavitud.» «El vicio y la ignominia se entierran ahora.» «No la perdonaremos nunca: malvada y perversa.» «Al in- 395 fierno la condesa.»

El desfile se desordena, muchos quieren ir adelante para que el Comisario los vea y lea los cartelones. El hoy somos libres, se lleva nuestro odio, explotó el hambre y la miseria, muera el egoísmo, viva la revolución...

---

[40] corrección en el comportamiento

[41] tipo de planta que, como dice su nombre, se enreda en las paredes o árboles

[42] gastada, acabada

Y las lágrimas no se ven, hay que reír y gritar, la conciencia no se exhibe, es algo íntimo, un tesoro escondido.

Las cámaras cuentan la historia, el yo lo viví y el yo lo vi. Y las cámaras no enfocan el cartelón que lleva un niño, un niño que llora como los demás: «¿Para qué matar a la condesa?»

Después de leer

Comprensión

1. ¿Qué es lo que hace que se despierte el interés por este pueblo y por la historia la de la condesa?

2. ¿Se puede determinar dónde transcurre el cuento?

3. ¿Quién cuenta la historia? Y más importante: ¿a quién se le van contado las distintas historias sobre la condesa?

4. ¿Qué personajes dan testimonio sobre la condesa? Señale su profesión o condición social, su edad y su manera de pensar.

5. ¿Qué se percibe de particular en la manera de hablar o expresarse de los distintos personajes y por qué no hablan todos de la misma manera?

6. ¿Cómo cambian las cosas, o no, con la «revolución»? ¿Qué le pasó a la condesa?

Análisis

1. Hay un drama social y público en este cuento, como también uno individual y privado. ¿Cuáles son esos dramas y con qué procedimientos tipográficos los distingue la autora?

2. ¿Qué quiere transmitir Naranjo al convertir el prototipo del dictador o tirano hispanoamericano en mujer?

3. Hay una contradicción aparente en la imagen que se tiene de la condesa: se dice que es muy rica, y que murió pobre. ¿Qué significa la imprecisión de opinión?

4. Comente las dificultades que puede representar para un lector que un escritor utilice formas de hablar muy locales, que pueden no ser entendidas en otros países o incluso pocos años después.

Expansión

1. Profundice en los siguientes conceptos: **matriarcado/a, el mito, el reportaje** y **la revolución**.

2. **OPTATIVO:** Compare el papel de una mujer como la condesa con el de la protagonista de «La muñeca menor» de Rosario Ferré.

3. **OPTATIVO:** ¿Qué tipo de conciencia feminista existe en este cuento a diferencia de los de Santos Febre y Maturana?

Ondina

Antes de leer

Temas para comentar antes de la lectura

1. Comente los cambios que se han producido en la idea de familia cuando uno de ellos inicia relaciones sentimentales con una persona ajena al círculo familiar.

2. ¿Se sigue utilizando el matrimonio con finalidades ajenas al amor, como por dinero o poder?

3. Comente la posibilidad de que ciertos temas se repitan de un cuento a otro, entre autores de distintas épocas y culturas. ¿En qué temas «universales» se han producido estas coincidencias?

4. ¿Puede que una obsesión pasional o basada en el erotismo ocurra sin que se haya conocido a la persona que la provoca?

Palabras clave

1. la esquela
2. el jadeo
3. el retablo
4. el retazo
5. colarse
6. pulcro/a
7. sesudo/a

Ondina

 CUANDO ME INVITARON PARA AQUEL LUNES A LAS CINCO DE LA TARDE, a tomar un café informal, que no sabía lo que era, si café negro con pastel de limón o con pan casero o café con sorbos de coñac espeso, todo lo pensé, todo, menos la sorpresa de alguien que se me fue presentando en retazos:[1] Ondina.

Ondina siempre me llegó con intuiciones de rompecabezas de cien mil piezas. Aun en época de inflación, realmente agotan las cifras tan altas. No sabía su nombre ni su estilo, pero la presentía en cada actitud, en cada frase.

---

[1] fragmentos

Mi relación con los Brenes fue siempre de tipo lineal. Ese tipo se define
10 por la cortesía, las buenas maneras, el formalismo significado y significante en los cumpleaños, la nochebuena y el feliz año nuevo. Nunca olvidé una tarjeta oportuna en cada ocasión y hasta envié flores el día del santo de la abuela. Los Brenes me mantuvieron cortésmente en el corredor, después de vencer el portón de la entrada, los pinos del camino hacia la casa y el olor de las reinas
15 de la noche que daban un preámbulo de sacristía a la casa de cal y de verdes, que se adivinaba llena de recovecos[2] y de antesalas después del jardín de margaritas y de crisantemos con agobios de abejas y de colibríes.

Suponía y supongo que ellos también supusieron que cortejaba a la Merceditas, sensual y bonita, con su aire de coneja a punto de cría. Pero, ella se
20 me iba de las manos inmediatas, quizás porque la vi demasiado tocar las teclas de una máquina IBM eléctrica, en que se despersonalizaba en letras y parecía deleitarse en el querido señor dos puntos gracias por su carta del 4 del presente mes en que me plantea inteligentemente ideas tan positivas y concretas coma pero …

25 Ella quizás demasiado hervida para mi paladar que se deleitaba en las deformidades de Picasso, sólo me permitió gozar de sus silencios cuando se iba la corriente eléctrica de sus tecleos mecanográficos o cuando sus ojos remotos de sensaciones inesperadas me comentaban que odio estos días de neblinas y garúas porque me hacen devota a la cama, a la sensualidad de las
30 sábanas y eso me da asco.[3]

Tal vez en un momento de aburrimiento pensé en acostarme con ella y le besé la nuca, también cerca de la oreja, mientras oía un sesudo[4] consejo de qué se cree el señor jefe, déjese de malos pensamientos, recuerde el reglamento y pórtese como el señor que es, no faltaba más. Siempre respondí con
35 un aumento de salario y con la devota pregunta de cómo están sus abuelitos y sus padrecitos. ¡Qué longevidad más desplomante[5] en este subdesarrollo! Muy bien y su familia. La mía, llena de melancólicos cánceres, me había dejado solo en este mundo: qué alegría, qué tranquilidad… qué tristeza.

En las jornadas largas de trabajo, cuando el presupuesto, cuando el pro-
40 grama anual, cuando la respuesta a las críticas del trabajo institucional, acompañaba a Merceditas hasta el portón de su casa. Buenas noches, gracias por todo, no merezco tanta bondad y lealtad. Un beso de vals en la mano y que Dios la bendiga. Señor, usted es un buen hombre y merece un hogar feliz.

---

[2] pequeños sitios escondidos

[3] Desde estos párrafos el narrador comienza a reproducir con sus palabras e indirectamente lo que dicen otros personajes.

[4] maduro, sensato

[5] pesada

Eso me dejaba pensando las seis cuadras de distancia entre el hogar de   45
Merceditas con sus abuelos y padres, vivos y coleantes, y los míos de lápidas y
fechas en el cementerio de ricos, bien asegurados en la danza de la muerte.

Conocí su portón, su entrada de pinos y su corredor de jazmines. Vi sus
abuelos sonrientes, sus padres tan contentos como si en el último sorteo de
lotería hubieran obtenido el premio gordo.[6] Me extrañó tanta felicidad y me   50
pareció el plato preparado para que el solterón y la solterona hilaran su nido
de te quiero y me querés y de ahí en adelante sálvese quien pueda.[7]

Sin embargo, presentía más allá de las puertas una orgía de hornos calientes en que se fermenta el bronce y reluce la plata.

No sé qué era en realidad. Por ejemplo, vi ante las camelias un banco tan   55
chiquito que no era necesario para cortar las más altas ni las más bajas.

Las intrigas políticas me destituyeron en un instante, pasé a ser don nadie
mediante una firma de otro sin saber lo que hacía. Me despedí de Merceditas
en una forma de ancla, le dije que no la olvidaría, mi vida era ella, pero no me
escuchó porque estaba escribiendo en ese momento mi carta circular de des-   60
pedida a los leales colaboradores.

Después supe poco de los Brenes, salvo las esquelas[8] que me enteraron
de la muerte de los abuelos, ya cerca de la hora de los entierros. Me vestí rápido de duelo y apenas llegué a tiempo, ya camino al cementerio. Por cada
abuelo la abracé con ardor de consuelo y sentí sus grandes pechos enterrados   65
en los botones de mi saco negro. No me excitaron, más bien me espantaron.
Demasiado grandes para mis pequeñas manos.

La invitación de ese lunes a las cinco de la tarde, al tal café informal, que
fue simplemente café negro con pastelitos[9] de confitería, me permitió conocer la sala de aquella casa ni pobre ni rica, ni de buen o mal gusto, más bien el   70
albergue que se hereda y se deja igual con cierta inercia de conservar el orden
y de agregar algunos regalos accidentales, junto a los aparatos modernos que
se incorporan porque la vida avanza: negarlo resulta estúpido. Casa impuesta
por los bisabuelos, por la que pasaron los abuelos sonrientes arreglando gote-
ras y ahora están los padres luchando con la humedad y el comején.[10]   75
Merceditas en el sillón de felpa, cubierto por una densa capa de croché,[11]
luchó toda la tarde por acomodar su trasero sin mortificar un almohadón seguramente tejido por la bisabuela, quien sonreía desde una foto carnavalesca

---

[6] mayor

[7] sálvese... expresión para sugerir que ya no
     hay escapatoria fácil, como si fuera una
     trampa

[8] tarjetas de invitación o notificación para un
     evento social

[9] pequeños dulces

[10] insecto que carcome objetos

[11] del francés *crochet*, tipo o punto de tejido
      (Hacia el final del cuento se utiliza la forma
      francesa.)

en marco de plata ya casi ennegrecido. Yo, entre los padres, en el sofá verde lustroso, tomé mi respectivo cojín entre las piernas, aun cuando quedaron abiertas al borde de la mala educación. Me asombró una silla bajita con almohadón diminuto y pensé que era un recuerdo de infancia.

Una joven bellísima, de ojos claros y fuertes, pintada en rasgos modernos, era el cuadro central de la sala y apagaba con su fuerza el florero, la porcelana, la escultura del ángel, la columna de mármol, las fotografías de bisabuelos y abuelos, el retablo[12] de los milagros de la Virgen, el tapiz de enredadera y aun el cuadro de Merceditas que parecía arrullar[13] a sus conejos ya nacidos.

Y cuando la conversación me descifró el por qué de la invitación al café, pues oyeron rumores de que me volverían a nombrar, en el alto cargo de consejero y querían saber si era cierto, me animé a preguntar quién era. Seca y escuetamente respondieron: Ondina. En ese momento sus ojos, los ojos de Ondina, me seguían, me respondían, me acariciaban. La supe atrevida, audaz, abiertamente alborotada.

Casi no pude seguir el hilo de la conversación. ¿A mí nombrarme? Pero, si mi vida se ha vuelto simple, ya casi no leo los periódicos, me preocupo por mis pequeñas cosas, cobrar las rentas, caminar cada día hasta el higuerón y completar los cinco kilómetros, mentirme un poco con eso de que la vida tiene sentido y es trascendente.

Ondina sostenía mi mirada fija y hasta creí que me guiñó el ojo izquierdo. Nadie puede ser tan bello, es un truco, me dije sin convencerme. ¿Quién es Ondina? Pues Ondina contestaron casi en coro. La hermana menor de Merceditas, agregó el padre, el bueno y sonriente don Jacinto. Hice cálculos. Para mí Merceditas, a pesar de sus pechos firmes y erectos, su pelo caoba tinte,[14] sus ojos sin anteojos y su caminar ondulante, ya trepaba los cuarenta y tantos. Ondina, por mucho espaciamiento, estaría en los treinta y resto, porque la madre, doña Vicenta, cercana a los setenta, no pudo germinar[15] después de los cuarenta con su asma, reumatismo y diabetes de por vida.

Y no quería irme, más bien no podía, fijo en el cuadro y en los ojos, por lo que no noté los silencios y las repeticiones que me hacían de las preguntas. Fue doña Vicenta quien me obligó a terminar aquella contemplación tan descarada.[16] Me tocó el hombro y me dijo que eran las siete, debían recordarme que iban a la cama temprano, después de rezar el rosario. Me marché de inmediato, después de disculpar mi abuso, pero con ellos el tiempo corría sin percibirse. Merceditas retuvo mi mano en la despedida y me aseguró que significaba para ella más de lo que yo podía presentir.

---

[12] representación tallada de un determinado acontecimiento, por lo general de tipo religioso

[13] adormecer a alguien cantándole suavemente

[14] caoba... pintado de color rojizo, como el árbol o madera americana de ese nombre

[15] tener hijos

[16] sin pudor (que no tiene vergüenza)

Soñé con Ondina semana tras semana. Recuerdo sus múltiples entradas a mi cuarto. Alta y esbelta, con su pelo hasta la cintura, desnuda o con bata transparente, abría la puerta y saltaba a mi cama. Ella siempre me desnudó y después jugó con mi sexo hasta enloquecerme. Al desayunar mi espíritu caba- lleresco me obligaba a avergonzarme de mis sueños, pero empecé a soñar 120 despierto, consciente de mis actos y las orgías eran más fecundas y gratas. Ella me jineteaba,[17] me lamía y con sus piernas abiertas me dejó una y otra vez, in- saciablemente, llegar hasta lo más profundo.

Envié flores a la madre, chocolates a Merceditas, un libro de historia a don Jacinto. No me llegó ni siquiera el aviso de recibo, menos las gracias. Llamé por 125 teléfono y pregunté por Ondina. La voz de doña Vicenta indagó de parte de quién, del primo Manuel, entonces cortó la comunicación.

Pregunté a amigos y vecinos por Ondina Brenes y ninguno sabía de ella. Me hablaron de don Jacinto, de doña Vicenta y de la buena y demasiado casta de Merceditas, a quien trataban en vano de casarla desde los quince, se quedó 130 la pobre, se les quedó, demasiado lavada y pulcra,[18] no se le conoce un solo traspié.[19]

Pregunté en el almacén lo que compraban, en la farmacia, en la pescade- ría... y nada. Alguien me informó que estaban muy endeudados y apenas si subsistían. 135

Empecé a leer los periódicos, hasta la última línea. Ondina con su belleza no podía ser ignorada. Oí la radio, vi la televisión, me fui al Registro Civil: Ondina Brenes Cedeño. Con propinas apareció: nacida el 18 de junio de 1935. Estudié su horóscopo. Carácter complicado, doble personalidad.

Toqué la puerta. Acudió don Jacinto. Le confesé lo confesable: enamorado 140 de Ondina, deseoso de conocerla y de tener oportunidad de tratarla con bue- nas intenciones, las de casarse si fuera necesario y ella me aceptara. Me oyó sonriente y me contestó que lo olvidara, era imposible, Ondina no me acepta- ría, había rechazado a muchos, mejores que yo. Al preguntarle por qué, por qué, cerró la puerta sin violencia, suavemente y desapareció entre los pinos. 145

Le escribí una carta apasionada y certificada, que no obtuvo respuesta. En el correo me dijeron que la retiró Merceditas.

No tuve conciencia de la burla que estaba disfrutando la familia entera, pero Ondina me lo contó una noche que entró en mi cuarto sin ganas de co- rrer por mi cuerpo con sus temblores y jadeos.[20] 150

A la mañana siguiente me enteré de la tragedia: los Brenes, los viejecitos Brenes, fueron atropellados por un vehículo que conducía un borracho,

---

[17] montaba como si ella fuera jinete, montando a caballo

[18] impecable

[19] error o mal comportamiento

[20] ansias, sofocos

cuando salían de misa, a las 6 y 30 de la mañana. Muertos de inmediato, prácticamente destrozados. Merceditas estaba enloquecida. Y de todo el relato
155 conmovido, sólo vi la puerta abierta hacia Ondina.

Me presenté de inmediato a la casa, así como estaba, con pantalones y camisa de intimidad.

Ya habían llegado familiares, amigos y compañeros de trabajo. Pregunté por Ondina y nadie la conocía, sólo me dijeron que Merceditas estaba histérica
160 en su cuarto, completamente encerrada.

Instalado en un rincón, vi como una tía autoritaria, con pericia[21] en tragedias, organizó el duelo. En la sala instaló los dos cadáveres en ataúdes cerrados, puso velas y flores, enfiló coronas, repartió café y empanadas, fue cerrando el paso a los intrusos, desanimó a los busca espectáculos y ya pasa-
165 das las cuatro dejó a los más íntimos listos para la vela.[22] A mí me admitió porque al contestar quién era, le dije con seriedad mortal que el novio oficial de Merceditas, el señor Vega. Felizmente no queda sola, bienvenido señor, vamos a ser parientes.

Entonces me colé[23] entre los rezadores para ver a Ondina de cerca. Ella me
170 estaba esperando. Me pareció que había cambiado de vestido, pues no recordaba esa gasa violeta que movía el viento. La vi de frente, con ansias de memorizar cada detalle: sus manos, el cuello, la vibración de los labios, el entorno de los ojos y ese mirar frente y agudo.

La tía me interrumpió para decirme: vaya donde la Merceditas, a usted es
175 a quien necesita. Y casi empujado me llevó frente a una puerta en un corredor con muchas otras puertas iguales. Gracias, señora, y me dejó solo en la intimidad de la casa. Oí sollozos y gritos. Quizás ahí estaba también Ondina, pero no me atreví a entrar.

Abrí otra puerta. Era un antecomedor[24] diminuto y ahí en el centro de la
180 mesa, casi rozando el suelo, una enana con la boca abierta, los ojos casi desorbitados, se dejaba lamer el sexo muy grotescamente por un gato sarnoso, metido entre sus dos piernas. Sentí horror por la escena, aunque me atrajo por largos segundos y vi las gotas de sudor placer que recorrían la cara de aquella casi mujer, rostro de vieja, cuerpo de niña, y el gato insaciable que chupaba y
185 chupaba mamando, succionando, gruñiendo. Ni siquiera se dieron cuenta de mi presencia, o quizás no los perturbó.

Volví a mi sitio en la sala, frente al cuadro de Ondina. Casi se me fue la escena de ese antecomedor extraño, porque la fuerza sensual de Ondina

---

[21] con... experta

[22] velatorio

[23] colarse: meterse en algún lugar o reunión, sin haber sido invitado

[24] salón que antecede al comedor

me llenó de caricias raras. Empezó a jugar con mis orejas, me hacía ruidos de caracol, me dejaba su lengua reposar en la apertura del oído izquierdo y con sensaciones de mar me agotó en excitaciones que sorteaban[25] fortalezas y debilidades. Luego me besó los ojos, muy suavemente, después de manera fuerte y al tratar de succionarlos tuve que librarme de sus labios que me hicieron daño, me dolían con dolor de ceguera. Alguien dijo que necesitaba un calmante y la tía respondió que eran casi mis padres mientras me dio unas pastillas que me durmieron seguramente en mala posición en una silla incómoda, con más incómodos y dominantes almohadones.

Cuando desperté, noche ya, estaba organizado el rosario. El padre Jovel en escena, cuentas en mano, con laterales de incienso entre los dos ataúdes. Esperaba impaciente a los principales personajes, que en estos casos no son los difuntos, sino los parientes más cercanos. Apareció entonces Merceditas, pálida y desfallecida, vestida de negro absoluto, con sus pechos erectos, abundantes, bien sostenidos, y de la mano, también en negro absoluto, salvo un cuello blanco de crochet engomado, la enanita más diminuta y bella que había visto en mi vida, con los ojos de Ondina, con el pelo rebelde de Ondina, con los labios carnosos y trémulos de Ondina. Empezó el rosario. Yo no pude seguirlo, porque la cintura, las caderas, la espalda eran de Ondina, mi Ondina.

Después de medianoche sólo quedamos seis personas en la sala: la enanita, Merceditas, la tía, el tío, el primo y yo. Los sollozos de Merceditas eran tan profundos y rítmicos, que sus desmayos tomaron velocidad de oleajes.[26] La tía trajo dos pastillas y al poco rato Merceditas dormía pasiones de infancia, a veces roncaba. La enanita en su silla de raso, lloraba tranquilamente sin sollozos. Se vino hacia mí y me pidió que la sentara en mi regazo.[27] Casi todos cabeceaban. Se me ocurrió cantarle una canción de cuna, como a un bebé. Duerme, duerme, mi niña. Entonces se acunó cerca de mi sexo. Realmente me incomodó, pero la circunstancia es la circunstancia. La fui meciendo como podía y ella, activa y generosa, me abrió la bragueta y empezó a mecer lo que estaba adentro. Después de aguantar lo que aguantar se puede, la alcé en los brazos y la llevé al antecomedor. Suave, dulce, una niña apenas. Entonces ella me dijo: deja que Ondina te enseñe todo lo que ha aprendido en sus soledades. Me abrió la camisa y empezó a arrancar con sus besos de embudo y vacío mis pelos de hombría. Yo busqué su sexo y lo abrí como si fuera un gajo de naranja. El gato saltó en ese momento y aruñó[28] mi pene, que sangró dolor y

---

[25] evitaban

[26] tomaron... adquirieron el ritmo continuo de las olas

[27] parte del cuerpo entre la cintura y las rodillas que se convierte en una especie de cavidad

que recibe a algo o a alguien para darle cobijo o consuelo

[28] cortó con las uñas

225 miedo. Ondina me esperó y no pude responder, hasta que encontré la clave de la convivencia.

Caminé el sepelio, cansado y desvelado, pensé en Ondina, en el gato y en Merceditas. Pensé en cada paso. Y me decidí de manera profunda y clara.

Los esponsales[29] se fijaron al mes del duelo. A la boda asistió Ondina, el
230 gato se quedó en la casa.

---

[29] promesa solemne de contraer matrimonio

Después de leer

Comprensión

1. ¿En qué época se desarrolla esta historia? A partir de esto indique qué características definía a una familia y qué se esperaba de las hijas solteras.

2. ¿Por qué se oculta a una de las dos hijas de la familia Brenes?

3. ¿Qué momento aprovecha el personaje que narra la historia para acercarse a Ondina?

4. ¿Qué estrategia usa al final el personaje para vivir siempre cerca de Ondina?

Análisis

1. En las mitologías nórdicas, Ondina es una ninfa de los lagos, un ser fantástico o espíritu elemental de las aguas. En este cuento Ondina cumple un papel salvaje dentro de una sociedad convencional. Identifique por qué es trasgresora.

2. Cuando el protagonista finalmente accede a Ondina y la conoce, toma otra decisión en vez de casarse con ella. Analice por qué lo hace.

Expansión

1. Comente por qué las diferencias al representar la sexualidad no son necesariamente generacionales.

2. **OPTATIVO:** ¿Cómo se representa la sexualidad de la mujer en este cuento y cómo se diferencia de cómo se representa en otros cuentos de esta antología?

3. **OPTATIVO:** Compare cómo se representa la sexualidad en este cuento con cómo se representa en un cuento de Ferré o Santos.

Julio Ramón Ribeyro

NACIDO EN LIMA, PERÚ EN 1929, Julio Ramón Ribeyro es el cuentista más destacado de su país. Emigró a los 23 años a Europa, y luego de residir en países como España y Alemania, se afincó en París, donde escribió la mayor parte de su obra narrativa y murió en 1994. A pesar de la distancia, los escenarios más habituales de sus cuentos son su Lima natal y el Perú, tal como se puede comprobar en su cuento «Los gallinazos sin plumas», aunque en éste, como en «El polvo del saber», la ciudad de Lima no es mencionada explícitamente, pero por las descripciones y los nombres de calles se revela el escenario.

A diferencia de otros escritores de su país, como José María Arguedas, Mario Vargas Llosa o Alfredo Bryce Echenique, destacados por sus novelas, la obra de Ribeyro está centrada básicamente en el cuento. Desde su primer libro de cuentos, *Los gallinazos sin plumas* (1955) hasta *Relatos santacrucinos* (1992), los nueve libros de cuentos que publicó fueron recopilados en varios tomos bajo el título genérico de *La palabra del mudo*. Hoy disponemos de ellos en el tomo *Cuentos completos* (1994, 1998). El sentido del título original pretendía poner en evidencia la labor del autor como portavoz de personajes que no podían expresarse por sí mismos. Esto se debía, sobre todo, a una condición social marginal, peruana e hispanoamericana. En esa condición la cultura y los medios de expresión, en la mayoría de los casos, no estaban disponibles debido a una alfabetización casi inexistente y un nivel cultural muy bajo, sumados a una opresión social que Ribeyro pretendía poner en evidencia. Pero el trabajo literario de este autor, a diferencia de una generación inmediatamente anterior a la suya, no se ceñiría sólo a una labor de representación de las realidades sociales sino a una expresión más compleja de la dimensión humana.

La literatura de Ribeyro derivó entonces hacia varios escritos autobiográficos y la prosa no ficticia. Una obra paralela a sus cuentos, fue el inicio de la publicación de su monumental diario *La tentación de fracaso,* en tres tomos (1992, 1993 y 1995), que había quedado trunca, aunque se estimaba que los manuscritos podrían llenar algunos tomos más. En 2003 se publicó en España la versión más reciente en un tomo, con el título *La tentación del fracaso. Diarios,* y las referencias a sus cuentos o al arte de escribirlos son frecuentes. Este desarrollo hacia lo autobiográfico es uno de los aspectos en los que se puede observar la evolución de su cuentística. Dejó de tener tanta importancia el dar palabra a los seres marginados de la sociedad nacional, para dar voz a problemas existenciales de orden individual, y esto se refleja en cuentos que transcurren fuera del Perú o que, aún transcurriendo en su país, se preocupan muy poco por describir el escenario social de sus personajes. «Con el tiempo he ido tomando distancia acerca de las cosas que narro» —dijo Ribeyro—. «Intervengo más en tanto autor... La otra acepción de *La palabra del mudo* es más personal. El mudo soy yo. El mudo Julio Ramón, habla».

Los textos seleccionados, «Los gallinazos sin plumas» y «El polvo del saber» son complementados por «Té literario» y «Silvio en el Rosedal».

Bibliografía mínima

Andreu, Alicia. «Legitimidad literaria y legitimidad socio-económica en el relato de Julio Ramón Ribeyro». *Revista de Crítica Literaria Latinoamericana* 20. 39 (1994): 169–176.

Bryce Echenique. «El arte genuino de Ribeyro». Prólogo a Julio Ramón Ribeyro, *Cuentos completos.* Madrid: Alfaguara, 1994. 11–15.

Cisneros, Adolfo J. «Alegatos de la modernidad en algunos cuentos de *La palabra del mudo* de Julio Ramón Ribeyro». *RLA:Romance Languages Annual* IX (1997): 444–447.

Coulson, Graciela. «Los cuentos de Ribeyro. Primer encuentro». *Cuadernos Americanos* [México] 33. 4 (Julio–Agosto 1974): 220–226.

Elmore, Peter. *El perfil de la palabra: La obra de Julio Ramón Ribeyro.* Lima: Fondo de Cultura Económica, 2002.

García Pérez, Francisco. «Julio Ramón Ribeyro». *Realidad y ficción. Encuentros hispanoamericanos.* Ed. Miguel Munárriz. Oviedo: Fundación de Cultura/Excmo. Ayuntamiento de Oviedo. 171–187.

Gerdes, Dick C. «Julio Ramón Ribeyro: un análisis de sus cuentos». *Kentucky Romance Quarterly* 26 (1979): 51–65.

Grass, Dunia. «'De color modesto', etnicidad y clase en la narrativa de Julio Ramón Ribeyro». *Revista de Crítica Literaria Latinoamericana* 24. 48 (1998): 173–184.

Hernández Viveros, Raúl. «Los cuentos de Julio Ramón Ribeyro». *La Palabra y El Hombre* 93 (Enero–Marzo 1995): 199–201.

Luchting, Wolfgang. *Estudiando a Ribeyro*. Madrid/Frankfurt: Vervuert, 1988.

Márquez, Ismael P. y César Ferreira, eds. *Asedios a Julio Ramón Ribeyro*. Lima: Pontificia Universidad Católica del Perú, 1996.

Martínez Gómez, Juana. «Julio Ramón Ribeyro o la estética del fracaso». En *El cuento hispanoamericano del siglo XX. Teoría y práctica*. Ed. Eva Valcárcel. La Coruña: Universidad de La Coruña, 1997. 239–254.

Minardi, Giovanna. «La escritura delirante de Julio Ramón Ribeyro». En *Teoría e interpretación del cuento*. Ed. Peter Frohlicher y Georges Guntert. Bern: Peter Lang, 1995. 475–487.

Ribeyro, Julio Ramón. *Las respuestas del mudo* (*entrevistas*). Selección, prólogo y notas de Jorge Coaguila. Lima: Jaime Campodónico Editor, 1998.

Ruiz Abreu, Álvaro. «Ribeyro, literatura y melancolía». *Palabra crítica: Estudios en homenaje a José Amezcua*. Ed. Serafín González y Lillian von der Walde. México D.F.: Universidad Autónoma Metropolitana/FCE, 1997. 364–372.

Tamayo Vargas, Augusto. «Julio Ramón Ribeyro: un narrador urbano en sus cuentos». *XVII Congreso del Instituto de Literatura Iberoamericana: El Barroco en América*. Madrid: IILI, 1978. 1161–1675.

Valencia, Leonardo. «Julio Ramón Ribeyro. El inasible». *Quimera* [España] No. 181 (Junio 1999): 11–16.

Weiss, Jason. «Julio Ramón Ribeyro». *Hispamérica* 23. 68 (Agosto 1994): 49–59.

Los gallinazos sin plumas

Antes de leer

Temas para comentar antes de la lectura

1. El papel de los abuelos en una sociedad hispana es primordial, sobre todo cuando los padres no están por varias razones. Comente cómo esa situación cambia la definición de «la familia».

2. Comente la percepción externa que se puede tener de niños cuyos padres son mayores y cómo esos niños se pueden percibir a sí mismos.

Palabras clave

1. el chiquero
2. la escobilla de dientes
3. el gallinazo
4. la garúa
5. la hora celeste
6. el trapo

7. la vara
8. andar sobre rieles
9. aventar
10. engreír
11. voltear
12. mugre

Los gallinazos sin plumas

 A LAS SEIS DE LA MAÑANA LA CIUDAD SE LEVANTA de puntillas y comienza a dar sus primeros pasos. Una fina niebla disuelve el perfil de los objetos y crea como una atmósfera encantada. Las personas que recorren la ciudad a esta hora parece que están hechas de otra sustancia, que pertenecen a un orden de vida fantasmal. Las beatas[1] se arrastran penosamente hasta desaparecer en los pórticos de las iglesias. Los noctámbulos, macerados[2] por la noche, regresan a sus casas envueltos en sus bufandas y en su melancolía. Los basureros inician por la avenida Pardo su paseo siniestro, armados de escobas y de carretas. A esta hora se ve también obreros caminando hacia el tranvía, policías bostezando contra los árboles, canillitas[3] morados de frío, sirvientas sacando los cubos de basura. A esta hora, por último, como a una especie de misteriosa consigna, aparecen los gallinazos[4] sin plumas.

A esta hora el viejo don Santos se pone la pierna de palo y sentándose en el colchón comienza a berrear:

—¡A levantarse! ¡Efraín, Enrique! ¡Ya es hora!

Los dos muchachos corren a la acequia del corralón[5] frotándose los ojos lagañosos. Con la tranquilidad de la noche el agua se ha remansado y en su fondo transparente se ven crecer yerbas y deslizarse ágiles infusorios. Luego de enjuagarse la cara, coge cada cual su lata y se lanzan a la calle. Don Santos, mientras tanto, se aproxima al chiquero[6] y con su larga vara golpea el lomo de su cerdo que se revuelca entre los desperdicios.

—¡Todavía te falta un poco, marrano! Pero aguarda no más, que ya llegará tu turno.

Efraín y Enrique se demoran en el camino, trepándose a los árboles para arrancar moras o recogiendo piedras, de aquellas filudas que cortan el aire y hieren por la espalda. Siendo aún la hora celeste llegan a su dominio, una larga calle ornada de casas elegantes que desemboca en el malecón.

Ellos no son los únicos. En otros corralones, en otros suburbios alguien ha dado la voz de alarma y muchos se han levantado. Unos portan latas, otros cajas de cartón, a veces sólo basta un periódico viejo. Sin conocerse forman una especie de organización clandestina que tiene repartida toda la ciudad.

---

[1] mujer devota, que frecuenta mucho la iglesia

[2] ablandados

[3] vendedores callejero de periódicos

[4] ave rapaz, conocida en México como zopilote (Puebla las zonas costeras del Perú. Un conocido refrán peruano dice: «Gallinazo no canta en puna, y si canta es por fortuna.»)

[5] terreno cercado

[6] especie de establo o choza pequeña donde viven los cerdos (Se usa por extensión para decir que un lugar está sucio o desordenado.)

Los hay que merodean por los edificios públicos, otros han elegido los parques o los muladares.[7] Hasta los perros han adquirido sus hábitos, sus itinerarios, sabiamente aleccionados por la miseria.

Efraín y Enrique, después de un breve descanso, empiezan su trabajo. Cada uno escoge una acera de la calle. Los cubos de basura están alineados delante de las puertas. Hay que vaciarlos íntegramente y luego comenzar la exploración. Un cubo de basura es siempre una caja de sorpresas. Se encuentran latas de sardinas, zapatos viejos, pedazos de pan, pericotes[8] muertos, algodones inmundos. A ellos sólo les interesa los restos de comida. En el fondo del chiquero, Pascual recibe cualquier cosa y tiene predilección por las verduras ligeramente descompuestas. La pequeña lata de cada uno se va llenando de tomates podridos, pedazos de sebo, extrañas salsas que no figuran en ningún manual de cocina. No es raro, sin embargo, hacer un hallazgo valioso. Un día Efraín encontró unos tirantes con los que fabricó una honda. Otra vez una pera casi buena que devoró en el acto. Enrique, en cambio, tiene suerte para las cajitas de remedios, los pomos brillantes, las escobillas[9] de dientes usadas y otras cosas semejantes que colecciona con avidez.

Después de una rigurosa selección regresan la basura al cubo y se lanzan sobre el próximo. No conviene demorarse mucho porque el enemigo siempre está al acecho. A veces son sorprendidos por las sirvientas y tienen que huir dejando regado su botín. Pero, con más frecuencia, es el carro de la Baja Policía[10] el que aparece y entonces la jornada está perdida.

Cuando el sol asoma sobre las lomas, la hora celeste llega a su fin. La niebla se ha disuelto, las beatas están sumidas en éxtasis, los noctámbulos duermen, los canillitas han repartido los diarios, los obreros trepan a los andamios. La luz desvanece el mundo mágico del alba. Los gallinazos sin plumas han regresado a su nido.

***

Don Santos los esperaba con el café preparado.

—A ver, ¿qué cosa me han traído?

Husmeaba entre las latas y si la provisión estaba buena hacía siempre el mismo comentario:

—Pascual tendrá banquete hoy día.

Pero la mayoría de las veces estallaba:

—¡Idiotas! ¿Qué han hecho hoy día? ¡Se han puesto a jugar seguramente! ¡Pascual se morirá de hambre!

---

[7] lugar donde se echa la basura de las casas

[8] ratones

[9] cepillos

[10] Baja… recolectores de basura (Por extensión se usa para decir que se hará una limpieza y puesta en orden.)

Ellos huían hacia el emparrado, con las orejas ardiendo de los pescozones, mientras el viejo se arrastraba hasta el chiquero. Desde el fondo de su reducto el cerdo empezaba a gruñir. Don Santos le aventaba[11] la comida.

—¡Mi pobre Pascual! Hoy día te quedarás con hambre por culpa de estos zamarros.[12] Ellos no te engríen[13] como yo. ¡Habrá que zurrarlos para que aprendan!

***

Al comenzar el invierno el cerdo estaba convertido en una especie de monstruo insaciable. Todo le parecía poco y don Santos se vengaba en sus nietos del hambre del animal. Los obligaba a levantarse más temprano, a invadir los terrenos ajenos en busca de más desperdicios. Por último los forzó a que se dirigieran hasta el muladar que estaba al borde del mar.

—Allí encontrarán más cosas. Será más fácil además porque todo está junto.

Un domingo, Efraín y Enrique llegaron al barranco. Los carros de la Baja Policía, siguiendo una huella de tierra, descargaban la basura sobre una pendiente de piedras. Visto desde el malecón, el muladar formaba una especie de acantilado oscuro y humeante, donde los gallinazos y los perros se desplazaban como hormigas. Desde lejos los muchachos arrojaron piedras para espantar a sus enemigos. Un perro se retiró aullando. Cuando estuvieron cerca sintieron un olor nauseabundo que penetró hasta sus pulmones. Los pies se les hundían en un alto de plumas, de excrementos, de materias descompuestas o quemadas. Enterrando las manos comenzaron la exploración. A veces, bajo un periódico amarillento, descubrían una carroña devorada a medias. En los acantilados próximos los gallinazos espiaban impacientes y algunos se acercaban saltando de piedra en piedra, como si quisieran acorralarlos. Efraín gritaba para intimidarlos y sus gritos resonaban en el desfiladero[14] y hacían desprenderse guijarros que rodaban hasta el mar. Después de una hora de trabajo regresaron al corralón con los cubos llenos.

—¡Bravo! —exclamó don Santos—. Habrá que repetir esto dos o tres veces por semana.

Desde entonces, los miércoles y los domingos, Efraín y Enrique hacían el trote hasta el muladar. Pronto formaron parte de la extraña fauna de esos lugares y los gallinazos, acostumbrados a su presencia, laboraban a su lado, graznando,[15] aleteando, escarbando con sus picos amarillos, como ayudándolos a descubrir la pista de la preciosa suciedad.

---

[11] echaba, arrojaba lejos

[12] astutos, listos para engañar

[13] miman

[14] paso estrecho entre dos montañas o acantilados

[15] haciendo los cantos y sonidos típicos de su especie

Fue al regresar de una de esas excursiones que Efraín sintió un dolor en la planta del pie. Un vidrio le había causado una pequeña herida. Al día siguiente tenía el pie hinchado, no obstante lo cual prosiguió su trabajo. Cuando regresaron no podía casi caminar, pero don Santos no se percató de ello pues tenía visita. Acompañado de un hombre gordo que tenía las manos manchadas de sangre, observaba el chiquero.

—Dentro de veinte o treinta días vendré por acá —decía el hombre—. Para esa fecha creo que podrá estar a punto.

Cuando partió, don Santos echaba fuego por los ojos.

—¡A trabajar! ¡A trabajar! ¡De ahora en adelante habrá que aumentar la ración de Pascual! El negocio anda sobre rieles.[16]

A la mañana siguiente, sin embargo, cuando don Santos despertó a sus nietos, Efraín no se pudo levantar.

—Tiene una herida en el pie —explicó Enrique—. Ayer se cortó con un vidrio.

Don Santos examinó el pie de su nieto. La infección había comenzado.

—¡Esas son patrañas! Que se lave el pie en la acequia y que se envuelva con un trapo.[17]

—¡Pero si le duele! —intervino Enrique—. No puede caminar bien.

Don Santos meditó un momento. Desde el chiquero llegaban los gruñidos de Pascual.

—¿Y a mí? —preguntó dándose un palmazo en la pierna de palo—. ¿Acaso no me duele la pierna? Y yo tengo setenta años y yo trabajo... ¡Hay que dejarse de mañas!

Efraín salió a la calle con su lata, apoyado en el hombro de su hermano. Media hora después regresaron con los cubos casi vacíos.

—¡No podía más! —dijo Enrique al abuelo—. Efraín está medio cojo.

Don Santos observó a sus nietos como si meditara una sentencia.

—Bien, bien —dijo rascándose la barba rala y cogiendo a Efraín del pescuezo[18] lo arreó hacia el cuarto—. ¡Los enfermos a la cama! ¡A podrirse sobre el colchón! Y tú harás la tarea de tu hermano. ¡Vete ahora mismo al muladar!

***

Cerca de mediodía Enrique regresó con los cubos repletos. Lo seguía un extraño visitante: un perro escuálido y medio sarnoso.

—Lo encontré en el muladar —explicó Enrique— y me ha venido siguiendo.

---

[16] anda... va bien

[17] pedazo de tela roto e inservible

[18] cuello

Don Santos cogió la vara.

—¡Una boca más en el corralón!

140 Enrique levantó al perro contra su pecho y huyó hacia la puerta.

—¡No le hagas nada, abuelito! Le daré yo de mi comida.

Don Santos se acercó, hundiendo su pierna de palo en el lodo.

—¡Nada de perros aquí! ¡Ya tengo bastante con ustedes!

Enrique abrió la puerta de la calle.

145 —Si se va él, me voy yo también.

El abuelo se detuvo. Enrique aprovechó para insistir:

—No come casi nada..., mira lo flaco que está. Además, desde que[19] Efraín está enfermo, me ayudará. Conoce bien el muladar y tiene buena nariz para la basura.

150 Don Santos reflexionó, mirando el cielo donde se condensaba la garúa.[20] Sin decir nada soltó la vara, cogió los cubos y se fue rengueando[21] hasta el chiquero.

Enrique sonrió de alegría y con su amigo aferrado al corazón corrió donde su hermano.

155 —¡Pascual, Pascual... Pascualito! —cantaba el abuelo.

—Tú te llamarás Pedro —dijo Enrique acariciando la cabeza de su perro e ingresó donde Efraín.

Su alegría se esfumó: Efraín inundado de sudor se revolcaba de dolor sobre el colchón. Tenía el pie hinchado, como si fuera de jebe[22] y estuviera
160 lleno de aire. Los dedos habían perdido casi su forma.

—Te he traído este regalo, mira —dijo mostrando al perro—. Se llama Pedro, es para ti, para que te acompañe... Cuando yo me vaya al muladar te lo dejaré y los dos jugarán todo el día. Le enseñarás a que te traiga piedras en la boca.

165 —¿Y el abuelo? —preguntó Efraín extendiendo su mano hacia el animal.

—El abuelo no dice nada —suspiró Enrique.

Ambos miraron hacia la puerta. La garúa había empezado a caer. La voz del abuelo llegaba:

—¡Pascual, Pascual... Pascualito!

***

170 Esa misma noche salió luna llena. Ambos nietos se inquietaron, porque en esta época el abuelo se ponía intratable. Desde el atardecer lo vieron rondando por el corralón, hablando solo, dando de varillazos al emparrado. Por

---

[19] desde... como   [21] cojeando

[20] llovizna   [22] caucho, hule

momentos se aproximaba al cuarto, echaba una mirada a su interior y al ver a sus nietos silenciosos, lanzaba un salivazo cargado de rencor. Pedro le tenía miedo y cada vez que lo veía se acurrucaba y quedaba inmóvil como una piedra.

—¡Mugre, nada más que mugre! —repitió toda la noche el abuelo, mirando la luna.

A la mañana siguiente Enrique amaneció resfriado. El viejo, que lo sintió estornudar en la madrugada, no dijo nada. En el fondo, sin embargo, presentía una catástrofe. Si Enrique se enfermaba, ¿quién se ocuparía de Pascual? La voracidad del cerdo crecía con su gordura. Gruñía por las tardes con el hocico enterrado en el fango. Del corralón de Nemesio, que vivía a una cuadra, se habían venido a quejar.

Al segundo día sucedió lo inevitable: Enrique no se pudo levantar. Había tosido toda la noche y la mañana lo sorprendió temblando, quemado por la fiebre.

—¿Tú también? —preguntó el abuelo.

Enrique señaló su pecho, que roncaba. El abuelo salió furioso del cuarto. Cinco minutos después regresó.

—¡Está muy mal engañarme de esa manera! —plañía—. Abusan de mí porque no puedo caminar. Saben bien que soy viejo, que soy cojo. ¡De otra manera los mandaría al diablo y me ocuparía yo solo de Pascual!

Efraín se despertó quejándose y Enrique comenzó a toser.

—¡Pero no importa! Yo me encargaré de él. ¡Ustedes son basura, nada más que basura! ¡Unos pobres gallinazos sin plumas! Ya verán cómo les saco ventaja. El abuelo está fuerte todavía. ¡Pero eso sí, hoy día no habrá comida para ustedes! ¡No habrá comida hasta que no puedan levantarse y trabajar!

A través del umbral lo vieron levantar las latas en vilo y volcarse[23] en la calle. Media hora después regresó aplastado. Sin la ligereza de sus nietos el carro de la Baja Policía lo había ganado. Los perros, además, habían querido morderlo.

—¡Pedazos de mugre! ¡Ya saben, se quedarán sin comida hasta que no trabajen!

Al día siguiente trató de repetir la operación pero tuvo que renunciar. Su pierna de palo había perdido la costumbre de las pistas de asfalto, de las duras aceras y cada paso que daba era como un lanzazo en la ingle. A la hora celeste del tercer día quedó desplomado en su colchón, sin otro ánimo que para el insulto.

---

[23] lanzarse con precipitación

—¡Si se muere de hambre —gritaba— será por culpa de ustedes!

***

Desde entonces empezaron unos días angustiosos, interminables. Los tres pasaban el día encerrados en el cuarto, sin hablar, sufriendo una especie de reclusión forzosa. Efraín se revolcaba sin tregua, Enrique tosía, Pedro se levan-
215 taba y después de hacer un recorrido por el corralón, regresaba con una piedra en la boca, que depositaba en las manos de sus amos. Don Santos, a medio acostar, jugaba con su pierna de palo y les lanzaba miradas feroces. A mediodía se arrastraba hasta la esquina del terreno donde crecían verduras y preparaba su almuerzo que devoraba en secreto. A veces aventaba a la cama
220 de sus nietos alguna lechuga o una zanahoria cruda, con el propósito de excitar su apetito creyendo así hacer más refinado su castigo.

Efraín ya no tenía fuerzas ni para quejarse. Solamente Enrique sentía crecer en su corazón un miedo extraño y al mirar los ojos del abuelo creía desconocerlos, como si ellos hubieran perdido su expresión humana. Por las
225 noches, cuando la luna se levantaba, cogía a Pedro entre sus brazos y lo aplastaba tiernamente hasta hacerlo gemir. A esa hora el cerdo comenzaba a gruñir y el abuelo se quejaba como si lo estuvieran ahorcando. A veces se ceñía[24] la pierna de palo y salía al corralón. A la luz de la luna Enrique lo veía ir diez veces del chiquero a la huerta, levantando los puños, atropellando lo
230 que encontraba en su camino. Por último reingresaba al cuarto y quedaba mirándolos fijamente, como si quisiera hacerlos responsables del hambre de Pascual.

***

La última noche de luna llena nadie pudo dormir. Pascual lanzaba verdaderos rugidos. Enrique había oído decir que los cerdos, cuando tenían hambre,
235 se volvían locos como los hombres. El abuelo permaneció en vela, sin apagar siquiera el farol. Esta vez no salió al corralón ni maldijo entre dientes. Hundido en su colchón miraba fijamente la puerta. Parecía amasar dentro de sí una cólera muy vieja, jugar con ella, aprestarse a dispararla. Cuando el cielo comenzó a desteñirse sobre las lomas, abrió la boca, mantuvo su oscura oquedad[25]
240 vuelta hacia sus nietos y lanzó un rugido.

—¡Arriba, arriba, arriba! —los golpes comenzaron a llover—. ¡A levantarse haraganes! ¿Hasta cuándo vamos a estar así? ¡Esto se acabó! ¡De pie!...

Efraín se echó a llorar. Enrique se levantó, aplastándose contra la pared. Los ojos del abuelo parecían fascinarlo hasta volverlo insensible a los golpes.

---

[24] ajustaba   [25] depresión

Veía la vara alzarse y abatirse[26] sobre su cabeza, como si fuera una vara de 245
cartón. Al fin pudo reaccionar.

—¡A Efraín no! ¡Él no tiene la culpa! ¡Déjame a mí solo, yo saldré, yo iré al muladar!

El abuelo se contuvo jadeante. Tardó mucho en recuperar el aliento.

—Ahora mismo... al muladar... lleva dos cubos, cuatro cubos...   250

Enrique se apartó, cogió los cubos y se alejó a la carrera. La fatiga del hambre y de la convalecencia lo hacían trastabillar.[27] Cuando abrió la puerta del corralón, Pedro quiso seguirlo.

—Tú no. Quédate aquí cuidando a Efraín.

Y se lanzó a la calle respirando a pleno pulmón el aire de la mañana. En el 255
camino comió yerbas, estuvo a punto de mascar la tierra. Todo lo veía a través de una niebla mágica. La debilidad lo hacía ligero, etéreo: volaba casi como un pájaro. En el muladar se sintió un gallinazo más entre los gallinazos. Cuando los cubos estuvieron rebosantes emprendió el regreso. Las beatas, los noctámbulos, los canillitas descalzos, todas las secreciones del alba co- 260
menzaban a dispersarse por la ciudad. Enrique, devuelto a su mundo, caminaba feliz entre ellos, en su mundo de perros y fantasmas, tocado por la hora celeste.

Al entrar al corralón sintió un aire opresor, resistente, que lo obligó a detenerse. Era como si allí, en el dintel, terminara un mundo y comenzara otro fa- 265
bricado de barro, de rugidos, de absurdas penitencias. Lo sorprendente era, sin embargo, que esta vez reinaba en el corralón una calma cargada de malos presagios, como si toda la violencia estuviera en equilibrio, a punto de desplomarse. El abuelo, parado al borde del chiquero, miraba hacia el fondo. Parecía un árbol creciendo desde su pierna de palo. Enrique hizo ruido pero el abuelo 270
no se movió.

—¡Aquí están los cubos!

Don Santos le volvió la espalda y quedó inmóvil. Enrique soltó los cubos y corrió intrigado hasta el cuarto. Efraín, apenas lo vio, comenzó a gemir:

—Pedro... Pedro...   275

—¿Qué pasa?

—Pedro ha mordido al abuelo... el abuelo cogió la vara... después lo sentí aullar.

Enrique salió del cuarto.

—¡Pedro, ven aquí! ¿Dónde estás, Pedro?   280

Nadie le respondió. El abuelo seguía inmóvil, con la mirada en la pared. Enrique tuvo un mal presentimiento. De un salto se acercó al viejo.

---

[26] caerse con violencia   [27] tropezar

—¿Dónde está Pedro?

Su mirada descendió al chiquero. Pascual devoraba algo en medio del
285 lodo. Aún quedaban las piernas y el rabo del perro.

—¡No! —gritó Enrique tapándose los ojos—. ¡No, no! —y a través de las
lágrimas buscó la mirada del abuelo. Éste la rehuyó, girando torpemente sobre
su pierna de palo. Enrique comenzó a danzar en torno suyo, prendiéndose de
su camisa, gritando, pataleando, tratando de mirar sus ojos, de encontrar una
290 respuesta.

—¿Por qué has hecho eso? ¿Por qué?

El abuelo no respondía. Por último, impaciente, dio un manotón a su nieto
que lo hizo rodar por tierra. Desde allí Enrique observó al viejo que, erguido
como un gigante, miraba obstinadamente el festín de Pascual. Estirando la
295 mano encontró la vara que tenía el extremo manchado de sangre. Con ella se
levantó de puntillas y se acercó al viejo.

—¡Voltea! —gritó—. ¡Voltea!

Cuando don Santos se volvió, divisó la vara que cortaba el aire y se estre-
llaba contra su pómulo.
300 —¡Toma! —chilló Enrique y levantó nuevamente la mano. Pero súbitamente se detuvo, temeroso de lo que estaba haciendo y, lanzando la vara a
su alrededor, miró al abuelo casi arrepentido. El viejo, cogiéndose el rostro,
retrocedió un paso, su pierna de palo tocó tierra húmeda, resbaló, y dando un
alarido se precipitó de espaldas al chiquero.
305 Enrique retrocedió unos pasos. Primero aguzó[28] el oído pero no se escuchaba ningún ruido. Poco a poco se fue aproximando. El abuelo, con la
pata de palo quebrada, estaba de espaldas en el fango. Tenía la boca abierta
y sus ojos buscaban a Pascual, que se había refugiado en un ángulo y husmeaba sospechosamente en el lodo.
310 Enrique se fue retirando, con el mismo sigilo[29] con que se había aproxi-
mado. Probablemente el abuelo alcanzó a divisarlo pues mientras corría hacia
el cuarto le pareció que lo llamaba por su nombre, con un tono de ternura que
él nunca había escuchado.

—¡A mí, Enrique, a mí!...
315 —¡Pronto! —exclamó Enrique, precipitándose sobre su hermano—.
¡Pronto, Efraín! ¡El viejo se ha caído al chiquero! ¡Debemos irnos de acá!

—¿Adónde? —preguntó Efraín.

—¡Adonde sea, al muladar, donde podamos comer algo, donde los gallinazos!

---

[28] afinó

[29] movimientos muy calculados para no despertar sospecha

—¡No me puedo parar[30]!

Enrique cogió a su hermano con ambas manos y lo estrechó contra su pecho. Abrazados hasta formar una sola persona cruzaron lentamente el corralón. Cuando abrieron el portón de la calle se dieron cuenta que la hora celeste había terminado y que la ciudad, despierta y viva, abría ante ellos su gigantesca mandíbula.

Desde el chiquero llegaba el rumor de una batalla.

(Escrito en París en 1954)

---

[30] poner de pie, levantar

Después de leer

Comprensión

1. ¿Qué tipo de ambiente se describe al comienzo del cuento?

2. ¿Por qué cambian de lugar Enrique y Efraín para buscar basura?

3. ¿Cuál es el negocio que trae entre manos don Santos?

4. ¿Por qué debe ir solo Enrique a traer los desperdicios?

5. ¿Qué nombre reciben los animales en el cuento?

6. ¿Qué le pasó al perro?

7. ¿Qué cree Ud. que le sucedió al abuelo?

Análisis

1. Si los gallinazos ya son animales mal vistos en el cuento, ¿por qué se debe añadir que no tienen plumas?

2. ¿A quiénes pueden representar esos gallinazos sin plumas?

3. ¿Cuáles son los dos motivos que llevan a Enrique a actuar como una persona madura y a tomar la iniciativa?

4. ¿A qué se puede deber el carácter del abuelo?

5. La presencia de los padres de los dos hermanos no se menciona en ningún momento. ¿Qué implicaciones puede tener esto en el conflicto de los personajes?

Expansión

1. Busque información sobre el Perú y la ciudad de Lima en otros cuentos de autores peruanos como Vargas Llosa, Bryce Echenique o Arguedas.

2. Recuerde otras historias de niños que tienen que actuar radicalmente para cambiar una situación insoportable y las consecuencias que esto tiene para ellos.

El polvo del saber

Antes de leer

Temas para comentar antes de la lectura

1. ¿Qué diferencias se presentan entre las sociedades más desarrolladas y otras menos desarrolladas respecto a la transmisión de conocimientos y tradiciones?

2. ¿Desaparecerá en el futuro el libro como objeto? ¿Por qué sobreviven los libros a pesar del alto riesgo de destrucción a que están expuestos?

3. ¿A qué se debe la pasión por los libros?

Palabras clave

1. el chacarero
2. el condiscípulo
3. la incuria
4. las pelusas
5. la polilla
6. la ruma
7. encajonar
8. a la vera

El polvo del saber

 TODOS LOS DÍAS AL SALIR DE LA UNIVERSIDAD o entre dos cursos caminaba hasta la calle Wáshington y me detenía un momento a contemplar, por entre las verjas, los muros grises de la casona, que protegían celosa, secretamente, la clave de la sabiduría.

5 Desde niño sabía que en esa casa se conservaba la biblioteca de mi bisabuelo.

De esta había oído hablar a mi padre, quien siempre atribuyó la quiebra de su salud a la vez que tuvo que mudarla de casa. Mientras mi bisabuelo vivió, los diez mil volúmenes estuvieron en la residencia familiar de la calle Espíritu
10 Santo. Pero a la muerte del patriarca,[1] sus hijos se repartieron sus bienes y la biblioteca le tocó al tío Ramón, que era profesor universitario.

Ramón era casado con una señora riquísima, estéril, sorda e intratable, que lo martirizó toda su vida. Para desquitarse de su fracaso matrimonial, la

---

[1] hombre que tiene autoridad en una familia por ser el mayor

engañaba con cuanta mujer le pasaba por delante. Como no tenía hijos, hizo de mi padre su sobrino preferido, lo que significaba al mismo tiempo que una expectativa de herencia una fuente de obligaciones. Es así que cuando hubo que trasladar la biblioteca de Espíritu Santo a su casa de la calle Wáshington, mi padre fue el encargado de la mudanza.

Contaba mi padre que en trasladar los miles de volúmenes tardó un mes. Tuvo que escalar altísimas estanterías, encajonar[2] los libros, llevarlos a la otra casa, volver a ordenarlos y clasificarlos, todo esto en un mundo de pelusas[3] y polilla. Cuando terminó su trabajo quedó cansado para el resto de su vida. Pero toda esta fatiga tenía su recompensa. Cuando tío Ramón le preguntó qué quería que le dejara al morir, mi padre respondió sin vacilar:

— Tu biblioteca.

Mientras tío Ramón vivió, mi padre iba regularmente a leer a su casa. Ya desde entonces se familiarizaba con un bien que algún día sería suyo. Como mi bisabuelo había sido un erudito,[4] su biblioteca era la de un humanista y constituía la suma de lo que un hombre culto debía saber a fines del siglo XIX. Más que en la universidad, mi padre se formó a la vera[5] de esa colección. Los años más felices de su vida, repetía a menudo, fueron los que pasó sentado en un sillón de esa biblioteca, devorando cuanto libro caía en sus manos.

Pero estaba escrito que nunca entraría en posesión de ese tesoro. Tío Ramón murió súbitamente y sin testar[6] y la biblioteca con el resto de sus bienes pasaron a propiedad de su viuda. Como tío Ramón murió además en casa de una querida,[7] su viuda guardó a nuestra familia, y a mi padre en particular, un odio eterno. Jamás quiso recibirnos y optó por encerrarse en la calle Wáshington con su soledad, su encono y su sordera. Años más tarde cerró la casa y se fue a vivir donde unos parientes a Buenos Aires. Mi padre pasaba entonces a menudo delante de esa casa, miraba su verja, sus ventanas cerradas e imaginaba las estanterías donde continuaban alineados los libros que nunca terminó de leer.

Y cuando mi padre murió, yo heredé esa codicia y esa esperanza. Me parecía un crimen que esos libros que un antepasado mío había tan amorosamente adquirido, coleccionado, ordenado, leído, acariciado, gozado, fueran ahora patrimonio[8] de una vieja, avara que no tenía interés por la cultura ni vínculos con nuestra familia. Las cosas iban a parar así a las manos menos

---

[2] guardar en cajas

[3] partículas de pelo muy pequeñas

[4] persona culta instruida en varias materias

[5] a... en la órbita, al amparo

[6] hacer testamento

[7] amante

[8] conjunto de bienes de alguien adquiridos por herencia

apropiadas, pero como yo creía aún en la justicia inmanente, confiaba en que alguna vez regresarían a su fuente original.

50 Y la ocasión se presentó. Supe que mi tía, que había pasado varios años en Buenos Aires sin dar signo de vida, vendría unos días a Lima para liquidar un negocio de venta de tierras. Se hospedó en el Hotel Bolívar y después de insistentes llamadas telefónicas logré persuadirla que me concediera una entrevista. Quería que me autorizara a elegir aunque sea algunos volúmenes de una
55 biblioteca que, según pensaba decirle, «había sido de mi familia».

Me recibió en su *suite* y me invitó una taza de té con galletas. Era una momia pintarrajeada,[9] enjoyada, verdaderamente siniestra. No abrió prácticamente la boca, pero yo adiviné que veía en mí la imagen de su marido, de mi padre, de todo lo que aborrecía. Durante los diez minutos que estuvimos
60 juntos, tomó nota de mi embarazoso pedido, leyendo mi discurso en el movimiento de mis labios. Su respuesta fue tajante y fría: nada de lo que «era suyo» pasaría a nuestra familia.

Al poco tiempo de regresar a Buenos Aires falleció. Su casa de la calle Wáshington y todo lo que contenía fue heredado por sus parientes y de este
65 modo la biblioteca se alejó aún más de mis manos. El destino de estos libros, en verdad, era derivar cada vez más, por el mecanismo de las trasmisiones hereditarias, hacia personas cada vez menos vinculadas a ellos, chacareros[10] del sur o anónimos bonarenses[11] que fabricaban tal vez productos en los que entraba el tocino y la rapiña.

70 La casa de la calle Wáshington continuó un tiempo cerrada. Pero quien la heredó —por algún misterio, un médico de Arequipa[12]— resolvió sacar de ella algún provecho y como era muy grande la convirtió en pensión de estudiantes. De ello me enteré por azar, cuando terminaba mis estudios y había dejado de rondar por la vieja casona, perdida ya toda ilusión.

75 Un condiscípulo[13] de provincia, de quien me hice amigo, me pidió un día que lo acompañara a su casa para preparar un examen. Y para sorpresa mía me condujo hasta la mansión de la calle Wáshington. Yo creí que se trataba de una broma impía, pero me explicó que hacía meses vivía allí, junto con otros cinco estudiantes de su terruño.[14]

80 Yo entré a la casa devotamente, atento a todo lo que me rodeaba. En el vestíbulo había una señora guapa, probablemente la administradora de la

---

[9] maquillada excesivamente y mal

[10] campesinos o labriegos que poseen tierra pero no una gran educación. (La **chacra** o **chácara,** del quechua *chagra* [maizal], es una heredad rústica pequeña donde se cultiva.)

[11] de Buenos Aires

[12] ciudad del sur de Perú

[13] compañero de estudios

[14] tierra de nacimiento

pensión, motivo que yo desdeñé, para observar más bien el mobiliario e ir adivinando la distribución de las piezas, en busca de la legendaria biblioteca. No me fue difícil reconocer sofás, consolas, cuadros, alfombras, que hasta entonces sólo había visto en los álbumes de fotos de familia. Pero todos aquellos objetos que en las fotografías parecían llevar una vida serena y armoniosa habían sufrido una degradación, como si los hubieran despojado de sus insignias, y no eran ahora otra cosa que un montón de muebles viejos, destituidos, vejados[15] por usuarios que no se preocupaban de interrogarse por su origen y que ignoraban muchas veces su función.

—Aquí vivió un tío abuelo mío —dije al notar que mi amigo se impacientaba al verme contemplar absorto un enorme perchero, del que antaño pendían pellizas, capas y sombreros y que ahora servía para colgar plumeros y trapos de limpieza—. Estos muebles fueron de mi familia.

Esta revelación lo impresionó apenas y me conminó a pasar a su cuarto para preparar el curso. Yo lo obedecí, pero me fue imposible concentrarme, mi imaginación continuaba viajando por la casa en pos de los invisibles volúmenes.

—Fíjate —le dije al fin—; antes de que empecemos a estudiar, ¿puedes decirme dónde está la biblioteca?

—Aquí no hay biblioteca.

Yo intenté persuadirlo de lo contrario: diez mil volúmenes, encargados en gran parte a Europa, mi bisabuelo los había reunido, mi tío abuelo Ramón poseído y custodiado, mi padre sopesado, olido y en gran parte leído.

—Nunca he visto un libro en esta casa.

No me dejé convencer y ante mi insistencia me dijo que tal vez quedaba algo en las habitaciones de los estudiantes de medicina, donde nunca había entrado. Fuimos a ellas y no vi más que muebles arruinados, ropa sucia tirada por los rincones y tratados de patología.

—¡Pero en algún sitio tienen que estar!

Mi amigo era ambicioso y feroz, como la mayoría de los estudiantes provincianos, y mi problema le interesaba un pito,[16] pero cuando le dije que en esa biblioteca debían haber preciosos libros de derecho utilísimos para la preparación de nuestro examen, decidió consultarle a doña Maruja.

Doña Maruja era la mujer que había visto a la entrada y que —no me había equivocado— tenía a su cargo la pensión.

—¡Ah, los libros! —dijo—. ¡Qué trabajo me dieron! Había tres cuartos llenos. Eran unas vejeces.[17] Cuando me hice cargo de esta pensión, hace tres o cuatro años, no sabía qué hacer con ellos. No podía sacarlos a la calle porque

---

[15] que han sufrido maltrato

[16] le... no le importaba nada

[17] cosas viejas, inútiles

120 me hubieran puesto una multa. Los hice llevar a los antiguos cuartos de sirvientes. Tuve que contratar a dos obreros.

Los cuartos de la servidumbre quedaban en el traspatio.[18] Doña Maruja me entregó la llave, diciéndome que si quería llevármelos encantada, así le desocuparía esas piezas, pero claro que era una broma, para ello necesitaría un
125 camión, qué un camión, varios camiones.

Yo vacilé antes de abrir el candado. Sabía lo que me esperaba, pero por masoquismo, por la necesidad que uno siente a veces de precipitar el desastre, introduje la llave. Apenas abrí la puerta recibí en plena cara una ruma[19] de papel mohoso. En el piso de cemento quedaron desparramados encuaderna-
130 ciones y hojas apolilladas.[20] A esa habitación no se podía entrar sino que era necesario escalarla. Los libros habían sido amontonados casi hasta llegar al cielo raso. Emprendí la ascensión, sintiendo que mis pies, mis manos se hundían en una materia porosa y polvorienta, que se deshacía apenas trataba de aferrarla. De vez en cuando algo resistía a mi presión y lograba rescatar un
135 empaste de cuero.

—¡Sal de allí! —me dijo mi amigo—. Te va a dar un cáncer. Eso está lleno de microbios.

Pero yo persistí y seguí escalando esa sapiente[21] colina, consternado y rabioso, hasta que tuve que renunciar. Allí no quedaba nada, sino el polvo del
140 saber. La codiciada biblioteca no era más que un montón de basura. Cada incunable[22] había sido roído, corroído por el abandono, el tiempo, la incuria,[23] la ingratitud, el desuso. Los ojos que interpretaron esos signos hacía años además que estaban enterrados, nadie tomó el relevo y en consecuencia lo que fue en una época fuente de luz y de placer era ahora excremento, caducidad.
145 A duras penas logré desenterrar un libro en francés, milagrosamente intacto, que conservé, como se conserva el hueso de un magnífico animal prediluviano.[24] El resto naufragó, como la vida, como quienes abrigan la quimera de que nuestros objetos, los más queridos, nos sobrevivirán. Un sombrero de Napoleón, en un museo, ese sombrero guardado en una urna, está más
150 muerto que su propio dueño.

París, abril de 1974.

---

[18] patio trasero de las casas antiguas de Hispanoamérica

[19] montón, rimero

[20] comidas por las polillas (insectos que atacan y destruyen los libros)

[21] sabia, culta

[22] libro antiquísimo del cual sólo existe un ejemplar

[23] negligencia

[24] de la época de los dinosaurios

Después de leer

Comprensión

1. ¿Quién es el narrador y qué busca?
2. ¿Por qué se pierde la herencia de la biblioteca?
3. ¿Cómo logra finalmente acceder a la biblioteca el narrador de la historia?
4. ¿Adónde se trasladaron los libros de la biblioteca?
5. ¿En qué momento se da cuenta el narrador del estado en que se encuentran los libros de la biblioteca?
6. ¿Qué advertencia le hace el amigo al narrador cuando vuelve a encontrar los libros?

Análisis

1. En la genealogía descrita en el cuento, en que la historia pasa de un bisabuelo, a un tío y finalmente a un padre y a su hijo, explique cómo es o cómo cambia la situación de la familia.
2. ¿Pueden representar algo más los libros en cuestión, en referencia a las relaciones familiares y a los cambios generacionales?
3. Analice por qué utilizó el escritor a un narrador en primera persona para contar la historia.

Expansión

1. Consulte el cuento «La biblioteca de Babel», de Borges y compare el sentido que tienen los libros y las bibliotecas para ambos autores.
2. Compare los motivos por los que Ribeyro escogió distintos tipos de narradores para «Los gallinazos sin plumas» y «El polvo del saber».
3. Compare el sentido de la familia en «El polvo del saber» con el de «Los gallinazos sin plumas».
4. **OPTATIVO:** ¿Qué actitudes hacia la literatura se muestran en este cuento y en el de Wilcock, «Yves de Lalande» u «Obras completas» de Monterroso?

Rosario Ferré

ESTA CUENTISTA, ENSAYISTA, NOVELISTA Y CRÍTICA puertorriqueña nacida en 1938, cuyo primer libro fue la colección de cuentos *Papeles de Pandora* (1976), sigue siendo la más dinámica de las prosistas canónicas hispanoamericanas. Asociada correctamente con la visión feminista que afloró en la cuentística hispanoamericana cuando comenzó a publicar sus textos, la obra de Ferré siempre ha sido templado por su gran atención al estilo y la recreación de varios registros de la lengua. Si su crítica del machismo, racismo y explotación económica de la sociedad se concentra generalmente en la burguesía, con referencias a las clases privilegiadas de su país, no cuesta mucho extender esa crítica a otras sociedades hispanoamericanas o mundiales. Un elemento importante para ese efecto es su empleo del humor y la ironía, como el recurrir a la combinación de referencias a las culturas alta y popular, y al papel de la familia.

Los cuentos de Juan Bobo (1981) es su segundo libro, aunque ya antes había comenzado a mezclar géneros en su prosa breve. Dentro de esa perspectiva publicó *El medio pollito* (1978) y *La mona que le pisaron la cola* (1981), algunos de cuyos relatos son para niños, aunque hay que acoger con escepticismo esa descripción, como las fábulas de Augusto Monterroso. Su más reciente colección de relatos, que incluye fragmentos autobiográficos, notas ensayísticas y poemas, es *Las dos Venecias* (1992), del cual proviene «El cuento envenenado». Más que otras autoras de su época, Ferré se ha dedicado a examinar en sus ensayos (*Sitio a Eros* [1980], *El árbol y sus sombras* [1989], *El coloquio de las perras* [1990] y *A la sombra de tu nombre* [2001]) las traducciones de sus propias obras como las ideas que conducen a sus cuentos y que en cierto sentido los explican.

216

En todo caso, sus relatos recogen técnicas de la cuentística universal (cuentos de hadas, fábulas orientales) combinándolas con las de la hispanoamericana (Cortázar es una influencia), lo que Carpentier llamó lo «real maravilloso», con procedimientos surrealistas, y recurriendo a sus valiosas interpretaciones de la literatura de mujeres de Occidente. No falta tampoco la gran influencia del capital cultural estadounidense y su importancia para la identidad puertorriqueña y su lengua, ni la manera en que la cultura popular hispana traduce toda esa cultura mestiza de acuerdo a sus necesidades, a veces con resultados tragicómicos. Es decir, los cuentos de Ferré se dirigen a sus connacionales, a todo hispanoamericano y al mundo; y son subversivos por revelar lo que fue ser mujer en la tercera parte del siglo XX y mostrar cómo, si una autora se estanca en su crítica del patriarcado, termina escribiendo panfletos sin arte. Por esto cada uno de sus cuentos contiene una sorpresa sobre lo que es una mujer y lo que es escribir sobre ellas y como ellas. Por otro lado, es imposible separar lo personal y lo político en sus relatos, y hasta la fecha Ferré sigue enriqueciendo a sus lectores y críticos con sus cambios de opinión y proveyendo nuevas miras para la narrativa hispanoamericana, hecho comprobado en la progresión de su cuentística.

«La muñeca menor» es un clásico del cuento hispanoamericano, no sólo por revelar la relación entre clase social e instituciones como el matrimonio sino por universalizar su mensaje respecto a las eternas tensiones entre hombres y mujeres. Tema similar, sobre todo por el desdoblamiento de las mujeres jóvenes con las muñecas de su niñez, es «Amalia», también incluido en *Papeles de Pandora*. «El cuento envenenado» es una actualización de «La muñeca menor», un complemento perfecto, a la vez que una señal de los intereses actuales de Ferré por hacer literatura dentro de la literatura y con ella. Pero sobre todo es un juego de voces (las de Rosa y Rosaura) que representa las diferencias entre las mujeres, lo cual dificulta hablar de éstas como si fueran un grupo homogéneo.

Bibliografía mínima

Caballero, María. «Rosario Ferré: Las estrategias de la escritura feminista». *Ficciones isleñas. Estudios sobre la literatura de Puerto Rico*. San Juan: Editorial de la Universidad de Puerto Rico, 1999. 85–102.

Castro-Klarén, Sara. «Unpacking Her Library: Rosario Ferré on Love and Women». *Review: Latin American Literature and Arts* [Nueva York] 48 (1994): 33–35.

Chaves, María José. «La alegoría como método en los cuentos y ensayos de Rosario Ferré». *Third Woman* 2.2 (1984): 64–76.

Davis, Lisa. «La puertorriqueña dócil y rebelde en los cuentos de Rosario Ferré». *Sin Nombre* [Puerto Rico] 4. 9 (Enero–Marzo 1979): 82–88.

Febles, Héctor. «'Puerto Rico es un estado mental'. Rosario Ferré». *Lateral* IX. 95 (Noviembre 2002): 9.

Fernández Olmos, Margarite. «Rosario Ferré». *Spanish American Women Writers*. Ed. Diane E. Marting. Nueva York: Greenwood Press, 1990. 165–175.

López, Yvette. «'La muñeca menor': ceremonias y transformaciones en un cuento de Rosario Ferré». *Explicación de Textos Literarios* [Sacramento] 11.1 (1982–1983): 49–58.

Fishburn, Evelyn. «Rosario Ferré (Puerto Rico, born 1942?)». *Short Fiction by Spanish-American Women*. Ed. Evelyn Fishburn. Manchester: Manchester University Press, 1998. 75–84.

Méndez Clark, Ronald. «La pasión y la marginalidad en la escritura de Rosario Ferré». *La sartén por el mango*. Ed. Patricia Elena González y Eliana Ortega. San Juan: Ediciones Huracán, 1984. 119–139.

Murphy, Marie. «Rosario Ferré en el espejo: Defiance and Inversions». *Hispanic Review* 65.2 (1997): 145–157.

- - -. «Rosario Ferré 1942– ». *Encyclopedia of Latin American Literature*. Ed. Verity Smith. Londres/Chicago: Fitzroy Dearborn, 1997. 308–310.

La muñeca menor

Antes de leer

Temas para comentar antes de la lectura

1. ¿Cómo se ha presentado la visión de la mujer en los cuentos hispanoamericanos que Ud. ha leído hasta la fecha?

2. Comente algunos de los mecanismos de defensa empleados por las mujeres ante el sexismo.

3. Comente algunas de las alianzas que se pueden establecer entre las clases sociales diferentes y señale algunos de los problemas que podrían resultar de tales asociaciones.

4. Señale y examine algunos de los problemas que pueden surgir de vivir en una familia muy unida.

Palabras clave

1. los carretes
2. el honorario
3. la quietud
4. la silueta
5. el tuétano
6. manar
7. encuadrado/a
8. extinto/a
9. furibundo/a
10. pétreo/a
11. piadoso/a

La muñeca menor

LA TÍA VIEJA HABÍA SACADO DESDE MUY TEMPRANO el sillón al balcón que daba al cañaveral[1] como hacía siempre que se despertaba con ganas de hacer una muñeca. De joven se bañaba a menudo en el río, pero un día en que la lluvia había recrecido la corriente en cola de dragón había sentido en el tuétano de los huesos una mullida sensación de nieve. La cabeza metida en el reverbero negro de las rocas, había creído escuchar, revolcados con el sonido del agua, los estallidos del salitre[2] sobre la playa y pensó que sus cabellos habían llegado por fin a desembocar en el mar. En ese preciso momento sintió una mordida terrible en la pantorrilla.[3] La sacaron del agua gritando y se la llevaron a la casa en parihuelas[4] retorciéndose de dolor.

El médico que la examinó aseguró que no era nada, probablemente había sido mordida por una chágara[5] viciosa. Sin embargo pasaron los días y la llaga no cerraba. Al cabo de un mes el médico había llegado a la conclusión de que la chágara se había introducido dentro de la carne blanda de la pantorrilla, donde había evidentemente comenzado a engordar. Indicó que le aplicaran un sinapismo[6] para que el calor la obligara a salir. La tía estuvo una semana con la pierna rígida, cubierta de mostaza desde el tobillo hasta el muslo, pero al finalizar el tratamiento se descubrió que la llaga se había abultado aún más, recubriéndose de una substancia pétrea y limosa que era imposible tratar de remover sin que peligrara toda la pierna. Entonces se resignó a vivir para siempre con la chágara enroscada dentro de la gruta de su pantorrilla.

Había sido muy hermosa, pero la chágara que escondía bajo los largos pliegues de gasa de sus faldas la había despojado de toda vanidad. Se había encerrado en la casa rehusando a todos sus pretendientes. Al principio se había dedicado a la crianza de las hijas de su hermana, arrastrando por toda la casa la pierna monstruosa con bastante agilidad. Por aquella época la familia vivía rodeada de un pasado que dejaba desintegrar a su alrededor con la misma impasible musicalidad con que la lámpara de cristal se desgranaba a pedazos sobre el mantel raído[7] de la mesa del comedor. Las niñas adoraban a la tía. Ella las peinaba, las bañaba y les daba de comer. Cuando les leía

---

[1] terreno cultivado de caña de azúcar (En este caso se refiere a una familia acomodada y a una sociedad determinada de la cuenca del Caribe.)

[2] sustancia que contiene sal y que se encuentra particularmente en el agua del mar

[3] parte carnosa y trasera de la pierna entre la rodilla y el tobillo

[4] tipo de cama portátil

[5] insecto inventado por la autora (En la lengua taína, **chágara** significa **camarón de río.**)

[6] remedio tópico hecho con polvo de mostaza

[7] deteriorado por el uso

cuentos se sentaban a su alrededor y levantaban con disimulo el volante almidonado de su falda para oler el perfume de guanábana madura que supuraba la pierna en estado de quietud.

Cuando las niñas fueron creciendo la tía se dedicó a hacerles muñecas para jugar. Al principio eran sólo muñecas comunes, con carne de guata de higüera[8] y ojos de botones perdidos. Pero con el pasar del tiempo fue refinando su arte hasta ganarse el respeto y la reverencia de toda la familia. El nacimiento de una muñeca era siempre motivo de regocijo sagrado, lo cual explicaba el que jamás se les hubiese ocurrido vender una de ellas, ni siquiera cuando las niñas eran ya grandes y la familia comenzaba a pasar necesidad. La tía había ido agrandando el tamaño de las muñecas de manera que correspondieran a la estatura y a las medidas de cada una de las niñas. Como eran nueve y la tía hacía una muñeca de cada niña por año, hubo que separar una pieza[9] de la casa para que la habitasen exclusivamente las muñecas. Cuando la mayor cumplió diez y ocho años había ciento veintiséis muñecas de todas las edades en la habitación. Al abrir la puerta, daba la sensación de entrar en un palomar, o en el cuarto de muñecas del palacio de las tzarinas,[10] o en un almacén donde alguien había puesto a madurar una larga hilera de hojas de tabaco. Sin embargo, la tía no entraba en la habitación por ninguno de estos placeres, sino que echaba el pestillo a la puerta e iba levantando amorosamente cada una de las muñecas canturreándoles[11] mientras las mecía: Así eras cuando tenías un año, así cuando tenías dos, así cuando tenías tres, reviviendo la vida de cada una de ellas por la dimensión del hueco que le dejaban entre los brazos.

El día que la mayor de las niñas cumplió diez años, la tía se sentó en el sillón frente al cañaveral y no se volvió a levantar jamás. Se balconeaba días enteros observando los cambios de agua, de las cañas y sólo salía de su sopor cuando la venía a visitar el doctor o cuando se despertaba con ganas de hacer una muñeca. Comenzaba entonces a clamar para que todos los habitantes de la casa viniesen a ayudarla. Podía verse ese día a los peones de la hacienda haciendo constantes relevos al pueblo como alegres mensajeros incas, a comprar cera, o comprar barro de porcelana, encajes, agujas, carretes de hilo de todos los colores. Mientras se llevaban a cabo estas diligencias, la tía llamaba a su habitación a la niña con la que había soñado esa noche y le tomaba las medidas. Luego le hacía una mascarilla de cera que cubría de yeso por ambos lados como una cara viva dentro de dos caras muertas; luego hacía salir un hilillo rubio interminable por un hoyito en la barbilla. La porcelana de las manos era siempre translúcida; tenía un ligero tinte marfileño[12] que contrastaba con

---

8 con... hechos de la pulpa del árbol llamado «higüera»

9 cuarto

10 referencia a la opulencia de los antiguos zares rusos

11 cantándoles a media voz

12 del marfil

la blancura granulada de las caras de biscuit. Para hacer el cuerpo, la tía enviaba al jardín por veinte higüeras relucientes. Las cogía con una mano y con un movimiento experto de la cuchilla las iba rebanando una a una en cráneos [70] relucientes de cuero verde. Luego las inclinaba en una hilera contra la pared del balcón para que el sol y el aire secaran los cerebros algodonosos de guano[13] gris. Al cabo de algunos días raspaba el contenido con una cuchara y lo iba introduciendo con infinita paciencia por la boca de la muñeca.

Lo único que la tía transigía[14] en utilizar en la creación de las muñecas sin [75] que estuviese hecho por ella, eran las bolas de los ojos. Se los enviaban por correo desde Europa en todos los colores, pero la tía los consideraba inservibles hasta no haberlos dejado sumergidos durante un número de días en el fondo de la quebrada para que aprendiesen a reconocer el más leve movimiento de las antenas de las chágaras. Sólo entonces los lavaba con agua de [80] amoniaco y los guardaba, relucientes como gemas, colocados sobre camas de algodón, en el fondo de una lota de galletas holandesas. El vestido de las muñecas no variaba nunca, a pesar de que las niñas iban creciendo. Vestía siempre a las más pequeñas de tira bordada y a las mayores de broderí,[15] colocando en la cabeza de cada una el mismo lazo abullonado y trémulo de [85] pecho de paloma.

Las niñas se empezaron a casar y a abandonar la casa. El día de la boda la tía les regalaba a cada una la última muñeca dándoles un beso en la frente y diciéndoles con una sonrisa: Aquí tienes tu Pascua de Resurrección. A los novios los tranquilizaba asegurándoles que la muñeca era sólo una decoración [90] sentimental que solía colocarse sentada, en las casas de antes, sobre la cola del piano. Desde lo alto del balcón la tía observaba a las niñas bajar por última vez las escaleras de la casa sosteniendo en una mano la modesta maleta a cuadros de cartón y pasando el otro brazo alrededor de la cintura de aquella exhuberante muñeca hecha a su imagen y semejanza, calzada con zapatillas de ante, [95] faldas de bordados nevados y pantaletas de valenciennes.[16] Las manos y la cara de estas muñecas, sin embargo, se notaban menos transparentes, tenían la consistencia de la leche cortada. Esta diferencia encubría otra más sutil: la muñeca de boda no estaba jamás rellena de guata, sino de miel.

Ya se habían casado todas las niñas y en la casa quedaba sólo la más joven [100] cuando el doctor hizo a la tía la visita mensual acompañado de su hijo que acababa de regresar de sus estudios de medicina en el norte.[17] El joven levantó el volante de la falda almidonada y se quedó mirando aquella inmensa vejiga

---

[13] materia parecida al algodón extraída de la baya del árbol llamado «guano» (Se utiliza para rellenar almohadas, colchones, cojines, etcétera.)

[14] aceptaba

[15] tipo de bordado inglés

[16] pantaletas... ropa interior femenina (**Valenciennes** es un tipo de encaje.)

[17] el... los Estados Unidos

abotagada[18] que manaba una esperma perfumada por la punta de sus esca-
mas verdes. Sacó su estetoscopio y la auscultó cuidadosamente. La tía pensó
que auscultaba la respiración de la chágara para verificar si todavía estaba viva,
y cogiéndole la mano con cariño se la puso sobre un lugar determinado para
que palpara el movimiento constante de las antenas. El joven dejó caer la falda
y miró fijamente al padre. Usted hubiese podido haber curado esto en sus co-
mienzos, le dijo. Es cierto, contestó el padre, pero yo sólo quería que vinieras a
ver la chágara que te había pagado los estudios durante veinte años.

En adelante fue el joven médico quien visitó mensualmente a la tía vieja.
Era evidente su interés por la menor y la tía pudo comenzar su última muñeca
con amplia anticipación. Se presentaba siempre con el cuello almidonado, los
zapatos brillantes y el ostentoso alfiler de corbata oriental del que no tiene
donde caerse muerto.[19] Luego de examinar a la tía se sentaba en la sala recos-
tando su silueta de papel dentro de un marco ovalado, a la vez que le entregaba a la menor el mismo ramo de siemprevivas moradas. Ella le ofrecía
galletitas de jengibre y cogía el ramo quisquillosamente[20] con la punta de los
dedos como quien coge el estómago de un erizo[21] vuelto al revés. Decidió casarse con él porque le intrigaba su perfil dormido, y porque ya tenía ganas de
saber cómo era por dentro la carne de delfín.

El día de la boda la menor se sorprendió al coger la muñeca por la cintura
y encontrarla tibia, pero lo olvidó en seguida, asombrada ante su excelencia
artística. Las manos y la cara estaban confeccionadas con delicadísima porcelana de Mikado. Reconoció en la sonrisa entreabierta y un poco triste la colección completa de sus dientes de leche. Había, además, otro detalle particular:
la tía había incrustado en el fondo de las pupilas de los ojos sus dormilonas de
brillantes.[22]

El joven médico se la llevó a vivir al pueblo, a una casa encuadrada dentro
de un bloque de cemento. La obligaba todos los días a sentarse en el balcón,
para que los que pasaban por la calle supiesen que él se había casado en sociedad. Inmóvil dentro de su cubo de calor, la menor comenzó a sospechar
que su marido no sólo tenía el perfil de silueta de papel sino también el alma.
Confirmó sus sospechas al poco tiempo. Un día él le sacó los ojos a la muñeca
con la punta del bisturí[23] y los empeñó por un lujoso reloj de cebolla con una
larga leontina.[24] Desde entonces la muñeca siguió sentada sobre la cola del
piano, pero con los ojos bajos.

---

[18] hinchada

[19] no... es tan pobre que no tiene nada

[20] con exagerada delicadeza

[21] animal nocturno con púas en el dorso y los costados (Se arrolla como bola para prote-gerse.)

[22] aretes de diamantes

[23] cuchillo pequeño bien afilado, usado gene-ralmente en la cirugía por los médicos

[24] cadena que se fija a un reloj de bolsillo

A los pocos meses el joven médico notó la ausencia de la muñeca y le preguntó a la menor qué había hecho con ella. Una cofradía de señoras piadosas 140 le había ofrecido una buena suma por la cara y las manos de porcelana para hacerle un retablo a la Verónica en la próxima procesión de Cuaresma. La menor le contestó que las hormigas habían descubierto por fin que la muñeca estaba rellena de miel y en una sola noche se la habían devorado. Como las manos y la cara eran de porcelana de Mikado, dijo, seguramente las hormigas 145 las creyeron hechas de azúcar, y en este preciso momento deben de estar quebrándose los dientes, royendo con furia dedos y párpados en alguna cueva subterránea. Esa noche el médico cavó toda la tierra alrededor de la casa sin encontrar nada.

Pasaron los años y el médico se hizo millonario. Se había quedado con 150 toda la clientela del pueblo, a quienes no les importaba pagar honorarios exorbitantes para poder ver de cerca a un miembro legítimo de la extinta aristocracia cañera. La menor seguía sentada en el balcón, inmóvil dentro de sus gasas y encajes, siempre con los ojos bajos. Cuando los pacientes de su marido, colgados de collares, plumachos y bastones, se acomodaban cerca de 155 ella removiendo los rollos de sus carnes satisfechas con un alboroto de monedas, percibían a su alrededor un perfume particular que les hacía recordar involuntariamente la lenta supuración de una guanábana. Entonces les entraban a todos unas ganas irresistibles de restregarse las manos como si fueran patas. 160

Una sola cosa perturbaba la felicidad del médico. Notaba que mientras él se iba poniendo viejo, la menor guardaba la misma piel aporcelanada y dura que tenía cuando la iba a visitar a la casa del cañaveral. Una noche decidió entrar en su habitación para observarla durmiendo. Notó que su pecho no se movía. Colocó delicadamente el estetoscopio sobre su corazón y oyó un le- 165 jano rumor de agua. Entonces la muñeca levantó los párpados y por las cuencas vacías de los ojos comenzaron a salir las antenas furibundas de las chágaras.

Después de leer

Comprensión

1. ¿Qué le pasó a la tía vieja y por qué no sale de su casa?
2. ¿Cuántas sobrinas eran y qué hacía la tía para ellas? ¿Cómo lo hacía?
3. ¿Cuál es la diferencia entre la muñeca para una boda y las otras?
4. ¿Cómo parecen ser las relaciones entre el médico de la tía y el hijo de él?
5. ¿Adónde se fueron a vivir el joven médico y la sobrina menor después de casarse?

6. Explique cómo cambia el joven médico después del matrimonio.

7. ¿Por qué no era feliz el médico?

8. ¿En qué se convierte la joven esposa al fin del cuento?

Análisis

1. Comente la mezcla de elementos empíricos (reales), fantásticos y simbólicos en el cuento.

2. Comente las transformaciones por las que pasa el personaje principal.

3. Analice las relaciones matrimoniales en base al cuento.

4. Explique por qué este cuento es circular en varios sentidos.

Expansión

1. Explique cómo el conflicto de clases que existe entre la protagonista y su marido es previsible.

2. ¿Para qué sirven las menciones de «Europa» y de «el norte» (probablemente Estados Unidos) en el cuento?

3. Explique cómo Ferré manifiesta en sus cuentos la decadencia y corrupción de la burguesía.

4. **OPTATIVO:** Compare las razones por las cuales la joven esposa de este cuento no parece tener voz ni opinión con las de las mujeres de los cuentos de Santos Febre.

El cuento envenenado

Antes de leer

Temas para comentar antes de la lectura

1. Explique por qué se cree que la lectura nos distrae de la realidad.

2. Analice algunas de las razones por las que se cree que hay desconfianza entre las personas que se vuelven a casar.

Palabras clave

1. la letanía

2. el/la modisto/a

3. el mosquete

4. el obsequio

5. el resquemor

6. la sarta

7. el/la seguidor(a)

8. el tedio

9. descarnar

10. palidecer

11. sobrevolar

12. adulado/a

13. álgido/a

El cuento envenenado

Y el rey le dijo al Sabio Ruyán:
—Sabio, no hay nada escrito.
—Da la vuelta a unas hojas más.
El rey giró otras páginas más, y no
transcurrió mucho tiempo sin que 5
circulara el veneno rápidamente por
su cuerpo, ya que el libro estaba
envenenado. Entonces el rey se
estremeció, dio un grito y dijo:
—El veneno corre a través de mí. 10

Las mil y una noches[1]

ROSAURA VIVÍA EN UNA CASA DE BALCONES SOMBREADOS por enredaderas tupidas de trinitaria púrpura, y se pasaba la vida ocultándose tras ellos para leer libros de cuentos. Rosaura. Rosaura. Era una joven triste, que casi no tenía amigos; pero nadie podía adivinar la razón 15 para su tristeza. Como quería mucho a su padre, cuando éste se encontraba en la casa se la oía reír y cantar por pasillos y salones, pero cuando él se marchaba al trabajo, desaparecía como por arte de magia y se ponía a leer libros de cuentos.

Sé que debería levantarme y atender a los deudos, volver a pasar el cognac por entre sus insufribles esposos, pero me siento agotada. Lo único que quiero 20 *ahora es descansar los pies, que tengo aniquilados; dejar que las letanías de mis vecinas se desgranen a mi alrededor como un interminable rosario de tedio.*

Don Lorenzo era un hacendado de caña venido a menos,[2] que sólo trabajando de sol a sol lograba ganar lo suficiente para el sustento de la familia. *Primero Rosaura y luego Lorenzo. Es una casualidad sorprendente.* Amaba aque- 25 lla casa que lo había visto nacer, cuyas galerías sobrevolaban los cañaverales como las de un buque orzado a toda vela.[3] La historia de la casa alimentaba su pasión por ella, porque sobre sus almenas se había efectuado la primera resistencia de los criollos a la invasión hacía ya casi cien años.

Al pasearse por sus salas y balcones, Don Lorenzo sentía inevitablemente 30 encendérsele la sangre, y le parecía escuchar los truenos de los mosquetes y los gritos de guerra de quienes en ella habían muerto en defensa de la patria.

---

[1] colección de cuentos persas, indios y árabes (ca. 1450), en que Shahrazad, la narradora, pospone su ejecución contándole cuentos a su marido noche tras noche, sin revelar el fin climático hasta la última sesión

[2] venido... que ya no tenía lo que había tenido antes ni era lo que había sido

[3] orzado... con la proa hacia donde sopla el viento y todas las velas extendidas para alcanzar la máxima velocidad

En los últimos años, sin embargo, se había visto obligado a hacer sus paseos por la casa con más cautela,[4] ya que los huecos que perforaban los pisos eran
35 cada vez más numerosos, pudiéndose ver, al fondo abismal de los mismos, el corral de gallinas y puercos que la necesidad le obligaba a criar en los sótanos. A pesar de estas desventajas, a Don Lorenzo jamás se le hubiese ocurrido vender su casa o su hacienda. Como la zorra del cuento, se encontraba convencido de que un hombre podía vender la piel, la pezuña y hasta los ojos pero que la
40 tierra, como el corazón, jamás se vende.

No debo dejar que los demás noten mi asombro, mi enorme sorpresa. Después de todo lo que nos ha pasado, venir ahora a ser víctimas de un escritorcito pila de mierda.[5] Como si no me bastara con la mondadera[6] diaria de mis clientas. «Quien la viera y quien la vio,» las oigo que dicen detrás de sus abanicos inquietos, «la mona,
45 *aunque la vistan de seda, mona se queda».[7] Aunque ahora ya francamente no me importa. Gracias a Lorenzo estoy más allá de sus garras, inmune a sus bájeme un poco más el escote, Rosa, apriéteme acá otro poco el zipper,[8] Rosita, y todo por la misma gracia ya por el mismo precio. Pero no quiero pensar ya más en eso.*

Al morir su primera mujer, Don Lorenzo se sintió tan solo que, dando rienda[9]
50 a su naturaleza enérgica y saludable, echó mano a la salvación más próxima. Como náufrago que, braceando[10] en el vientre tormentoso del mar, tropieza con un costillar de esa misma nave que acaba de hundirse bajo sus pies, y se aferra desesperado a él para mantenerse a flote, así se asió Don Lorenzo a las amplias caderas y aun más pletóricos[11] senos de Rosa, la antigua modista de su mujer.
55 Celebrado el casorio y restituida la convivencia hogareña, la risa de Don Lorenzo volvió a retumbar por toda la casa, y éste se esforzaba porque su hija también se sintiera feliz. Como era un hombre culto, amante de las artes y de las letras, no encontraba nada malo en el persistente amor de Rosaura por los libros de cuentos. Aguijoneado sin duda por el remordimiento, al recordar cómo la niña se había
60 visto obligada a abandonar sus estudios a causa de sus malos negocios, le regalaba siempre, el día de su cumpleaños, un espléndido volumen de cuentos.

Esto se está poniendo interesante. La manera de contar que tiene el autor me da risa, parece un firulí almidonado, un empalagoso de pueblo.[12] Yo definitivamente no le simpatizo. Rosa era una mujer práctica, para quien los refinamientos
65 del pasado representaban un capricho imperdonable, y aquella manera de ser

---

[4] cuidado

[5] escritorcito... escritor sin ningún importancia

[6] crítica

[7] la mona... no importa qué se ponga una persona, hay una esencia que no cambia

[8] anglicismo por **cierre** o **cremallera** usado en muchos países hispanoamericanos

[9] sin poder contener

[10] moviendo repetidamente los brazos

[11] abundantes

[12] empalagoso... persona de provincia, excesivamente formal

la malquistó[13] con Rosaura. En la casa abundaban, como en los libros que leía la joven, las muñecas raídas y exquisitas, los roperos hacinados de rosas de repollo y de capas de terciopelo polvoriento, y los candelabros de cristales quebrados, que Rosaura aseguraba haber visto en las noches sostenidos en alto por deambulantes fantasmas. Poniéndose de acuerdo con el quincallero[14] del pueblo, Rosa fue vendiendo una a una aquellas reliquias de la familia, sin sentir el menor resquemor de conciencia por ello.

El firulí se equivoca. En primer lugar, hacía tiempo que Lorenzo estaba enamorado de mí (desde mucho antes de la muerte de su mujer, junto a su lecho de enferma, me desvestía atrevidamente con los ojos) y yo sentía hacia él una mezcla de ternura y compasión. Fue por eso que me casé con él, y de ninguna manera por interés, como se ha insinuado en este infame relato.[15] *En varias ocasiones me negué a sus requerimientos, y cuando por fin accedí, mi familia lo consideró de plano una locura. Casarme con él, hacerme cargo de las labores domésticas de aquel caserón en ruinas, era una especie de suicidio profesional, ya que la fama de mis creaciones resonaba, desde mucho antes de mi boda, en las boutiques de moda más elegantes y exclusivas del pueblo. En segundo lugar, vender los cachivaches*[16] *de aquella casa no sólo era saludable sicológica, sino también económicamente. En mi casa hemos sido siempre pobres y a orgullo lo tengo. Vengo de una familia de diez hijos, pero nunca hemos pasado hambres, y el espectáculo de aquella alacena vacía, pintada enteramente de blanco y con un tragaluz en el techo que iluminaba todo su vértigo, le hubiese congelado el tuétano al más valiente. Vendí los tereques*[17] *de la casa para llenarla, para lograr poner sobre la mesa, a la hora de la cena, el mendrugo de pan honesto de cada día.*

Pero el celo de Rosa no se detuvo aquí, sino que empeñó también los cubiertos de plata, los manteles y las sábanas que en un tiempo pertenecieron a la madre y a la abuela de Rosaura, y su frugalidad llegó a tal punto que ni siquiera los gustos moderadamente epicúreos[18] de la familia se salvaron de ella. Desterrados para siempre de la mesa quedaron el conejo en pepitoria, el arroz con gandules y las palomas salvajes, asadas hasta su punto más tierno por debajo de las alas. Esta última medida entristeció grandemente a Don Lorenzo, que amaba más que nada en el mundo, luego de a su mujer y a su hija, esos platillos criollos cuyo espectáculo humeante le hacía expandir de buena voluntad los carrillos sobre las comisuras risueñas.[19]

---

[13] enemistó

[14] persona que fabrica o vende quincalla (objetos de metal, generalmente de escaso valor)

[15] La narradora (Rosa) se refiere al texto que va en letra normal.

[16] objetos viejos, sin uso (Se usa despectivamente.)

[17] trastos o utensilios, generalmente inútiles

[18] refinados, delicados

[19] partes de la cara que se mueven cuando uno se ríe

¿Quién habrá sido capaz de escribir una sarta tal de estupideces y de calumnias? Aunque hay que reconocer que, quien quiera que sea, supo escoger el título a las mil maravillas. Bien se ve que el papel aguanta todo el veneno que le escupan encima. Las virtudes económicas de Rosa la llevaban a ser candil apagado en la casa, pero fanal[20] encendido en la calle. «A mal tiempo buena cara, y no hay por qué hacerle ver al vecino que la desgracia es una desgracia», decía con entusiasmo cuando se vestía con sus mejores galas para ir a misa los domingos, obligando a Don Lorenzo a hacer lo mismo. Abrió un comercio de modistilla[21] en los bajos de la casa, que bautizó ridículamente «El alza de la Bastilla», dizque para atraerse una clientela más culta, y allí se pasaba las noches enhebrando hilos y sisando[22] telas, invirtiendo todo lo que sacaba de la venta de los valiosos objetos de la familia en los vestidos que elaboraba para sus clientas.

Acaba de entrar a la sala la esposa del Alcalde. La saludaré sin levantarme, con una leve inclinación de cabeza. Lleva puesto uno de mis modelos exclusivos, que tuve que rehacer por lo menos diez veces, para tenerla contenta, pero aunque sé que espera que me le acerque y le diga lo bien que le queda, haciéndole mil reverencias, no me da la gana de hacerlo. Estoy cansada de servirles de incensario[23] a las esposas de los ricos de este pueblo. En un principio les tenía compasión: verlas languidecer como flores asfixiadas tras las galerías de cristales de sus mansiones, sin nada en qué ocupar sus mentes que no fuese el bridge, el mariposear de chisme en chisme y de merienda en merienda, me daba tristeza. El aburrimiento, ese ogro de afelpada garra, había ya ultimado a varias de ellas, que habían perecido víctimas de la neurosis y de la depresión, cuando yo comencé a predicar, desde mi modesto taller de costura, la salvación por medio de la Línea y del Color.[24] La Belleza de la moda es, no me cabe la menor duda, la virtud más sublime, el atributo más divino de las mujeres. La Belleza de la moda todo lo puede, todo lo cura, todo lo subsana. Sus seguidores son legiones, como puede verse en el fresco de la cúpula de nuestra catedral, donde los atuendos maravillosos de los ángeles sirven para inspirar la devoción aun en los más incrédulos.

Con la ayuda generosa de Lorenzo me suscribí a las revistas más elegantes de París, Londres y Nueva York, y comencé a publicar en La Gaceta del Pueblo una homilía semanal, en la cual le señalaba a mis clientas cuáles eran las últimas tendencias de estilo según los couturiers[25] más famosos de esas capitales. Si en el otoño se llevaba el púrpura magenta o el amaranto pastel, si en la primavera el

---

[20] farol

[21] modista de poco valor

[22] cortando de tal manera que defrauda a las clientas

[23] de... como objeto que adula o lisonjea a alguien

[24] la... las modas en el vestir, su trabajo

[25] francés por **costureros, modistos**

talle se alforzaba[26] *como una alcachofa o se plisaba como un repollo de pétalo y bullón, si en el invierno los botones se usaban de carey o de nuez, todo era para mis clientas materia de dogma, artículo apasionado de fe. Mi taller pronto se volvió una colmena de actividad, tantas eran las órdenes que recibía y tantas las visitas de las damas que venían a consultarme los detalles de sus últimas «tenues».*[27]

El éxito no tardó en hacernos ricos y todo gracias a la ayuda de Lorenzo, que hizo posible el milagro vendiendo la hacienda y presentándome el capitalito que necesitaba para ampliar mi negocio. Por eso hoy,[28] *el día aciago de su sepelio, no tengo que ser fina ni considerada con nadie. Estoy cansada de tanta reverencia y de tanto halago, de tanta dama elegante que necesita ser adulada todo el tiempo para sentirse que existe. Que la esposa del Alcalde en adelante se alce su propia cola y se husmee su propio culo. Prefiero mil veces la lectura de este cuento infame a tener que hablarle, a tener que decirle qué bien se ha combinado hoy, qué maravillosamente le sientan su mantilla de bruja, sus zapatos de espátula, su horrible bolso.*

Don Lorenzo vendió su casa y su finca, y se trasladó con su familia a vivir al pueblo. El cambio resultó favorable para Rosaura; recobró el buen color y tenía ahora un sinnúmero de amigas y amigos, con los cuales se paseaba por las alamedas y los parques. Por primera vez en la vida dejó de interesarse por los libros de cuentos y, cuando algunos meses más tarde su padre le regaló el último ejemplar, lo dejó olvidado y a medio leer sobre el velador de la sala. A Don Lorenzo, por el contrario, se le veía cada vez más triste, zurcido el corazón de pena por la venta de su hacienda y de sus cañas.

Rosa, en su nuevo local, amplió su negocio y tenía cada vez más parroquianas. El cambio de localidad sin duda la favoreció, ocupando éste ahora por completo los bajos[29] de la casa. Ya no tenía el corral de gallinas y de puercos algarabiándole[30] junto a la puerta, y su clientela subió de categoría. Como estas damas, sin embargo, a menudo se demoraban en pagar sus deudas, y Rosa, por otro lado, no podía resistir la tentación de guardar siempre para sí los vestidos más lujosos, su taller no acababa nunca de levantar cabeza.[31] Fue por aquel entonces que comenzó a martirizar a Lorenzo con lo del testamento. «Si mueres en este momento», le dijo una noche antes de dormir, «tendré que trabajar hasta la hora de mi muerte sólo para pagar la deuda, ya que con la mitad de tu herencia no me será posible ni comenzar a hacerlo». Y como Don Lorenzo

---

[26] hacía pliegues, plisaba

[27] francés por **ropa,** aunque la autora juega con otro significado de la palabra: **reunión**

[28] Aquí la palabra **hoy** indica el momento presente de la narración desde el cual escribe el personaje.

[29] parte de abajo

[30] gritándole y haciéndole ruidos

[31] levantar... prosperar

El cuento envenenado   **229**

170 permanecía en silencio y con la cabeza baja, negándose a desheredar a su hija
para beneficiarla a ella, empezó a injuriar y a insultar a Rosaura, acusándola de
soñar con vivir siempre del cuento,[32] mientras ella se descarnaba los ojos y los
dedos cosiendo y bordando sólo para ellos. Y antes de darle la espalda para ex-
tinguir la luz del velador, le dijo que ya que era a su hija a quien él más quería en
175 el mundo, a ella no le quedaba más remedio que abandonarlo.

*Me siento curiosamente insensible, indiferente a lo que estoy leyendo. Hay
una corriente de aire frío colándose por algún lado en este cuarto y me he empezado a sentir un poco mareada, pero debe ser la tortura de este velorio interminable. No veo la hora en que saquen el ataúd por la puerta, y que esta caterva de*
180 *maledicentes[33] acabe ya de largarse a su casa. Comparados a los chismes de mis
clientas, los sainetes[34] de este cuento insólito no son sino alfilerazos vulgares, que
me rebotan sin que yo los sienta. Después de todo, me porté bien con Lorenzo:
tengo mi conciencia tranquila. Eso es lo único que importa. Insistí, es cierto, en
que nos mudáramos al pueblo, y eso no hizo mucho bien. Insistí también en que*
185 *me dejara a mí el albaceazgo[35] de todos sus bienes, porque me consideré mucho
más capacitada para administrarlos que Rosaura, que anda siempre con la cabeza en las nubes. Pero jamás lo amenacé con abandonarlo. Los asuntos de la familia iban de mal en peor, y la ruina amenazaba cada vez más de cerca a
Lorenzo, pero a éste no parecía importarle. Había sido siempre un poco fanta-*
190 *sioso y escogió precisamente esa época crítica de nuestras vidas para sentarse a
escribir un libro sobre los patriotas de la lucha por la independencia.*

*Se pasaba las noches garabateando página tras página, desvariando en voz
alta sobre nuestra identidad perdida dizque trágicamente a partir de 1898,
cuando la verdad fue que nuestros habitantes recibieron a los Marines con los*
195 *brazos abiertos. Es verdad que, como escribió Lorenzo en su libro, durante casi cien
años después de su llegada hemos vivido al borde de la guerra civil, pero los únicos que quieren la independencia en esta isla son los ricos y los ilusos; los hacendados arruinados que todavía siguen soñando con el pasado glorioso como si se
tratara de un paraíso perdido, los políticos amargados y sedientos de poder, y los*
200 *escritorcitos de mierda como el autor de este cuento. Los pobres de esta isla le han
tenido siempre miedo a la independencia, porque preferirían estar muertos antes
de volver a verse aplastados por la egregia bota de nuestra burguesía. Sean
Republicanos o Estadolibristas, todos los caciques políticos son iguales. A la hora
del tasajo[36] vuelan más rápido que una plaga de guaraguaos hambrientos; se*

---

[32] del... de la fantasía, de ilusiones (Irónicamente
la narradora cuenta un cuento, y en un sentido vive de él.)

[33] chismosos, calumniadores

[34] palabras cómicas

[35] carga de custodiar los asuntos, propiedades,
herencia, etcétera de una persona muerta

[36] repartición de algo de lo cual se beneficia
uno (uso figurativo)

llaman pro-americanos y amigos de los yanquis cuando en realidad los odian y ²⁰⁵
quisieran que les dejaran sus dólares y se fueran de aquí.[37]

Al llegar el cumpleaños de su hija, Don Lorenzo le compró, como siempre, su tradicional libro de cuentos. Rosaura, por su parte, decidió cocinarle a su padre aquel día una confitura de guayaba,[38] de las que antes solía confeccionarle su madre. Durante toda la tarde removió sobre el fogón el borbolleante ²¹⁰ líquido color sanguaza,[39] y mientras lo hacía le pareció ver a su madre entrar y salir varias veces por pasillos y salones, transportada por el oleaje rosado de aquel perfume que inundaba la casa.

Aquella noche Don Lorenzo se sentó feliz a la mesa y cenó con más apetito que el que había demostrado en mucho tiempo. Terminada la cena, le ²¹⁵ entregó a Rosaura su libro, encuadernado, como él siempre decía riendo, «en cuero de corazón de alce». Haciendo caso omiso de los acentos circunflejos que ensombrecían de ira el ceño de su mujer, padre a hija admiraron juntos el opulento ejemplar, cuyo grueso canto[40] dorado hacía resaltar elegantemente el púrpura de las tapas. Inmóvil sobre su silla Rosa los observaba en silencio, ²²⁰ con una sonrisa álgida escarchándole los labios. Llevaba puesto aquella noche su vestido más lujoso, porque asistiría con Don Lorenzo a una cena de gran cubierto en casa del Alcalde, y no quería por eso alterarse, ni perder la paciencia con Rosaura.

Don Lorenzo comenzó entonces a embromar a su mujer, y le comentó, in- ²²⁵ tentando sacarla de su ensimismamiento[41] que los exóticos vestidos de aquellas reinas y grandes damas que aparecían en el libro de Rosaura bien podrían servirle a ella de inspiración para sus nuevos modelos. «Aunque para vestir tus opulentas carnes se necesitarían varias resmas de seda más de las que necesitaron ellas, a mí no me importaría pagarlas, porque tú eres una mujer de a ²³⁰ deveras,[42] y no un enclenque maniquí de cuento», le dijo pellizcándole solapadamente una nalga. *¡Pobre Lorenzo! Es evidente que me querías, sí. Con tus bromas siempre me hacías reír hasta saltárseme las lágrimas.* Congelada en su silencio apático, Rosa encontró aquella broma de mal gusto, y no demostró por las ilustraciones y grabados ningún entusiasmo. Terminado por fin el exa- ²³⁵ men del lujoso volumen, Rosaura se levantó de la mesa, para traer la fuente de aquel postre que había estado presagiándose en la mañana como un bocado

---

[37] La fecha y hechos aluden a la Guerra Hispanoamericana (1898), cuando con la ayuda de los Estados Unidos se independizaron de España lo que hoy son Puerto Rico, Cuba y la República Dominicana. El resto del párrafo se refiere a la continua lucha puertorriqueña acerca de su estado político.

[38] fruta tropical de varios colores

[39] de sangre corrompida, oscura

[40] corte del libro, opuesto al lomo, de color dorado en las ediciones de lujo

[41] concentración en sí misma

[42] de... real, verdadera

de gloria por toda la casa, pero al acercársela a su padre la dejó caer, salpi-
cando inevitablemente la falda de su madrastra.

240 *Hacía ya rato que algo venía molestándome, y ahora me doy cuenta de lo que
es. El incidente del dulce de guayaba ocurrió hace ya muchos años, cuando todavía vivíamos en el caserón de la finca y Rosaura no era más que una niña. El firulí,
o se equivoca, o ha alterado descaradamente la cronología de los hechos, haciendo ver que éstos sucedieron recientemente, cuando es todo lo contrario. Hace
245 sólo unos meses que Lorenzo le regaló a Rosaura el libro que dice, en ocasión de su
veinteavo aniversario, pero han pasado ya más de seis años desde que Lorenzo
vendió la finca. Cualquiera diría que Rosaura es todavía niña cuando es una man-
ganzona[43] ya casi mayor de edad, una mujer hecha y derecha. Cada día se parece
más a su madre, a las mujeres indolentes de este pueblo. Rehúsa trabajar en la
250 casa y en la calle, alimentándose del pan honesto de los que trabajan.*

*Recuerdo perfectamente el suceso del dulce de guayaba. Íbamos a un coctel
en casa del Alcalde, a quien tú mismo, Lorenzo, le habías propuesto que te com-
prara la hacienda Los Crepúsculos, como la llamabas nostálgicamente, y que los
vecinos habían bautizado con sorna la hacienda Los Culos Crespos,[44] en venganza
255 por los humos de aristocracia que te dabas, para que se edificara allí un museo de
historia dedicado a preservar, para las generaciones venideras, las anodinas[45] reliquias de los imperios cañeros. Yo había logrado convencerte, tras largas noches de
discusión bajo el dosel raído de tu cama, de la imposibilidad de seguir viviendo en
aquel caserón, donde no había ni luz eléctrica ni agua caliente, y donde para
260 colmo había que cagar a diario en la letrina estilo Francés Provenzal que Alfonso
XII le había obsequiado a tu abuelo. Por eso aquella noche llevaba puesto aquel
traje cursi, confeccionado como en Gone with the Wind,[46] con las cortinas de bro-
cado que el viento no se había llevado todavía, porque era la única manera de im-
presionar a la insoportable mujer del Alcalde, de apelar a su arrebatado delirio de
265 grandeza. Nos compraron la casa por fin con todas las antigüedades que tenía
adentro, pero no para hacerla un museo y un parque de los que pudiera disfrutar el
pueblo, sino para disfrutarlo ellos mismos como su lujosa casa de campo.*

Frenética y fuera de sí, Rosa se puso de pie, y contempló horrorizada aquellas estrías de almíbar que descendían lentamente por su falda hasta manchar
270 con su líquido sanguinolento las hebillas de raso de sus zapatos. Temblaba de

---

[43] holgazana, perezosa

[44] Los... juego de palabras con el nombre de la
hacienda

[45] insignificantes

[46] clásica película estadounidense de 1939, que
se llamó *Lo que el viento se llevó* en español

(Es símbolo de una era cuyas relaciones sociales han sido vistas como cursi y más que
nada, racistas. La conexión aquí es con las
familias que poseían los cañaverales de azúcar, cuyo mundillo era similar al de las plan-
taciones de tabaco estadounidenses.)

ira, y al principio se le hizo imposible llegar a pronunciar una sola palabra. Una vez le regresó el alma al cuerpo, sin embargo, comenzó a injuriar enfurecida a Rosaura, acusándola de pasarse la vida leyendo cuentos, mientras ella se veía obligada a consumirse los ojos y los dedos cosiendo para ellos. Y la culpa de todo la tenían aquellos malditos libros que Don Lorenzo le regalaba, los cuales eran prueba de que a Rosaura se la tenía en mayor estima que a ella en aquella casa, y por lo cual había decidido marcharse de su lado para siempre, si éstos no eran de inmediato arrojados al patio, donde ella misma ordenaría que se encendiera con ellos una enorme fogata.

Será el humo de las velas, será el perfume de los mirtos, pero me siento cada vez más mareada. No sé por qué, he comenzado a sudar y las manos me tiemblan. La lectura de este cuento ha comenzado a enconárseme[47] en no sé cuál lugar misterioso del cuerpo. Y no bien terminó de hablar, Rosa palideció mortalmente y, sin que nadie pudiera evitarlo, cayó redonda y sin sentido al suelo. Aterrado por el desmayo de su mujer, Don Lorenzo se arrodilló a su lado y, tomándole las manos comenzó a llorar, implorándole en una voz muy queda que volviera en sí y que no lo abandonara, porque él había decidido complacerla en todo lo que ella le había pedido. Satisfecha con la promesa que había logrado sonsacarle,[48] Rosa abrió los ojos y lo miró risueña, permitiéndole a Rosaura, en prueba de reconciliación, guardar los libros.

Aquella noche Rosaura derramó abundantes lágrimas, hasta que por fin se quedó dormida sobre su almohada, bajo la cual había ocultado el obsequio de su padre. Tuvo entonces un sueño extraño. Soñó que, entre los relatos de aquel libro, había uno que estaría envenenado, porque destruiría, de manera fulminante, a su primer lector. Su autor, al escribirlo, había tomado la precaución de dejar inscrita en él una señal, una manera definitiva de reconocerlo, pero por más que en su sueño Rosaura se esforzaba por recordar cuál era, se le hacía imposible hacerlo. Cuando por fin despertó, tenía el cuerpo brotado de un sudor helado, pero seguía ignorando aún si aquel cuento obraría su maleficio por medio del olfato, del oído, o del tacto.

Pocas semanas después de estos sucesos, Don Lorenzo pasó serenamente a mejor vida al fondo de su propia cama, consolado por los cuidos y rezos de su mujer y de su hija. Encontrábase el cuerpo rodeado de flores y de cirios, y los deudos,[49] y parientes sentados alrededor, llorando y ensalzando las virtudes del muerto, cuando Rosa entró en la habitación, sosteniendo en la mano el último libro de cuentos que Don Lorenzo le había regalado a Rosaura y que tanta controversia había causado en una ocasión entre ella y su difunto marido. Saludó a la esposa del Alcalde con una imperceptible

---

[47] inflamarse

[48] obtener con maña

[49] descendientes

inclinación de cabeza, y se sentó en una silla algo retirada del resto de los
310 deudos, como si buscase un poco de silencio y sosiego. Abriendo el libro al
azar sobre la falda, comenzó a hojear lentamente las páginas, admirando sus
ilustraciones y pensando que, ahora que era una mujer de medios, bien podía
darse el lujo de confeccionarse para sí misma uno de aquellos espléndidos
atuendos de reina. Pasó varias páginas sin novedad, hasta que llegó a un re-
315 lato que le llamó la atención. A diferencia del resto, no tenia ilustración alguna
y se encontraba impreso en una extraña tinta color guayaba. El primer párrafo la sorprendió, porque la heroína se llamaba exactamente igual que su
hijastra. Mojándose entonces el dedo del corazón con la punta de la lengua,
comenzó a separar con interés aquellas páginas que, debido a la espesa tinta,
320 se adherían molestamente unas a otras. Del estupor pasó al asombro, del
asombro pasó al pasmo, y del pasmo pasó al terror, pero a pesar del creciente
malestar que sentía, la curiosidad no le permitía dejar de leerlas. El relato comenzaba: «Rosaura vivía en una casa de balcones sombreados por enredaderas tupidas de trinitaria púrpura... »,[50] pero Rosa nunca llegó a enterarse de
325 cómo terminaba.

---

[50] Note que esta frase es exactamente la misma
con la cual comienza este cuento.

Después de leer

Comprensión

1. ¿Qué hace Rosaura para pasar el rato y cuál es su ocupación?
2. ¿Qué es lo que no quiere hacer Don Lorenzo y por qué?
3. ¿Qué le regala Don Lorenzo a su hija en cada cumpleaños?
4. ¿Cómo es la relación entre Rosa y Rosaura?
5. ¿Cómo perciben los vecinos a Rosa?
6. ¿Qué hizo Don Lorenzo cuando se murió su primera esposa?
7. ¿Qué decisiones toma Rosa que muestran que ella es una persona práctica?
8. ¿Sobre qué está escribiendo un libro Don Lorenzo?
9. ¿Por qué explotó al final Rosa e insultó a Rosaura?
10. Al final del cuento, ¿qué quiere decir la frase: «El primer párrafo la sorprendió, porque la heroína se llamaba exactamente igual que su hijastra»?

Análisis

1. Comente la razón por la cual en el segundo párrafo comienza otro cuento.

2. Explique la función de los pasajes escritos en letra normal.

3. Describa cómo la narradora nos revela poco a poco el momento y lugar desde el cual narra.

4. Explique por qué se puede decir que éste es un cuento circular.

Expansión

1. Aquí hay un cuento dentro de otro cuento, y el texto en letra cursiva contradice al que va en letra normal, ¿cuál es el efecto de esta técnica de Ferré?

2. ¿Por qué se puede decir que este cuento es una versión modernizada del cuento tradicional sobre la madrastra mala y la hijastra maltratada?

3. **OPTATIVO:** Compare el fin de este cuento con el de «Interiores» de Maturana.

4. **OPTATIVO:** Compare la presencia de las *Mil y una noches* en el cuento de Borges con éste de Ferré.

Roberto Bolaño

Nacido en Chile en 1953 y fallecido en 2003, fue uno de los mejores cuentistas hispanoamericanos de su generación. Narrador y poeta, su feliz y activa irreverencia ante las ideas recibidas en torno a la literatura y el mundo literario cuajaron en la muy premiada novela total *Los detectives salvajes* (1998), con la cual se convirtió en escritor canónico. Algunos críticos han notado en esa novela («de aventuras con sexo, drogas y rock and roll», decía Bolaño) la presencia de cuentos sueltos o intercalados. En sus cuentos el humor (a veces negro), la cultura popular, el mundo intelectual, la rebelión, el viaje constante, los juegos detectivescos, la historia hispanoamericana y de Occidente (frecuentemente suplementada por veladas referencias autobiográficas) dialogan entre sí. Esa comunicación se enriquece con la presencia de las literaturas occidentales como tema, y del gusto inventivo por crear un lenguaje verdaderamente nuevo y presentar a los lectores tramas imprevisibles.

Todos esos elementos se aúnan para proveer un mosaico insólito, lleno de personajes y situaciones memorables, que a veces deambulan de un cuento a otro, como en las tres secciones de *Llamadas telefónicas* (1997), en cuyo prólogo explica las fuentes reales de uno de los cuentos escogidos. Antes había publicado *La literatura nazi en América* (1996), que es una colección divertidísima de reseñas de obras y autores ficticios, y una indicación de cómo Bolaño conceptualiza el «cuento». Su penúltima colección es *Putas asesinas* (2001). En ésta, escogida por *El País* de España como uno de los mejores libros de ese año, se nota la gran variedad y riesgos temáticos con que le gusta funcionar a Bolaño. Esa diversidad está al día con el deseo de los cuentistas más jóvenes de presentar al público opciones no agotadas, sin dejar de tener

236

en cuenta las condiciones sociopolíticas que dan contexto a su ficción. No en vano, después de su muerte se ha comenzado a hablar del «bolañismo», ya que su prosa anuncia, prefigura y luego desborda la cuentística más reciente del continente. Su última colección de cuentos, póstuma, es *El gaucho insufrible* (2003).

Bolaño, autoexiliado, vivió varios años clave en México y participó del «infrarrealismo» —especie de «Dadá a la mexicana», según el autor— de los años 70 de ese país. El cuento «El Ojo Silva» alude a parte de esa experiencia y su exilio posterior en Europa, que retoma y ficcionaliza en su novela más famosa, *Los detectives salvajes*. En ésta, como en las dos colecciones de las cuales hemos seleccionado los textos, el desplazamiento físico se aúna al mental para crear una nostalgia frecuentemente agridulce por el país, personas o cosas perdidas. Pero la vida sigue, y en ese sentido los personajes tienen que encontrar esperanza en lugares nuevos, porque ya no son los mismos, aún cuando vuelven a sus orígenes.

Bolaño vivió en España hasta su muerte, y varios de sus relatos se ocupan de la experiencia y de la renovada y creciente presencia de los hispanoamericanos en ese país. Dijo ser deudor de Borges y Cortázar. Su canon (véase las entrevistas con Boullosa y Maristain) occidental incluye a Cervantes, los cronistas de Indias, Rubén Darío, Pedro Henríquez Ureña, Alfonso Reyes y el autor estadounidense de ciencia ficción, Philip K. Dick. Su cuentística frecuentemente tiende hacia la intensidad, pero desde una superficie engañosa que se reviste de cotidianidad o de realidades sórdidas. Sus cuentos, admirados por maestros del género, muestran una realidad hispanoamericana totalmente distante de la que ha representado el relato convencional del siglo pasado, desobedeciendo frecuentemente las expectativas política o estéticamente correctas. Es una perspectiva que ya encontramos en los cuentos de Monterroso y Ribeyro incluidos en esta antología. «Sensini» y «El Ojo Silva», escogidos respectivamente de las colecciones mencionadas anteriormente, son complementados por «Enrique Martín» y «Vida de Anne Moore» de la primera, y por «Prefiguración de Lalo Cura» y «Fotos» de la última.

Bibliografía mínima

Actualidades [Caracas] 10 (Octubre 1999): 7–75. [Número de homenaje a Bolaño. Contiene dos textos del autor sobre su obra, recogidos en varias publicaciones.]

Boullosa, Carmen. «Roberto Bolaño». Trad. Margaret Carlson. *Bomb* [Nueva York] 20. 78 (Invierno 2001/2002): 50–53.

Cobos, Eduardo. «Roberto Bolaño: 'hay que mantener la ficción a favor de la conjetura'». *Babel* [Caracas] XI. 35–36 (Julio–Diciembre 1999): 8–14.

Corral, Wilfrido H. «Lo que sobrevivirá del Segundo *boom*. Bolaño, el bolañismo». *Quimera* [Barcelona] 241 (Marzo 2004): 32–37. [Número de homenaje a Bolaño.]

Espinosa, Patricia, ed. *Territorios en fuga. Estudios críticos sobre la obra de Roberto Bolaño.* Santiago: Frasis Editores, 2003.

González, Daniuska. «Roberto Bolaño: 'Cuando yo escribo sólo hay una cosa que para mí es determinante, y es escribir bien'». *Revista Ateneo* 11 (1999): 1–4.

Gras Miravet, Dunia. «Entrevista con Roberto Bolaño». *Cuadernos Hispanoamericanos* 604 (Octubre 2000): 53–65.

Kohan, Silvia Adela. «Entrevista con Roberto Bolaño. Sobre el juego y el olvido». *Cultura* [Suplemento de *La Nación,* Buenos Aires] 22 de abril de 2001. 8–9.

Lateral [Barcelona] VI. 52 (Abril 1999): 40–41. [Sección «El espejo de la crítica». Dedicada a Bolaño y *Los detectives salvajes,* pero pertinente al resto de su prosa.]

Lateral IX. 87 (Marzo 2002): 27. [Sección «El espejo de la crítica». Dedicada a Bolaño y *Putas asesinas.*]

Manzoni, Celina, ed. *Roberto Bolaño: La escritura como tauromaquia.* Buenos Aires: Corregidor, 2002.

Maristain, Mónica. «Estrella distante». *Página 12* [Buenos Aires], *Radar* 6. 362 (20 de Julio de 2003): 4–7.

Moreno, Fernando, ed. *Roberto Bolaño, una literatura infinita.* Poitiers: Centre de Recherches Latino-Américaines-Archivos C.N.R.S-Université de Poitiers, 2004.

Revista Ateneo [Venezuela] 13 (2000): 15–38. [Dossier sobre Bolaño. Incluye notas sobre todos sus libros hasta la fecha.]

Vila-Matas, Enrique. «Bolaño en la distancia». *Desde la ciudad nerviosa.* Madrid: Alfaguara, 2000. 311–322.

- - -. «Un plato fuerte de la China destruida». *El País, Babelia* No. 615 (6 de Septiembre de 2003): 20.

Sensini

Antes de leer

Temas para comentar antes de la lectura

1. Comente algunas impresiones que pueda tener un público general de cómo los escritores conciben su profesión, de cómo se ganan la vida o qué contribuyen a la sociedad.

2. Comente cómo cree Ud. (o sus conocidos) que es la vida diaria de los escritores y cuáles cree que son las preocupaciones más importantes de ellos.

Palabras clave

1. la base	7. el/la seguidor(a)
2. el conejillo de Indias	8. despachar
3. el exponente	9. hacer doblete
4. el fallo	10. verter
5. la librería de viejo	11. a grandes trazos
6. la nariz ganchuda	12. por barba

Sensini

LA FORMA EN QUE SE DESARROLLÓ MI AMISTAD CON **S**ENSINI sin duda se sale de lo corriente. En aquella época yo tenía veintitantos años y era más pobre que una rata. Vivía en las afueras de Girona, en una casa en ruinas que me habían dejado mi hermana y mi cuñado tras marcharse a México y acababa de perder un trabajo de vigilante nocturno 5 en un cámping de Barcelona, el cual había acentuado mi disposición a no dormir durante las noches. Casi no tenía amigos y lo único que hacía era escribir y dar largos paseos que comenzaban a las siete de la tarde, tras despertar, momento en el cual mi cuerpo experimentaba algo semejante al *jetlag,* una sensación de estar y no estar, de distancia con respecto a lo que me rodeaba, de 10 indefinida fragilidad. Vivía con lo que había ahorrado durante el verano y aunque apenas gastaba mis ahorros iban menguando al paso del otoño. Tal vez eso fue lo que me impulsó a participar en el Concurso Nacional de Literatura de Alcoy, abierto a escritores de lengua castellana, cualquiera que fuera su nacionalidad y lugar de residencia. El premio estaba divido en tres modalidades: 15 poesía, cuento y ensayo. Primero pensé en presentarme en poesía, pero enviar a luchar con los leones (o con las hienas) aquello que era lo que mejor hacía me parecía indecoroso. Después pensé en presentarme en ensayo, pero cuando me enviaron las bases descubrí que éste debía versar sobre Alcoy, sus alrededores, su historia, sus hombres ilustres, su proyección en el futuro y eso 20 me excedía. Decidí, pues, presentarme en cuento y envié por triplicado el mejor que tenía (no tenía muchos) y me senté a esperar.

Cuando el premio se falló trabajaba de vendedor ambulante en una feria de artesanía en donde absolutamente nadie vendía artesanías. Obtuve el tercer accésit[1] y diez mil pesetas que el Ayuntamiento de Alcoy me pagó religio- 25 samente. Poco después me llegó el libro, en el que no escaseaban las erratas, con el ganador y los seis finalistas. Por supuesto, mi cuento era mejor que el que se había llevado el premio gordo, lo que me llevó a maldecir al jurado y a decirme que, en fin, eso siempre pasa. Pero lo que realmente me sorprendió fue encontrar en el mismo libro a Luis Antonio Sensini, el escritor argentino, se- 30 gundo accésit, con un cuento en donde el narrador se iba al campo y allí se le moría su hijo o con un cuento en donde el narrador se iba al campo porque en la ciudad se le había muerto su hijo, no quedaba nada claro, lo cierto es que en el campo, un campo plano y más bien yermo, el hijo del narrador se seguía muriendo, en fin, el cuento era claustrofóbico, muy al estilo de Sensini, de los 35

---

[1] latinismo empleado predominantemente en concursos artísticos para referirse a recompensas inferiores inmediatas al premio mayor

grandes espacios geográficos de Sensini que de pronto se achicaban hasta tener el tamaño de un ataúd, y superior al ganador y al primer accésit y también superior al tercer accésit y al cuarto, quinto y sexto.[2]

40 No sé qué fue lo que me impulsó a pedirle al Ayuntamiento de Alcoy la dirección de Sensini. Yo había leído una novela suya y algunos de sus cuentos en revistas latinoamericanas. La novela era de las que hacen lectores. Se llamaba *Ugarte* y trataba sobre algunos momentos de la vida de Juan de Ugarte, burócrata en el Virreinato del Río de la Plata a finales del siglo XVIII. Algunos críticos, sobre todo españoles, la habían despachado diciendo que 45 se trataba de una especie de Kafka colonial, pero poco a poco la novela fue haciendo sus propios lectores y para cuando me encontré a Sensini en el libro de cuentos de Alcoy, *Ugarte* tenía repartidos en varios rincones de América y España unos pocos y fervorosos lectores, casi todos amigos o enemigos gratuitos entre sí. Sensini, por descontado, tenía otros libros, publicados en 50 Argentina o en editoriales españolas desaparecidas, y pertenecía a esa generación intermedia de escritores nacidos en los años veinte, después de Cortázar, Bioy, Sabato, Mujica Lainez, y cuyo exponente más conocido (al menos por entonces, al menos para mí) era Haroldo Conti, desaparecido en uno de los campos especiales de la dictadura de Videla[3] y sus secuaces. De 55 esta generación (aunque tal vez la palabra generación sea excesiva) quedaba poco, pero no por falta de brillantez o talento; seguidores de Roberto Arlt, periodistas y profesores y traductores, de alguna manera anunciaron lo que vendría a continuación, y lo anunciaron a su manera triste y escéptica que al final se los fue tragando a todos.

60 A mí me gustaban. En una época lejana de mi vida había leído las obras de teatro de Abelardo Castillo, los cuentos de Rodolfo Walsh (como Conti asesinado por la dictadura), los cuentos de Daniel Moyano, lecturas parciales y fragmentadas que ofrecían las revistas argentinas o mexicanas o cubanas, libros encontrados en las librerías de viejo del D.F.,[4] antologías piratas de la literatura 65 bonaerense, probablemente la mejor en lengua española de este siglo, literatura de la que ellos formaban parte y que no era ciertamente la de Borges o Cortázar y a la que no tardarían en dejar atrás Manuel Puig y Osvaldo Soriano,

---

[2] El cuento «Sensini» parece ser una variación de la trama del cuento «El hijo» (publicado originalmente en 1928 con el título «El padre») del canónico cuentista uruguayo Horacio Quiroga (1878–1937).

[3] Jorge Rafael Videla (1925–), militar argentino cuya dictadura comienza en 1976 (Es un período reconocido por la represión de todo sector contestatario. Muchos intelectuales fueron «desaparecidos», entre ellos varios de los escritores mencionados en este cuento. Aquel período, que termina en 1983 y es conocido como «El Proceso», coincide históricamente con el de la dictadura de Augusto Pinochet en Chile.

[4] «Distrito Federal», término con el cual se refiere popularmente a la Ciudad de México

pero que ofrecía al lector textos compactos, inteligentes, que propiciaban la complicidad y la alegría.[5] Mi favorito, de más está decirlo, era Sensini, y el hecho de alguna manera sangrante y de alguna manera halagador de encon- 70 trármelo en un concurso literario de provincias me impulsó a intentar establecer contacto con él, saludarlo, decirle cuánto lo quería.

Así pues, el Ayuntamiento de Alcoy no tardó en enviarme su dirección, vivía en Madrid, y una noche, después de cenar o comer o merendar, le escribí una larga carta en donde hablaba de *Ugarte,* de los otros cuentos suyos que 75 había leído en revistas, de mí, de mi casa en las afueras de Girona, del concurso literario (me reía del ganador), de la situación política chilena y argentina (todavía estaban bien establecidas ambas dictaduras), de los cuentos de Walsh (que era el otro a quien más quería junto con Sensini), de la vida en España y de la vida en general. Contra lo que esperaba, recibí una carta suya 80 apenas una semana después. Comenzaba dándome las gracias por la mía, decía que en efecto el Ayuntamiento de Alcoy también le había enviado a él el libro con los cuentos galardonados pero que, al contrario que yo, él no había encontrado tiempo (aunque después, cuando volvía de forma sesgada sobre el mismo tema, decía que no había encontrado *ánimo suficiente*) para 85 repasar el relato ganador y los accésits, aunque en estos días se había leído el mío y lo había encontrado de calidad, «un cuento de primer orden», decía, conservo la carta, y al mismo tiempo me instaba a perseverar, pero no, como al principio entendí, a perseverar en la escritura sino a perseverar en los concursos, algo que él, me aseguraba, también haría. Acto seguido pasaba a pre- 90 guntarme por los certámenes literarios que se «avizoraban en el horizonte», encomiándome que apenas supiera de uno se lo hiciera saber en el acto. En contrapartida me adjuntaba las señas[6] de dos concursos de relatos, uno en Plasencia y el otro en Ecija, de 25.000 y 30.000 pesetas respectivamente, cuyas bases según pude comprobar más tarde extraía de periódicos y revis- 95 tas madrileñas cuya sola existencia era un crimen o un milagro, depende. Ambos concursos aún estaban a mi alcance y Sensini terminaba su carta de manera más bien entusiasta, como si ambos estuviéramos en la línea de salida de una carrera interminable, amén de dura y sin sentido. «Valor y a trabajar», decía. 100

Recuerdo que pensé: qué extraña carta, recuerdo que releí algunas capítulos de *Ugarte,* por esos días aparecieron en la plaza de los cines de Girona los vendedores ambulantes de libros, gente que montaba sus tenderetes

---

[5] Para presentaciones someras de algunos de los autores en este párrafo (no todos cuentistas) y el anterior, véase los manuales y enciclopedias mencionados en la introducción general de esta antología.

[6] **dirección** en el habla hispanoamericana (El uso de **señas** muestra que el personaje vive en España.)

alrededor de la plaza y que ofrecía mayormente stocks invendibles, los sal-
dos[7] de las editoriales que no hacía mucho habían quebrado, libros de la
Segunda Guerra Mundial, novelas de amor y de vaqueros, colecciones de
postales. En uno de los tenderetes encontré un libro de cuentos de Sensini y
lo compré. Estaba como nuevo —de hecho *era* un libro nuevo, de aquellos
que las editoriales venden rebajados a los únicos que mueven este material,
los ambulantes, cuando ya ninguna librería, ningún distribuidor quiere
meter las manos en ese fuego— y aquella semana fue una semana Sensini
en todos los sentidos. A veces releía por centésima vez su carta, otras veces
hojeaba *Ugarte*, y cuando quería acción, novedad, leía sus cuentos. Éstos,
aunque trataban sobre una gama variada de temas y situaciones, generalmente se desarrollaban en el campo, en la pampa, y eran lo que al menos antiguamente se llamaban historias de hombres a caballo. Es decir historias de
gente armada, desafortunada, solitaria o con un peculiar sentido de la socia-
bilidad. Todo lo que en *Ugarte* era frialdad, un pulso preciso de neurociru-
jano, en el libro de cuentos era calidez, paisajes que se alejaban del lector
muy lentamente (y que a veces se alejaban *con* el lector), personajes valientes y a la deriva.

En el concurso de Plasencia no alcancé a participar, pero en el de Écija sí.
Apenas hube puesto los ejemplares de mi cuento (seudónimo: Aloysius
Acker[8]) en el correo, comprendí que si me quedaba esperando el resultado las
cosas no podían sino empeorar. Así que decidí buscar otros concursos y de
paso cumplir con el pedido de Sensini. Los días siguientes, cuando bajaba a
Girona, los dediqué a trajinar periódicos atrasados en busca de información:
en algunos ocupaban una columna junto a ecos de sociedad, en otros aparecían entre sucesos y deportes, el más serio de todos los situaba a mitad de camino del informe del tiempo y las notas necrológicas, ninguno, claro, en las
páginas culturales. Descubrí, asimismo, una revista de la Generalitat[9] que entre
becas, intercambios, avisos de trabajo, cursos de posgrado, insertaba anuncios
de concursos literarios, la mayoría de ámbito catalán y en lengua catalana,
pero no todos. Pronto tuve tres concursos en ciernes en los que Sensini y yo
podíamos participar y le escribí una carta.

---

[7] stocks... El anglicismo *stock* se refiere al al-
macenamiento, al surtido de libros guarda-
dos. El italianismo *saldo* se refiere a
mercancías que el fabricante vende a bajo
precio.

[8] *Aloysius Acker* (1923) es un poema largo escrito por el vanguardista peruano «Martín
Adán» (Rafael de la Fuente Benavides,
1908–1985) sobre la dualidad de la persona-

lidad. Bolaño, también poeta, escribió sobre
la vanguardia mexicana de los Estridentistas,
tanto como de otros poetas de su generación
que conoció durante los años que vivió en
México.

[9] término catalán que desde el siglo XIV se refiere a la institución y sistema de gobierno de
varias provincias españolas (Aquí se refiere a
la provincia de Cataluña.)

Como siempre, la respuesta me llegó a vuelta de correo. La carta de Sensini era breve. Contestaba algunas de mis preguntas, la mayoría de ellas relativas a su libro de cuentos recién comprado, y adjuntaba a su vez las fotocopias de las bases de otros tres concursos de cuento, uno de ellos auspiciado por los Ferrocarriles del Estado, premio gordo y diez finalistas a 50.000 pesetas por barba, decía textualmente, el que no se presenta no gana, que por la intención no quede. Le contesté diciéndole que no tenía tantos cuentos como para cubrir los seis concursos en marcha, pero sobre todo intenté tocar otros temas, la carta se me fue de la mano, le hablé de viajes, amores perdidos, Walsh, Conti, Francisco Urondo, le pregunté por Gelman[10] al que sin duda conocía, terminé contándole mi historia por capítulos, siempre que hablo con argentinos termino enzarzándome con el tango y el laberinto, les sucede a muchos chilenos.

La respuesta de Sensini fue puntual y extensa, al menos en lo tocante a la producción y los concursos. En un folio escrito a un solo espacio y por ambas caras exponía una suerte de estrategia general con respecto a los premios literarios de provincias. Le hablo por experiencia, decía. La carta comenzaba por santificarlos (nunca supe si en serio o en broma), fuente de ingresos que ayudaban al diario sustento. Al referirse a las entidades patrocinadoras, ayuntamientos y cajas de ahorro, decía «esa buena gente que cree en la literatura», o «esos lectores puros y un poco forzados». No se hacía en cambio ninguna ilusión con respecto a la información de la «buena gente», los lectores que previsiblemente (o no tan previsiblemente) consumirían aquellos libros invisibles. Insistía en que participara en el mayor número posible de premios, aunque sugería que como medida de precaución les cambiara el título a los cuentos si con uno solo, por ejemplo, acudía a tres concursos cuyos fallos coincidían por las mismas fechas. Exponía como ejemplo de esto su relato *Al amanecer*, relato que yo no conocía, y que él había enviado a varios certámenes literarios casi de manera experimental, como el conejillo de Indias destinado a probar los efectos de una vacuna desconocida. En el primer concurso, el mejor pagado, *Al amanecer* fue como *Al amanecer*, en el segundo concurso se presentó como *Los gauchos*, en el tercer concurso su título era *En la otra pampa*, y en el último se llamaba *Sin remordimientos*. Ganó en el segundo y en el último, y con la plata obtenida en ambos premios pudo pagar un mes y medio de alquiler, en Madrid los precios estaban por las nubes. Por supuesto, nadie se enteró de que *Los gauchos* y *Sin remordimientos* eran el mismo cuento con el título cambiado, aunque siempre existía el riesgo de coincidir en más de una liza[11] con un mismo jurado, oficio singular que en España

---

[10] nombres de escritores argentinos (El único no desaparecido, por haberse exiliado en México, fue el poeta Juan Gelman [1930–]. Sin embargo, la dictadura asesinó a su hijo y nuera. Hacia finales del siglo XX Gelman logró localizar a su nieta, que había sido raptada durante ese período.)

[11] combate o situación dispuesta para que disputen dos o más personas

ejercían de forma contumaz una pléyade de escritores y poetas menores o autores laureados en anteriores fiestas. El mundo de la literatura es terrible, además de ridículo, decía. Y añadía que ni siquiera el repetido encuentro con un mismo jurado constituía de hecho un peligro, pues éstos generalmente no leían las obras presentadas o las leían por encima o las leían a medias. Y a mayor abundamiento, decía, quién sabe si *Los gauchos* y *Sin remordimientos* no sean dos relatos distintos cuya singularidad resida precisamente en el título. Parecidos, incluso muy parecidos, pero distintos. La carta concluía enfatizando que lo ideal sería hacer otra cosa, por ejemplo vivir y escribir en Buenos Aires, sobre el particular pocas dudas tenía, pero que la realidad era la realidad, y uno tenía que ganarse los porotos (no sé si en Argentina llaman porotos a las judías,[12] en Chile sí) y que por ahora la salida era ésa. Es como pasear por la geografía española, decía. Voy a cumplir sesenta años, pero me siento como si tuviera veinticinco, afirmaba al final de la carta o tal vez en la posdata. Al principio me pareció una declaración muy triste, pero cuando la leí por segunda o tercera vez comprendí que era como si me dijera: ¿cuántos años tenés vos, pibe? Mi respuesta, lo recuerdo, fue inmediata. Le dije que tenía veintiocho, tres más que él. Aquella mañana fue como si recuperara si no la felicidad, sí la energía, una energía que se parecía mucho al humor, un humor que se parecía mucho a la memoria.

No me dediqué, como me sugería Sensini, a los concursos de cuentos, aunque sí participé en los últimos que entre él y yo habíamos descubierto. No gané en ninguno, Sensini volvió a hacer doblete en Don Benito y en Écija, con un relato que originalmente se titulaba *Los sables* y que en Écija se llamó *Dos espadas* y en Don Benito *El tajo más profundo*. Y ganó un accésit en el premio de los ferrocarriles, lo que le proporcionó no sólo dinero sino también un billete franco para viajar durante un año por la red de la Renfe.[13]

Con el tiempo fui sabiendo más cosas de él. Vivía en un piso de Madrid con su mujer y su única hija, de diecisiete años, llamada Miranda. Otro hijo, de su primer matrimonio, andaba perdido por Latinoamérica o eso quería creer. Se llamaba Gregorio, tenía treintaicinco años, era periodista. A veces Sensini me contaba de sus diligencias en organismos humanitarios o vinculados a los departamentos de derechos humanos de la Unión Europea para averiguar el paradero de Gregorio. En esas ocasiones las cartas solían ser pesadas, monótonas, como si mediante la descripción del laberinto burocrático Sensini exorcizara a sus propios fantasmas. Dejé de vivir con Gregorio, me dijo en una

---

[12] ganarse... **Porotos** (del quechua *purutu*) y **judías** son los términos que se emplean respectivamente en la América Meridional y España para referirse a los vegetales que en otros países hispanoamericanos se conocen como **frijoles**, **fríjoles** o **frejoles**. La expresión popular **ganarse los porotos/judías/frijoles** equivale a **ganarse el pan diario**. Es decir, vivir preocupado por las necesidades más elementales.

[13] «Red Nacional de Ferrocarriles Españoles»

ocasión, cuando el pibe tenía cinco años. No añadía nada más, pero yo vi a Gregorio de cinco años y vi a Sensini escribiendo en la redacción de un periódico y todo era irremediable. También me pregunté por el nombre y no sé por qué llegué a la conclusión de que había sido una suerte de homenaje inconsciente a Gregorio Samsa.[14] Esto último, por supuesto, nunca se lo dije. Cuando hablaba de Miranda, por el contrario, Sensini se ponía alegre, Miranda era joven, tenía ganas de comerse el mundo, una curiosidad insaciable, y además, decía, era linda y buena. Se parece a Gregorio, decía, sólo que Miranda es mujer (obviamente) y no tuvo que pasar por lo que pasó mi hijo mayor.

Poco a poco las cartas de Sensini se fueron haciendo más largas. Vivía en un barrio desangelado de Madrid, en un piso de dos habitaciones más sala comedor, cocina y baño. Saber que yo disponía de más espacio que él me pareció sorprendente y después injusto. Sensini escribía en el comedor, de noche, «cuando la señora y la nena ya están dormidas», y abusaba del tabaco. Sus ingresos provenían de unos vagos trabajos editoriales (creo que corregía traducciones) y de los cuentos que salían a pelear a provincias. De vez en cuando le llegaba algún cheque por alguno de sus numerosos libros publicados, pero la mayoría de las editoriales se hacían las olvidadizas o habían quebrado. El único que seguía produciendo dinero era *Ugarte,* cuyos derechos tenía una editorial de Barcelona. Vivía, no tardé en comprenderlo, en la pobreza, no una pobreza absoluta sino una de clase media baja, de clase media desafortunada y decente. Su mujer (que ostentaba el curioso nombre de Carmela Zajdman) trabajaba ocasionalmente en labores editoriales y dando clases particulares de inglés, francés y hebreo, aunque en más de una ocasión se había visto abocada a realizar faenas de limpieza. La hija sólo se dedicaba a los estudios y su ingreso en la universidad era inminente. En una de mis cartas le pregunté a Sensini si Miranda también se iba a dedicar a la literatura. En su respuesta decía: no, por Dios, la nena estudiará medicina.

Una noche le escribí pidiéndole una foto de su familia. Sólo después de dejar la carta en el correo me di cuenta de que lo que quería era conocer a Miranda. Una semana después me llegó una fotografía tomada seguramente en el Retiro[15] en donde se veía a un viejo y a una mujer de mediana edad junto a una adolescente de pelo liso, delgada y alta, con los pechos muy grandes. El viejo sonreía feliz, la mujer de mediana edad miraba el rostro de su hija, como si le dijera algo, y Miranda contemplaba al fotógrafo con una seriedad que me resultó conmovedora e inquietante. Junto a la foto me envió la fotocopia de otra foto. En ésta aparecía un tipo más o menos de mi edad, de rasgos

---

[14] referencia clara al protagonista de *La metamorfosis* (1915) de Franz Kafka (1883–1924) (La elección del nombre Gregorio se explica posteriormente en el cuento.)

[15] parque amplio y popular, ubicado en el centro de Madrid

acentuados, los labios muy delgados, los pómulos pronunciados, la frente
245 amplia, sin duda un tipo alto y fuerte que miraba a la cámara (era una foto de
estudio) con seguridad y acaso con algo de impaciencia. Era Gregorio Sensini,
antes de desaparecer, a los veintidós años, es decir bastante más joven de lo
que yo era entonces, pero con un aire de madurez que lo hacía parecer mayor.

Durante mucho tiempo la foto y la fotocopia estuvieron en mi mesa de
250 trabajo. A veces me pasaba mucho rato contemplándolas, otras veces me
las llevaba al dormitorio y las miraba hasta caerme dormido. En su carta
Sensini me había pedido que yo también les enviara una foto mía. No tenía
ninguna reciente y decidí hacerme una en el fotomatón[16] de la estación, en
esos años el único fotomatón de toda Girona. Pero las fotos que me hice no me
255 gustaron. Me encontraba feo, flaco, con el pelo mal cortado. Así que cada día
iba postergando el envío de mi foto y cada día iba gastando más dinero en el
fotomatón. Finalmente cogí una al azar, la metí en un sobre junto con una
postal y se la envié. La respuesta tardó en llegar. En el ínterin recuerdo que
escribí un poema muy largo, muy malo, lleno de voces y de rostros que pare-
260 cían distintos pero que sólo eran uno, el rostro de Miranda Sensini, y que
cuando yo por fin podía reconocerlo, nombrarlo, decirle Miranda, soy yo, el
amigo epistolar de tu padre, ella se daba media vuelta y echaba a correr en
busca de su hermano, Gregorio Samsa, en busca de los ojos de Gregorio
Samsa que brillaban al fondo de un corredor en tinieblas donde se movían im-
265 perceptiblemente los bultos oscuros del terror latinoamericano.

La respuesta fue larga y cordial. Decía que Carmela y él me encontraron
muy simpático, tal como me imaginaban, un poco flaco, tal vez, pero con
buena pinta y que también les había gustado la postal de la catedral de Girona
que esperaban ver personalmente dentro de poco, apenas se hallaran más
270 desahogados de algunas contingencias económicas y domésticas. En la carta
se daba por entendido que no sólo pasarían a verme sino que se alojarían en mi
casa. De paso me ofrecían la suya para cuando yo quisiera ir a Madrid. La casa
es pobre, pero tampoco es limpia, decía Sensini imitando a un famoso gaucho
de tira cómica que fue muy famoso en el Cono Sur a principios de los setenta.[17]
275 De sus tareas literarias no decía nada. Tampoco hablaba de los concursos.

Al principio pensé en mandarle a Miranda mi poema, pero después de
muchas dudas y vacilaciones decidí no hacerlo. Me estoy volviendo loco,
pensé, si le mando esto a Miranda se acabaron las cartas de Sensini y además

---

[16] cabina equipada para hacer pequeñas fotografías instantáneas

[17] La alusión del narrador es probablemente al
personaje «Inodoro Pereyra», de las historie-
tas o tiras cómicas dibujadas por Roberto
Fontanarrosa. La aparente falta de lógica de
la frase «La casa es pobre, pero tampoco es
limpia» halla un eco en una famosa «carta»
de Macedonio Fernández (1875–1952) a
Borges, que comienza con «Iré esta tarde y
me quedaré a cenar si hay inconveniente y
estamos con ganas de trabajar».

con toda la razón del mundo. Así que no se lo mandé. Durante un tiempo me dediqué a rastrearle bases de concursos. En una carta Sensini me decía que temía que la cuerda se le estuviera acabando. Interpreté sus palabras erróneamente, en el sentido de que ya no tenía suficientes certámenes literarios adonde enviar sus relatos.

Insistí en que viajaran a Girona. Les dije que Carmela y él tenían mi casa a su disposición, incluso durante unos días me obligué a limpiar, barrer, fregar y sacarle el polvo a las habitaciones en la seguridad (totalmente infundada) de que ellos y Miranda estaban al caer. Argüí que con el billete abierto de la Renfe en realidad sólo tendrían que comprar dos pasajes, uno para Carmela y otro para Miranda, y que Cataluña tenía cosas maravillosas que ofrecer al viajero. Hablé de Barcelona, de Olot, de la Costa Brava, de los días felices que sin duda pasaríamos juntos. En una larga carta de respuesta, en donde me daba las gracias por mi invitación, Sensini me informaba que por ahora no podían moverse de Madrid. La carta, por primera vez, era confusa, aunque a eso de la mitad se ponía a hablar de los premios (creo que se había ganado otro) y me daba ánimos para no desfallecer y seguir participando. En esta parte de la carta hablaba también del oficio de escritor, de la profesión, y yo tuve la impresión de que las palabras que vertía eran en parte para mí y en parte un recordatorio que se hacía a sí mismo. El resto, como ya digo, era confuso. Al terminar de leer tuve la impresión de que alguien de su familia no estaba bien de salud.

Dos o tres meses después me llegó la noticia de que probablemente habían encontrado el cadáver de Gregorio en un cementerio clandestino. En su carta Sensini era parco en expresiones de dolor, sólo me decía que tal día, a tal hora, un grupo de forenses, miembros de organizaciones de derechos humanos, una fosa común con más de cincuenta cadáveres de jóvenes, etc. Por primera vez no tuve ganas de escribirle. Me hubiera gustado llamarlo por teléfono, pero creo que nunca tuvo teléfono y si lo tuvo yo ignoraba su número. Mi contestación fue escueta. Le dije que lo sentía, aventuré la posibilidad de que tal vez el cadáver de Gregorio no fuera el cadáver de Gregorio.

Luego llegó el verano y me puse a trabajar en un hotel de la costa. En Madrid ese verano fue pródigo en conferencias, cursos, actividades culturales de toda índole, pero en ninguna de ellas participó Sensini y si participó en alguna el periódico que yo leía no lo reseñó.

A finales de agosto le envié una tarjeta. Le decía que posiblemente cuando acabara la temporada fuera a hacerle una visita. Nada más. Cuando volví a Girona, a mediados de septiembre, entre la poca correspondencia acumulada bajo la puerta encontré una carta de Sensini con fecha 7 de agosto. Era una carta de despedida. Decía que volvía a la Argentina, que con la democracia ya nadie le iba a hacer nada y que por tanto era ocioso permanecer más tiempo fuera. Además, si quería saber a ciencia cierta el destino final de Gregorio no había más remedio que volver. Carmela, por supuesto, regresa conmigo, anunciaba, pero Miranda se queda. Le escribí de inmediato, a la única dirección que tenía, pero no recibí respuesta.

Poco a poco me fui haciendo a la idea de que Sensini había vuelto para siempre a la Argentina y que si no me escribía él desde allí ya podía dar por acabada nuestra relación epistolar. Durante mucho tiempo estuve esperando su carta o eso creo ahora, al recordarlo. La carta de Sensini, por supuesto, no llegó nunca. La vida en Buenos Aires, me consolé, debía de ser rápida, explosiva, sin tiempo para nada, sólo para respirar y parpadear. Volví a escribirle a la dirección que tenía de Madrid, con la esperanza de que le hicieran llegar la carta a Miranda, pero al cabo de un mes el correo me la devolvió por ausencia del destinatario. Así que desistí y dejé que pasaran los días y fui olvidando a Sensini, aunque cuando iba a Barcelona, muy de tanto en tanto, a veces me metía tardes enteras en librerías de viejo y buscaba sus libros, los libros que yo conocía de nombre y que nunca iba a leer. Pero en las librerías sólo encontré viejos ejemplares de *Ugarte* y de su libro de cuentos publicado en Barcelona y cuya editorial había hecho suspensión de pagos, casi como una señal dirigida a Sensini, dirigida a mí.

Uno o dos años después supe que había muerto. No sé en qué periódico leí la noticia. Tal vez no la leí en ninguna parte, tal vez me la contaron, pero no recuerdo haber hablado por aquellas fechas con gente que lo conociera, por lo que probablemente debo de haber leído en alguna parte la noticia de su muerte. Ésta era escueta: el escritor argentino Luis Antonio Sensini, exiliado durante algunos años en España, había muerto en Buenos Aires. Creo que también, al final, mencionaban *Ugarte*. No sé por qué, la noticia no me impresionó. No sé por qué, el que Sensini volviera a Buenos Aires a morir me pareció lógico.

Tiempo después, cuando la foto de Sensini, Carmela y Miranda y la fotocopia de la foto de Gregorio reposaban junto con mis demás recuerdos en una caja de cartón que por algún motivo que prefiero no indagar aún no he quemado, llamaron a la puerta de mi casa. Debían de ser las doce de la noche, pero yo estaba despierto. La llamada, sin embargo, me sobresaltó. Ninguna de las pocas personas que conocía en Girona hubieran ido a mi casa a no ser que ocurriera algo fuera de lo normal. Al abrir me encontré a una mujer de pelo largo debajo de un gran abrigo negro. Era Miranda Sensini, aunque los años transcurridos desde que su padre me envió la foto no habían pasado en vano. Junto a ella estaba un tipo rubio, alto, de pelo largo y nariz ganchuda. Soy Miranda Sensini, me dijo con una sonrisa. Ya lo sé, dije yo y los invité a pasar. Iban de viaje a Italia y luego pensaban cruzar el Adriático rumbo a Grecia. Como no tenían mucho dinero viajaban haciendo autostop.[18] Aquella noche durmieron en mi casa. Les hice algo de cenar. El tipo se llamaba Sebastián

---

[18] haciendo... parando el coche (En Hispanoamérica se emplea **irse de dedo, pedir una vuelta, pedir un pon, pedir un aventón,** entre otras frases para expresar **viajar solicitando transporte gratuito.**)

Cohen y también había nacido en Argentina, pero desde muy joven vivía en Madrid. Me ayudó a preparar la cena mientras Miranda inspeccionaba la casa. ¿Hace mucho que la conoces?, preguntó. Hasta hace un momento sólo la había visto en foto, le contesté.

Después de cenar les preparé una habitación y les dije que se podían ir a la cama cuando quisieran. Yo también pensé en meterme a mi cuarto y dormirme, pero comprendí que aquello iba a resultar difícil, si no imposible, así que cuando supuse que ya estaban dormidos bajé a la primera planta y puse la tele, con el volumen muy bajo, y me puse a pensar en Sensini.

Poco después sentí pasos en la escalera. Era Miranda. Ella tampoco podía quedarse dormida. Se sentó a mi lado y me pidió un cigarrillo. Al principio hablamos de su viaje, de Girona (llevaban todo el día en la ciudad, no le pregunté por qué habían llegado tan tarde a mi casa), de las ciudades que pensaban visitar en Italia. Después hablamos de su padre y de su hermano. Según Miranda, Sensini nunca se repuso de la muerte de Gregorio. Volvió para buscarlo, aunque todos sabíamos que estaba muerto. ¿Carmela también?, pregunté. Todos, dijo Miranda, menos él. Le pregunté cómo le había ido en Argentina. Igual que aquí, dijo Miranda, igual que en Madrid, igual que en todas partes. Pero en Argentina lo querían, dije yo. Igual que aquí, dijo Miranda. Saqué una botella de coñac de la cocina y le ofrecí un trago. Estás llorando, dijo Miranda. Cuando la miré ella desvió la mirada. ¿Estabas escribiendo?, dijo. No, miraba la tele. Quiero decir cuando Sebastián y yo llegamos, dijo Miranda, ¿estabas escribiendo? Sí, dije. ¿Relatos? No, poemas. Ah, dijo Miranda. Bebimos largo rato en silencio, contemplando las imágenes en blanco y negro del televisor. Dime una cosa, le dije, ¿por qué le puso tu padre Gregorio a Gregorio? Por Kafka, claro, dijo Miranda. ¿Por Gregorio Samsa? Claro, dijo Miranda. Ya, me lo suponía, dije yo. Después Miranda me contó a grandes trazos los últimos meses de Sensini en Buenos Aires.

Se había marchado de Madrid ya enfermo y contra la opinión de varios médicos argentinos que lo trataban gratis y que incluso le habían conseguido un par de internamientos en hospitales de la Seguridad Social. El reencuentro con Buenos Aires fue doloroso y feliz. Desde la primera semana se puso a hacer gestiones para averiguar el paradero de Gregorio. Quiso volver a la universidad, pero entre trámites burocráticos y envidias y rencores de los que no faltan el acceso le fue vedado y se tuvo que conformar con hacer traducciones para un par de editoriales. Carmela, por el contrario, consiguió trabajo como profesora y durante los últimos tiempos vivieron exclusivamente de lo que ella ganaba. Cada semana Sensini le escribía a Miranda. Según ésta, su padre se daba cuenta de que le quedaba poca vida e incluso en ocasiones parecía ansioso de apurar de una vez por todas las últimas reservas y enfrentarse a la muerte. En lo que respecta a Gregorio, ninguna noticia fue concluyente. Según algunos forenses, su cuerpo podía estar entre el montón de huesos exhumados de aquel cementerio clandestino, pero para mayor seguridad debía hacerse una prueba de ADN, pero el gobierno no tenía fondos o no tenía ganas de que se hiciera la prueba y ésta se iba cada día retrasando un poco más. También se dedicó a buscar a una chica, una probable compañera que Goyo[19] posiblemente tuvo en la clandestinidad, pero la chica tampoco apareció. Luego su salud se agravó y tuvo que ser hospitalizado. Ya ni siquiera escribía, dijo Miranda. Para él era muy importante escribir cada día, en cualquier condición. Sí, le dije, creo que así era. Después le pregunté si en Buenos Aires alcanzó a participar en algún concurso. Miranda me miró y se sonrió. Claro, tú eras el que participaba en los concursos con él, a ti te conoció en un concurso. Pensé que tenía mi dirección por la simple razón de que tenía todas las direcciones de su padre, pero que sólo en ese momento me había reconocido. Yo soy el de los concursos, dije. Miranda se sirvió más coñac y dijo que durante un año su padre había hablado bastante de mí. Noté que me miraba de otra manera. Debí importunarlo bastante, dije. Qué va, dijo ella, de importunarlo nada, le encantaban tus cartas, siempre nos las leía a mi madre y a mí. Espero que fueran divertidas, dije sin demasiada convicción. Eran divertidísimas, dijo Miranda, mi madre incluso hasta os puso un nombre. ¿Un nombre?, ¿a quiénes? A mi padre y a ti, os llamaba los pistoleros o los cazarrecompensas, ya no me acuerdo, algo así, los cazadores de cabelleras. Me imagino por qué, dije, aunque creo que el verdadero cazarrecompensas era tu padre, yo sólo le pasaba uno que otro dato. Sí, él era un profesional, dijo Miranda de pronto seria. ¿Cuántos premios llegó a ganar?, le pregunté. Unos quince, dijo ella con aire ausente. ¿Y tú? Yo por el momento sólo uno, dije. Un accésit en Alcoy, por el que conocí a tu padre. ¿Sabes que Borges le escribió una vez una carta, a Madrid, en donde le ponderaba uno de sus cuentos?, dijo ella mirando su coñac. No, no lo sabía, dije yo. Y Cortázar también escribió sobre él, y también Mujica Lainez. Es que él era un escritor muy bueno, dije yo. Joder,[20] dijo Miranda y se levantó y salió al patio, como si yo hubiera dicho algo que la hubiera ofendido. Dejé pasar unos segundos, cogí la botella de coñac y la seguí. Miranda estaba acodada en la barda mirando las luces de Girona. Tienes una buena vista desde aquí, me dijo. Le llené su vaso, me llené el mío, y nos quedamos durante un rato mirando la ciudad iluminada por la luna. De pronto me di cuenta de que ya estábamos en paz, que por alguna razón misteriosa habíamos llegado juntos a estar en paz y que de ahí en

---

[19] apodo común puesto a los de nombre Gregorio

[20] Esta voz, de empleo polivalente (como interjección vulgar, seudónimo de **fastidiar**), así como el empleo del pronombre **os**, revelan la adaptación lingüística del exiliado hispanoamericano al habla de España. También sirve para señalar que la hablante, aculturada a España, es de una generación que en varios sentidos no podría reintegrarse fácilmente al ámbito americano. Por otro lado, Miranda, en *La Tempestad* de Shakespeare, es la hija inocente de Próspero.

adelante las cosas imperceptiblemente comenzarían a cambiar. Como si el ⁴³⁵ mundo, de verdad, se moviera. Le pregunté qué edad tenía. Veintidós, dijo. Entonces yo debo tener más de treinta, dije, y hasta mi voz sonó extraña.

Este cuento obtuvo el Premio de Narración Ciudad de San Sebastián, patrocinado por la Fundación Kutxa.[21]

---

[21] La Fundación Kutxa es real. Bolaño ganó el Premio de esa fundación con el poemario *Los perros románticos*, publicado en 1995. Con el mismo título publicó en 2000 la poesía que había escrito entre 1980 y 1998.

Después de leer

Comprensión

1. ¿Cómo son las relaciones que establecen el narrador/protagonista y Sensini, y en qué se basan?

2. Describa cómo se mantiene económicamente el narrador/protagonista y opine cuál parece ser su actitud hacia la vida.

3. Explique por qué Sensini le cambia el título a su cuento «Al amanecer».

4. Comente cómo se podría explicar la idea de que el narrador/protagonista «se mete» en la vida de Sensini.

5. ¿Cómo fue recibido Sensini cuando volvió de Madrid a Buenos Aires?

Análisis

1. Al final del cuento el narrador/protagonista y Miranda parecen haber logrado una paz generacional con respecto al pasado. Explique brevemente si Ud. está de acuerdo o no con esta conclusión.

2. ¿Qué nos dice «Sensini» sobre la vida de los escritores y sus relaciones con los «maestros»?

3. Sensini es presentado como una amalgama de varios escritores rioplatenses. Hay guiños a Quiroga, Onetti y Di Benedetto, además de los mencionados en el cuento. Busque referencias concisas sobre ellos y explique qué hace Bolaño con la percepción general de esos autores.

4. ¿Cómo maneja Bolaño ciertos datos históricos para dar una visión de la tragedia personal de *un* exiliado hispanoamericano en España?

5. ¿Qué dice este cuento sobre el exilio y sus efectos en la vida de uno?

Expansión

1. Acceda en la Red y describa cómo se interpretó «Sensini» en el momento de su publicación original.

2. **OPTATIVO:** Compare la visión que se da del «maestro» en «Sensini» con la que se encuentra en «Obras completas» de Monterroso.

3. **OPTATIVO:** Las ciudades son una especie de personaje para Bolaño y autores cómo Palacio, García Márquez y otros. Compare la representación de la ciudad que provee Bolaño con otra de los autores mencionados.

El Ojo Silva

Antes de leer

Temas para comentar antes de la lectura

1. Comente cómo la presencia de inmigrantes en su país ha cambiado la dinámica social.

2. Presente con un compañero / una compañera un breve informe sobre los niños y jóvenes desplazados por la violencia en los países subdesarrollados.

3. Explique cómo se puede ayudar a los menos afortunados en otros países.

Palabras clave

1. el ahínco
2. la bocanada
3. el predominio
4. el repunte
5. la usanza
6. hacinarse
7. pulular
8. vanagloriarse
9. derruido/a
10. espartano/a
11. inmundo/a
12. locuaz (*m., f.*)
13. paradigmático/a
14. sonámbulo/a

El Ojo Silva

para Rodrigo Pinto
y María y Andrés Braithwaite

 LO QUE SON LAS COSAS, Mauricio Silva, llamado el Ojo, siempre intentó escapar de la violencia aun a riesgo de ser considerado un cobarde, pero de la violencia, de la verdadera violencia, no se 5 puede escapar, al menos no nosotros, los nacidos en Latinoamérica en la década de los cincuenta, los que rondábamos los veinte años[1] cuando murió Salvador Allende.

El caso del Ojo es paradigmático y ejemplar y tal vez no sea ocioso[2] volver a recordarlo, sobre todo cuando ya han pasado tantos años. 10

En enero de 1974, cuatro meses después del golpe de Estado, el Ojo Silva se marchó de Chile. Primero estuvo en Buenos Aires, luego los malos vientos que soplaban en la vecina república lo llevaron a México, en donde vivió un par de años y en donde lo conocí.

No era como la mayoría de los chilenos que por entonces vivían en el D.F.:[3] 15 no se vanagloriaba de haber participado en una resistencia más fantasmal que real, no frecuentaba los círculos de exiliados.

Nos hicimos amigos y solíamos encontrarnos una vez a la semana, por lo menos, en el café La Habana, de Bucareli, o en mi casa de la calle Versalles, en donde yo vivía con mi madre y con mi hermana. Los primeros meses el Ojo 20 Silva sobrevivió a base de tareas esporádicas y precarias, luego consiguió trabajo como fotógrafo de un periódico del D.F. No recuerdo qué periódico era, tal vez *El Sol,* si alguna vez existió en México un periódico de ese nombre, tal vez *El Universal,* yo hubiera preferido que fuera *El Nacional,* cuyo suplemento cultural dirigía el viejo poeta español Juan Rejano, pero en *El Nacional* no fue 25 porque yo trabajé allí y nunca vi al Ojo en la redacción. Pero trabajó en un periódico mexicano, de eso no me cabe la menor duda, y su situación económica mejoró, al principio imperceptiblemente, porque el Ojo se había acostumbrado a vivir de forma espartana, pero si uno afinaba la mirada podía apreciar señales inequívocas que hablaban de un repunte económico. 30

Los primeros meses en el D.F., por ejemplo, lo recuerdo vestido con sudaderas. Los últimos ya se había comprado un par de camisas e incluso una vez lo vi con corbata, una prenda que nosotros, es decir mis amigos poetas y yo, no

---

[1] rondábamos... teníamos cerca de 20 años

[2] inútil

[3] «Distrito Federal», término generalizado para referirse a la Ciudad de México (Las calles que se menciona en el siguiente párrafo son algunas de las más conocidas de una zona céntrica del D.F. Lo mismo se puede decir de los periódicos.)

usábamos nunca. De hecho, el único personaje encorbatado que alguna vez
35 se sentó a nuestra mesa del café La Habana fue el Ojo.

Por aquellos días se decía que el Ojo Silva era homosexual. Quiero decir:
en los círculos de exiliados chilenos corría ese rumor, en parte como manifestación de maledicencia y en parte como un nuevo chisme que alimentaba la
vida más bien aburrida de los exiliados, gente de izquierdas que pensaba, al
40 menos de cintura para abajo, exactamente igual que la gente de derecha que
en aquel tiempo se enseñoreaba de Chile.

Una vez vino el Ojo a comer a mi casa. Mi madre lo apreciaba y el Ojo correspondía al cariño haciendo de vez en cuando fotos de la familia, es decir de
mi madre, de mi hermana, de alguna amiga de mi madre y de mí. A todo el
45 mundo le gusta que lo fotografíen, me dijo una vez. A mí me daba igual, o eso
creía, pero cuando el Ojo dijo eso estuve pensando durante un rato en sus
palabras y terminé por darle la razón. Sólo a algunos indios no les gustan las
fotos, dijo. Mi madre creyó que el Ojo estaba hablando de los mapuches,[4] pero
en realidad hablaba de los indios de la India, de esa India que tan importante
50 iba a ser para él en el futuro.

Una noche me lo encontré en el café La Habana. Casi no había parroquianos y el Ojo estaba sentado junto a los ventanales que daban a Bucareli
con un café con leche servido en vaso, esos vasos grandes de vidrio grueso
que tenía La Habana y que nunca más he vuelto a ver en un establecimiento
55 público. Me senté junto a él y estuvimos charlando durante un rato. Parecía
translúcido. Ésa fue la impresión que tuve. El Ojo parecía de cristal, y su cara
y el vaso de vidrio de su café con leche parecían intercambiar señales, como
si se acabaran de encontrar, dos fenómenos incomprensibles en el vasto universo, y trataran con más voluntad que esperanza de hallar un lenguaje
60 común.

Esa noche me confesó que era homosexual, tal como propagaban los exiliados, y que se iba de México. Por un instante creí entender que se marchaba
porque era homosexual. Pero no, un amigo le había conseguido un trabajo en
una agencia de fotógrafos de París y eso era algo con lo que siempre había
65 soñado. Tenía ganas de hablar y yo lo escuché. Me dijo que durante algunos
años había llevado con ¿pesar?, ¿discreción?, su inclinación sexual, sobre todo
porque él se consideraba de izquierdas y los compañeros veían con cierto pre-
juicio a los homosexuales. Hablamos de la palabra invertido (hoy en desuso)
que atraía como un imán paisajes desolados, y del término colisa,[5] que yo
70 escribía con ese y que el Ojo pensaba se escribía con zeta.

---

[4] indígenas del sur de Chile, nunca subyuga-
dos por los españoles

[5] **Invertido** y **colisa** son términos empleados
para referirse general o vulgarmente a los
homosexuales.

Recuerdo que terminamos despotricando contra la izquierda chilena y que en algún momento yo brindé por los *luchadores chilenos errantes,* una fracción numerosa de los *luchadores latinoamericanos errantes,* entelequia[6] compuesta de huérfanos que, como su nombre indica, erraban por el ancho mundo ofreciendo sus servicios al mejor postor, que casi siempre, por lo demás, era el peor. Pero después de reírnos el Ojo dijo que la violencia no era cosa suya. Tuya sí, me dijo con una tristeza que entonces no entendí, pero no mía. Detesto la violencia. Yo le aseguré que sentía lo mismo. Después nos pusimos a hablar de otras cosas, libros, películas, y ya no nos volvimos a ver.

Un día supe que el Ojo se había marchado de México. Me lo comunicó un antiguo compañero suyo del periódico. No me pareció extraño que no se hubiera despedido de mí. El Ojo nunca se despedía de nadie. Yo nunca me despedía de nadie. Mis amigos mexicanos nunca se despedían de nadie. A mi madre, sin embargo, le pareció un gesto de mala educación.

Dos o tres años después yo también me marché de México. Estuve en París, lo busqué (si bien no con excesivo ahínco), no lo encontré. Con el paso del tiempo empecé a olvidar hasta su rostro, aunque siempre persistió en mi memoria una forma de acercarse, un estar, una forma de opinar desde cierta distancia y desde cierta tristeza nada enfática que asociaba con el Ojo Silva, un Ojo Silva que ya no tenía rostro o que había adquirido un rostro de sombras, pero que aún mantenía lo esencial, la memoria de su movimiento, una entidad casi abstracta pero en donde no cabía la quietud.

Pasaron los años. Muchos años. Algunos amigos murieron. Yo me casé, tuve un hijo, publiqué algunos libros.

En cierta ocasión tuve que ir a Berlín. La última noche, después de cenar con Heinrich von Berenberg y su familia, cogí un taxi (aunque usualmente era Heinrich el que cada noche me iba a dejar al hotel) al que ordené que se detuviera antes porque quería pasear un poco. El taxista (un asiático ya mayor que escuchaba a Beethoven) me dejó a unas cinco cuadras del hotel. No era muy tarde aunque casi no había gente por las calles. Atravesé una plaza. Sentado en un banco estaba el Ojo. No lo reconocí hasta que él me habló. Dijo mi nombre y luego me preguntó cómo estaba. Entonces me di la vuelta y lo miré durante un rato sin saber quién era. El Ojo seguía sentado en el banco y sus ojos me miraban y luego miraban el suelo o a los lados, los árboles enormes de la pequeña plaza berlinesa y las sombras que lo rodeaban a él con más intensidad (eso creí entonces) que a mí. Di unos pasos hacia él y le pregunté quién era. Soy yo, Mauricio Silva, dijo. ¿El Ojo Silva de Chile?, dije yo. Él asintió y sólo entonces lo vi sonreír.

---

[6] cosa irreal (El narrador opina con ironía que la izquierda hispanoamericana se vende al que más le ofrece.)

Aquella noche conversamos casi hasta que amaneció. El Ojo vivía en Berlín
110 desde hacía algunos años y sabía encontrar los bares que permanecían abiertos toda la noche. Le pregunté por su vida. A grandes rasgos me hizo un dibujo de los avatares del fotógrafo free lancer.[7] Había tenido casa en París, en
Milán y ahora en Berlín, viviendas modestas en donde guardaba los libros y de
las que se ausentaba durante largas temporadas. Sólo cuando entramos en el
115 primer bar pude apreciar cuánto había cambiado. Estaba mucho más flaco, el
pelo entrecano y la cara surcada de arrugas. Noté asimismo que bebía mucho
más que en México. Quiso saber cosas de mí. Por supuesto, nuestro encuentro
no había sido casual. Mi nombre había aparecido en la prensa y el Ojo lo leyó
o alguien le dijo que un compatriota suyo daba una lectura o una conferencia
120 a la que no pudo ir, pero llamó por teléfono a la organización y consiguió las
señas[8] de mi hotel. Cuando lo encontré en la plaza sólo estaba haciendo
tiempo, dijo, y reflexionando a la espera de mi llegada.

Me reí. Reencontrarlo, pensé, había sido un acontecimiento feliz. El Ojo
seguía siendo una persona rara y sin embargo asequible, alguien que no im-
125 ponía su presencia, alguien al que le podías decir adiós en cualquier momento
de la noche y él sólo te diría adiós, sin un reproche, sin un insulto, una especie
de chileno ideal, estoico y amable, un ejemplar que nunca había abundado
mucho en Chile pero que sólo allí se podía encontrar.

Releo estas palabras y sé que peco de inexactitud. El Ojo jamás se hubiera
130 permitido estas generalizaciones. En cualquier caso, mientras estuvimos en los
bares, sentados delante de un whisky y de una cerveza sin alcohol, nuestro
diálogo se desarrolló básicamente en el terreno de las evocaciones, es decir
fue un diálogo informativo y melancólico. El diálogo, en realidad el monólogo,
que de verdad me interesa es el que se produjo mientras volvíamos a mi hotel,
135 a eso de las dos de la mañana.

La casualidad quiso que se pusiera a hablar (o que se lanzara a hablar)
mientras atravesábamos la misma plaza en donde unas horas antes nos habíamos encontrado. Recuerdo que hacía frío y que de repente oí que el Ojo me
decía que le gustaría contarme algo que nunca le había contado a nadie. Lo
140 miré. El Ojo tenía la vista puesta en el sendero de baldosas que serpenteaba
por la plaza. Le pregunté de qué se trataba. De un viaje, contestó en el acto. ¿Y
qué pasó en ese viaje?, le pregunté. Entonces el Ojo se detuvo y durante unos
instantes pareció existir sólo para contemplar las copas de los altos árboles
alemanes y los fragmentos de cielo y nubes que bullían silenciosamente por
145 encima de éstos.

Algo terrible, dijo el Ojo. ¿Tú te acuerdas de una conversación que tuvimos en La Habana antes de que me marchara de México? Sí, dije. ¿Te dije que

---

[7] anglicismo común para referirse a alguien   [8] las... la dirección
que hace algo por cuenta propia

era gay?, dijo el Ojo. Me dijiste que eras homosexual, dije yo. Sentémonos, dijo el Ojo.

Juraría que lo vi sentarse en el mismo banco, como si yo aún no hubiera llegado, aún no hubiera empezado a cruzar la plaza, y él estuviera esperándome y reflexionando sobre su vida y sobre la historia que el destino o el azar lo obligaba a contarme. Alzó el cuello de su abrigo y empezó a hablar. Yo encendí un cigarillo y permanecí de pie. La historia del Ojo transcurría en la India. Su oficio y no la curiosidad de turista lo había llevado hasta allí, en donde tenía que realizar dos trabajos. El primero era el típico reportaje urbano, una mezcla de Marguerite Duras[9] y Herman Hesse,[10] el Ojo y yo sonreímos, hay gente así, dijo, gente que quiere ver la India a medio camino entre *India Song*[11] y *Siddharta*, y uno está para complacer a los editores. Así que el primer reportaje había consistido en fotos donde se vislumbraban casas coloniales, jardines derruidos, restaurantes de todo tipo, con predominio más bien del restaurante canalla o del restaurante de familias que parecían canallas y sólo eran indias, y también fotos del extrarradio, las zonas verdaderamente pobres, y luego el campo y las vías de comunicación, carreteras, empalmes ferroviarios, autobuses y trenes que entraban y salían de la ciudad, sin olvidar la naturaleza como en estado latente, una hibernación ajena al concepto de hibernación occidental, árboles distintos de los árboles europeos, ríos y riachuelos, campos sembrados o secos, el territorio de los santos, dijo el Ojo.

El segundo reportaje fotográfico era sobre el barrio de las putas de una ciudad de la India cuyo nombre no conoceré nunca.

Aquí empieza la verdadera historia del Ojo. En aquel tiempo aún vivía en París y sus fotos iban a ilustrar un texto de un conocido escritor francés que se había especializado en el submundo de la prostitución. De hecho, su reportaje sólo era el primero de una serie que comprendería barrios de tolerancia o zonas rojas[12] de todo el mundo, cada una fotografiada por un fotógrafo diferente, pero todas comentadas por el mismo escritor.

No sé a qué ciudad llegó el Ojo, tal vez Bombay, Calcuta, tal vez Benarés o Madrás,[13] recuerdo que se lo pregunté y que él ignoró mi pregunta. Lo cierto es que llegó a la India solo, pues el escritor francés ya tenía escrita su crónica y

---

[9] novelista y cineasta francesa (1914–1996), nacida en Indochina y conocida por sus obras enigmáticas

[10] novelista alemán (1877–1962) conocido por sus novelas basadas en las enseñanzas de Buda (cuyo nombre propio era Siddharta) que fueron muy populares en los años 60 y que todavía se leen entre los jóvenes de Occidente (La más conocida, *Siddharta*

[1922], se trata de la búsqueda de un joven privilegiado por la máxima realidad.)

[11] *Song of India*, película de 1949 con el conocido actor indio Sabu, típica aventura escapista sobre la selva, popular entre la generación hispanoamericana supuesta

[12] zonas... secciones de una ciudad donde se permite el comercio sexual

[13] Bombay... ciudades principales de la India

él únicamente debía ilustrarla, y se dirigió a los barrios que el texto del francés indicaba y comenzó a hacer fotografías. En sus planes —y en los planes de sus editores— el trabajo y por lo tanto la estadía en la India no debía prolongarse más allá de una semana. Se hospedó en un hotel en una zona tranquila, una habitación con aire acondicionado y con una ventana que daba a un patio que no pertenecía al hotel y en donde había dos árboles y una fuente entre los árboles y parte de una terraza en donde a veces aparecían dos mujeres seguidas o precedidas de varios niños. Las mujeres vestían a la usanza india, o lo que para el Ojo eran vestimentas indias, pero a los niños incluso una vez los vio con corbata. Por las tardes se desplazaba a la zona roja y hacía fotos y charlaba con las putas, algunas jovencísimas y muy hermosas, otras un poco mayores o más ajadas, con pinta[14] de matronas escépticas y poco locuaces. El olor, que al principio más bien lo molestaba, terminó gustándole. Los chulos[15] (no vio muchos) eran amables y trataban de comportarse como chulos occidentales o tal vez (pero esto lo soñó después, en su habitación de hotel con aire acondicionado) eran estos últimos quienes habían adoptado la gestualidad de los chulos hindúes.

Una tarde lo invitaron a tener relación carnal con una de las putas. Se negó educadamente. El chulo comprendió en el acto que el Ojo era homosexual y a la noche siguiente lo llevó a un burdel de jóvenes maricas. Esa noche el Ojo enfermó. Ya estaba dentro de la India y no me había dado cuenta, dijo estudiando las sombras del parque berlinés. ¿Qué hiciste?, le pregunté. Nada. Miré y sonreí. Y no hice nada. Entonces a uno de los jóvenes se le ocurrió que tal vez al visitante le agradara visitar otro tipo de establecimiento. Eso dedujo el Ojo, pues entre ellos no hablaban en inglés. Así que salieron de aquella casa y caminaron por calles estrechas e infectas hasta llegar a una casa de fachada pequeña pero cuyo interior era un laberinto de pasillos, habitaciones minúsculas y sombras de las que sobresalía, de tanto en tanto, un altar o un oratorio.

Es costumbre en algunas partes de la India, me dijo el Ojo mirando al suelo, ofrecer un niño a una deidad cuyo nombre no recuerdo. En un arranque desafortunado le hice notar que no sólo no recordaba el nombre de la deidad sino tampoco el nombre de la ciudad ni el de ninguna persona de su historia. El Ojo me miró y sonrió. Trato de olvidar, dijo.

En ese momento me temí lo peor, me senté a su lado y durante un rato ambos permanecimos con los cuellos de nuestros abrigos levantados y en silencio. Ofrecen un niño a ese dios, retomó su historia tras escrutar la plaza en penumbras, como si temiera la cercanía de un desconocido, y durante un tiempo que no sé medir el niño encarna[16] al dios. Puede ser una semana, lo

---

[14] apariencia

[15] individuos que trafican con prostitutas y que se distinguen por su modo de conducirse

[16] personifica o representa

que dure la procesión, un mes, un año, no lo sé. Se trata de una fiesta bárbara, prohibida por las leyes de la república india, pero que se sigue celebrando. Durante el transcurso de la fiesta el niño es colmado de regalos que sus padres 220 reciben con gratitud y felicidad, pues suelen ser pobres. Terminada la fiesta el niño es devuelto a su casa, o al agujero inmundo donde vive, y todo vuelve a recomenzar al cabo de un año.

La fiesta tiene la apariencia de una romería[17] latinoamericana, sólo que tal vez es más alegre, más bulliciosa y probablemente la intensidad de los que 225 participan, de los que se saben participantes, sea mayor. Con una sola diferencia. Al niño, días antes de que empiecen los festejos, lo castran. El dios que se encarna en él durante la celebración exige un cuerpo de hombre —aunque los niños no suelen tener más de siete años— sin la mácula de los atributos masculinos. Así que los padres lo entregan a los médicos de la fiesta o a los 230 barberos de la fiesta o a los sacerdotes de la fiesta y éstos lo emasculan y cuando el niño se ha recuperado de la operación comienza el festejo. Semanas o meses después, cuando todo ha acabado, el niño vuelve a casa, pero ya es un castrado y los padres lo rechazan. Y entonces el niño acaba en un burdel. Los hay de todas clases, dijo el Ojo con un suspiro. A mí, aquella noche, me lleva- 235 ron al peor de todos.

Durante un rato no hablamos. Yo encendí un cigarrillo. Después el Ojo me describió el burdel y parecía que estaba describiendo una iglesia. Patios interiores techados. Galerías abiertas. Celdas en donde gente a la que tú no veías espiaba todos tus movimientos. Le trajeron a un joven castrado que no debía 240 de tener más de diez años. Parecía una niña aterrorizada, dijo el Ojo. Aterrorizada y burlona *al mismo tiempo*. ¿Lo puedes entender? Me hago una idea, dije. Volvimos a enmudecer. Cuando por fin pude hablar otra vez dije que no, que no me hacía ninguna idea. Ni yo, dijo el Ojo. Nadie se puede hacer una idea. Ni la víctima, ni los verdugos, ni los espectadores. Sólo una foto. 245

¿Le sacaste una foto?, dije. Me pareció que el Ojo era sacudido por un escalofrío. Saqué mi cámara, dijo, y le hice una foto. Sabía que estaba condenándome para toda la eternidad, pero lo hice.

Ignoro cuánto rato estuvimos en silencio. Sé que hacía frío pues yo en algún momento me puse a temblar. A mi lado oí sollozar al Ojo un par de 250 veces, pero preferí no mirarlo. Vi los faros de un coche que pasaba por una de las calles laterales de la plaza. A través del follaje vi encenderse una ventana.

Después el Ojo siguió hablando. Dijo que el niño le había sonreído y luego se había escabullido[18] mansamente por uno de los pasillos de aquella casa

---

[17] fiesta popular que se celebra con comida, bailes, etcétera, con motivo de una peregrinación a un santuario

[18] desaparecido

255 incomprensible. En algún momento uno de los chulos le sugirió que si allí no
había nada de su agrado se marcharan. El Ojo se negó. No podía irse. Se lo dijo
así: no puedo irme todavía. Y era verdad, aunque él desconocía qué era aquello que le impedía abandonar aquel antro para siempre. El chulo, sin embargo,
lo entendió y pidieron té o un brebaje parecido. El Ojo recuerda que se senta-
260 ron en el suelo, sobre unas esteras o sobre unas alfombrillas estropeadas por
el uso. La luz provenía de un par de velas. Sobre la pared colgaba un póster
con la efigie del dios. Durante un rato el Ojo miró al dios y al principio se sintió
atemorizado, pero luego sintió algo parecido a la rabia, tal vez al odio.

Yo nunca he odiado a nadie, dijo mientras encendía un cigarrillo y dejaba
265 que la primera bocanada se perdiera en la noche berlinesa.

En algún momento, mientras el Ojo miraba la efigie del dios, aquellos que
lo acompañaban desaparecieron. Se quedó solo con una especie de puto[19] de
unos veinte años que hablaba inglés. Y luego, tras unas palmadas, reapareció
el niño. Yo estaba llorando, o yo creía que estaba llorando, o el pobre puto creía
270 que yo estaba llorando, pero nada era verdad. Yo intentaba mantener una sonrisa en la cara (una cara que ya no me pertenecía, una cara que se estaba alejando de mí como una hoja arrastrada por el viento), pero en mi interior lo
único que hacía era maquinar.[20] No un plan, no una forma vaga de justicia,
sino una voluntad.

275 Y después el Ojo y el puto y el niño se levantaron y recorrieron un pasillo
mal iluminado y otro pasillo peor iluminado (con el niño a un lado del Ojo, mirándolo, sonriéndole, y el joven puto también le sonreía, y el Ojo asentía y pro-
digaba ciegamente las monedas y los billetes) hasta llegar a una habitación en
donde dormitaba el médico y junto a él otro niño con la piel aún más oscura
280 que la del niño castrado y menor que éste, tal vez de seis años o siete, y el Ojo
escuchó las explicaciones del médico o del barbero o del sacerdote, unas explicaciones prolijas en las que se mencionaba la tradición, las fiestas populares, el privilegio, la comunión, la embriaguez y la santidad, y pudo ver los
instrumentos quirúrgicos con que el niño iba a ser castrado aquella madru-
285 gada o la siguiente, en cualquier caso el niño había llegado, pudo entender,
aquel mismo día al templo o al burdel, una medida preventiva, una medida
higiénica, y había comido bien, como si ya encarnara al dios, aunque lo que el
Ojo vio fue un niño que lloraba medio dormido y medio despierto, y también
vio la mirada medio divertida y medio aterrorizada del niño castrado que no
290 se despegaba de su lado. Y entonces el Ojo se convirtió en otra cosa, aunque
la palabra que él empleó no fue «otra cosa» sino «madre».

---

[19] hombre que se dedica a la prostitución, nor-
malmente homosexual (Se usa despectivamente en varios países hispanoamericanos.)

[20] tramar o hacer algo de manera oculta

Dijo madre y suspiró. Por fin. Madre.

Lo que sucedió a continuación de tan repetido es vulgar: la violencia de la que no podemos escapar. El destino de los latinoamericanos nacidos en la década de los cincuenta. Por supuesto, el Ojo intentó sin gran convicción el diálogo, el soborno, la amenaza. Lo único cierto es que hubo violencia y poco después dejó atrás las calles de aquel barrio como si estuviera soñando y transpirando a mares. Recuerda con viveza la sensación de exaltación que creció en su espíritu, cada vez mayor, una alegría que se parecía peligrosamente a algo similar a la lucidez, pero que no era (no *podía* ser) lucidez. También: la sombra que proyectaba su cuerpo y las sombras de los dos niños que llevaba de la mano sobre los muros descascarados. En cualquier otra parte hubiera concitado la atención. Allí, a aquella hora, nadie se fijó en él.

El resto, más que una historia o un argumento, es un itinerario. El Ojo volvió al hotel, metió sus cosas en la maleta y se marchó con los niños. Primero en un taxi hasta una aldea o un barrio de las afueras. Desde allí en un autobús hasta otra aldea en donde cogieron otro autobús que los llevó a otra aldea. En algún punto de su fuga se subieron a un tren y viajaron toda la noche y parte del día. El Ojo recordaba el rostro de los niños mirando por la ventana un paisaje que la luz de la mañana iba deshilachando,[21] como si nunca nada hubiera sido real salvo aquello que se ofrecía, soberano y humilde, en el marco de la ventana de aquel tren misterioso.

Después cogieron otro autobús, y un taxi, y otro autobús, y otro tren, y hasta hicimos dedo[22] dijo el Ojo mirando la silueta de los árboles berlineses pero en realidad mirando la silueta de otros árboles, innombrables, imposibles, hasta que finalmente se detuvieron en una aldea en alguna parte de la India y alquilaron una casa y descansaron.

Al cabo de dos meses el Ojo ya no tenía dinero y fue caminando hasta otra aldea desde donde envió una carta al amigo que entonces tenía en París. Al cabo de quince días recibió un giro bancario y tuvo que ir a cobrarlo a un pueblo más grande, que no era la aldea desde la que había mandado la carta ni mucho menos la aldea en donde vivía. Los niños estaban bien. Jugaban con otros niños, no iban a la escuela y a veces llegaban a casa con comida, hortalizas que los vecinos les regalaban. A él no lo llamaban padre, como les había sugerido más que nada como una medida de seguridad, para no atraer la atención de los curiosos, sino Ojo, tal como le llamábamos nosotros. Ante los aldeanos, sin embargo, el Ojo decía que eran sus hijos. Se inventó que la madre, india, había muerto hacía poco y él no quería volver a Europa. La historia sonaba verídica. En sus pesadillas, no obstante, el Ojo soñaba que en mitad

---

[21] haciendo pedazos

[22] hicimos... pedimos transporte gratuito con el pulgar extendido

330 de la noche aparecía la policía india y lo detenían con acusaciones indignas. Solía despertar temblando. Entonces se acercaba a las esterillas[23] en donde dormían los niños y la visión de éstos le daba fuerzas para seguir, para dormir, para levantarse.

Se hizo agricultor. Cultivaba un pequeño huerto y en ocasiones trabajaba
335 para los campesinos ricos de la aldea. Los campesinos ricos, por supuesto, en realidad eran pobres, pero menos pobres que los demás. El resto del tiempo lo dedicaba a enseñar inglés a los niños, y algo de matemáticas, y a verlos jugar. Entre ellos hablaban en un idioma incomprensible. A veces los veía detener los juegos y caminar por el campo como si de pronto se hubieran vuelto so-
340 námbulos. Los llamaba a gritos. A veces los niños fingían no oírlo y seguían caminando hasta perderse. Otras veces volvían la cabeza y le sonreían.

¿Cuánto tiempo estuviste en la India?, le pregunté alarmado.

Un año y medio, dijo el Ojo, aunque a ciencia cierta no lo sabía.

En una ocasión su amigo de París llegó a la aldea. Todavía me quería, dijo
345 el Ojo, aunque en mi ausencia se había puesto a vivir con un mecánico argelino de la Renault. Se rió después de decirlo. Yo también me reí. Todo era tan triste, dijo el Ojo. Su amigo que llegaba a la aldea a bordo de un taxi cubierto de polvo rojizo, los niños corriendo detrás de un insecto, en medio de unos matorrales secos, el viento que parecía traer buenas y malas noticias.

350 Pese a los ruegos del francés no volvió a París. Meses después recibió una carta de éste en la que le comunicaba que la policía india no lo perseguía. Al parecer la gente del burdel no había interpuesto denuncia alguna. La noticia no impidió que el Ojo siguiera sufriendo pesadillas, sólo cambió la vestimenta de los personajes que lo detenían y lo zaherían:[24] en lugar de ser policías se
355 convirtieron en esbirros[25] de la secta del dios castrado. El resultado final era aún más horroroso, me confesó el Ojo, pero yo ya me había acostumbrado a las pesadillas y de alguna forma siempre supe que estaba en el interior de un sueño, que eso no era la realidad.

Después llegó la enfermedad a la aldea y los niños murieron. Yo también
360 quería morirme, dijo el Ojo, pero no tuve esa suerte.

Tras convalecer en una cabaña que la lluvia iba destrozando cada día, el Ojo abandonó la aldea y volvió a la ciudad en donde había conocido a sus hijos. Con atenuada[26] sorpresa descubrió que no estaba tan distante como pensaba, la huida había sido en espiral y el regreso fue relativamente breve.
365 Una tarde, la tarde en que llegó a la ciudad, fue a visitar el burdel en donde castraban a los niños. Sus habitaciones se habían convertido en viviendas en las

---

[23] camas muy estrechas, generalmente hechas de paja

[24] humillaban o mortificaban

[25] empleados inferiores a sueldo que obedecen ciegamente

[26] disminuida

que se hacinaban familias enteras. Por los pasillos que recordaba solitarios y fúnebres ahora pululaban niños que apenas sabían andar y viejos que ya no podían moverse y se arrastraban. Le pareció una imagen del paraíso.

Aquella noche, cuando volvió a su hotel, sin poder dejar de llorar por sus hijos muertos, por los niños castrados que él no había conocido, por su juventud perdida, por todos los jóvenes que ya no eran jóvenes y por los jóvenes que murieron jóvenes, por los que lucharon por Salvador Allende y por los que tuvieron miedo de luchar por Salvador Allende, llamó a su amigo francés, que ahora vivía con un antiguo levantador de pesas búlgaro, y le pidió que le enviara un billete de avión y algo de dinero para pagar el hotel.

Y su amigo francés le dijo que sí, que por supuesto, que lo haría de inmediato, y también le dijo ¿qué es ese ruido?, ¿estás llorando?, y el Ojo dijo que sí, que no podía dejar de llorar, que no sabía qué le pasaba, que llevaba horas llorando. Y su amigo francés le dijo que se calmara. Y el Ojo se rió sin dejar de llorar y dijo que eso haría y colgó el teléfono. Y luego siguió llorando sin parar.

Después de leer

Comprensión

1. ¿Cuándo empieza la verdadera historia del Ojo según el narrador?
2. ¿Por qué se puede decir que el narrador cree que la violencia es el destino de los hispanoamericanos de su generación?
3. ¿Qué hace el Ojo Silva para disminuir la violencia contra los niños indios?
4. ¿Por qué se puede decir que el Ojo tiene un final feliz?
5. Haga un croquis o plan de los viajes que emprende el Ojo.

Análisis

1. ¿Dónde y cómo se conocieron el narrador y el Ojo Silva?
2. ¿Qué quiere decir el narrador con: «Releo estas palabras y sé que peco de inexactitud. El Ojo jamás se hubiera permitido estas generalizaciones»?
3. ¿Qué hace que el Ojo simpatice con las víctimas?
4. ¿Qué papel tiene el diálogo en el cuento?

Expansión

1. La novela *Siddharta* de Hesse muestra cómo la sabiduría no puede ser enseñada sino que debe surgir de la lucha interna de uno mismo. ¿Se puede aplicar este mensaje a «el Ojo Silva»?

2. ¿Por qué se puede decir que en este cuento se pierde la inocencia de la juventud?

3. ¿Qué papel juega la homosexualidad del protagonista y qué quiere mostrar Bolaño con la presencia de ésta?

4. Los mundos creados en «Sensini» y «El Ojo Silva» son sórdidos, pero de manera diferente. Señale de qué forma y por qué.

5. **OPTATIVO:** Describa algunas de las similtudes entre el vagabundeo de este cuento y el de Wilcock.

Juan Villoro

LA OBRA DE JUAN VILLORO DESTACA por una devoción a las formas breves y a un humor que ha sobrellevado con imaginación las crisis de fines del siglo XX. Nació en la Ciudad de México en 1956. Estudió la licenciatura en sociología en la Universidad Autónoma Metropolitana, campus Iztapalapa. Fue agregado cultural en la Embajada de México en Berlín de 1981 a 1984. Como ocurre con Rulfo, Juan Villoro es inclasificable; pero a diferencia de Rulfo, no tiene nada de parco en publicar ni es recatado al hablar. Villoro no murmura: habla claro y se desborda en varios géneros y lo hace con un humor vivo y chisporroteante. Influido por la narrativa norteamericana, lector de poesía y narrativa hispanoamericana en el más amplio sentido del término, sus crónicas son un pulso imaginativo del presente, y su cuentística un artificio de precisión donde el lenguaje está en función de una perspectiva múltiple y dinámica de la realidad. Su obra ha obtenido varios reconocimientos, entre ellos el premio Cuauhtémoc de traducción en 1988 y el Premio Xavier Villaurrutia en 1999.

Aunque ha publicado dos novelas, *El disparo de Argón* y *Materia dispuesta,* lo que destaca en su obra son las narraciones concisas, y esto se debe a que Villoro es esencialmente inquieto, como si una permanente necesidad por desdoblarse lo empujara a distintos tipos de escritura. Traductor y diplomático, autor de literatura infantil y cronista deportivo y de rock, hay muchos Villoros. El que abordamos ahora se ciñe a los cuentos. Sin embargo, aquel desdoblamiento vital se encuentra también en el imaginario de sus historias. Por eso hemos seleccionado dos cuentos que muestran esta multiplicidad en el autor y las posibilidades literarias que tiene todo tipo de ambigüedad. Sus libros de cuentos son: *La noche navegable* (1980), *Albercas* (1985), *La casa pierde* (1999).

Bibliografía mínima

Villoro, Juan. *La noche navegable*. México D.F.: Joaquín Mortiz, 1980.

- - -. *Albercas*. México D.F.: Joaquín Mortiz, 1985.

- - -. *Tiempo transcurrido (Crónicas imaginarias)*. México D.F.: SEP/CREA/FCE, 1986.

- - -. *La casa pierde*. México D.F.: Alfaguara, 1999.

Bernal Bejarle, Mónica. «La voz en el espejo: Reflejos de la narrativa de Juan Villoro». En *Vivir del cuento. La ficción en México*. Ed. Alfredo Pavón. México D.F.: Universidad Autónoma de Tlaxcala, 1995. 65–84.

Bolaño, Roberto. «Recuerdos de Juan Villoro». En *Entre paréntesis*. Ed. Ignacio Echeverría. Barcelona: Anagrama, 2004. 137–138.

Castañon, Adolfo. «Juan Villoro: Breve historia de dos ciudades». *Arbitrario de literatura mexicana*. México D.F.: Editorial Vuelta, 1993. 555–559.

Enrique, Álvaro. «Virtud de maduración y fidelidad». En Juan Villoro, *La alcoba dormida*. México D.F.: Universidad Autónoma de México, 2000. 7–15.

García Díaz, Teresa. «La muerte y lo desconocido como respuestas a la búsqueda». En *Vivir del cuento. La ficción en México*. Ed. Alfredo Pavón. México D.F.: Universidad Autónoma de Tlaxcala, 1995. 85–98.

Masoliver Ródenas, Juan Antonio. «Juan Villoro: Una historia de suplantaciones y naufragios». En *Las libertades enlazadas. Ensayo sobre literatura mexicana: de Octavio Paz a Juan Villoro*. México D.F.: Ediciones sin nombre, 2000. 198–222, 234–243.

Palou, Pedro Ángel. «Juan Villoro: Sueños y representaciones». En *Vivir del cuento. La ficción en México*. Ed. Alfredo Pavón. México D.F.: Universidad Autónoma de Tlaxcala, 1995. 99–126. [Y en su *Resistencia de materiales. Ensayos*. México D.F.: Instituto Politécnico Nacional, 2000. 133–162.]

Sánchez Nettel, Guadalupe. «La baraja perdida». En Juan Villoro, *La alcoba dormida*. México D.F.: Universidad Autónoma de México, 2000. 233–257.

Yambalalón y sus siete perros

Antes de leer

Temas para comentar antes de la lectura

1. La infancia suele ser una época feliz para los niños porque no tienen responsabilidades. Sin embargo, comente las dificultades que debe enfrentar.

2. Comente las posibles razones por las que un escritor adulto decide escribir sobre la infancia, aunque lo que escriba no esté destinado a ser literatura infantil.

3. Señale las modificaciones que debe realizar un escritor en su lenguaje para adaptarlo al que podría tener un niño si éste fuera el narrador de un cuento.

4. Aunque un niño no entiende por completo lo que ocurre a su alrededor, percibe hasta el menor detalle e intuye la importancia que eso puede tener. Exponga lo que Ud. opina al respecto.

Palabras clave

1. el ahuehuete
2. el chile piquín
3. la conflagración
4. el copete
5. el/la cuate/a
6. la jícama

7. la plantilla
8. estallar en carcajadas
9. soplarle a alguien
10. friolento/a
11. orejón, orejona

Yambalalón y sus siete perros

A Pablo

LAS COSAS OCURRIERON ALLÁ POR **1962**, una época en que la nana me peinaba con limón y una goma verde que venía en frascos de plástico con forma de gato. En la televisión pasaban «La Pandilla»[1] y «El Gato Félix»,[2] y yo usaba botines con plantillas[3] para pie plano. 5

Desfilé por muchos kindergartens porque nos cambiamos de casa como cinco veces, así es que no llegué a tener amigos en ese tiempo. Los cambios de casa y de escuela me convirtieron en un ermitaño con botas ortopédicas y copete[4] engomado.

Por fin mi papá consiguió una casa donde también pudiera poner su consul- 10 torio y una tienda de aparatos ortopédicos. Decidieron que yo iba a entrar a una escuela cercana, de muros grises, que me pareció tan grande como el multifamiliar[5] que estaba enfrente de la casa. Lo que me gustó fue que afuera vendieran paletas heladas y jícamas con chile piquín.[6] Tuve que pasar por miles de trámites burocráticos y exámenes médicos hasta que alguien decidió que mis seis años y 15 mis conocimientos eran lo suficientemente amplios para entrar a preprimaria.

---

[1] La... una serie de televisión basada en las películas cortas de los años 30 en los Estados Unidos, de título original *The Little Rascals*

[2] dibujos animados creados por Otto Messmer en 1919 de gran éxito en cine y televisión

[3] suelas ortopédicas que se colocan dentro de los zapatos para corregir malformaciones del pie

[4] pelo levantado sobre la frente

[5] multifamiliar: conjunto de casas

[6] jícamas... La jícama es un tubérculo blanco, como una cebolla grande, duro y carnoso, de sabor fresco y agradable que se come crudo, con sal y limón. El chile piquín es una variedad de chile pequeño y muy picante, de color rojo.

Se puede decir que pasé la mayor parte de las vacaciones en el baño. Siempre he sido algo friolento[7] y como no tenía nada que hacer decidí pasarme las tardes remojado en el agua caliente de la tina. Ahí inventé a mis cuates[8] Víctor y Pablo. Le puse a mi pie izquierdo Víctor y al derecho Pablo. Mis héroes eran dos señores de doce años que combatían a un maléfico criminal llamado Yambalalón y se platicaban[9] en la tina de baño todas sus aventuras, sin importarles mi desnuda presencia. Yambalalón era uno de los más peligrosos gangsters del mundo. Tenía perros amaestrados que lo ayudaban en sus fechorías. Bajo un ahuehuete[10] de Chapultepec[11] se encontraba un pasadizo que conducía al refugio de Yambalalón. En repetidas ocasiones Víctor y Pablo habrían tratado de penetrar a la guarida pero nunca daban con el ahuehuete indicado. El terrible Yambalalón no soportaba la luz del día, así es que permanecía bajo tierra la mayor parte del tiempo. Una noche se iba a París o a Toluca (en realidad yo creía que estaban bastante cerca) y asaltaba el Banco Central, siempre el Banco Central, con ayuda de sus siete perros (producto de una mezcla de razas que sólo él había logrado). Me tardé cerca de un mes en imaginar todo esto, sentado en la tina, antes de que la nana me llegara a secar con una toalla gigante.

Faltaba poco para entrar al colegio de las jícamas. Me pasé la última parte de las vacaciones refinando las aventuras de Víctor y Pablo (se las pensaba contar a mis nuevos compañeros, seguro de que me iban a regalar sus sandwiches, admirados con mi historia).

En un arranque de exotismo imaginé al bumerang australiano de Víctor y Pablo. La particularidad de esta arma (que tenía un aguijón de mantarraya capaz de matar al más gordo de los rinocerontes) era que no regresaba al sitio de donde había partido. Si lo aventaba Víctor, el bumerang iba a dar (después de matar un par de pájaros) a las manos de Pablo. Y si lo lanzaba Pablo, Víctor era el encargado de recibir el bumerang lleno de sangre y plumas de pájaro o de apache (también iban mis héroes al Lejano Oeste).

Una vez oí que alguien tenía sangre azul. Me pareció imprescindible que Yambalalón tuviera tinta en las venas, y lo que es más, tinta venenosa. Víctor y Pablo soñaban con que algún día su mágico bumerang se vería teñido con la sangre azul del ladrón del Banco Central (claro que se pondrían los guantes de hule que la nana usaba para lavar los trastes,[12] no fuera a ser que se envenenaran con la tinta).

El toque final fue inventar el himno de Yambalalón. Curiosamente quienes lo entonaban eran Víctor y Pablo. En la tina se oía todas las tardes el canto de «Yambalalón y sus siete perros».

---

[7] muy sensible al frío

[8] amigos, compañeros

[9] charlaban

[10] árbol frondoso parecido al ciprés

[11] parque grande de la Ciudad de México

[12] platos, ollas y otros utensilios de cocina

Víctor y Pablo habían recibido muchos regalos del Ayuntamiento[13] (en las caricaturas el Ayuntamiento se la pasaba premiando gente; yo ya no creía en Santa Claus, pero empecé a considerar al señor Ayuntamiento como un benévolo sustituto). Se me ocurrió contarle a mi papá lo de Víctor y Pablo (sin revelarle los secretos, por supuesto) con el fin de que él también quisiera premiar las hazañas de mis héroes.

—¿Quién te platicó todo eso? —contestó mi papá, y tuve ganas de que Yambalalón y Víctor y Pablo se aliaran por una vez para matar al hombre de calvicie incipiente que leía el periódico, con su bata blanca, y no creía que yo fuera capaz de inventar algo.

Mi mamá siempre tenía dolores de cabeza. Unos años más tarde me iba a explicar que no eran simples dolores sino neuralgias.[14] El caso es que la nana se ocupaba totalmente de mí, y el verdadero complejo de Edipo lo debo haber tenido con esa señora de cuarenta años y unos pies que seguramente calzaban del 38.[15] Siempre que veo un pie descomunal siento un arranque de ternura. Definitivamente, en esa época los pies fueron muy importantes para mí.

Llegó el día de entrar al nuevo colegio. Lloré cuando la nana me dejó en la puerta con el pelo más engominado que nunca y una cantimplora[16] que tenía agua de limón demasiado agria.

Fui a inscribirme al colegio de las jícamas cuando casi no había gente. Al llegar el primer día de clases y ver tantos niños, después de mi encierro en la bañera, tuve la impresión de estar en medio de un campo de batalla.

Víctor y Pablo, envueltos por los zapatos recién lustrados, se negaban a moverse. Por fin una maestra me llevó a mi salón. Fui el último en entrar, ya todos estaban sentados, la mayoría llorando como yo. Bueno, no fui el último, porque detrás venía un cuate muy alto y orejón.[17] La maestra le preguntó su nombre.

—Víctor —contestó una voz agresiva.

En realidad Víctor no tenía nada de agresivo. Pero ante todo el lloriqueo, su voz parecía demasiado segura. Por comparación era agresiva. Quedé admirado (sobre todo porque junto a Víctor no estuviera Pablo).

Pensé que entre los compañeros habría alguien llamado Pablo. Después de averiguar todos los nombres (algunos tan raros como Gilberto) tuve que conformarme con conocer sólo a Víctor.

Desde el primer día le regalé mi agua de limón.

—Está demasiado dulce —este comentario me dejó asombradísimo. A mí el agua me había parecido muy agria. Decididamente, Víctor era muy valiente.

---

[13] Alcaldía, Municipio, la sede del gobierno de una ciudad o pueblo

[14] dolores a lo largo de un nervio y de sus ramificaciones

[15] medida para zapatos (Aquí el autor quiere decir que la señora tenía los pies grandísimos, de unos 38 centímetros de largura.)

[16] pequeño envase para llevar agua o licor

[17] que tiene las orejas muy grandes

Es obvio que no le conté de mis héroes imaginarios ni que jugaba con mis pies. Víctor me parecía el más inteligente de la clase. La verdad es que sabía casi todo porque estaba repitiendo preprimaria. Me contó que lo habían «reprobado».[18] Era la primera vez que oía esa palabra. Traté de imaginar qué
95 clase de falta debía haber cometido para recibir un castigo de esa magnitud. Mi admiración por él seguía creciendo. Ahora me parecía víctima de una conflagración[19] maligna.

Víctor tenía siete años, y todo mundo sabe que a esa edad un año de diferencia es como entrar a un juego con 365 puntos de ventaja. Víctor se convir-
100 tió en nuestro líder. Imitando a los héroes de «La Pandilla» planeaba trampas para los maestros. Nosotros ejecutábamos sus órdenes y recibíamos el castigo cuando nos atrapaban poniendo Resistol[20] en el asiento de la profesora.

Además, él sabía leer de corrido.[21] Nos reuníamos en el baño de la preprimaria para que nos leyera alguna historia impresionante. Ahora creo que
105 Víctor inventaba todo lo que decía. Pero yo no perdía un solo detalle. Bastaba que hablara de los nuevos coches, de un Corvette que puede ocultar los faros como quien cierra los ojos, para que esa misma tarde Víctor y Pablo abordaran un Corvette rojo.

Nunca pude averiguar la causa por la que reprobaron a Víctor a los seis
110 años. Después entendí que la escuela de muros grises y puestos de jícamas era insuperablemente retrógrada, pero sigo creyendo que Víctor realizó algo fuera de lo común.

Por las tardes, después de ver «El Gato Félix» y de llenar varias páginas con AAAAA y BBBBB hermosamente delineadas, me iba a bañar. Las aventuras de
115 Víctor y Pablo continuaban. Víctor adquiría una parte cada vez más activa. Fue él quien descubrió el pasadizo para llegar al escondite de Yambalalón, sólo que al entrar en el refugio mis héroes vieron que estaba deshabitado y que había una nota para ellos (escrita con auténtica sangre de rata): «OLA AMIGOS: FUI A ROVAR EL BANCO SENTRAL.»[22] Yambalalón también debía estar en pre-
120 primaria, me dijo mi mamá, cuando le enseñé la nota (escrita con auténtico puré de tomate).

También fue Víctor el que encontró en la guarida los lentes que Yambalalón usaba para protegerse del sol. Se los podían llevar y pedirle que se rindiera, o que al menos les regalara uno de sus perros.

---

[18] lo... no lo habían dejado avanzar (En Hispanoamérica es frecuente que en esos casos los alumnos repitan todo el año académico.)

[19] complot

[20] marca de adhesivo

[21] de... rápidamente, con mucha facilidad

[22] OLA... Esta frase está intencionalmente mal escrita para sugerir que ha sido hecha por un niño. Su forma correcta sería: «Hola amigos: fui a robar el Banco Central».

Pablo fue ocupando un papel secundario. Se empezó a parecer a mí. En la 125
escuela yo me había convertido en algo así como el secretario de Víctor. Si ro-
bábamos un sandwich, el primer mordisco lo daba nuestro líder y el segundo
yo, incapaz de tragar el bocado por la emoción.

Cuando me vomité en la clase, víctima de una sobredosis de sandwiches,
robados, Víctor pidió permiso para llevarme a la enfermería. Me sentí tan con- 130
movido que se me olvidó que ése era un truco que Víctor usaba para estar
fuera de clase.

También gané el privilegio de sentarme a su lado y de soplarle[23] en los
exámenes de aritmética lo que él no sabía.

Mi historia con Víctor y Pablo había llegado a un punto clave. Yambalalón 135
aceptó ir solo, de noche, al penthouse (yo creía que el penthouse era un castillo) de Víctor y Pablo para que le dieran sus lentes (hay que aclarar que esos anteojos eran únicos: estaban fabricados con el caparazón de una tortuga negra
que el propio Yambalalón capturó).

Para estas alturas Pablo era francamente el ayudante de Víctor. Cuando 140
jugaba en la tina, mi pie derecho permanecía casi sumergido, mientras Víctor
hablaba sin parar. Fui forzando la historia para que se enfrentaran Yambalalón
y mis héroes. Estaba tan nervioso que cuando Yambalalón le dijo a sus perros
que fueran a buscarlo si no regresaba en una hora, sumergí mis pies en el
agua, incapaz de seguir escuchando sus hazañas. La nana llegó con su toalla 145
gigante. Me dio un par de besos que ni sentí y debió decirme que me fuera a
tomar el choco-milk.

Esa noche no dormí, pensando en cómo acabaría todo. Me persiguió permanentemente el estribillo de «Yambalalón y sus siete perros».

Al día siguiente era viernes y todos estaban contentos en el colegio. Me 150
decidí a contarle a Víctor mi historia secreta. Yo creía que a los doce años sería
un héroe, o más bien el compañero de un héroe, y le platiqué todo con la de-
cidida intención de que se identificara con Víctor y pensara que yo era el Pablo
ideal.

—¿Con los pies? —me preguntó después de que terminé de entonar el 155
himno de Yambalalón.

En general mi cuento le pareció bastante bobo, pero lo de los pies era
definitivamente idiota.

Durante el recreo noté que Víctor me miraba los zapatos y no se decidía a
incluirme en su equipo de futbolito.[24] Finalmente lo hizo y yo me sentí perdo- 160
nado. Traté de olvidar para siempre la historia que inventaron mis pies.

---

[23] soplar: susurrar a alguien una información
que no sabe ni recuerda, hacer trampa

[24] variante del fútbol que se juega en un espacio más reducido y con una pelota más
pequeña

A la hora del baño puse punto final al cuento. Yambalalón llegó al penthouse medieval de Víctor y Pablo. Era medianoche. Les dijo que iba a rendirse. Víctor, confiado, no pensó en ocultar el bumerang que estaba sobre una mesa, frente a la caja fuerte (nunca supe para qué usaban Víctor y Pablo la caja fuerte). Yambalalón les dijo que les daría todo el dinero que había robado en el Banco Central.

Víctor y Pablo estallaron en carcajadas[25] (mi papá siempre decía que alguien *estallaba* en carcajadas) y ahí fue cuando Yambalalón se lanzó sobre la mesa.

El bumerang decapitó a Víctor, y como luego iba a dar a Pablo, el secretario no pudo evitar el aguijón de mantarraya. Yambalalón encerró los cuerpos en la caja fuerte y se llevó las cabezas para dárselas de comer a sus perros.

Jamás me hubiera creído capaz de un final semejante. Toda la noche lloré la muerte de mis héroes.

El sábado y el domingo me bañé en completo silencio, sin verme los pies. La nana se extrañó de que no estuviera platicando solo como de costumbre.

El lunes llegué al colegio un poco tarde. Corrí hasta el salón, le pedí disculpas a la maestra y fui a mi asiento con ganas de decirle a Víctor que ya no existían Víctor y Pablo.

Casi no recordaba la historia, se había olvidado de detalles tan importantes como la sangre azul de Yambalalón. Ni siquiera me contestó. Cuando terminé me dijo que había descubierto una ventana para espiar el baño de las niñas. Víctor y Pablo se le habían olvidado como una multiplicación difícil de aritmética.

La nana fue por mí y me dijo que mi mamá se había pasado toda la mañana con dolor de cabeza. En la casa no quise comer ni ver «El Gato Félix». Tampoco quise bañarme. Entonces mi papá salió del consultorio a decirme que era el colmo, que me iba a desvestir inmediatamente. En la mano traía un aparato para poliomielítico.[26] Creía que me lo iba a poner.

Me dijo que él me iba a bañar. Traté de no llorar cuando miraba el aparato de metal para el niño con una pierna flaca que debía estar esperando a mi papá en el consultorio.

Mi papá terminó quitándome los botines ortopédicos. Era la primera vez que lo hacía desde que me los había recetado. Tuve ganas de que me atravesara el bumerang de Víctor y Pablo, pero preferí no pensar en eso.

Sin decir palabra entré a la tina.

---

[25] estallaron... arranque de risa espontáneo y divertido de varias personas al mismo tiempo

[26] el que sufre del poliomielitis, enfermedad de la médula cuyo síntoma es la atrofia muscular

Después de leer

Comprensión

1. ¿Qué edad tiene, aproximadamente, el protagonista de este cuento? Aunque no es muy grave, ¿qué defecto físico tiene en los pies?

2. ¿Cómo se llaman y qué características tienen los personajes que se inventa el protagonista?

3. Víctor, el amigo «real» del protagonista, es mayor que éste. ¿Qué le hace descubrir al espiar por una ventana? ¿Qué sentido tiene o puede tener esto para su edad?

4. ¿Cuál es la ambigüedad con la que termina el cuento?

Análisis

1. La capacidad de fantasía de un niño le permite acompañarse de personajes imaginarios. Señale cuáles características familiares podrían explicar el aislamiento del protagonista.

2. El Víctor «real» es el mayor, y su aparición produce una modificación en las fantasías del protagonista narrador. Comente la importancia que tiene en la infancia la aceptación e integración en un grupo.

3. Señale y explique qué serie de televisión sigue el narrador y qué diferencia Ud. encuentra entre las series de dibujos animados que Ud. veía en su infancia y las que ven los niños ahora.

Expansión

1. Comente las relaciones que ocurren entre la literatura, la televisión y el cine.

2. Compare este cuento con otros destinados específicamente a un público infantil, como las novelas sobre Harry Potter, de J.K. Rowling, o los cuentos de los hermanos Grimm.

3. **OPTATIVO:** ¿Qué semejanzas o diferencias ve Ud. entre este niño y los del cuento de García Márquez, «El verano feliz de la señora Forbes»?

La alcoba dormida

Antes de leer

Temas para comentar antes de la lectura

1. Llegar a la capital de un país procedente de un pueblo trae consigo una serie de cambios. Comente la situación en la que se encuentra un inmigrante y cómo se suelen desarrollar sus relaciones con las demás personas.

2. Explique algunas de las situaciones en las que las personas se ven obligadas a mantener una relación en secreto y con qué finalidad lo hacen.

3. Analice los motivos por los que pocas veces los amantes se conocen en realidad.

4. Opine sobre la vinculación o cercanía mítica que suele existir entre el amor y la muerte.

Palabras clave

1. el buró	14. estar atareado/a
2. la contienda	15. mandar a la chingada
3. el desparpajo	16. orearse
4. la duela	17. solazarse
5. el escapulario	18. andrajoso/a
6. la fruición	19. atávico/a
7. el/la merólico/a	20. atroz
8. el paladín	21. furtivo/a
9. la pericia	22. ínfimo/a
10. el pirul	23. puritito/a
11. la rosqueta	24. tornasolado/a
12. arrostrar	25. turgente
13. encandilar	

La alcoba dormida

La alcoba se ha dormido en el espejo.

Vicente Huidobro[1]

—ÉL CENARÁ DESPUÉS —DIJO DOÑA CONSUELO.

5   Se persignó de prisa y tomó la cuchara de latón. Me gustaban esos cubiertos superlivianos. Frente a mí, el profesor Rafael se alisó el bigote con tres dedos manchados de nicotina, luego se palpó la

---

[1] verso tomado del poemario *La gruta del silencio* (1913), del chileno Vicente Huidobro (1893–1948), fundador del «creacionismo», movimiento experimental en poesía y prosa (La alusión a la alcoba [dormitorio] reflejada en el espejo está en relación con el juego de dobles protagonizado por las hermanas Milán.)

corbata, como si apenas recordara que la tenía puesta. Era una prenda común que en él lucía modernísima: un fondo azul cielo salpicado de triangulitos.

—Conque estrenando... —doña Consuelo también había notado el ademán.

Rafael mordió la cuchara; me inquietaba su manera de rematar los bocados; al sentarme a la mesa, no podía dejar de revisar mis cubiertos en busca de las incisivas huellas del profesor. Rafael era su apellido; su nombre entero tenía un sonido descompuesto: Ismael Rafael. Daba clases de civismo[2] y cada dos meses doña Consuelo lo ayudaba a calificar composiciones sobre el himno nacional o la bandera. Doña Consuelo no podía leer sin mover los labios; ya avanzada la noche, el cansancio la hacía repetir palabras sueltas: «arrostrar[3] sin temor»... «la contienda»[4]... «los paladines»[5]...

Desde que llegué a la pensión (doña Consuelo se empeñaba en llamarla «casa de asistencia», como si fuera una institución de misericordia) di por sentado que la dueña de casa y el profesor eran amantes. El marido de doña Consuelo (el Difunto, como le llamábamos) había muerto hacía varios años. Ella seguía poniendo su lugar en la mesa y no dejaba de repetir la frase ritual «él cenará después». El Difunto era adorado en un altar de platos fríos.

En esa época mis gustos literarios hacían que no me perdiera un momento de patetismo ni una frase sentenciosa.[6] Estaba convencido de que doña Consuelo se entregaba a ese incesante recambio de cubiertos movida por la culpa, por la ignominia perpetrada con el profesor. Era católica de escapulario[7] en cuello y Rafael un judío sefardita que asistía al estricto templo de la calle de Monterrey. Nunca los sorprendí en intimidad mayor que sus sesiones para calificar exámenes, pero no necesitaba pruebas concluyentes; me bastaba ver la fruición[8] con que el profesor mordía las rosquetas[9] de chocolate que ella compraba afuera de la Catedral —cada bocado, una transgresión.

La casa también era habitada por doña Eufrosia, aunque más que de un inquilino[10] había que hablar de un quejido. Doña Eufrosia estaba postrada en su cama y sólo su lastimosa respiración llegaba hasta nosotros. Me negaba a creer que doña Consuelo limpiara sus esputos y le diera de comer en la boca sólo por bondad; también en esto veía un deseo de reparación.

---

[2] comportamiento positivo de un buen ciudadano

[3] atacar con valentía

[4] enfrentamiento, pelea o discusión, sea con armas o con palabras

[5] héroes o defensores particularmente valientes respecto a lo que protegen

[6] que imparte una visión concluyente respecto a un tema

[7] objeto que consiste en dos trozos pequeños de tela que llevan una imagen religiosa, unidos por dos cintas para colgar sobre el pecho y las espaldas (Lo llevan las personas muy devotas.)

[8] disfrute intenso

[9] dulce de masa

[10] persona que alquila una vivienda

Mi vida de entonces me parecía disminuida. Había llegado a la ciudad
para ocupar un puesto ínfimo[11] en un almacén, algo muy alejado de mis me-
lodramáticos empeños literarios. Desconfiaba de todo y de todos, como si eso
le pudiera dar relieve a mi destino; la sospecha era una piedra de afilar ideas.
Doña Consuelo y el profesor Rafael me eran simpáticos, pero me sentía obligado a mantener las distancias. Por otra parte, ellos tampoco daban pie[12] a un
acercamiento. Nos hablábamos de usted, doña Consuelo siempre estaba ata-
reada[13] y el profesor, apenas llegaba a la pensión, se dedicaba a leer el periódico, tras una espesa nube de Delicados.

Vivíamos en la calle de Licenciado Verdad,[14] muy cerca del almacén. De
haber estado borracho el día de mi llegada, la vista del edificio me habría
devuelto la sobriedad: paredes despellejadas que seguramente se vendrían
abajo con el próximo temblor. La fachada no era más ruinosa que las otras del
centro de la ciudad, pero el hecho de que yo fuera a vivir ahí la convertía en
un escenario de tragedia. Sin embargo, la pensión en el segundo piso se conservaba en buen estado, el baño común estaba limpio, el cuarto era agradable
—un armario con un pulcro espejo, un botellón de agua en el buró,[15] persianas que corrían bien.

También me gustó la sala de la televisión, aunque doña Consuelo hablaba
con vergüenza de su viejo aparato de bulbos: cada vez que un avión pasaba
sobre el edificio, la imagen se distorsionaba. Lo que me llamó la atención fue
el calendario colgado en la pared: un emperador azteca sostenía a una india
desmayada; el pintor había trazado con tal detalle el turgente[16] cuerpo de la
india que el desmayo tenía una fuerza sexual; al fondo, los volcanes brillaban
con una nieve tornasolada.[17]

Lo primero que le oí decir al profesor fue que ya estaba a punto de conseguir la medalla de la televisión. No entendí nada y él me explicó que en
cuanto le dieran la medalla al mérito cívico Benito Juárez[18] podría comprar un
aparato a colores. Esto no me importó gran cosa porque desde la primera
noche me senté a ver el calendario. No me fijé en las caras que temblaban en
la pantalla; veía los pechos de la india, cubiertos de una tela que parecía nieve
delgadísima.

Pasaron varios meses y el profesor siguió a un paso de obtener la medalla.
Aquel triunfo siempre pospuesto se convirtió en algo tan penoso que dejamos

---

[11] insignificante

[12] daban... permitían

[13] muy ocupada, con muchas tareas

[14] El nombre de la calle, hay que tenerlo presente como una ironía sobre las suplantaciones y engaños que se producen en el cuento,
aunque la calle es real.

[15] escritorio

[16] opulento

[17] resplandeciente

[18] el mayor prócer (persona importante, noble)
mexicano

de mencionarlo. Rafael me parecía víctima de una injusticia, sobre todo a partir de que me recomendó con el jefe de redacción de un periódico en la colonia[19] Tabacalera, no lejos de la pensión. Me encargaron escribir las cartas de los lectores. Para llegar al periódico pasaba junto al caballito; miraba de reojo la cara de imbécil de Carlos IV y la mano que sostenía un rollo de papel;[20] así me debía ver en el momento de entregar las cartas de los «lectores». De cualquier forma, eso me ayudó a sobrellevar las jornadas en el almacén; mi vida era algo más que nudos y cajas dobladas (aunque en mis momentos abismales pensaba que ese «algo más» era mucho peor). Sin embargo, lo que en verdad agravaba las cosas era que vivía en un hueco doloroso en el que casi nunca caían las mujeres. No sólo me faltaban dinero y experiencia para una conquista, además —lo confieso a toda prisa— me sentía avasallado por el dentista provinciano que me colocó un lamentable diente de oro. Ahorraba, con la vulgar ilusión de ponerle a mi diente una funda de porcelana, pero también me dejaba estafar por las putas locales.

Cerca de la pensión había una tienda de medias. Me quedaba viendo las piernas suspendidas hasta que mi soledad me resultaba insoportable. Regresaba despacio, dolido por tantas formas agradables.

Rafael se vestía exactamente como profesor de civismo, por eso me encandiló[21] la corbata azul celeste. Sin embargo, no es ésta la razón por la que recuerdo el incidente. Ése fue el día en que las gemelas llegaron a Licenciado Verdad.

Era un sábado y nos tocaba cambio de sábanas. Los colchones estaban recargados contra la pared («para que se oreen[22]», había dicho doña Consuelo). Melania y Paloma Milán se pasearon por la casa y no dejaron de palpar los colchones. Es lo primero que recuerdo de ellas: las manos delgadas acariciando las rayas azules y blancas.

Las ayudé a llevar su equipaje al cuarto 3 (absurdo que en una pensión tan pequeña los cuartos estuvieran numerados).

En la comida, el profesor Rafael habló de la expulsión de los judíos españoles y de su refugio en Salónica.

—Los nombres de ciudades son portadores de sangre judía —dijo, pero las gemelas no sabían nada del asunto ni se interesaron en la historia. A mí me agradó que tuvieran apellido de ciudad.

Melania y Paloma habían llegado a México para consultar a un médico; aunque se veían igualmente sanas no dejaron dudas acerca de la gravedad de Paloma. Venían de un poblado similar al mío (adivinaba la misma rotonda

---

[19] barrio, vecindario

[20] caballito... referencia a estatuas conocidas de barrio céntrico de México D.F.

[21] deslumbró

[22] ventilen

110 de pirules, los perros insolados, la vida detenida en un eterno mediodía del polvo), pero me impresionó su aire mundano, su forma rapidísima de entrar en confianza. En especial Melania hablaba como si siempre hubiera estado ahí, como si descalzara sus palabras y las echara a correr entre nosotros. La ciudad les había parecido «hórrida».[23] Recordé mi primera caminata por las

115 calles del centro, entre ciegos y vendedores andrajosos.[24] Vi a una mujer enorme, sucia, muy rubia, orinar incansablemente en la banqueta;[25] vi a un oso llagado bambolearse al compás de un pandero;[26] vi a una anciana que sostenía una vitrina de gelatinas plagada de moscas; vi a los desempleados en el patio de la Catedral, vi sus herramientas en el piso, junto a un gato

120 muerto, y no me atreví a decir que la capital de mi país era una mierda. Las gemelas, en cambio, fue lo primero que dijeron. El profesor las escuchaba tras el humo de su cigarro. Pensé que iba a hablar de aztecas y edificios coloniales, pero estaba tan absorto como yo; no era fácil acostumbrar los ojos a esas figuras esbeltas en un lugar donde los únicos visitantes eran

125 agentes viajeros, hombres de maletas cuarteadas y pocas palabras que venían por una noche y se marchaban sin dejar otra huella que un periódico arrugado.

Melania usaba el pelo suelto y tenía un lunar en la mejilla. Paloma se peinaba con una estricta cola de caballo. Fuera de esto eran idénticas. Su belleza

130 parecía hecha para castigar a un escritor, al menos a uno como yo. En primer lugar, ni siquiera me atrevía a verlas de frente; su desparpajo me ofendía tanto como mi diente de oro. En segundo lugar, me costaba trabajo decir por qué me gustaban tanto. Hasta entonces creía en la supremacía de los senos épicos, los mismos que uno colocaría en la proa de una fragata o en la imagen

135 de la Patria. Después de frecuentar tantas páginas de revistas eróticas exigía en las mujeres imposibles lo que no encontraba en las putas: pelo rubio, pezones rosados, ojos enormes. Ahora me doy cuenta de que la mujer ideal era una variante oxigenada de la india del calendario. Las gemelas, en cambio, eran atractivas de una manera nerviosa. Hablaban de prisa, como si pensaran

140 en varios asuntos a la vez; sus cejas gruesas y bien delineadas se unían sobre una nariz pequeña, imperiosa; sus cuerpos delgados transitaban como claras sombras, sus labios merecían el nombre de «sensibles». ¡Cuánta palabrería para decir que había encontrado en estas muchachas normales algo nunca visto! Empecé a pasar más tiempo en Licenciado Verdad, escuchando los rui-

145 dos de las gemelas. Las cartas que escribía para el periódico se volvían progresivamente alegres. Esta etapa duró un par de semanas; después me di cuenta de que no tenía mayores motivos de dicha: Melania y Paloma Milán no hacían sino constatar mi fracaso; era incapaz de salvar los cinco o seis metros

---

[23] horrible, fea

[24] que visten andrajos, ropas viejas en pedazos

[25] borde del pavimento, cuneta

[26] pandereta (instrumento musical)

que me separaban de ellas. Me solacé en autoescarnios[27] ante el espejo: detenía la mirada en el diente de oro, mis facciones me parecían trabajadas por un boxeador.

Mi depresión tomó la forma de una nostalgia sin sujeto; añoraba cosas nunca alcanzadas. El tiempo en que las gemelas no vivían con nosotros me parecía una etapa de libertad, a salvo de su tiránica belleza.

Me había presentado con ellas como periodista y el profesor Rafael (tal vez por ser mi padrino en el trabajo) se encargó de reforzar la ficción:

—Excelentes, sus comentarios sobre Irán —y hacía una intrincada[28] relación de mi presunto artículo.

Pronto se volvió costumbre que el profesor «redactara» mis textos en la cena. En más de una ocasión sus frases me parecieron repugnantes, pero sabía que él actuaba en mi favor y no quise poner en entredicho la paternidad de los engendros.[29] Las gemelas no siempre se entretenían. Aproveché una ocasión en que Paloma contemplaba las manchas en la pared para decirle al profesor en voz baja:

—La gente se aburre.

Melania me alcanzó a oír y comentó:

—Sí, a Paloma ya se la llevó el río.

Luego explicó la frase. En su pueblo, la creciente de un río se había llevado a una mujer distraída; desde entonces, cuando alguien se distraía decían «se lo llevó el río». También nosotros empezamos a usar la frase en la pensión.

Una noche, doña Consuelo le dijo al profesor:

—Pa'mí que ya se lo llevó el río.

—¿Eh? —dijo el profesor, aletargado.[30]

—¿Qué no oye? ¡Ya se le fue el santo al cielo!

Rafael pareció regresar de una zona muy remota. Le costó trabajo explicarse. Mencionó que nos tenía una sorpresa, pero su voz era triste.

Fue a su cuarto y regresó con un pesado bulto. Me pareció curioso ver los listones rosas del almacén en el que trabajaba.

—Para que no se aburran tanto, señoritas —dijo el profesor Rafael, como si doña Consuelo no fuera la principal interesada en la televisión (otro motivo de sospecha), y se secó el sudor con un alarmante pañuelo amarillo.

De la medalla, ni una palabra. Era evidente que no la había obtenido. Crucé una mirada con doña Consuelo.

Con el nuevo aparato las cenas se hicieron más rápidas. El profesor también acortó la extensión de mis supuestos artículos. Yo aprovechaba cualquier momento para que mi mirada pasara del mantel de hule a las gemelas. Eran

---

[27] Me... Desahogué ridiculizándome

[28] complicada

[29] obra mal hecha, sin coherencia

[30] adormecido

tan parecidas que estaba orgulloso de todas las diferencias que les encontraba. Melania era más expansiva, sus manos se movían mucho al hablar, costaba menos trabajo que se riera. También era orgullosa, al menos conmigo, porque con doña Consuelo mostraba una solicitud extrema, incluso la ayudaba a lavar y a cambiar a doña Eufrosia.

En cuanto fui capaz de discernir las diferencias, me enamoré de Melania. Supongo que también la salud trabajaba en su favor. Paloma no parecía enferma, pero yo desconfiaba de un mal tan discreto, sin nombre ni síntomas aparentes.

Creo que fue un sábado cuando me encontré a Melania en el pasillo. Salía del baño y tenía una toalla en la cabeza. El lunar brillaba sobre la piel pálida. Olía a jabón, a ropas limpias, casi pude sentir la tibieza que el agua había dejado en su cuerpo. Sus manos sostenían el camisón, el cepillo, el frasco de champú. Quizá fueron estas manos ocupadas las que me hicieron sentirla indefensa, quizá distinguí en sus ojos brillosos un desafío, lo cierto es que actué con la urgencia de todos mis días desolados. La tomé de la cintura, la atraje hacia mí, besé su cuello apenas humedecido. Ella soltó el frasco, el champú se derramó sobre mi pantalón. Luego se apartó de mí, me vio con una superioridad en la que ni siquiera cabía el odio y entró al cuarto 3. Fui al baño a limpiarme aquella mancha. Mis dedos pasaron por la sustancia pegajosa al tiempo que veía la espuma en la coladera, con vellos que sólo podían provenir del cuerpo de Melania y que en mi desesperación estuve a punto de recoger.

Después de esto creí que no me volvería a hablar. Evité cenar en la pensión al día siguiente. Regresé tarde, pensando que todos dormirían. Sin embargo, me encontré a Melania en la sala de la televisión; lloraba frente a un programa sin volumen. Quise seguir hacia mi cuarto, pero me pidió que la ayudara a escribir una carta para sus padres. Me extendió el cuaderno en el que anotaba con gran cuidado las medicinas y las dosis que debía tomar Paloma. Alcancé a ver una lista y me di cuenta de su atroz[31] ortografía; aún ahora me arrepiento de haber visto sus accidentados acentos en el momento en que me revelaba la enfermedad de su hermana. Contra la evidente normalidad de Paloma, los médicos habían diagnosticado un mal incontenible. Melania había decidido no preocupar a su familia. Me pidió que atenuara[32] el padecimiento en la carta. Su dictado salió entre arranques de llanto. Aceptó mis sugerencias y me dio las gracias varias veces. Se veía abatida, como si se reprochara su salud, ser el espejo vigoroso de su hermana.

---

[31] horrible

[32] suavizara

Fui a mi cuarto; en el pasillo se mezclaron el quejido de doña Eufrosia y el ruido vivo, abundoso,[33] con el que Melania se sonaba la nariz.

Esa noche me despertó un susurro. Antes de que pudiera ver algo sentí un aliento tibio, el contacto de labios delgados y resecos. Luego distinguí el lunar, el pelo ondulado de Melania; la desvestí, seguro de que no había dicha[34] mayor que el olor dulzarrón de su perfume barato.

Sólo al día siguiente pensé en los motivos de Melania. A pesar de los éxitos periodísticos que me inventaba el profesor, yo carecía de interés, por no hablar de virtudes físicas. Entendí que Melania agradecía en exceso la carta redactada. Sin embargo, esa noche repitió la visita.

A partir de ese momento empecé a vivir para las horas que Melania pasaba en el cuarto. Esperaba con ansia el rechinido de las duelas de madera.[35] La luz de un arbotante se colaba a la habitación; el cuerpo de Melania se reflejaba en la luna del espejo.

La felicidad me rebasaba en tal modo que me libraba de pensar —ni siquiera pensé que era feliz. Pero durante el día, mientras bostezaba sobre cajas de cartón, entorpecía mis recuerdos con preocupaciones. Pensaba en la piel de Melania, en sus manos hábiles, en la entrega apasionada y silenciosa de alguien acostumbrada a amar en secreto. ¿Quién más se había visto favorecido por esa furtiva pericia[36]? Procuraba que me contara algo de su vida, pero me ponía el índice en la boca: «Nos van a oír».

Tampoco de día hablaba conmigo, así estuviéramos solos. Melania tenía pavor de que Paloma nos descubriera; por nada del mundo le hubiera revelado su pasión a la hermana enferma (que, dicho sea de paso, seguía sin mostrar otro síntoma que una creciente palidez). Como quiera que sea, no insistí en hablar con ella; temía violentar el milagro que se repetía puntualmente en esa alcoba dormida para todos los demás.

Una noche nos quedamos viendo la televisión. Los otros ya se habían ido a sus cuartos. Ella no me veía, su nariz altiva se perfilaba con los reflejos de la pantalla. Pensaba en la forma de acercarme cuando se fue la luz. La televisión crujió, con ese ruido que hacen las cosas recién apagadas. Fue como si un alambre se quebrara en la noche, en mi cuerpo nervioso, en mis manos tensas. Cuando toqué su rostro, nuestros ojos ya se habían acostumbrado a la penumbra. Su expresión de desconcierto me hizo pensar que estaba loca. Melania me visitaba en las noches como quien consuma un ritual vacío, semejante al cambio de cubiertos de doña Consuelo. No me costó trabajo llegar al

---

[33] exagerado

[34] felicidad

[35] rechinido... crujido de las tablas de madera que forman el piso

[36] furtiva... secreta experiencia

cuarto en la oscuridad. Di un portazo que debió despertar a los que ya dormían.
Quise que mi puerta tuviera un cerrojo, maldije vivir en una pensión del carajo
donde ni siquiera podía gozar del lujo de encerrarme. Recurrí a un remedio de
película; puse una silla contra la puerta, sabiendo que era inútil.

Dos horas después la llegada de Melania estuvo acompañada de un molesto rechinido. Se golpeó con la silla. Saltó en un pie. Me insultó.

Me senté en la cama, hablé del encuentro en la sala de la televisión, le dije
que no la quería volver a ver.

—Cállate, idiota —dijo, y me besó largamente.

Con el tiempo me había acercado al profesor Rafael. Su fracaso para conseguir
la medalla le daba una dignidad trágica, de oficial deshonrado; además se
había vuelto el hombre de los regalos: la televisión, mascadas para las gemelas (de un violeta demasiado subido) y una corbata para mí. Después de cenar
fumaba sin descanso. Pasaba tanto tiempo con él que Melania se quejaba de
que mi pelo olía a humo.

Sabía que le gustaba el café express y pensé en invitarlo a una cafetería
para hablarle de mi felicidad a medias (con la secreta esperanza de que él me
hablara de doña Consuelo), pero nunca llegué a hacerlo. Una tarde lo vi de
lejos en la calle de Moneda. Lo seguí maquinalmente. Dobló hacia un mercado al aire libre. Caminé en el bullicio de vendedores y merolicos;[37] el aire
tenía un leve olor a podrido. El profesor no reparaba en las mercancías —pequeños artículos de contrabando, joyas de fantasía—, como si se dirigiera a un
destino definido. No sé por qué no lo alcancé de una buena vez. Seguí su saco
negro, manchado de sudor en las axilas, hasta que se detuvo en un puesto de
corbatas y pañoletas. La encargada era una mujer gruesa; sus brazos rollizos
salían de una blusa sin mangas. Se rió con desenfado al ver a Rafael; conté al
menos tres dientes de oro. Lo tomó de la cintura y lo besó. Me oculté tras un
puesto de collares. El profesor se veía curiosamente frágil en los brazos de la
mujer; parecía feliz de un modo intimidado. En el puesto reconocí la corbata
azul celeste, el pañuelo amarillo, las mascadas. Alguien les llevó licuados.[38] Los
vi intercambiar los vasos.

Me sentí defraudado, como si llevara el diario de una persona equivocada.
El romance que atribuí a Rafael, lleno de atávicos[39] prejuicios, se esfumaba
para dejar su sitio a una relación vulgarona, abrumadoramente normal. Luego
pensé que tal vez Rafael estafaba a la vendedora —¡el dinero de la televisión
debía provenir de ella!—, pero era demasiado tarde para buscar nuevas sospechas. El profesor judío había dejado de ser interesante.

---

[37] vendedores callejeros parlanchines, especialmente de remedios (coloquialismo mexicano)

[38] batidos

[39] que vienen del pasado, como una especie de tradición antigua

Caminé mucho rato, sin rumbo fijo, pensando en tantas cosas que estuve a punto de ser arrollado[40] por una bicicleta. Nunca había admirado gran cosa al profesor, pero sus maneras discretas le conferían cierta dignidad, un conocimiento por encima de la vida pobretona de la pensión. La escena con la mujer lo redujo a su verdadera medianía.[41] No sé por qué me vinieron a la mente mis cartas, la gente que yo había sido para el periódico. Recordé sus frases comunes, la morralla[42] de la que era responsable. Nada más normal que mis invenciones, nada más falso que las personas que me rodeaban.

El cielo cobró un tono azul profundo; se veía más cercano a la tierra. Muchas veces había visto el cielo en las calles del centro, un cielo de casas bajas, próximo. Ahora me pareció opresivo. Pensé en la cavidad azulosa del aparador de medias. Llegué deprimido a la pensión, sólo para enterarme de que las gemelas se habían mudado a un hospital donde Paloma se sometería a los últimos análisis.

Esa noche fue como si doña Consuelo dijera por primera vez «él cenará después». No mencionamos otra palabra en la mesa.

No era extraño que Melania se fuera sin avisarme; a fin de cuentas nunca me participaba nada de su vida. No dejó dicho a qué hospital iba ni cuándo volverían (el equipaje seguía en el cuarto 3).

De madrugada, entré a la habitación de las gemelas. Encendí la luz, abrí el armario, vi sus ropas perfectamente dobladas. Pensé en la dedicación de Melania, en sus manos hábiles; me di cuenta de que me había visto favorecido por la desgracia de Paloma. El destino de Melania parecía apuntar más lejos y sólo el lastre[43] de su hermana la había dejado a mi alcance. Me conmovió su total resignación; mientras más desagradable me veía a mí mismo, más admirable me parecía su entrega.[44] Lloré, inventé toda suerte de equívocos sensibleros, me sentí abandonado y amado en exceso.

En esa época se publicó mi primer artículo firmado, una prosa amarillista que los recortes de la mesa de redacción volvieron ilegible. No me alegró tanto ver mi nombre en el periódico como saber que las gemelas regresaban a la pensión.

—Vienen por sus cosas. Pasarán una noche con nosotros —dijo doña Consuelo.

Paloma se veía demacrada pero estaba de buen humor. Contó anécdotas divertidas del hospital mientras yo buscaba en vano los ojos de Melania. Deslicé un pie bajo la mesa, toqué algo que podía ser madera o un zapato. En eso escuchamos un carraspeo profundo.

—¡Doña Eufrosia se ahoga! —dijo doña Consuelo.

---

[40] atropellado

[41] mediocridad

[42] conjunto de cosas inútiles y despreciables

[43] peso que detiene el avance de algo

[44] capacidad para darse por completo a alguien para ayudarlo

Melania la acompañó a ver a la anciana y no volvió a la mesa. Paloma
335 contó una historia que no registré, algo relacionado con inyecciones y pacientes confundidos.

Por la noche mis nervios me hicieron oír el crujido de las duelas de madera
mucho antes de que llegara Melania. Mi corazón latía con fuerza, mis manos
tocaban los bordes combados de la cama, se diría que mi cuerpo se preparaba
340 para un suplicio. Así estuve hasta que se produjo el delicioso rechinido. Abracé
a Melania con fuerza y la sentí menuda[45] entre mis brazos. Apenas nos separa-
mos, me acerqué al botellón de agua y tomé un largo trago. Melania tenía un
olor extraño. No me atreví a decírselo pero varias veces interrumpí sus caricias
para beber agua. Era la única forma de soportar su cercanía; no tengo más re-
345 medio que decirlo: aquel cuerpo adorado olía a puritita[46] mierda.

Después de unas horas estaba tan confundido, el vientre hinchado de
agua, que me tardé en registrar la sorpresa que ella me reservaba. Se despidió
de mí, fue al armario y sacó un frasco de crema. Vi pasar sus dedos sobre la mejilla, los vi mancharse de negro, vi que el lunar desaparecía. Frente a mí, Paloma
350 sonreía sin reservas. Me incorporé en la cama, quise decir algo, pero ella salió
del cuarto.

No supe qué hacer, tenía ganas de despertar a toda la pensión, de mandar a la chingada[47] a quienes en su ignorancia habían sido cómplices del en-
gaño. Pero me quedé en la cama, sin poderme reponer de ese mínimo
355 artificio: dos dedos sobre la mejilla habían bastado para que entendiera la
frialdad de Melania. Fui lo bastante canalla para pensar en un contagio. No
pude dormir. El rostro pálido de Paloma aparecía frente a mí con un lunar
intermitente.

A las seis de la mañana se abrió la puerta. Vi el pelo suelto y ondulado,
360 el lunar en la mejilla, y pensé que se trataba de una nueva transfiguración
(¡estuve a punto de lanzarle el frasco de crema !). Pero Melania habló con rapidez.

Me costó trabajo entender lo que decía. Tuvo que repetir las frases una y
otra vez, como cuando me dictó la carta. Me dijo que Paloma le había contado
365 de nosotros.

—Debes saber la verdad —no sé si fue ésa la primera vez que me tuteó.
Paloma estaba desahuciada,[48] pero el día anterior le dijeron que una
operación era posible; por eso se atrevió a revelar su identidad. No había

---

[45] pequeña

[46] diminutivo de **pura,** de uso en Hispanoamérica para enfatizar o ironizar que algo
es neto y específico (Por lo general se usa
para atenuar o ironizar el sustantivo al que
acompaña.)

[47] mandar... mexicanismo vulgar equivalente a
mandar al diablo / al carajo / a la mierda

[48] que va a morir de una enfermedad irrever-
sible

querido que yo me sintiera atado a una moribunda. Me dejó de engañar en el momento en que la engañaron. Melania también me dijo que Paloma sabía de mi «asalto» en el pasillo; tal vez fue eso lo que la indujo a entrar a mi cuarto.

—En todo caso no podemos juzgar a alguien que va a morir —dijo Melania con sincero dramatismo justo cuando empezaba a juzgarme a mí mismo. ¿En qué medida las noches en vela habían contribuido al mal? Tal vez se habría salvado de no ser por mí.

No quise visitar a Paloma en el hospital. Melania me mantuvo al tanto. Me dijo que su hermana había entrado a un mundo ilusorio. No sé si pronunció mi nombre antes de morir. Cuando recibimos la noticia, me hinqué[49] a rezar el rosario con doña Consuelo. Sólo entonces me di cuenta de que había olvidado la letanía. Produje algunos balbuceos mientras escuchaba el eterno quejido de doña Eufrosia. Maldije ese trozo de vida envuelto en trapos. El profesor nos trajo una tarjeta con letras hebreas. No le pregunté qué querían decir. Fui a mi cuarto. Empecé a empacar mis cosas.

Melania y yo nos casamos a los pocos meses. Ella decidió el asunto con la celeridad con que hace todo. De regalo de bodas, el profesor nos envió un mantel —seguramente escogido por su amante— demasiado parecido a un capote[50] de torero. Algunos parientes de Melania asistieron a la ceremonia. «Se la llevó el río», oí que decía uno de ellos.

Melania siempre es ella más el recuerdo de su hermana. La vida dividida de antes se ha desdoblado en una infinidad de actos, gestos, frases apenas reconocidas. Melania me ha hablado mucho del mal congénito que destruyó a Paloma. No todos en su familia lo padecen, pero no dejo de pensar que nuestra felicidad tiene un aire de desgracia aplazada. A veces pienso que Melania me escogió al saber que también ella era sensible al mal. Ayer la fiebre le subió a 39°; el inicio de un resfrío, tal vez.

Escribo estas líneas en el escritorio de la recámara. Melania está dormida. Escucho su respiración, casi puedo contar las pausas de la sangre que late en sus sienes. Cruje un mueble de madera y recuerdo con excesiva precisión el viejo suelo de duelas. Veo su reflejo en la luna del armario, un mechón de pelo en la frente, los labios ligeramente abiertos, como si fueran a silbar.

Melania duerme en el espejo. La he observado incansablemente; su rostro, a veces me parece terrible, a veces banal. Tal vez se trate de mi mala vista o de las impurezas del vidrio, pero no veo el lunar que la distingue de Paloma.

---

[49] arrodillé   [50] capa corta

Después de leer

Comprensión

1. Por la situación en la que viven los personajes, ¿qué imagen se tiene de su clase social?

2. ¿Qué ambiente se vive en la pensión de doña Consuelo? ¿Qué actitud se tiene frente a las personas y las costumbres? ¿Cómo se llama la calle donde está la pensión?

3. ¿Cuál de las dos hermanas lleva un lunar? ¿En qué momentos hace alusión el narrador al lunar?

4. ¿Qué significado tiene la frase recurrente que usan los personajes: «se lo llevó el río»?

5. ¿Cuál de las hermanas realmente era la que entraba al dormitorio del protagonista?

6. ¿Qué pasa al final entre el narrador y Melania?

Análisis

1. Tenga presente que el amor se considera como un sentimiento que no se sabe exactamente cómo surge, si por atracción física o por algo de orden más espiritual. ¿Qué es lo que marca las relaciones entre el narrador y cada una de las dos hermanas?

2. Considere el sentido y la importancia que se les da a las apariencias, tanto en el caso de la actitud de doña Consuelo como en el de Rafael.

3. Explique la manipulación que sufre el protagonista por parte de las dos hermanas, y evalúe los recursos de los que las mujeres se deben valer en sociedades tradicionales o machistas.

Expansión

1. Las historias de amor en las que hay enredos y confusiones entre los amantes es una de las variantes que se tocan en un libro clásico del género, el *Decamerón* de Boccaccio. Consulte algunos de los cuentos de esta antología para confirmar si se usa ese procedimiento, o no.

2. El desdoblamiento o la duplicación de personajes que producen confusión en una historia ha sido abordado ampliamente en la literatura. Compare este cuento con los de Cortázar o Borges.

Mayra Santos Febres

EL CARIBE HISPANO, PARTICULARMENTE PUERTO RICO, es una fuente constante de autoras cuya prosa ocupa lugares prominentes en la historia literaria hispanoamericana, y la de Santos Febres ya se ubica en la del cuento junto a autoras establecidas como Rosario Ferré y Ana Lydia Vega. Nacida en 1966, Santos Febres es profesora universitaria, y desde 1984 publica cuentos, poesía y novelas. Como cuentista ha ganado premios internacionales como el Letras de Oro (EE. UU.) por su primera colección, *Pez de Vidrio* (1995, 2da. edición aumentada en 1996), y el Premio Juan Rulfo (París, 1996) por «Oso blanco». En 1997 publicó su segunda colección de cuentos, *El cuerpo correcto*. En el año 2000 publicó *Sirena Selena vestida de pena,* finalista del Premio Rómulo Gallegos de Novela en 2001. Su segunda novela es *Cualquier miércoles soy tuya* (2002). Su obra ha sido traducida al inglés, francés, alemán e italiano, y sus dos colecciones de cuentos fueron publicadas en inglés en un solo volumen con el título *Urban oracles*.

Una diferencia entre Santos Febres y sus antecesoras es el resaltar sus raíces afrocaribeñas y los flujos culturales mestizos que la definen. Pero su mensaje no tiene nada que ver con el exotismo que generalmente se atribuye a la política de identidad, sino con la celebración, frecuentemente irónica y enamorada del lenguaje, de su ser total. Santos Febres ha dicho: «La defensa de la risa, yo la aprendí temprano. Es uno de los métodos que todo negro y negra debe aprender a narrar para poder sobrevivir en este mundo.» Pero esa visión no abunda en su temática, que es mucho más amplia y se fundamenta en la combinación de géneros (periodístico, policíaco, romántico) y en la energía de las hablas populares, como lo muestran los cuentos seleccionados.

En «Los nevados picachos de Aibonito» Santos Febres tergiversa la acostumbrada historia (reescrita muchas veces en la narrativa contemporánea) del europeo perdido en el Nuevo Mundo, haciendo que aquél sea francés en vez de español, y que en vez de extraviarse en el continente, ande desubicado en una isla. Por otro lado, el cuento está repleto de una carga humorística y franqueza lingüística que no se encuentra en ese tipo de relato. En «Brevísimas violencias» tenemos una vuelta de tuerca a las historias de crímenes pasionales, ya que la víctima es un reportero cuyo amor no es correspondido por una colega. La novedad del relato es tratar de seguir sus pistas, a pesar de que las razones del crimen parecen ser claras. En ambos cuentos estamos ante una autora que, respecto a la representación de la cotidianidad que afecta a las mujeres, ha aprendido de la tradición del cuento femenino, y esto le permite no ser reiterativa o derivativa; es decir, ser original. Los cuentos seleccionados se complementan con «Oso blanco» y «Dulce pesadilla, Abnel».

Bibliografía mínima

Birmingham-Pokorny, Elba D. «Postcolonial Discourse and the Re-Thinking of Gender, Identity, and Culture in Mayra Santos Febres's 'Broken Strand'». *Diaspora* 10 (Primavera 2000): 29–37.

C.D.H. «Mayra Santos-Febres». *Revista Domingo, El Nuevo Día* [Puerto Rico] 28 de mayo de 2000. 18.

Duchesne, Juan. «Si Naomi Campbell escribiera... » *Teknokultura* Vol. I (Agosto 2001). [Revista en línea.]

Morgado, Marcia. «Literatura para curar el asma. Una entrevista con Mayra Santos Febres». *Barcelona Review* 17 (Marzo–Abril 2000). [Revista en línea.]

Saldivia-Berglund, Marcela. «Subversión y feminismo en Puerto Rico: Las voces de mujeres afrocaribeñas en *Pez de vidrio* de Mayra Santos Febres». *Tinta y sombra* 7 (1997): 16–19.

Santos Febres, Mayra. «Por qué escribo». *Mujeres de palabra.* Ed. Angélica Gorodischer. San Juan: Editorial de la Universidad de Puerto Rico, 1994. 151–155.

Torres, Víctor Federico. «Mayra Santos Febres: Bio-bibliografía». *Revista de Estudios Hispánicos* [Puerto Rico] 27. 2 (2000): 471–478.

Villafane, Camille Marie. «La reconceptualización del cuerpo en la narrativa de Mayra Montero y Mayra Santos Febres». *Dissertation Abstracts International* 62. 2 (Agosto 2001): 592.

Los nevados picachos de Aibonito

Antes de leer

Temas para comentar antes de la lectura

1. Comente respecto a las dificultades que tiene una persona de la ciudad cuando se encuentra en el campo o en la selva. ¿Ha pasado Ud. por una experiencia parecida o sabe de alguien que la haya vivido?

2. A lo largo de los siglos XVIII y XIX se realizaron muchas expediciones europeas de tipo científico para descubrir y catalogar la flora y la fauna, así como para estudiar la geografía del continente americano. ¿Se parece esto en algo a los reportajes o documentales que se preparan hoy en día sobre temas parecidos?

3. La dificultad de adaptarse a otras culturas incluye la de no comprender el lenguaje y las costumbres. Sin embargo, a veces las personas pueden comunicarse entre sí. Comente cómo es posible que ocurra esto y cómo podría explicarse.

Palabras clave

1. el incubo
2. el peplo
3. la tertulia
4. zafarse
5. amancebado/a

6. comandado/a
7. crespo/a
8. tiznado/a
9. impúdicamente

Los nevados picachos de Aibonito

 PERDIDO, IRREMEDIABLEMENTE PERDIDO EN AQUEL MARULLO de selva tropical. Entre aquellos asquerosos matorrales de hojas impúdicamente[1] verdes y amarillas, de miles colores y variaciones, entre aquellas plantas de hojas inmensas que servían de faldones y vestidos de tan anchas. Perdido con un negro moroso —Diego, 5
Sebastián, vayan a saber los siete diablos el nombre del susodicho que le servía de guía, (menudo guía)[2] e intérprete— otra vez en cero. Su colección de flora y fauna pudriéndose en la isla de San Tomás, tomada ahora por los ingleses, putas jodiendas[3] del Caribe, y él otra vez, comandado[4] por el Musée de París a recoger muestras, a doblarse bajo aquel sol impertinente que no da 10
tregua ni bajo los árboles, a sudar como un demonio recogiendo, clasificando en frascos, buscando la tierra y la humedad, catalogando. Y ahora encontrarse perdido en esta otra isla, con este ser de habla gangosa que le dice en su versión particular de francés no sabe qué mierdas sobre sentarse, descansar, que ya saldríamos del atolladero, que él encontraría el camino de vuelta al cabildo 15
de los franceses. ¡Ja! Camino de vuelta, allí se los devorarían de seguro los

---

[1] en exceso, aquí con sentido positivo

[2] La frase es irónica, quiere decir que no era buen guía.

[3] difíciles o molestas (vulgarismo)

[4] enviado

perros salvajes, Pascual se lo había advertido, los perros hartándose de ellos y las sobras de cadáver se las terminarían de atragantar quién sabe qué alimañas subtropicales, festejo para hormigas carnívoras del subsuelo. Él, André
20 Ledrúc, biólogo del recién inaugurado Musée de L'Homme,[5] en París, que a estas horas podría estar tranquilo, disfrutando de un plácido otoño, paseándose por su gran ciudad, yéndose al café a encontrarse con amigos para la tertulia,[6] o inmerso en bellos tomos enciclopédicos en una biblioteca cómoda, entre tomos cuyo papel no sirviera de incubo[7] para parásitos y hongos des-
25 conocidos. Ahora se encontraba temiendo por su vida, pensando en hormigas carnívoras y perros salvajes, perdido como un idiota con un negro hosco[8] en esta maldita isla de mierda verde, de árboles sin nombre, muerto de calor y apestado de mosquitos, rojo de la rabia, sin saber qué hacer.

Se había ido sin la brújula. «Te puedes fiar del guía» le había dicho Pascal, en
30 la colonia francesa de Cataño, al cruzar la bahía de la capital. «Te puedes fiar. Vas seguro.» Pero a quién se le ocurre confiar en un francés que ya había dejado de serlo, amancebado[9] con una mulata criolla, mugroso, desaliñado y maloliente, supuesto dirigente del cabildo de franceses fugitivos que por razones misteriosas habían ido a parar a aquella colonia española dejada de la mano de
35 Dios. Contrabandista era lo que era, pero en aquella isla, el que más y el que menos era contrabandista,[10] de ron, de géneros en tela, de encajes de holanda, que terminaban en las faldas y en los peplos[11] blancos de las negras libertas[12] que se inflaban de alcurnia en aquellos infernales bailes a tamboras que duraban hasta el amanecer. Y ahora, él, perdido en la selva, se lo merecía por confiar.
40 Un hombre de ciencia en expedición y sin brújula. Bien merecido que se lo tenía.

El negro, se había sentado bajo un yagrumo[13] hembra a secarse el sudor con la manga de su camisa —si a aquellos andrajos le cabía el nombre—. Había sacado una bolsita de cuero del pecho, que llevaba resguardada bajo el camisón tiznado de malaslavadas y sudor. *«Viens, monsieur, vous goute?»*[14] Del bolsín, un

---

[5] parte del Museo Nacional de Historia Natural francés (Su sitio actual abrió sus puertas en 1882 y ha sido el centro de trabajo de científicos dedicados a la antropología, la prehistoria y la etnología, entre ellos Lévy-Bruhl, Mauss, Lévi-Strauss, Leiris y Paul Rivet. Este último se refugió en Sudamérica entre 1941 y 1949.)

[6] reunión de amigos o personas con intereses comunes, para conversar o recrearse

[7] receptáculo u objeto para empollar o calentar, incubador(a)

[8] áspero e intratable, aunque también se emplea para el color moreno muy oscuro

[9] cohabitando

[10] el que más... casi todos eran contrabandistas

[11] peplo: vestido suelto sin mangas que baja de los hombros a la cintura, propio para el calor tropical

[12] las... las que no eran esclavas entonces

[13] árbol muy alto de grandes hojas verdes por encima y blancas por debajo, también llamado «yugrumo»

[14] *"Viens,...* (francés) «Y, señor, ¿le gustaría?»

puñado de pasto seco —¿tabaco?— que iba enrollando en una hoja color ma- 45
rrón. Encendió contra el árbol un cerillo largo que acercó a la punta del asunto
aquél. Cuando quemó la yerba no olía a tabaco, era un aroma muy sutil, denso
como de almizcle,[15] pero vegetal, un aroma suculento que le fue calmando el
ánimo a Ledrúc y acercándolo al guía que chupaba profundo el enliado y se llevaba el humo directamente al pecho, aguantándolo allí por unos breves instan- 50
tes, para después soltarlo y aspirar la rica fragancia que exhalaba aquella yerba.
André se le paró justo al lado. Curiosidad científica, por supuesto. Sonriendo, el
guía le tendió el tabaco encendido y por señas lo convidó a fumar.

Uno, dos pitillos más tarde, el negro cabeceando a su lado, saca unos pedazos de hongo seco del bolsillo del galpón, le da algunos al francés que se los 55
echa, ya sin siquiera preguntar, a la boca. Ledrúc mastica y traga, pide más, mastica y traga. Tiene la lengua seca y un hambre sin precedentes que le tuerce las
tripas. Recuerda su cantimplora y ya va a buscarla, tropezando con los bejucos
de la selva hasta llegar a donde pastaba su burro. Saciada la sed, Ledrúc se puso
a mirar la selva y sus matices. El verde espeso y brilloso de una enredadera que 60
subía por el tronco de un árbol del cual brotaban unas flores color malva, flores
grandes en la cima de sus copas. El amarillo con venitas rojas y anaranjadas de
otras hojas de arbusto, otro árbol con vainas marrones que sonaban cuando las
agitaba el viento. Rió, rió a carcajadas, sin saber a ciencia cierta la razón, no
podía parar de reírse. La risa se le pudrió en la garganta cuando oyó ladridos y 65
jadeos de animal. «Cuídate de las hordas de perros salvajes» le había advertido
Pascal en despedida, mientras afincaba[16] a su mulata por detrás, ella intentando, juguetona, zafarse del[17] abrazo. «Perros salvajes que nos persiguen»,
gritó a su guía y se lanzó sobre su burro, dispuesto a escapar.

Galopó por la selva, el negro gritando que lo esperara, que no era nada, tru- 70
cos de la mente, y él oyendo cada vez más distantes los ladridos y los gritos del
guía, que se le confundían en la cabeza y sonaban a lo mismo. Correr, correr o
morir despedazados por perros en esta maldita isla. Correr y toparse con una
hermosa quinta, de gente civilizada que le brindara posada y alimentos y conversación, gente limpia. Había llegado, allí estaba la quinta, y de ella salía a buscar 75
agua una hermosa mulatita quinceañera, muy honrada, amigable, hospitalaria,
con una flor de aquellas copas de árbol en su cabello crespo,[18] y un vestido azul
celeste. Él no se atrevía a acercarse. Venía sudado, temeroso, se quitó el sombrero
y se bajó del burro. Tomó las riendas y fue caminando un tanto encogido hacia
ella. *Ah, je suis tombée d'amour*[19]— en aquel instante, los perros ya lejanos, jamás 80

---

[15] sustancia olorosa, de sabor amargo y color
pardo rojizo, que se extrae del almizclero
(animal rumiante sin cuernos del tamaño de
una cabra), tipo de grasa o tufo

[16] penetraba

[17] zafarse... soltarse el

[18] rizado

[19] "*Ah,...* «Ay, estoy locamente enamorado»

lo podrían agarrar. Con el peor de los españoles pidió un poco de agua, y ella generosa, se la ofreció a la mano. Llamó al padre. Vivía sola con él en la quinta —le explicó. El padre le invitó a que pasara. Allí conversaron sobre Francia y los trópicos, de las plantas y sus propiedades, y de la buena tierra en el este de la isla y del

85   malo regir de los españoles tan prosaicos,[20] que mejor es Francia claro está, que si San Juan fuera colonia francesa, fuera otra la historia. Él miraba de reojo a la niña, que iba y venía, laboriosa, trayendo cerillas, tinajas de aguas de sabor, dulces de miel para el inesperado visitante. El padre ofreciéndole ayuda para regresar, ella ofreciéndole miradas furtivas desde su esquina y una mano, una mano que

90   le recorre los muslos, las piernas, una mano que es de ella, pero ella está lejos, él quieto sosteniéndole la mirada; el padre está de espaldas pero la mano de frente lo acaricia y lo hala hasta lo más espeso de la selva. Tiene un huracán en el centro mismo del pecho, le vibra el pecho. Son los perros que se acercan, él se despide con los ojos de su mulatita y se va a defenderla al espesor de la selva.

95   André Ledrúc, moroso, se limpia los ojos. A su lado está el guía, levantado, fumándose uno de aquellos pitillos aromáticos. De alguna irrazonable forma, era el otro día, él estaba húmedo y fangoso. Hacía frío. La luz tenía otra tonalidad, más azul, cristalina, como de campiña del Midi.[21] André Ledrúc se levantó a estirarse, tenía los miembros entumecidos y una manchita blanca en el pan-

100   talón. Miró a lo lejos, un picacho alto que rompía el cielo en dos y juró por dios verle nieve en su punta. Sí, aquello blanco era nieve, había nevado allá arriba la noche anterior, eso explica el porqué del fresco repentino en la bajura.[22] Recordaba entre telas de bruma que la tarde anterior habían tenido compañía. Se viró para encontrar tan solo a su burro que agitaba las orejas para es-

105   pantar una libélula.[23] «On doit retourner, Monsieur.»[24] Nevaba en la cima de aquella montaña. «Comme s'apelle celle montaigne la bas?»[25] El guía miraba de sosquín,[26] encogía los hombros y medio sonreído contesta:
    "¿Aibonito?"[27]

---

[20] torpes y rudos

[21] región central de Francia caracterizada por un clima muy soleado y cielos de un azul intenso

[22] parte baja o llano contrastado con la altura del nevado

[23] insecto hermoso que, al atraparlo con la mano, la deja impregnada de una fragancia como la del almizcle

[24] "On... «Debemos regresar, señor.»

[25] "Comme... «¿Cómo se llama aquella montaña?»

[26] de... oblicuamente

[27] Alude a una leyenda según la cual un español, al ver este lugar, dijo: «Ay, qué bonito». Fundado en 1824 y llamado «La Suiza de Puerto Rico» por sus montañas y por ser uno de los puntos más altos de la isla, Aibonito es un pueblo de unos 25 mil habitantes, al sudeste de San Juan. Su nombre se deriva de la palabra taína *Jatibonuco*, que quiere decir **Río de la noche.**

Después de leer

Comprensión

1. ¿Dónde está y qué trabajo hace André Ledrúc?
2. A pesar de que hace el trabajo que le gusta, ¿por qué se siente incómodo Ledrúc?
3. ¿Quién es Pascal y por qué, siendo francés como Ledrúc, se lo considera «diferente»?
4. ¿En qué parece estar interesado Ledrúc?
5. ¿Qué fuma y come Ledrúc de manos de su guía?
6. ¿Qué pasa cuando Ledrúc habla con el padre de la mulatita?
7. ¿Por qué parece ser un sueño confuso el encuentro con la mulatita?

Análisis

1. La idea europea de que en América estaba el paraíso fue un tópico con el que tuvieron que enfrentarse muchos europeos al emigrar. Comente las motivaciones por las que se creía eso de América frente a la realidad europea.
2. Analice la aculturación que vive Ledrúc y evalúe si responde a un modelo de lo que ocurría cuando un europeo se trasladaba a vivir en sociedades menos desarrollados o de tipo rural.
3. ¿Qué quiere decir la narradora con «si San Juan fuera colonia francesa, fuera otra la historia»? Tenga presente que América fue gobernada en su mayor parte por tres culturas diferentes: la francesa, la inglesa y la española. Comente las posibles diferencias.
4. ¿Cómo y desde qué punto de vista se representa a las mujeres autóctonas y su sensualidad?

Expansión

1. Mencione otros casos de cuentos o películas en los que se hable de la llegada de una persona que va de un país desarrollado a un lugar salvaje y los cambios por los que debe pasar.
2. Investigue brevemente la biografía del científico inglés Charles Darwin, su teoría de la evolución y el viaje que realizó por el continente americano en el siglo XIX.
3. **OPTATIVO:** Compare este cuento con «La muerte del tigre» de Rosario Castellanos o con «Míster Taylor» de Augusto Monterroso y señale las diferencias respecto a la visión del paisaje americano y sus culturas.

Brevísimas violencias

Antes de leer

Temas para comentar antes de la lectura

1. Comente el impacto y el auditorio que tienen las noticias de la prensa o la televisión y señale qué tipo de noticia suele tener mayor cobertura.

2. Analice por qué en la mayoría de las historias que leemos o vemos por cine y televisión suele haber casi siempre un asesinato. ¿Se trata de una manera de sostener la intriga para averiguar quién es el asesino?

3. Por qué se discute la necesidad de no difundir noticias violentas como una manera o método efectivo de disminuir los delitos.

Palabras clave

1. el carnet
2. el occiso
3. el relumbre
4. el soborno
5. el sopetón
6. el tramo
7. regar
8. zumbar
9. forense
10. lánguido/a

Brevísimas violencias

I

«**Exclusiva,**[1] **Mati, cliente fresco en Motel Jaragua.** Carretera vieja hacia Caguas.[2] Bonilla», leyó Matilde en su beeper mientras conducía por la autopista mojada. Hacía tiempo no recibía noticias tan gratas. La semana pasada todo había sido chismes de senadores y debates de administradores de agencias gubernamentales intentando vender las empresas públicas del país. Un escándalo era lo que necesitaba, algo que verdaderamente interesara al público lector.

Mati vira en «U»[3] y toma la salida para la avenida. «Avanza, Mati, esto está empezando a enfriarse.» Otro mensaje de Bonilla. En el periódico le habían dicho que era tipo raro. Que había sido sospechoso en un caso de soborno[4] pero que nadie nunca le pudo probar nada. Que vivía solo. Que no hablaba con nadie. Que sólo con ella se comportaba más o menos dentro de los límites

---

[1] término periodístico para referirse a una noticia que todavía no se ha difundido

[2] Ciudad de Puerto Rico

[3] vira... Circunvala, da la vuelta para ir en sentido contrario

[4] pago para que no se cumpla la ley o la norma

de la normalidad. Hasta se inventaron en la oficina que era porque quería me- 15
térsele en la cama. Mentes podridas...

A ella le caía bien Bonilla. Siempre le daba pistas para encontrar las noticias de mayor impacto. Hacían buen equipo.

Mati lee el mensaje en su beeper y hunde el pie en el acelerador. Le queda
buen tramo[5] que cubrir antes de llegar a la carretera vieja. Pero sospecha que
por más que acelere, le tomará quince minutos llegar hasta el Jaragua. 20

Cuando se acerca a la carreterita escondida que desemboca en el motel,
ve el relumbre[6] de biombos azules y comprende que ha llegado demasiado
tarde. Recoje la grabadora, las notas, su carnet[7] de periodista y se acerca a los
oficiales de la policía.

—Matilde Freire, prensa asociada —responde cuando le cierran el paso—. 25
Deseo hablar con el oficial a cargo. —Y ve cuando los de la Forense[8] entran
con la bolsa plástica y la acostumbrada camilla al cuarto del motel.

—¿Hubo muertos? —pregunta Mati, casi con una sonrisa en los labios.

—Francisco Bonilla, reportero. Suicidio. Murió desangrado, esperando a
alguien en este motel. 30

II

Francisco Bonilla se quedó fingiendo que hablaba con alguien por teléfono,
mientras veía a Mati pasar hacia la máquina fotocopiadora. Mati melena oscura, carne oscura, mirada oscura de hembra violenta. Quedarse fingiendo conversaciones telefónicas era su truco preferido para espiarla. Llevaba siete meses 35
perfeccionando el tono de su voz y su semblante agarrando el auricular vacío.

Hace exactamente siete meses atrás, vio por primera vez a Mati mirando
las fotos de la última masacre del momento, extasiada. Aquellos ojos que con-
templaban la sangre que emanaba de los cuerpos deshechos de siete víctimas
parecían los ojos de una iluminada. «Si tan sólo me tocaran a mí esas histo- 40
rias», la oyó decir. La mano de Bonilla sudó contra el tubo telefónico.

Desde ese día empezó a dejarle notas que la dirigían hacia casos más ju-
gosos, ninguno como el de la masacre de la foto. Aún no. La iría preparando.
Iría tejiendo su red de seducción.

Empezaron a intercambiar sonrisas, breves conversaciones de pasillo, 45
algún café. En un momento de desesperación, Francisco Bonilla regó[9] rumores de que se estaban acostando. Pero después comprendió el error en su
táctica. Debía ser paciente. Esperar.

---

[5] una distancia estimable

[6] brillo

[7] tarjeta de identidad generalmente cubierta
de plástico

[8] sección de la policía dedicada a investigar
homicidios, médico forense

[9] difundió

Los ojos oscuros de aquella mujer que gustaba de la sangre. Los ojos oscuros de aquella mujer sobre su carne lánguida.[10] Pero después, los ojos oscuros de quien al fin supo que era él quien le estaba sobornando «Conmigo no
juega nadie, Frank. Estás sentenciado a muerte», recordó oír.

El día de los hechos, Francisco Bonilla condujo su Datsun Nissan hasta el
Motel Jaragua y pidió una habitación. Bajó su bolso de mano color marrón,
donde tenía guardada una botella de ron Barrilito Tres Estrellas y un frasco
de tranquilizantes. Se echó dos a la boca de sopetón,[11] y bajó las pastillas
con un trago grueso de la botella. Aguantó el resquemor[12] del licor raspán-
dole la caja del pecho, mientras marcaba por primera vez el número del
beeper de Mati.

«Conmigo no juega nadie», recordó oír, mientras buscaba en el fondo del
bolso las navajas de afeitar. Y recordó cómo después de aquella amenaza era
como si la voz estuviera vibrando cubierta de moscas al fondo de todos los au-
riculares vacíos que sujetaba mientras espiaba a Mati y a sus ojos sanguina-
rios. Ya se estaba empezando a marear y un delicioso cosquilleo le zumbaba[13]
en las muñecas. Volvió a marcar el número de Mati. Le dejó otro mensaje. Se
sentó a esperar.

Pensó en dejar una nota que explicara todo. Mejor no. Él, reportero al fin,
nunca fue hombre de ese tipo de palabras. Mejor dejaría otra pista, algo para
que Mati entendiera. Algo que la dejara preguntándose qué hubiera pasado
entre ellos si las cosas hubieran sido diferentes.

III

El inspector Rosario entró con los oficiales de Forense para terminar el informe
sobre el occiso[14] del Motel Jaragua. Nada más[15] entrar y ver el cuerpo tirado
sobre la alfombra barata del motel para saber que se trataba de Francisco
Bonilla. Siempre odió a los reporteros. Pero éste le daba pena.

No se sorprendió de encontrarlo muerto en un motel. En la calle se rumoraba que le quedaban pocos días de vida. Lo que sí le sorprendió fue el
diagnóstico del oficial de Forense. «¿Suicidio?», preguntó de nuevo Rosario,
como buscando que alguien lo desmintiera. «Sí, este cabrón se cortó la yugular él solito. Pero antes las muñecas. Parece que se desesperó y quiso aligerar
el caso.» Rosario soltó una risita burlona. Estos forenses son más densos que
una piedra. Es obvio que alguien entró y lo ayudó a aligerar «el caso». ¿O será

---

[10] débil, fatigado

[11] de... rápidamente con la mano (Se sobreen-
tiende que son dos pastillas.)

[12] ardor fuerte

[13] agitaba

[14] muerto

[15] Nada... Sólo había que

que se están haciendo[16] los que no ven? Allá ellos con sus tajureos.[17] Él se queda a pie de página.

Contemplando el cadáver, Rosario sintió otra ola de pena por el pobre Bonilla. ¿Pero quién lo manda a meterse con gente de calibre ajeno? Dicen que la cosa empezó inocentemente. Que Frank Bonilla pedía pistas de ejecuciones, atracos y crímenes sangrientos. «De mucho impacto», decía él con su porte de reportero duro, curado de todo espanto.[18] Pero la gente no sabe lo que es el crimen. Se creen que saben. Se creen que mirar las telenoticias, hojear los periódicos o llegar con cámaras a última hora es vivir el crimen. Pero hay que tener el corazón de hierro para andar cerca del crimen; no por lo que pasa, sino por lo que el crimen es, por en lo que te convierte. Dicen que la cosa se complicó. Que hubo hasta soborno. Todo en teoría, claro. Nadie ofrecía ninguna prueba que llevar a los tribunales sin que uno quedara en entredicho. Y ahora, ahí está el pobre diablo de Francisco Bonilla, desbaratado, con otra boca en la base de la garganta,[19] como si por ahí tuviera algo qué contar.

—Rosario, aquí hay una reportera que exige ver el cadáver. Dice que es amiga del occiso.

—Pues que entre —contestó Rosario, encendiendo un cigarrillo con disgusto y pena—. Aquí su amiguito le dejó el lead[20] de tremendo reportaje.

---

[16] **Estarse haciendo,** seguido de sustantivos o frases quiere decir **actuar como si se hiciera lo descrito.**

[17] engaños

[18] curado... Se dice del que ha visto todo, al que nada le sorprende.

[19] con... Se refiere a la apertura en su cuello después de habérselo cortado con navaja.

[20] anglicismo para expresar la idea impactante con que se comienza una nota periodística

---

Después de leer

Comprensión

1. ¿Cómo es la relación entre Matilde (Mati) y Francisco (Frank) al principio del cuento?
2. ¿Cuánto tiempo lleva Bonilla acechando a Mati y cómo?
3. ¿Cuál es el papel del *beeper* en el relato?
4. ¿Qué significa el hecho de que buena parte de la trama ocurra en un motel?
5. ¿Cuál es el significado de la frase «conmigo no juega nadie»?
6. ¿Con qué se mató Bonilla?
7. ¿Qué favor le hace Bonilla a Mati?
8. ¿Por qué no se sorprende el inspector Rosario de la muerte de Bonilla?

Análisis

1. Tenga en cuenta el punto de vista de los tres personajes Mati, Bonilla y el inspector Rosario y compare lo que están acostumbrados a ver con lo que evalúan sobre los demás.

2. ¿Qué percibe Bonilla que entusiasma a Mati al comienzo del cuento?

3. ¿Por qué sospecha el inspector Rosario que Bonilla no se suicidó?

4. ¿Por qué es este cuento una crónica de una muerte anunciada?

5. ¿Cómo contribuyó Bonilla a su propia muerte?

Expansión

1. Revise y comente los siguientes conceptos: **forense, la autopsia, el lead y la crónica roja.**

2. Seleccione dos noticias de asesinatos de un periódico y comente cómo se expone la noticia (título e inicio de la noticia, nombre de los implicados, nombre del reportero, informador de la policía).

3. **OPTATIVO:** Compare este cuento con «Un hombre muerto a puntapiés» de Palacio o con «El verano feliz de la señora Forbes», de García Márquez y señale las motivaciones en ambos textos que pueden llevar a cometer un asesinato.

Andrea Maturana

Con Santos Febre, Maturana es la cuentista más representativa de la riqueza y novedad de los nuevos caminos que está tomando el género en Hispanoamérica. A la vez que retoma parte de la temática contestataria y denunciatoria de buena parte de las cuentistas que la preceden y que incluimos en esta antología, no cabe duda de que esta autora ha aprendido las lecciones de sus maestras, y por ende quiere dar un paso más allá de cualquier temática revanchista. Más bien, en Maturana se nota lo que se podría llamar «la nueva mujer hispanoamericana», segura de sí misma, independiente y liberada, menos en conflicto con su ambiente social y sus tradiciones, realista respecto a las expectativas de género sexual que vienen del exterior. No obstante, la situación de la mujer sigue supeditada a la lucha entre los géneros, y por eso sus personajes femeninos aparecen convencidos de que la justicia y la igualdad entre hombres y mujeres es todavía un deseo más que una realidad total.

Desde muy temprano Maturana se ha dedicado enteramente a la literatura en varias de sus vertientes, y es autora de cuentos para niños, guiones y novelas. Su fama como cuentista comienza a establecerse con *(Des) encuentros (Des) esperados* (1992), de que escogemos «Yo a las mujeres me las imaginaba bonitas», especie de aprendizaje agridulce en que se muestra que nunca hay que subestimar la perspicacia de una niña, sobre todo respecto a lo que pasa con su familia. Esa edición pasó por nueve reimpresiones y la de 2000, aumentada por un cuento, lleva tres reimpresiones hasta esta fecha. En 1997 Maturana publicó la novela *El daño,* que también ha visto tres reimpresiones. Licenciada en arte y biología, (he ahí el lenguaje técnico de «Interiores») desde 1991 se ha desempeñado como traductora (ha traducido cinco novelas del inglés al español) guionista, dirigido talleres literarios y ha asistido a los de sus compatriotas Antonio Skármeta y Pía Barros.

Su obra, incluida en antologías famosas como *Líneas aéreas* (1999), le ha merecido numerosas becas y premios y reconocimiento como jurado en concursos de cuento. Lo que más caracteriza a sus cuentos es la inmensa voluntad de los personajes para hacer lo que quieren. A la vez, permiten a los lectores penetrar en la vida cotidiana de los personajes, pero no con las descripciones obvias de cuentistas anteriores. Hay también mucho espacio para el giro sorprendente y lo misterioso, pero nunca degenera en el realismo mágico que siguen vendiendo algunas de sus compatriotas. Aunque sus cuentos parecerían «minimalistas», en realidad no lo son, porque dejan poco sin decir, y esto se debe a la capacidad de su autora de presentar imágenes severas.

Nacida en Chile en 1969, país en que hoy hallamos una gran cantidad de autoras dedicadas a la novela, Maturana se ha dedicado a las formas breves, y varios de sus cuentos han sido incluidos en antologías internacionales, a la vez que se sigue estableciendo como una narradora que ha dejado atrás los atolladeros ideológicos de antiguas consignas de género sexual. Así, las relaciones de pareja se convierten en el asunto más importante de «Interiores», cuyo título alude no sólo a los quehaceres del ginecólogo sino a lo que ocurre en la mente de cualquier persona mientras ejerce su ocupación. En el caso de este cuento hay un paralelo entre la rutina profesional del médico y la de su vida, pero él no se da cuenta. En un breve preámbulo a su «Yo a las mujeres me las imaginaba bonitas», incluido en otra antología seminal, *17 narradoras latinoamericanas* (1996; en la cual es la más joven), Maturana dice: «Para escribir bien se necesita tener una suerte de morbo; hay que observar demasiado, desmenuzar demasiado; entonces, de pronto, te das cuenta de que has mirado mucho y participado poco en las cosas que te han pasado». Ésa es la tensión que Maturana sigue convirtiendo en cuento. Los cuentos escogidos son complementados por «Piernabulario» y «Verde en el borde».

Bibliografía mínima

Acevedo, Ramón Luis. Prólogo a Andrea Maturana, «Yo a las mujeres me las imaginaba bonitas». En *17 narradoras latinoamericanas.* Ed. Ramón Luis Acevedo. Buenos Aires: Coedición Latinoamericana, CERLAC/UNESCO, 1996. 125.

De la Parra, Marco Antonio. «Para una joven escritora». Epílogo a Andrea Maturana, *(Des) encuentros (Des) esperados.* Santiago: Editorial Los Andes, 1992. 95–98. [También en *(Des) encuentros (Des) esperados.* Santiago: Alfaguara, 2000. 155–158.]

Flores, Arturo C. «Escritura y experiencia femenina: *(Des) encuentros (Des) esperados* de Andrea Maturana». *Revista Chilena de Literatura* 47 (Noviembre 1995): 129–135.

Kaempfer, Álvaro. «La fuga es el mensaje: Andrea Maturana y las citas imposibles de una escritura en transición». *Alpha* 16 (2000): 73–90.

Lagos, María Inés. «Cuerpo y subjetividad en narraciones de Andrea Maturana, Ana María del Río y Diamela Eltit». *Revista Chilena de Literatura* 50 (Abril 1997): 97–109.

López Cotín, Olga. «Andrea Maturana o la erótica del paisaje urbano». *Anales de Literatura Chilena* 3 (2002).

Maíz-Peña, Magdalena. «Los apetitos de la ansiedad: cuerpo-texto de Andrea Maturana». *Texto Crítico* 5. 10 (Enero–Junio 2002): 187–202.

Soto, Marcelo. «Andrea Maturana: 'soy la mascota de la nueva narrativa'». *Qué Pasa* 1389 (25 de Noviembre al 1 de Diciembre de 1997).

Yo a las mujeres me las imaginaba bonitas

Antes de leer

Temas para comentar antes de la lectura

1. Considere la situación en la que se encuentra una niña cuando entra a la adolescencia y cómo debe enfrentar todos los cambios de tipo físico y psicológico que eso implica.

2. Señale las diferencias que existen entre la manera de percibir las experiencias personales tanto en hombres como en mujeres, y por qué éstas asumen una actitud mucho más madura antes que aquéllos.

3. Comente las experiencias íntimas que la literatura refleja y que ayudan a comprender distintos tipos de vivencias.

Palabras clave

1. el luche
2. la pandereta
3. hacer alharacas
4. moquear
5. cochino/a
6. colorado/a
7. harto

Yo a las mujeres me las imaginaba bonitas

 YO A LAS MUJERES ME LAS IMAGINABA BONITAS, pintadas como la rubia de la esquina que siempre sale a la calle cuando empieza a oscurecerse, pero la Chana[1] llegó a la casa gritando el otro día y le dijo a la mamá que no se había atrevido a contarle nada a la

---

[1] En algunos países hispanohablantes se acostumbra anteponer el artículo definido al nombre propio, como signo de familiaridad. Este uso también podría reflejar pertenencia a determinada clase social.

señorita,[2] que lo que le pasaba era demasiado terrible. Entonces se había escapado nomás del colegio por arriba de la pandereta,[3] congelada de[4] miedo de no alcanzar a llegar y caerse muerta por el camino.

La mamá estaba lavando cuando llegó con el berrinche[5] y, como siempre que la Chana hace alharacas,[6] ni se dio vuelta para mirarla mientras ella lloraba y lloraba, hasta que la Chana le dijo algo de una herida que yo no pude oír bien. Ahí la hizo callar porque estaba yo y le dijo que mejor se iban a conversar detrás de la casa para que la hermana chica —o sea yo— no escuchara. Pero por la muralla del fondo se oye todo y yo me puse bien cerca hasta pegar la oreja... igual la Chana habló gritando todo el rato aunque la mamá la hacía callar por mí.

Claro que ahora que lo pienso mejor las mujeres no tienen por qué ser bonitas. Por ejemplo, la mamá es mujer y es muy guatona.[7] Yo creo que por eso el papá se fue y la dejó sola. Las mujeres que les gustan a los hombres son las bonitas, como la rubia, que nunca anda sola.

Algo se puso a decir la Chana, que ahora sí que sabía que eso estaba mal, que hace días la vino a dejar el Tito después de esa fiesta que hubo hasta bien tarde (yo quería esperarla, pero me quedé dormida) y los dos se quedaron atrás, en el patio chico, tocándose, pero que ahora estaba arrepentida de todo y no se quería morir por esa herida que tenía.

Como la mamá la quiere harto[8] a la Chana la consoló al tiro,[9] claro que primero le dio unas cachetadas y le dijo cochina,[10] desobediente. Pero después la tranquilizó riéndose y le dijo que no le iba a pasar nada, que se quedara callada de una vez y le diera a ella los calzones para lavarlos mientras la Chana buscaba otro par en los cajones y además un trapo limpio. Le dijo que desde ahora iba a tener que preocuparse de lavarlos y cambiarlos hartas veces al día por todos los meses y años. Porque ya eres mujer, le dijo después.

Yo no entiendo qué tiene que ver ser mujer con eso de los trapos. Parece que todas las mujeres lavan ropa cuando grandes como la mamá, sólo que a algunas no se les nota. Capaz[11] que la rubia de la esquina también. Yo creo que el Tito a la Chana tiene que haberle pegado por fea cuando vinieron juntos a la casa, y que él le hizo la herida. Si todos los hombres pegan, y a lo mejor por eso le dijo la mamá a la Chana que ya era mujer.

Después de un rato se fue a cambiar de calzones al lugar más apartado, pero yo igual la vi cómo lloraba, despacio sin que oyera la mamá y le pudiera

---

[2] maestra del colegio

[3] muro pequeño

[4] congelada... paralizada por (el)

[5] enojo mayor de los niños

[6] hace... demuestra ira o enojo, por algún motivo ligero

[7] es... tiene mucha barriga, o panza (uso familiar)

[8] bastante

[9] al... inmediatamente

[10] sucia, aquí con sentido moralista

[11] americanismo por **Es posible** o **Puede ser**

volver a pegar... Pero la mamá ya estaba metiendo los calzones sucios en un tiesto[12] con agua que salió colorada,[13] y se rió. Cuando la Chana salió a jugar medio moqueando[14] todavía la miró con burla y de nuevo la cacheteó para que no hiciera más cochinadas con el Tito, le dijo. 40

Yo fui detrás de ella para ver si así entendía mejor. Llegó a jugar al luche[15] con las de la otra cuadra que se hacen sus amigas, pero igual nomás cuchichean[16] cuando ella no está. 45

Como en la mitad del juego, la Chana tuvo que saltar bien lejos y por debajo del yamper[17] cayó un trapo lleno de sangre, igual que el que me pusieron a mí cuando me hice la herida en la rodilla. Yo creí que se iba a morir, pero ella más que susto tenía como vergüenza; dejó todo botado[18] y corrió a la casa llorando mientras las demás no paraban de reírse y apuntarla con el dedo. 50

Yo no sé por qué pasó esto justo ahora que Javier, ese de lentes que va en mi curso, me ofreció hacerme la tarea y después llevarme un día a la casa. Y a mí me estaba empezando a gustar. Pero ya no quiero que me acompañe de vuelta del liceo[19] y me pegue después como el Tito, no quiero ser mujer y tener una herida como la Chana, ni crecer y ponerme guatona y que los hombres me peguen. Así que voy a inventar cualquier cosa y me voy a venir sola a la casa mejor. Aunque esté oscuro. 55

---

[12] recipiente

[13] roja

[14] con mocos, o membranas espesas o pegajosas que fluyen por la nariz

[15] En Chile, juego parecido a la rayuela, en que se tira monedas u objetos similares a unas rayas hechas en el suelo y a cierta distancia, y gana el que las toca o se acerca más a ellas

[16] hablan en voz baja o al oído para que otros no oigan

[17] O *jumper*, prenda de vestir femenina, por lo general usada por las niñas

[18] abandonado

[19] colegio o instituto

Después de leer

Comprensión

1. ¿Quién está contando la historia?

2. ¿Qué edad aproximada calcula que debe tener la narradora?

3. ¿Por qué le sorprende a la narradora la agitación de Chana?

4. ¿Quién es Tito?

5. ¿Con qué otras mujeres se compara a Chana?

6. ¿Quién es Javier y por qué ya no quiere la narradora que él la acompañe al regreso de clases?

Análisis

1. ¿A qué cree Ud. que se debe el hecho de que en el modo de expresarse de la narradora no se utilice la palabra **menstruación**?

2. ¿A partir del ambiente de las protagonistas de esta historia señale el nivel socioeconómico y las implicaciones culturales que se producen en las relaciones con los hombres.

3. Comente el título del cuento y la idea que se va haciendo la narradora respecto a los diferentes tipos de mujeres.

4. ¿Por qué se ríen de Chana las distintas mujeres del cuento, incluida la madre de Chana, a pesar de que la ven sufrir?

5. Señale los puntos en los que el desconocimiento de la narradora de lo que está ocurriendo hace que el cuento sea más intenso y dramático.

Expansión

1. Revise los conceptos de la iniciación y la pubertad, así como expresiones del tipo el sexo débil, la intimidación y la represión, y aplíquelos a una discusión en torno a lo que quiere sugerir este cuento.

2. Exponga su punto de vista respecto a cuál sería la mejor edad para empezar a tratar temas de educación sexual para evitar reacciones como la de miedo que sufre la hermana menor de Chana.

3. **OPTATIVO:** Compare el punto de vista limitado e ingenuo de la narradora infantil de este cuento con el de «Yambalalón y sus siete perros», de Juan Villoro.

Interiores

Antes de leer

Temas para comentar antes de la lectura

1. Exponga varios puntos de vista respecto a los peligros que puede tener la rutina entre una pareja, sobre todo cuando se entregan completamente a su trabajo y a las actividades fuera de casa.

2. Señale las diferencias que se dan en la idea de la intimidad como algo físico y como algo sentimental.

3. Comente los problemas que se producen en cuanto a la comunicación en los casos de pudor, infidelidad y costumbres en las relaciones entre una pareja.

Palabras clave

1. la desazón
2. el lumbago
3. el pasajito
4. la tórula
5. la voluta
6. la vulva

7. esquivar
8. omitir
9. agrietado/a
10. anómalo/a
11. magro/a

Interiores

—LA SEÑORA FABRES —LE ANUNCIÓ LA SECRETARIA.

—Hágala pasar —contestó él.

Las primeras pacientes de la mañana tenían el privilegio de una identidad, un tiempo para conversar con él de alguna inquietud y, muchas veces, hasta podía recordar sus caras con sólo oír sus nombres, meticulosamente pronunciados por la voz de Blanca en el citófono.[1]

Era el caso de la señora Fabres, que estaba ya de siete meses, y cuya historia ginecológica podía recordar sin siquiera mirar la ficha: nada grave, hongos un par de veces, casada, se había embarazado en junio y tenía fecha de parto para el 23 de marzo. Estaba extremadamente nerviosa y era evidente que el embarazo le quedaba incómodo, como si ser madre fuera algo anormal que sólo le sucedía a ella. El doctor Villagrán se encontraba a menudo con esta ausencia del supuesto instinto, con un rechazo al feto o hasta al recién nacido. La consulta fue breve. Todo normal al palpar, las imágenes e informe de la última ecografía normales también. Hasta le pareció que la señora Fabres estaba contenta.

Inmediatamente después entró la señora Carmona, paciente de muchos años, solamente a control.[2] Después la señora Manríquez, la señora Jorquera, y tres o cuatro más cuyos nombres ni siquiera le interesaba retener mientras oía la voz de Blanca modulándolos con forzada sensualidad desde el parlante de su aparato. Prefería imaginar esos labios pronunciando las oes, las ues, los mismos labios abundantes que le habían llamado tanto la atención cuando ella recién había entrado a trabajar para él, tan distinta al principio, con esos vestidos largos que parecían maternales, llenos de volutas[3] y encajes blancos

---

[1] aparato para la comunicación dentro de un sistema telefónico cerrado

[2] a... para un examen de rutina

[3] figuras en forma de espirales

en el cuello. Ahora vestía con más gracia y se arreglaba mejor, pero nada de eso
25 le resultaba suficiente a Villagrán. Su imposibilidad de mantener el interés en
las cosas o en las personas se había convertido en una constante independiente de todo, incluso de los labios de Blanca.

Para la hora de almuerzo, el doctor ya había usado decenas de espéculos,
demasiadas tórulas,[4] había tomado incontables muestras, emitido recetas.
30 Había visto muchas más mujeres de las que hubiera querido, y pensar que
todavía le quedaba el resto de la tarde lo ponía de mal humor.

Unos meses atrás, Blanca y él habrían aprovechado esa hora para ir a
algún motel y darse al placer con cierta furia, se diría que hasta con resentimiento. Ella tan soltera ya, a los treinta y cinco; él tan casado y tan cansado. De
35 un tiempo a esta parte, él prefería simplemente almorzar y dejar los moteles
para falsas reuniones y congresos cada vez más espaciados.[5]

Ese día fueron a almorzar al vegetariano del pasajito,[6] uno de los que
menos se llenaba en esa parte del centro. Los almuerzos también habían dejado de ser lo que eran antes, las piernas cruzadas por debajo de la mesa,
40 incluso estiradas muchas veces hasta la entrepierna del otro, planear el siguiente encuentro, burlar las miradas, burlarse de todo. Les costó encontrar
tema de conversación. Hablar parecía forzado y más aún hacer guiños de complicidad. Comieron en relativo silencio, el doctor sin disimular en lo más mínimo su cansancio; no de ella, sino de todo, aunque también de ella, de todas
45 esas mujeres que, más o menos nerviosas, abrían las piernas delante de él
todos los días hacía años y que habían dejado de tener nombre, importancia,
sensualidad; de la situación indefinida con su mujer, las constantes amenazas
de separación para volver a despertar junto a ella y, para colmo de males,
seguirla queriendo; de los hijos que llegaban una y otra vez suspendidos del
50 colegio, o abandonaban la universidad a medio camino para irse a vender
collares a Brasil y mandar una postal de vez en cuando; de las sonrisas y los
apretones de manos en los congresos, las felicitaciones por el trabajo presentado; de los visitadores médicos[7] que cada vez tenían más paciencia para
esperarlo; de la ignorancia; de la falta de goce de todo el mundo; de la suya
55 propia.

Blanca no se molestó en preguntarle nada. Ella también parecía cansada,
pero Villagrán no sabía de qué, ni le importaba. Regresaron caminando en silencio a la consulta, ella se sentó a ordenar las fichas de los pacientes y él pasó
de largo a su despacho sin siquiera besarla. Ya frente a su escritorio, se preguntó

---

4 Espéculos, tórulas y paletas son algunos de
los utensilios empleados por los ginecólogos.

5 más... menos frecuentes

6 calle estrecha muy pequeña

7 personas que visitan a los médicos para ven-
derles medicamentos o utensilios de parte de
compañías químicas

si ella estaría llorando, pero no llegó a preocuparse. Prefería imaginar esos ⁶⁰ labios al oír su voz canturreando[8] los nombres por el pequeño parlante.

—A eóa oíe.[9]

Durante la tarde, era así. Apenas alcanzaba a distinguir las vocales de lo que Blanca decía. Lo mismo habría dado que le dijera un número, una fecha, una adivinanza. Muchas veces bromeaba con eso para sí mismo. ⁶⁵

—La señora Concha[10] 5 —imaginaba que decía Blanca.

—Hágala pasar. Qué tal, señora Concha 5, me parece bien que haya venido, siempre es bueno controlarse, ¿no? ¿Además le molesta algo? ¿Dolores menstruales muy fuertes? Está bien, tiéndase aquí, deje colgada su ropa en esta percha, apoye aquí los talones, ahora relaje, relaje, está muy tensa, relájese ⁷⁰ que así no podemos.[11]

La señora Concha 6, la Concha 7, la Concha 8.

Siempre recordaba las bromas de sus compañeros cuando había elegido la especialidad y pensaba qué sentiría cualquiera de ellos en su lugar, parado frente a la vulva[12] número ¿mil? ¿Dos mil? ¿Tres mil? Qué pensaría uno de ellos ⁷⁵ si supiera que no había acariciado sexualmente a su mujer desde hacía ¿un mes? ¿Dos meses? ¿Un año? Tanto, que se había cansado de intentarlo.

En cambio tenía a Blanca, claro, no estaba mal, pero con ella no lograba evitar la curiosidad científica que sentía respecto a sus pacientes. Nunca le había ocurrido eso con Regina. Por eso se había casado con ella. ⁸⁰

—La señora Concha 9 —le pareció que decía Blanca.

—Hágala pasar.

—No tiene ficha.

—Llénele la ficha antes de que entre, y me la manda con ella.

Tuvo cinco minutos para fumarse un cigarrillo y espantar[13] con gestos ⁸⁵ bruscos el humo hacia afuera de la ventana, donde había un adhesivo de «No fumar».

Pensó en llamar a Regina, preguntarle cómo estaba, cómo estaba su lumbago,[14] su depresión, si había llegado postal de Brasil, pero hacía tanto que no la llamaba en medio de la tarde, que supuso que la asustaría, que hasta podría ⁹⁰ sospechar algo.

---

[8] hablando como que canta

[9] A... reproducciones fonéticas del sonido de ciertas letras, aquí vocales

[10] En Chile y varios países sudamericanos **concha,** aparte de un nombre propio, es un vulgarismo para referirse al sexo femenino. El personaje juega con ese doble sentido para expresar la rutina de su trabajo.

[11] Este párrafo reproduce las instrucciones que le daría un ginecólogo a una paciente.

[12] abertura externa de la vagina

[13] alejar

[14] malestar doloroso de la espalda y la cadera

La señora Concha 9 entró tímidamente, con su propia ficha en la mano. Él no la había visto nunca antes. Le llamó la atención la calidad de su piel; tenía las mejillas agrietadas[15] y demasiado rojas, como los bebés. También las manos. No miró su nombre en la ficha. Le gustaba jugar a hablar largo rato con las pacientes sin mencionar sus nombres. Era experto en eso.

Ella hablaba de un modo vago, omitiendo demasiadas letras y a bajo volumen.

Que la había mandado... , que le había recomendado el doctor, quería venir hacía tiempo, pero... atrevido porque su marido... , pero las molestias la estaban... , era algo como... , no sabía explicarlo muy bien.

Villagrán no la interrumpió. No habría podido tampoco, porque hablaba casi sin pausas y a una velocidad increíble. Supuso que los datos que no había llegado a entender los deduciría del examen.

Le dio el discurso de la camilla y la ropa y la percha.

Ella no reaccionó.

Se lo dijo más suavemente, conduciéndola del brazo hacia la camilla, detrás del biombo. Ella se dejó ir, pero no parecía hacerlo por voluntad propia.

Mientras Villagrán esperaba que se desnudara, frente a su escritorio, detrás del biombo, llegó a desear que hubiera algo raro en ella. Que la carne de su vulva fuera como la de sus mejillas y manos, ver algo que nunca antes había visto, sorprenderse. La sorpresa no formaba parte de su vida. Y tantas cosas podrían haber llegado a sorprenderlo: que Regina lo buscara desnuda en medio de la noche; que un temblor fuerte hiciera que las actividades se suspendieran a mediodía y pudiera irse a casa; que Blanca dejara de esperar cosas de él; que no lo invitaran al siguiente congreso. Era sólo que nunca ocurrían. Nunca ocurría nada sorprendente. De modo que todas sus esperanzas estaban ahora puestas en esa mujer, a quien oía desvestirse lentamente tras el biombo, una prenda, dos, tres. Luego el rechinar de la camilla, algunos movimientos torpes para acomodarse. Parecía ser la primera vez.

—¿Está lista?

Él sí fue apenas audible, un susurro casi, un suspiro.

Villagrán se lavó las manos y se puso los guantes de látex. No quería darle una primera mirada al pasar, de modo que las maniobras previas[16] las hizo de espaldas a ella. Quería sorprenderse. Darse vuelta de pronto y verla: ver algo que nunca antes había visto. La sentía respirar incómoda, avergonzada tal vez. Quizás hubiese dicho algo significativo en el discurso anterior, que él no había logrado comprender del todo.

Le cubrió las piernas con una sábana, mirándola deliberadamente a la cara.

---

[15] con arrugas

[16] maniobras... movimientos preparatorios

Ella esquivó[17] la mirada, fingiendo sumo interés en una de sus uñas.

—Muévase un poco más hacía el borde de la camilla —le dijo él. Ella se deslizó todo lo que pudo hacia adelante.

—Muy bien.

Entonces Villagrán miró por debajo de la sábana, solos él y la vulva de la señora Concha 9, nada arriba, nada abajo, no la mirada de la señora, no la voz de Blanca, no el lumbago de Regina, solos él y su desafío y su esperanza.

Lo que vio no tenía nada particular. La piel inflamada, el vello ligeramente rojizo, los labios mayores algo magros,[18] un clítoris diminuto.

El doctor tuvo que contenerse para que su frustración no fuera evidente.

—Ahora le voy a tomar una muestra —le dijo, desganado[19]—. Tiene que relajarse.

Rutinariamente introdujo la paleta y la tórula para extraer la muestra que luego fijaría en el vidrio con la misma laca que Blanca usaba para peinarse el flequillo. La señora dio un pequeño saltito, que Villagrán aplacó con suaves palmadas en los muslos.

—Me duele —dijo.

Entonces Villagrán vio sobre la paleta la secreción gris-verdosa y turbia, cuyo olor se adhirió a su nariz como buscando un lugar donde quedarse. No se había dado cuenta antes. Seguramente la señora se había lavado bien antes de acercarse hasta su consulta, como queriendo ocultar algo que de uno u otro modo se haría evidente más tarde. Después de fijar la muestra, Villagrán se dispuso a palparla para verificar el estado de sus órganos internos. El solo imaginar que su mano (su guante) saldría lleno de esa sustancia oscura y apestosa y anómala[20] le revolvió el estómago.

—Relájese —dijo, intentando respirar por la boca—. Relájese.

Todo andaba bien.

—Vamos a tener que mandar una muestra al laboratorio —le dijo a la señora—. Tiene una infección avanzada. Tal vez una chlamydia, o un estreptococo —la cara de ella se deformó[21]—. No se preocupe. Es algo común. No debió dejarse estar tanto tiempo. ¿Hace cuánto le molesta?

—Un mes, más o menos.

El doctor frunció el ceño.

—Vístase —dijo, y suspiró, como resignándose a que su última esperanza de sorpresa sería púdicamente escondida tras una vulgar braga.[22]

---

[17] evitó

[18] flacos

[19] sin entusiasmo

[20] que no es normal, extraño

[21] puso un gesto de susto

[22] prenda interior femenina, también conocida en Hispanoamérica como calzón, bombacha, panti

Lo demás fue lo de siempre. Anotar las observaciones en la ficha, dar instrucciones de esto o de aquello, despedirse.

El olor seguía pegado a su nariz, de modo que cuando la paciente cerró la puerta, Villagrán se lavó la cara con jabón y roció[23] la consulta[24] con desodo
170 rante ambiental. El olor permaneció.

—¿Doctor? —se oyó que decía Blanca por el citófono.

Que ridículo, pensó él, que todavía me diga doctor, la fuerza de la costumbre no es sólo un dicho.

—No tiene más pacientes —dijo antes de que él pudiera contestarle—.
175 ¿Quiere hacer ahora los informes de los exámenes que llegaron esta mañana o quiere mejor tomarse un cafecito conmigo?

La evidente intencionalidad de su voz le puso los pelos de punta a Villagrán. Apretó el botón de su aparato y dijo lentamente, para que no quedara ninguna duda:
180 —Quiero irme a mi casa.

Mientras conducía hacia Regina y su lumbago, su insatisfacción, su propia desazón,[25] ese espacio compartido, Villagrán le dio un minuto de su tiempo a Blanca, a pensar en Blanca y la obviedad con que había bajado la cabeza para que él no viera una lágrima que de todos modos se encargó de que viera.
185 No tenía esperanzas de llegar pronto. Era el peor camino a la peor hora. Se entregó al retraso y a un mal programa de radio.

Al llegar a su casa, abrió el portón y entró el auto al garaje. Ya ni siquiera lo dejaba afuera por si Regina decidía salir, como antes, ahora que los niños estaban más grandes y se cuidaban solos, cuando se cuidaban.
190 Lo notó al entrar. No estaba el abrigo de Regina. No estaba su bufanda ni su paraguas. Como alguien asustado que no huye, sino que deliberadamente va hacia aquello que lo asusta, caminó hacia el dormitorio donde ella debía estar acostada por su lumbago. La cama estaba perfectamente tendida. No estaba ninguno de los niños. No estaba la ropa de ella en el armario. Ni sus cre
195 mas en el baño, ni su escobilla de dientes. Nada. El resto, las cosas que eran de los dos, de la casa, estaba todo en orden. Impecable, como siempre.

Se pasó las siguientes horas buscando la nota que le habría dejado, en todas partes, las más y las menos obvias, sobre el tocador, en el mesón de la cocina, bajo la almohada, bajo la alfombra, en la cama del perro, dentro de los
200 libros de la biblioteca.

No encontró nada y pensó que el hecho de que Regina no tuviese nada que decirle era casi más doloroso que su partida.

---

[23] regó en forma de lluvia   [25] inquietud

[24] el consultorio

Imaginó a Regina en cualquier parte, en una pensión, en la casa de alguna de sus amigas, de su hermana. La conocía bien. Sabía que no volvería ni dejaría rastros. Que sus hijos no le dirían dónde se encontraban con ella ni cuándo. 205 Que la había perdido.

Antes de dormirse y después del cuarto whisky, pensó que jamás podría olvidar el aspecto del sexo irritado y pestilente de alguien cuyo nombre desconocía. Que esos labios poco carnosos, con el vello rojizo y el diminuto clítoris quedarían estampados en su memoria como ese olor desagradable en su 210 nariz. Que no lograría despegar ese recuerdo de la ausencia de Regina, del silencio pegajoso de esa noche, de la pérdida definitiva de su posibilidad de sorprenderse.

Después de leer

Comprensión

1. ¿Cuál es la profesión de Villagrán?
2. ¿Qué tipo de relación tiene con Blanca, su recepcionista?
3. ¿Cómo percibe Blanca su relación con Villagrán?
4. ¿Qué relación tiene Villagrán con Regina su esposa?
5. ¿Por qué no está contento con su trabajo Villagrán?
6. ¿Qué le gusta hacer a Villagrán con las pacientes?
7. ¿Por qué le llama la atención a Villagrán la señora Concha 9?
8. ¿Qué hacía Regina mientras Villagrán fantaseaba con sus pacientes?

Análisis

1. Considere los distintos tipos de relación física que tiene Villagrán con las mujeres y la importancia que tienen sus sentimientos en cada uno de esos casos.
2. Señale las distintas interpretaciones que puede tener el título del cuento y qué representa cada una.
3. ¿Hay algún indicio que señale las razones por las que Regina abandona a Villagrán?
4. ¿Por qué no busca Villagrán a Regina una vez que sabe que se ha marchado?

Expansión

1. Investigue respecto al término **el feminismo** y sus aplicaciones a la crítica literaria contemporánea.

2. Compare los conceptos de **separarse** y **divorciarse** y señale las implicaciones que tienen.

3. Examine en un sentido amplio las palabras **el tedio** y **la melancolía.**

4. Compare «Interiores» con «Yo a las mujeres me las imaginaba bonitas» respecto a la soledad desde el punto de vista de cada sexo.

5. **OPTATIVO:** Revise el cuento «Lección de cocina» de Rosario Castellanos y compare el punto de vista de la protagonista con lo que probablemente pasó por la mente de la esposa de Villagrán.

CREDITS

Photo Credits

Page 9: The Granger Collection, New York;   **46:** Courtesy of the Piñera family;   **61:** © Rene Burri/Magnum Photos;   **78:** Juan Rulfo Foundation Archives;   **113:** © AFP/Getty Images;   **129:** © Mike Ramírez-Latin Focus.com. All rights reserved, Latin Focus 2004;   **152:** © Piero Pomponi/Getty Images;   **175:** Ardis L. Nelson;   **197:** Courtesy of Sra. Alida de Ribeyro, photograph by Víctor Flores Olea;   **216:** © AP Photo/Ricardo Figueroa;   **236:** © AP Photo/Julian Martin;   **265:** © Barry Dominguez;   **287:** Courtesy of Mayra Santos-Febres;   **299:** © Valeria Zalaquett.

Literary Credits

Pages 11 and 18: "El Sur" © 1974 and "El otro" © 1989 by Jorge Luis Borges, reprinted by permission of The Wylie Agency, Inc.;   **29:** "Una carta, un hombre y algunas cosas más" by Pablo Palacio, *Guaraguao*, Año 5, No. 13, 2001. Used by permission of Pablo Palacio Palacios;   **36:** "Un hombre muerto a puntapiés" by Pablo Palacio in *Obras completas de Pablo Palacio*, Editorial Casa de la Cultura Ecuatoriana, Quito, 1964. Used by permission of Pablo Palacio Palacios;   **48 and 55:** "El baile" and "El que vino a salvarme" by Virgilio Piñera. Used by permission of the heirs of Virgilio Piñera;   **63:** "La noche boca arriba" in *Final del juego* by Julio Cortázar. © 1956 Herederos de Julio Cortázar;   **71:** "Casa tomada" in *Bestiario* by Julio Cortázar. © 1951 Herederos de Julio Cortázar. Used by permission;   **79 and 86:** "La herencia de Matilde Arcángel" and "¡Diles que no me maten!" from *El llano en llamas* by Juan Rulfo. © Herederos de Juan Rulfo, 1953. Used by permission;   **96:** "La noche de Aix" in *El caos* by J. Rodolfo Wilcock, Buenos Aires: Editorial Sudamericana, 1974. Used by permission of the Publisher;   **106:** "Yves de Lalande" in *La Sinagoga de los iconoclastas* by J. Rodolfo Wilcock. Editorial Anagrama, 1981. Used by permission of the Publisher;   **115 and 122:** "Míster Taylor" and "Obras completas" in *Obras completas (y otros cuentos)* by Augusto Monterroso, Juaquín Moritz, Mexico DF, 1971. Used by permission of Internacional Editors' Cº;   **130 and 141:** "Lección de cocina" from *Álbum de familia* and "La muerte del tigre" from *Ciudad Real* in *Obras 1 (Narrativa)*, pp. 837–847 and 235–243. Fondo de Cultura Económica, 1989. Carretera Picacho–Ajusco 227, C.P. 14200 México,

313

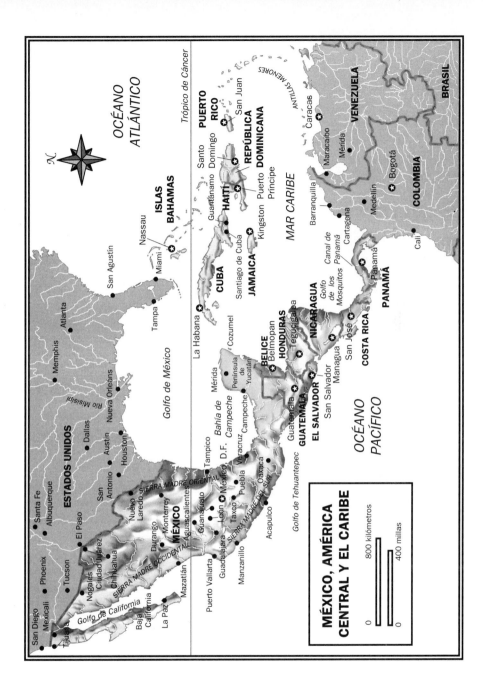

Map of Mexico, Central America, and the Caribbean   315

MAR CARIBE

OCÉANO ATLÁNTICO

PANAMÁ
Barranquilla
Maracaibo
Caracas
Medellín
Panamá
Bogotá
Cali
Quito
COLOMBIA

VENEZUELA
Río Orinoco

GUYANA
Georgetown
Paramaribo
Cayena
SURINAME GUYANA FRANCESA

Ecuador

ECUADOR
Guayaquil

PERÚ

Río Amazonas

Manaus

Belém

BRASIL

Recife

Lima
Cuzco
Arequipa
La Paz
BOLIVIA
Sucre

CORDILLERA DE LOS ANDES

Brasília

Antofagasta

PARAGUAY

Río de Janeiro

Trópico de Capricornio

OCÉANO PACÍFICO

CHILE
La Serena

San Miguel de Tucumán

Asunción
São Paulo

OCÉANO ATLÁNTICO

Valparaíso
Santiago
Concepción

Córdoba
Rosario

URUGUAY
ARGENTINA
Buenos Aires
Montevideo
Río de la Plata

N

Puerto Montt
Chiloé
Bariloche

Bahía Blanca

AMÉRICA DEL SUR

0   1500 kilómetros

Islas Malvinas
Estrecho de Magallanes
Punta Arenas
Tierra del Fuego

0   1000 millas

Cabo de Hornos

316   Map of South America

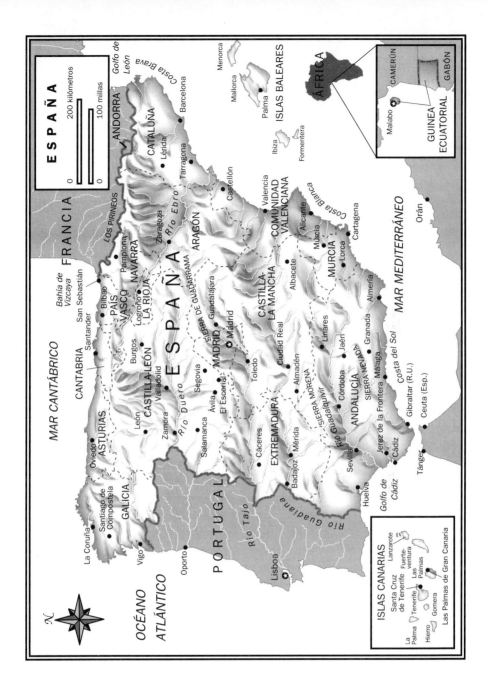

Map of Spain and Equatorial Guinea   317